企业信用管理实务

Practice of Credit Management in Enterprises

汪宇瀚　赵东岩　著

上海财经大学出版社

图书在版编目(CIP)数据

企业信用管理实务/汪宇瀚,赵东岩著. —上海:上海财经大学出版社,2023.5
ISBN 978-7-5642-4121-6/F・4121

Ⅰ.①企… Ⅱ.①汪…②赵… Ⅲ.①企业信用-高等学校-教材 Ⅳ.①F830.56

中国国家版本馆 CIP 数据核字(2023)第 025669 号

□ 责任编辑　黄　荟
□ 封面设计　贺加贝

企业信用管理实务
汪宇瀚　赵东岩　著

上海财经大学出版社出版发行
(上海市中山北一路 369 号　邮编 200083)
网　　址:http://www.sufep.com
电子邮箱:webmaster@sufep.com
全国新华书店经销
江苏苏中印刷有限公司印刷装订
2023 年 5 月第 1 版　2023 年 5 月第 1 次印刷

710mm×1000mm　1/16　25.25 印张(插页:2)　426 千字
定价:75.00 元

前 言

党的二十大报告指出,要完善中国特色现代企业制度,弘扬企业家精神,加快建设世界一流企业。支持中小微企业发展。深化简政放权、放管结合、优化服务改革。构建全国统一大市场,深化要素市场化改革,建设高标准市场体系。完善产权保护、市场准入、公平竞争、社会信用等市场经济基础制度,优化营商环境。

在完善中国特色现代企业制度中,企业信用管理是提高企业信用品质、降低信用风险的重要一环。良好的企业信用管理意识也是优化营商环境的重要手段之一。

企业信用管理是一门综合性的管理学科,是信用管理的重要分支,同时也是企业内部管理工作的重要组成部分。企业信用管理更关注实践性和可操作性。在企业信用管理领域,往往会有两种疑问:其一,信用管理及相关专业的学习者经常疑问自己所学的理论用在哪里及如何使用;其二,信用管理的实务工作者经常疑问企业信用管理是否存在一条清晰的逻辑脉络。

基于上述问题,本书重新梳理、反思"企业信用管理"理论知识,并将其打散再组合,依照实务工作流程和脉络,从促进实务工作顺利开展并提升企业信用管理质量的角度,展开企业信用管理的理论知识,从而使得学习者能够对较为抽象的企业信用管理理论知识产生具体认知,懂得如何将企业信用管理的理论知识应用于实务工作中,也使得实务工作人员能够系统化地将实务工作归结为理论,并引发深入思考和提升实务工作质量。

本书主要突出企业信用管理的实践性和可操作性。作者将其在实务工作中形成的经验和方法梳理出理论体系,为读者提供清晰的企业信用管理流程和方法。本书内容既有理论体系部分,也提供大量实战案例,从企业前期信用风险评估到后期催收,从公司信用制度建设到合同法律风险控制,从财务分析到非财务因素分析,从企业信用管理到信用风险转移。另外,本书还提供延伸阅读及附录内容,以期为读者介绍实务工作中更多的企业信用管理操作方法。

本书围绕下列问题展开:

1. 怎样做好销售工作?
2. 如何理解赊销?
3. 怎样开展客户信用调查?
4. 怎样进行企业信用风险评估?
5. 怎样设置信用岗位?
6. 征信机构是如何运营的?
7. 怎样分析企业的财务报表?
8. 怎样分析和识别财务数据?
9. 怎样管理企业的应收账款?
10. 怎样催收逾期应收账款?
11. 怎样管理合同法律风险?
12. 怎样进行非财务因素分析?
13. 怎样落实企业的信用管理工作?
14. 怎样利用信用保险转移风险?
15. 怎样判断法人的类型?
16. 怎样利用大数据提升信用管理效能?

本书内容分为五个部分:第一部分以企业信用风险管理为重点,讲述企业赊销风险、信用信息采集及信用风险评估方法、企业信用制度体系和岗位设置等;第二部分以财务分析为主线,讲述企业财务报表的阅读与分析以及财务数据的分析和识别等,从信用风险分析角度进行财务报表分析;第三部分以应收账款管理为核心,介绍企业应收账款管理及逾期应收账款催收的方法和技巧,还重点讲述了合同审核及合同风险管理与法律诉讼风险管理;第四部分为非财务因素分析与信用风险转移,重点介绍非财务因素分析在企业信用管理中的运用及企业信用风险转移方式等;第五部分为延伸阅读,分别讲述法人的类型以及如何利用大数据提升信用管理效能。

本书可以作为高等院校企业信用管理教学的配套参考书,以及企业信用管理后续实践课程的指导手册或其他选修课程的指定教材。与此同时,还可以作为企业内训指定用书。

本书由从事信用管理教学研究的学者与从事信用管理操作的实践者联合

著作。作者汪宇瀚系上海第二工业大学信用经济系主任,在信用管理专业领域拥有近20年的研究经验,发表和出版了一定数量的科研论文、专著、教材等,并通过理论联系实际的研究方法承接政府咨询类、企业横向项目。作者赵东岩系上海市信用服务行业协会副会长,供职于专业征信服务机构上海华予信企业信用征信有限公司,从事企业信用管理服务超过25年,其在企业信用管理实务、企业征信、社会信用体系建设、信用法律、账款催收等方面拥有资深的实战经验。

  本书得益于上海华予信企业信用征信有限公司提供的实战案例,这些案例都是由实际业务操作过程中的真实案例汇编而成,极具时效性和可操作性。此外,特别鸣谢为本书编著提供支持的蒋健先生、徐浙良先生;同时也感谢赵巍、何少维、叶钦财等对本书编著提供的支持和帮助。

  本书以企业信用管理为主线,在内容安排上力求符合企业实际操作,在逻辑结构处理上力求严谨合理,在阅读使用上力求做到清晰明了。限于作者的水平,不足之处欢迎读者批评指正。

目录 Contents

第一篇　企业信用风险管理

序章　关于销售 ············· 3
　一、理论知识点梳理 ············· 4
　　企业信用的含义 ············· 4
　　企业信用管理部门和岗位 ············· 5
　二、实务场景设置 ············· 5
　　怎样做好销售工作？ ············· 5

第一章　赊销与应收账款 ············· 13
　一、理论知识点梳理 ············· 14
　　赊销的含义 ············· 14
　　应收账款融资 ············· 16
　二、实务场景设置 ············· 16
　　如何理解赊销？ ············· 16

第二章　信用调查与信用报告 …… 24
一、理论知识点梳理 …… 25
   企业信用信息的种类 …… 25
   企业信用信息的内容 …… 26
   企业不良信息的内容 …… 28
   企业信用信息的来源 …… 29
   企业信用报告 …… 36
二、实务场景设置 …… 37
   怎样开展客户信用调查？ …… 37

第三章　信用风险与信用评估 …… 59
一、理论知识点梳理 …… 60
   信用风险的含义 …… 60
   信用风险的特征 …… 61
   企业对信用风险的测量与评估 …… 62
二、实务场景设置 …… 65
   怎样进行企业信用风险评估？ …… 65

第四章　信用政策与信用岗位 …… 83
一、理论知识点梳理 …… 84
   信用政策的含义 …… 84
   信用政策的内容 …… 85
   企业信用政策实施效率评价方法 …… 85
   信用管理目标 …… 87
   信用管理模式 …… 89
   企业信用管理工作的内容 …… 93
二、实务场景设置 …… 95
   怎样设置信用岗位？ …… 95

第五章　信用、征信与征信机构 …… 104
一、理论知识点梳理 …… 105

征信机构的含义 ·· 105
　　企业征信机构的主要业务 ·· 105
二、实务场景设置 ·· 107
　　征信机构是如何运营的？ ·· 107

第二篇　财务报表分析与财务识别

第六章　财务报表的阅读与分析 ·································· 121
一、理论知识点梳理 ·· 122
　　财务报表的内容 ··· 122
　　财务报表的核算规则 ·· 128
　　如何阅读财务报表 ·· 132
　　如何分析财务报表 ·· 135
二、实务场景设置 ·· 138
　　怎样分析企业的财务报表？ ····································· 138

第七章　会计科目的分析与识别 ·································· 146
一、理论知识点梳理 ·· 147
　　会计要素 ·· 147
　　会计科目 ·· 149
　　会计科目分析要点 ·· 155
二、实务场景设置 ·· 156
　　怎样分析和识别财务数据？ ····································· 156

第三篇　企业应收账款管理

第八章　应收账款及其管理 ······································· 231
一、理论知识点梳理 ·· 232
　　商业信用的含义 ··· 232
　　应收账款的功能 ··· 233
　　应收账款的成本 ··· 234
二、实务场景设置 ·· 235

怎样管理企业的应收账款？ …………………………………………… 235

第九章　逾期应收账款催收策略 ………………………… 245
　一、理论知识点梳理 ………………………………………… 246
　　逾期应收账款管理 ……………………………………………… 246
　　应收账款催收方式 ……………………………………………… 248
　二、实务场景设置 …………………………………………… 249
　　怎样催收逾期应收账款？ ……………………………………… 249

第十章　合同管理与法律诉讼 …………………………… 269
　一、理论知识点梳理 ………………………………………… 270
　　合同的含义 ……………………………………………………… 270
　　合同的订立 ……………………………………………………… 273
　　合同的审查 ……………………………………………………… 274
　　合同风险管理与防范 …………………………………………… 280
　　诉讼风险管理与防范 …………………………………………… 283
　　民事诉讼的流程 ………………………………………………… 287
　二、实务场景设置 …………………………………………… 290
　　怎样管理合同法律风险？ ……………………………………… 290

第四篇　非财务因素分析与信用风险转移

第十一章　非财务因素分析在信用评估中的应用 ……… 297
　一、理论知识点梳理 ………………………………………… 298
　　非财务因素的含义 ……………………………………………… 298
　　非财务因素的特征 ……………………………………………… 300
　　非财务因素的内容 ……………………………………………… 301
　　非财务因素分析的作用 ………………………………………… 309
　二、实务场景设置 …………………………………………… 311
　　怎样进行非财务因素分析？ …………………………………… 311

第十二章　企业信用管理工作的落实 ·················· 318
一、理论知识点梳理 ·················· 319
企业信用管理制度的设计 ·················· 319
客户信用等级评估 ·················· 322
5C 分析法的实际应用 ·················· 323
二、实务场景设置 ·················· 326
怎样落实企业的信用管理工作？ ·················· 326

第十三章　信用风险转移 ·················· 332
一、理论知识点梳理 ·················· 333
风险转移的含义 ·················· 333
信用风险转移的方式与方法 ·················· 334
担保及其方式 ·················· 335
信用保险 ·················· 337
商业保理 ·················· 341
二、实务场景设置 ·················· 345
怎样利用信用保险转移风险？ ·················· 345

第五篇　延伸阅读

第十四章　法人的类型 ·················· 357
一、什么是法人 ·················· 357
二、民事主体的类型 ·················· 358
三、民事主体的登记机关 ·················· 358
四、统一社会信用代码 ·················· 359

第十五章　大数据时代信用管理的蜕变与升华 ·················· 362
一、何谓大数据 ·················· 362
二、量化信用度 ·················· 363
三、分类标签 ·················· 366
四、快速检测与识别 ·················· 370

五、销售业绩数据的运用 …… 372
六、客户的矩阵管理 …… 375
七、大客户风险管理 …… 380

附 录

附录1：公司信用评级报告 …… 385
附录2：客户矩阵管理与行业应收账款周转率 …… 385
附录3：偿债能力评价指标 …… 386
附录4：主要信息查询网站 …… 388

参考文献 …… 391

参考网站 …… 393

第一篇

企业信用风险管理

序章　关于销售

学习目标

销售是企业的龙头，至关重要，它是企业经营好坏的指示灯，也是关键。销售业绩是一个企业生存和发展的命脉，也是企业经营的核心，没有销售业绩，企业的一切都将化为乌有。

了解怎样做好销售、熟悉销售与赊销的关系、掌握赊销的方法，对提升销售业绩并做好销售工作至关重要。

关键词

企业信用	信用销售	赊销风险
销售管理	结算方式	信用部门
客户价值	信用管理专业	能力与意愿

内容提要

1. 理论知识点梳理
(1) 企业信用的含义
(2) 企业信用管理部门和岗位
2. 实务场景设置
(1) 为什么选择做销售
(2) 怎样做好销售工作
(3) 如何管理销售团队

小贴士

如何选择一个适合自己的平台和赛道是成功的第一步,思路决定出路,视野决定格局。选择要去工作的城市、选择从事的行业、选择要干的职业等都是非常重要的关键环节。

兴趣是最好的老师,要做好任何一项工作,兴趣是关键。热爱销售、理解赊销对促进销售工作的开展十分重要。

一、理论知识点梳理

★ 企业信用的含义

1. 企业信用的定义

企业信用,是在非金融企业之间发生的,在商业活动中因商品、劳务转移与商业账款结算存在时间差而产生的信用往来,即先履行支付的交易方(先发货、提供劳务的一方,或先支付价款的一方)授信给后履行偿付义务的交易方(后结算价款的一方,或后发货、提供劳务的一方)。

如果企业之间销售商品或提供劳务时不存在商品、劳务和账款在时间上的分离,即一手交钱一手交货,则企业信用便失去了其存在的根本。所谓企业信用,源于商品、劳务与其价款之间有时间差所带来的债权债务关系。这种信用伴随基础商业活动而来,其属性为隶属关系,即企业信用是为了更好地实现交易双方的商业活动而产生,其以双方商业活动为存在的物质基础。因而其具有严格的方向性,即企业信用仅在互有商业往来的交易对手之间发生。企业信用在企业销售中开始,企业信用管理的成功与否直接关系到企业销售甚至经营的成功与否。

企业信用在规模上受制于企业的资金实力、信用制度等多方因素。总体来说,企业信用规模有限,由于企业的资金流是否充裕是企业生存的根本,因此,企业不可能在商业活动中均以企业信用的方式实现交易,进而影响企业正常的现金周转。

2. 企业信用管理的内容

企业信用管理中的核心内容包括企业信用政策的制定、企业客户信用信息管理、客户授信及管理、应收账款管理、企业信用品质的维护等。

★ 企业信用管理部门和岗位

1. 企业信用管理部门和岗位的性质

企业信用管理部门是指负责根据企业的战略目标和经营活动,围绕商业活动规模,设计信用政策、制定信用制度,并完成信用管理活动的职能部门。

就目前企业信用管理部门和岗位的性质来看,一般其隶属于企业财务部门,或单独设置平行于企业销售、财务、管理的独立部门。

2. 企业信用部门的工作职责和作用

● 企业信用部门的工作职责:

(1)开发和维护客户资信信息,建立有效的客户信息系统。

(2)制定和执行企业信用政策,严格控制赊销风险。

(3)对应收账款进行有效监控和及时回收,最大限度减少风险损失。

(4)采取适当措施进行债权保障,最大限度保障债权的安全。

● 企业信用部门的作用:

(1)保证企业信用管理职能的实现。

(2)降低信用风险,促进有效销售的增加。

(3)实现企业对客户资源的总体控制。

(4)实现企业信用风险控制的职能化和专业化。

3. 企业信用销售流程

企业信用销售属于销售的一种,具体流程包括:

(1)开发客户;

(2)销售谈判;

(3)获取订单;

(4)签订合同;

(5)按合同提供商品、劳务;

(6)商业账款管理。

二、实务场景设置

怎样做好销售工作?

【案例背景】

杰尼是从外地考入上海一所二本院校的一名大学生,大学学的是与金融有关的专业，毕业后没有去最热门的银行工作，而是选择做了一名销售人员。

要做销售工作，杰尼是怎么考虑的呢？杰尼是怎样一步一步成为一名优秀的销售人员并从一名销售人员成长为公司高管的呢？

在杰尼从事销售工作的过程中，他是怎样理解赊销的作用并怎样控制赊销风险的呢？

【关键问题】

- 当面临两难问题时，如何做选择？
- 是稳定还是发展，为什么要做销售工作？
- 怎样才能做好销售工作？

【两难问题如何选择】

杰尼现在是上海达亿有限公司的销售部门负责人。杰尼有个微信公众号——销售知路，专门分享销售的经验和知识，有几十万粉丝。杰尼还利用空余时间做培训讲师，讲授销售管理。他是一名妥妥的斜杠青年。

什么原因选择来上海读书？

杰尼的老家在西北的大山里，从小渴望大城市的生活。高考那年，他的分数刚刚过了一本分数线，这个高考成绩在省内勉强能上个一本大学，家里人也希望他能在本省上学，将来留在当地工作。

单纯问题，就是方向明确、解决了就可以宣告胜利的问题。单纯问题不一定是简单的问题。例如，高考是一个单纯问题。有明确的方向，有确定的路径，只要按照一定的方法去做，就会有成绩。单纯问题有点像爬山，只要朝着一个方向努力，成败就一目了然。面对单纯问题，你永远不会迷茫，因为方向明确，只要往那个方向努力前进就是对的，这个时候喊喊口号"努力，努力，再努力"，就会有非常好的激励效果。

当高考成绩出来后，上榜了，选择报哪个学校？这时就出现了两难问题。

两难问题，则是有不同方向的方案，你选择了一个就不能选择另一个，你不知道如何处理它。这类问题没有明确的方向，不是往一个方向努力就行的，往往需要做权衡取舍。

当然，通过权衡利弊得失以及采取一些补充措施，选中一个选项还是不难的，但选择一定是会有代价的。

两难问题，不管你如何权衡取舍，并不会有取胜的感觉，只是选择了一个自己认为最合适的,可能过了一段时间,你还会纠结,当初怎么不选另外一个呢?

就上大学的问题,杰尼咨询过老师和朋友,每个人都有不同的意见。留在本省发展也不错,将来的机会也很多,现在交通方便、信息发达、网络发达,中西部与东部沿海差距在缩小,国家在搞西部大开发,发展空间巨大。

选大学,决定你的四年,选好了城市,开阔了眼界,让你终身受益!在学校与城市之间,第一选城市,第二选学校,第三选专业。

电视剧《上海滩》对许多人产生了不同但深刻的影响。当《上海滩》很受欢迎的时候,杰尼想象自己也可以像许文强一样。

杰尼在上初中的时候,有一年的暑假,来过上海旅游。他很想到上海读书,想报考上海的大学。但是,他的分数如果报考外地大学只能上个普通的二本院校。

杰尼最终选择来上海,进入一所大学学习信用管理专业。杰尼深深知道自己所学的信用管理专业为应用型学科,对专业技术的要求并不高,将来不可能靠技术生存。杰尼在学校里除学习外,还经常参加各种社会活动。毕业后,杰尼没有回老家,而是选择留在上海寻找工作。

【为什么要做销售】

杰尼学的是信用管理专业,"信用管理专业"是典型的新兴交叉学科,既可归于经济类应用学科,也可归于管理类应用学科。信用管理专业是一个跨学科、重实践的应用型专业。杰尼所在学校的信用管理系隶属于金融学院。毕业后,杰尼并没有去寻找最热门的银行工作,而是选择做了一名销售人员。杰尼在学习信用管理专业中深刻领会到信用与销售是一对孪生兄弟,赊销对销售业绩的提升有巨大的促进作用,要做好销售,必须懂得如何管理赊销。

杰尼的老家在西北农村,小时候家里穷,所以赚钱是其最大的梦想。听说销售人员的收入是上不封顶的,所以,一毕业杰尼就选择去做销售工作。

销售岗位的收入主要靠业绩,只要自己努力一定能成功。杰尼不怕吃苦,每天工作到很晚,周末也不休息。杰尼依靠自己的努力打拼,在上海买了房并成了家。

杰尼认为,做销售虽然很苦,但收获也不少。首先,销售工作时间的灵活性比较强,自主性比较强,挣多挣少自己就能做主,具有很大的掌控力,话语权也比较大;其次,能获得认同感,销售过程中接触到不同的人,能力得到提升,被认同、被尊重,获得客户的赞扬和信任。

【怎样做好销售工作】

销售是指以销售、租赁或其他任何方式向第三方提供产品或服务的行为，包括为促进该行为进行的有关辅助活动，例如广告、促销、展览、服务等活动。或者说，销售是指实现企业生产成果的活动，是服务于客户的活动。

销售是世界上淘汰率最高的职业之一，不同企业淘汰率少则50%，多则90%，甚至更多。销售人员的字典里，没有"容易"二字。杰尼作为一名外来的新上海人，在上海本地既没有资源，也没有人脉，刚开始的销售工作举步维艰。他尝试过家具销售、房产销售，卖过理财产品、卖过培训课程，做过地铁推销、楼宇推销、街边推销等。刚开始做2C的销售工作，后来做2B的销售工作。

那么，如何做好销售这个工作呢？每个人都有不同的理解和看法。杰尼认为，要做好销售工作，最为关键的第一步就是选择一个适合的平台。平台选对了，离成功就不远了。

> **选择适合自己的平台是前提**

所谓平台，就是指你销售产品的类别、所处的行业特征、产品的市场定位等，首先从宏观层面看这个产品或服务是否有竞争力、有品牌影响力、有发展前景、有优势等。平台选对了，就成功了一大半。

根据多年的销售经验，杰尼认为，所谓适合的平台，主要看产品及销售对象是否适合自己、产品是否有竞争力、行业是否有发展空间等。

杰尼总结到，平台的选择主要考虑下列因素：产品的销售对象主要为企业（2B）而非个人；产品有重复购买性（老客户）；产品需要维护和服务（黏性）；产品具有规范性、标准性及不可替代性；推广方式可复制、可迭代（更新迭代）。选择一个好的平台，对提升销售能力、积累销售经验，以及增强业务的持续性和可延展性都有很大的帮助。

> **勤奋努力与方法技巧是关键**

做任何一件工作都离不开勤奋和努力。要把销售做好，勤奋和努力是必需的，销售人员每天都要出去寻找客户、拜访客户、成交客户。作为一名销售人员，需要迅速行动并具备坚定的执行力。行动带来结果，同时还要多动脑、多总结，有方法、有技巧。

销售的基本功：努力和方法。作为销售人员一定要非常勤奋和自信，坚持不断地学习和努力付出；保持积极乐观的心情，热爱销售工作，热情面对困难；专业性和坚持是必要的；同时情商要高，培养客户的认同和树立良好的口碑，促进客户重复购买。

掌握一些销售的方法和技巧也非常有帮助,如果能做到从一个点出发,从点到线,从线到面,从面到体,实现点、线、面、体的有效结合,将会大大提升销售业绩,实现销售突破。

杰尼介绍,他理解的点、线、面、体,主要表现为:一对一的销售,一个客户一个客户的销售是最传统的销售方式,这是点的销售方式;如果这些点有一定的关联度和紧密度就有可能连成线,实现从点到线;从线到面就是要按照行业、地区、类别等开展销售工作,将线连成片,实现大面积突破;如果要做到整体销售,就要使用特殊方式,例如平台销售、口碑销售、一对多销售、集中式销售等。

> **有创意的宣传推广是推动力**

如果你有幸选择到了一个适合自己的好平台,自己又愿意勤勤恳恳地努力付出,离成功就更进一步了。接下来,如果要想快速成交客户,完成销售业绩,还必须加大产品的宣传力度,广而告之,要做好产品的广告宣传。

酒香也怕巷子深,宣传广告是十分必要的,能让人一下子想起来或记住的广告语是广告成功的关键。如果要让产品从竞争品类中脱颖而出,广告宣传一定要有新意、有吸引力、有个性。

> **为客户创造价值是根本**

为客户提供更有价值的产品和服务是获得客户认可的最重要方法。

市场是竞争的,只要我们的产品质量比竞争对手好一点点,价格比竞争对手低一点点,就能为客户带来更大的价值。在买方市场条件下,卖方扩大销售、增强企业市场竞争力的重要手段就是为客户创造价值。杰尼认为,客户的价值体验可以用下列公式来表示:

$$客户价值体验 = 产品质量 / 产品价格$$

客户价值体验与产品质量成正比,与购买产品付出的成本成反比;同等价格情况下,产品质量越好,客户的价值获得感就越高;客户为购买相同质量的产品所付出的费用越低,客户的价值获得感也越高。客户都愿意购买最佳性价比的产品。

在产品质量无法大幅度提升、产品价格无法下降的情况下,为客户提供优惠的结算方式,让客户先使用产品后付款便成为买方市场条件下扩大销售、增强企业市场竞争力的重要手段。

客户价值体验＝产品质量/产品价格×赊销时间

◆ **提高产品的质量**：不断地进行研发投入、提升原材料质量、改进生产工艺、提升管理水平等都有利于产品质量的提高。但是，提高产品质量是要付出成本的，质量的提升往往都伴随着成本的提高。

◆ **降低产品的价格**：产品价格与产品成本有直接的关系，降低产品售价就是对利润的直接侵蚀；企业要发展，利润是保障；产品价格过低，企业就无法进行研发投入，以提高产品质量；公司产品的售价都是有销售价格制度的，一般不会轻易改变。

◆ **优惠的结算方式**：提供优惠的结算方式，就是给客户赊销（信用销售）。让客户先使用产品后付款，一方面能提升客户对公司产品的信任度，另一方面能扩大销售规模，提升销售业绩，让客户有更多获得感。

所谓信用，是依附在人之间、单位之间和商品交易之间形成的一种相互信任的生产关系和社会关系。信誉构成了人之间、单位之间、商品交易之间双方自觉自愿的反复交往，消费者甚至愿意付出更多的钱来延续这种关系。

信用是有价值的。简单地说，就是"借钱还钱"。它是指在交易一方承诺未来偿还的前提下，另一方向其提供资金、商品或服务的行为。在信用活动中，借款人可能不会"信守承诺"，例如不按时还款、支付费用等，原因可能多种多样，简而言之，其是否信守承诺与其"意愿"、"能力"有关。具体包括：其一，主观意愿上故意不还；其二，主观上虽然愿意还，但是客观上确实没有资金甚至遗忘或只是马虎导致未能按期偿付。但无论出于何种原因，未能履行合同义务是失信的事实结果，该结果将给授信方的利益造成损害。由于这些事实的复杂性，很难做出道德判断，但有一些数学和统计方法可以用来根据经验、规则和受信方过去的行为记录，预测受信方在未来不遵守承诺的可能性，尽量避免这种损害。

做销售工作，选择一个适合自己的平台是外部客观要素，要综合考虑行业及对手情况；销售人员自身的勤奋努力是内部主观要素，是个体努力的方向；广告宣传是让客户认知产品，广告宣传关键在于创意，有创意的广告才能带来影响；给客户带来价值才是客户最关心的核心问题。价值的高低决定客户购买的多少，决定销售业绩的大小。价值就是客户用最低的价格购买满足需求的产品。应该提高产品质量、降低产品价格，当质量和价格的竞争空间越来越小时，采取优惠的结算方式（信用销售）便成为取得竞争优势的关键因素。

优惠的结算方式就是给客户赊销,即信用销售。信用销售是销售企业直接或间接向购买者提供信贷的一种销售,其本质是为采购商提供融资,为采购商解决急需产品又不需现金购买的困境,为信用销售的企业争取潜在客户,从而扩大销售、拓展市场。

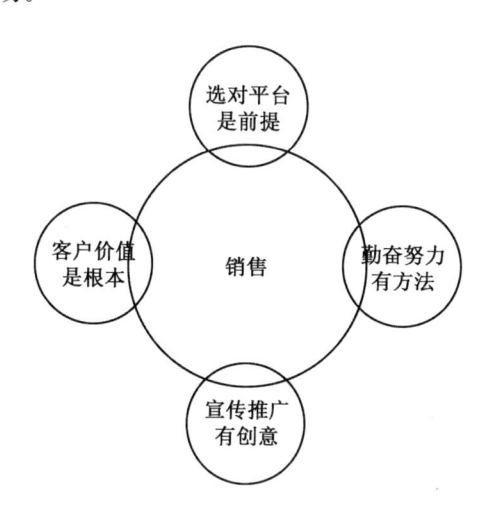

图 0－1　做好销售工作的基本方法

【销售团队的管理】

"产品卖得出去,钱能收得回来",这是销售人员的基本功。目前,信用销售逐步成为销售的基本模式和主要模式,信用销售也是市场销售发展的高级形式。企业在利用信用销售拓展市场的同时,也存在信用风险,如果管理不好,会导致应收账款收不回,影响资金周转及变成坏账损失。只有完善的信用管理体系,才能扩大销售、降低风险,使信用销售成为扩大市场的主要方式。

每个销售人员如果都能认识到赊销的意义并正确地理解赊销,在销售过程中管理好赊销风险,一定能成为一名优秀的销售人员。

杰尼在管理销售团队的过程中,不断加强销售人员对赊销的理解并强化销售人员在信用管理方面的培训工作。从赊销管理的角度,我们来看一下杰尼是如何管理销售队伍的。

杰尼在销售队伍的管理过程中,首先,提升销售人员对赊销的认知,理解赊销在提高销售业绩方面的重要性;其次,从不同的角度来分析和认识应收账款的作用和意义;再次,了解运用好赊销工具是推动销售工作的重要手段;最后,熟悉赊销成本的构成和影响赊销风险的因素。

　　赊销(信用)意味着信任。当卖方将财产移交给同意在以后日期付款的买方时，就会存在一种明显的信赖暗示：付款将在约定的日期完成。赊销的期限和赊销的金额取决于信任程度。

第一章　赊销与应收账款

学习目标

应收账款是企业因对外赊销产品、供应材料、提供劳务等而应向购货或接受劳务一方收取的款项。在日常销售活动中,为了扩大销售规模、降低库存、维护与客户的关系等原因,大量企业均会发生应收账款。伴随着应收账款的产生,企业不可避免地会发生成本、产生坏账风险,并实施管理。本章中,我们将学到:

- ➡ 销售与赊销的关系
- ➡ 赊销的成本及赊销成本的计算方法
- ➡ 资金的时间价值
- ➡ 如何利用赊销手段促进销售业绩的增长

关键词

应收账款	账款融资	法律主体
时间价值	贷款利息	信用分析
信用管理	赊销成本	信用服务

内容提要

1. 理论知识点梳理
 (1) 赊销的含义
 (2) 应收账款融资
2. 实务场景设置

(1)不同支付时间下的应收账款

(2)赊销的成本与利益

(3)怎样才能维护好大客户关系

(4)赊销与销售的关系

小贴士

销售是把货物销售出去就好了吗？赊销可以无限度地提供吗？理解赊销在销售工作中的重要性和必要性以及赊销管理的紧迫性，专业的赊销管理方法对提升销售业绩、管理销售团队尤其重要。

一、理论知识点梳理

★ 赊销的含义

赊销就是在商品交换的过程中，交易一方承诺按时偿还而获得另一方的资金、物资和服务。企业进行赊销，从本质上是为提高产品或服务在市场上的竞争力、扩大销售而采取的一种商业信用，而应收账款实质是提供赊销企业向客户提供的投资。

1. 应收账款的概念

应收账款账户是核算企业因销售商品、材料或提供劳务等而应向购货单位收取的款项，以及代垫运杂费和承兑到期尚未收到款的商业承兑汇票。

应收账款是伴随企业的销售行为发生而形成的一项债权。作为企业信用的管理者，需要从债权人和债务人的角度分别看应收账款。增强对赊销作用与风险的认识和理解，将会大大提升赊销对促进销售的作用。

2. 应收账款的特点

应收账款本质上是延时性资产，它具有以下特点：

(1)属于商业信用

应收账款是在产品或服务销售中给予客户的授信产品。

(2)可流动性

在财务中，应收账款这项债权属于流动资产范围，按照其实际应计金额在发生时予以记录。同时，在其存续期、尚未有现金回流之前，可以通过应收账款融资实现流动。

(3)风险性

应收账款对应的货款在销售时还没有真正流入企业,后续可能会发生客户拖欠付款甚至无力偿还的情况,这种风险的产生与企业信用管理水平的高低有密切关系。

企业信用管理水平从一定程度上决定了应收账款的质量高低。即应收账款转换过程存在两种可能:其一是企业成功收回账款,应收账款转换为货币资金,为企业注入现金流量;其二是企业无法完成账款回收工作,应收账款转换为坏账,该企业蒙受了损失。

3. 应收账款的管理

应收账款管理是企业信用管理者从审核客户资质开始,到不同赊销政策和赊销方式的选择并将商品或服务交给购买方,债权关系形成,再到收回应收账款或账款转变为坏账,最后完成客户资质的再次评估为止的全过程。整个过程采用一系列科学的方法,其目的是及时收回所有应收账款,并减少违约和坏账风险的可能性,保证企业资产及资金流的稳定,同时又能维护良好的客户资源。

4. 赊销成本

理论上,赊销成本主要来自:

(1)应收账款持有成本

它是指应收账款占用资金的成本。应收账款形成后,企业需要另外筹集资金(外部融资或者内部融资)以满足应收账款的资金占用,而融资是需要成本的。也可以将其理解为企业的资金投放于应收账款而必须放弃其他投资机会所丧失的收益,即表现为机会成本。

$$应收账款持有成本 = 应收账款占用资金 \times 资金成本率$$

其中:

$$应收账款占用资金 = 应收账款平均余额 \times 变动成本率$$

具体计算我们将在本书的第八章中通过实际案例来讲解。

(2)管理成本

其一,企业进行赊销应设立专门的赊销管理部门,这增加了大量的管理费用;其二,企业在进行赊销前,需要对赊销客户进行资信调查,以确定是否给予赊销,这会发生各类费用。例如,通过相关政府部门或专业机构调查,需要购买服务来获得和分析这些信息,进而发生相关费用。此外,在发生赊销账款后直至账款收回也会持续发生与之相关的各类费用。例如,客户出现实质性违约,货款无法收回时会发生诉讼费用。

(3)坏账成本

所谓坏账,是指无法收回的应收账款,这意味着买方拒绝支付欠款或已经完全丧失了支付能力。坏账所带来的损失不仅局限于实际发生的损失总和,它会增加融资成本,从而影响盈利水平,严重者甚至会影响企业现金流,进而导致企业安全经营受到威胁。

★ 应收账款融资

应收账款融资是应收账款持有企业将尚未收回的应收账款作为融资保障,转移给第三方,以此获取融资资金的筹资方式。

目前,我国应收账款融资品种包括应收账款保理、应收账款证券化和应收账款质押等。

1. 应收账款保理

它是指企业将应收账款转移给保理商,以获取相应的融资资金的一种应收账款融资方式。应收账款保理将应收账款风险转由外部保理商承担。考虑到其为现在比较常见的一种风险转移手段,本书在第十三章中会对此做更为详细的说明。

2. 应收账款证券化

它是指将企业的应收账款组合后出售给特殊目的机构(SPV),经过信用增级,转化为可以在资本市场中流通和买卖的有价证券的融资方式。

为保障证券化过程的顺利实施,需要多方共同参与交易过程,并形成严谨完整的交易结构。首先,原始权益人将经担保机构信用增级后的应收账款出售给特殊目的机构,由计划管理人发起设立专项资产管理计划募集资金。待信用评级后,由资本市场的投资者认购该产品。

3. 应收账款质押

它是指企业将应收账款作为质押物向银行进行融资,以获取资金为生产和经营提供支持的融资方式。它是一种短期融资方式,可以采取随用随支的形式,帮助公司解决短期资金不足的问题。

二、实务场景设置

如何理解赊销?

【案例背景】

某机械公司机械设备的销售渠道主要有两种:经销商代理销售和直接销售

给终端用户。根据公司的市场定位及信用政策等,公司对信用良好的客户提供赊销的销售策略。

根据对客户的信用调查,该公司给予某客户 60 万元的赊销额度、60 天的信用期限。假设公司销售利润率为 10%,银行贷款利息率为 6%。请问:

● 对该客户的销售利润为多少?
● 如果该笔应收账款逾期,对该客户的销售利润为多少?

【关键问题】

该笔销售给公司带来的利润为多少呢?通常都认为是 6 万元,大多数销售人员也认为该笔业务公司的利润为 6 万元。计算如下:

销售利润=销售收入×销售利润率=600 000×10%=60 000(元)

上述计算是否正确呢?

如果不考虑资金的时间价值当然是对的,但资金都是有使用成本的,资金的时间价值可以简单理解为资金的使用成本,通常资金的时间价值按照同期银行贷款利率计算。

【不同支付时间下的应收账款】

让我们分别计算一下,如果该笔应收账款出现不同的支付时间,例如不赊销立即付款,信用期内付款,逾期 6 个月、逾期 12 个月、逾期 18 个月、逾期 24 个月付款,变成坏账等不同情况,这时公司的利润分别为多少?

表 1—1　　　　　　　　账款逾期时间与利润对比

付款期限	销售利润(元)	计　算	说　明
立即付款	60 000		最大利润
信用期内付款	?		
逾期 6 个月	?		
逾期 12 个月	?		
逾期 18 个月	?		
逾期 24 个月	?		
变成坏账			最大损失

可以看出,如果企业不赊销,采用"现款交易"的销售策略,企业就可以实现利润最大化。如果采取这种现款交易方式,一定会影响公司的销售业绩,增加销售难度,降低产品竞争力,给销售带来很大的阻力。公司对客户的赊销,实际上是对客户的让利,公司适当出让部分利益给客户是为了提高销售额、增强竞

争力，同时也是对销售的支持。

公司要根据自身的产品状况、业务战略、市场情况等综合分析的结果制定合适的赊销政策。企业寻求合理利润也是综合各方因素确定的合理方案。

> **债权人及债务人对赊销的认知**

同样是赊销，债权人和债务人会有不同的认知。从债权人的角度看，赊销可以扩大销售收入，提高产品的市场占有率，增强企业的市场竞争能力。赊销产生的应收账款是企业流动资产的重要组成部分，赊销会扩大销售，是企业经营利润的来源。但赊销产生的应收账款都是被动性的资产，可能会发生坏账，逾期的催收或诉讼也是导致与客户发生矛盾的地方。

对于债务人而言，供应商提供的赊销是其融资的主要来源，是没有成本的可使用资金，是免息的贷款；供应商提供的赊销也是其自身信用价值的体现，因赊销带来的应付账款是其具有主动权的负债，是其与供应商沟通谈判的重要筹码。当然，这些应付账款未来需要偿还，企业需要预留资金在到期前支付。如果到期无法支付可能会带来不确定性的风险，包括供应商断供、供应商诉讼等，也可能会导致与供应商之间发生矛盾。

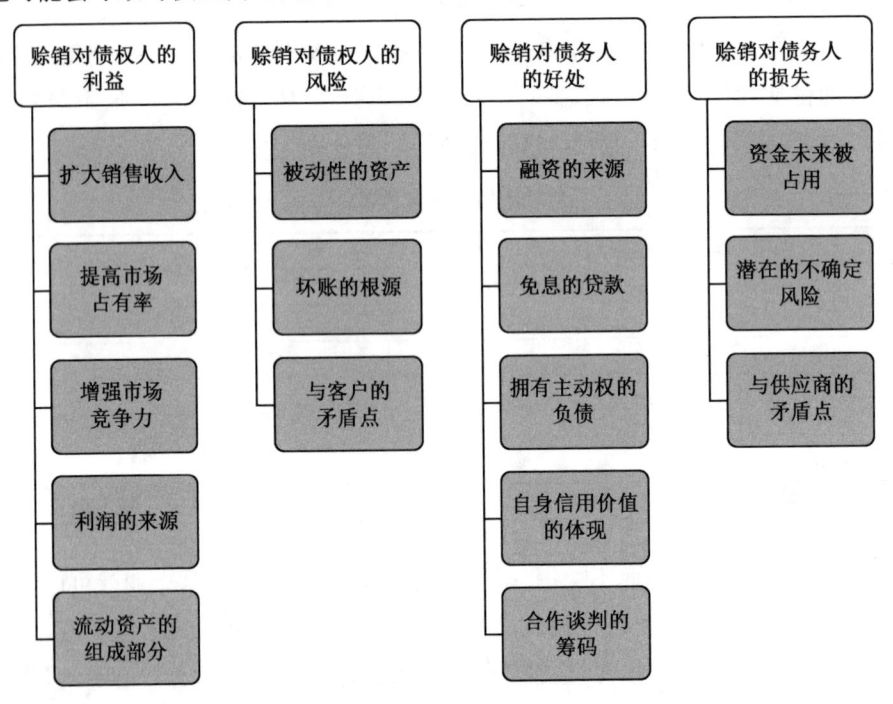

赊销对债权人的利益	赊销对债权人的风险	赊销对债务人的好处	赊销对债务人的损失
扩大销售收入	被动性的资产	融资的来源	资金未来被占用
提高市场占有率	坏账的根源	免息的贷款	潜在的不确定风险
增强市场竞争力	与客户的矛盾点	拥有主动权的负债	与供应商的矛盾点
利润的来源		自身信用价值的体现	
流动资产的组成部分		合作谈判的筹码	

图1—1 债权人及债务人对赊销的认知

【赊销的成本与利益】

"时间就是金钱,效率就是生命。"天下没有免费的午餐,没有什么东西是真正免费的。60天的赊销期也不可能是免费的。卖方总是要在收到买方的付款之前为投入资源借入资金,并为此付出费用。因此,赊销的成本不容忽略,最简单的方法是按照同期银行贷款利率来考虑。

货币的时间价值,是指在不考虑风险和通货膨胀的情况下,货币经过一定时间的投资和再投资所产生的增值,也称为资金的时间价值。从数量上看,货币的时间价值是没有风险和通货膨胀的社会平均投资回报;在表现形式上,货币的时间价值是资金周转过程中的余额价值。货币的时间价值不是在生产领域产生的,而是在社会资金的流通中产生的。两笔金额相等的资金,如果发生在不同的时期,它们的实际价值是不相等的。

当客户要求更长的付款期时,卖方通常应提高价格或直接增加赊销成本,以补偿成本的增加。在尽可能保证拿到订单的情况下,提供的赊销期限应尽可能地短。

从表1—2可以看出,不同的赊销期限带来的赊销成本还是非常明显的。同样一笔业务,因赊销期限不同,其利润率有非常大的差异(假设销售利润率为10%,银行贷款利息率为6%)。

表1—2　　　　　　　　赊销期限与赊销成本和利润率对比　　　　　　　单位:元

类型	销售额	利润			利润率	交易方式
		账面净利润	赊销成本	实际净利润		
A公司	600 000	60 000	0	60 000	10%	现金销售
B公司	600 000	60 000	12 000	48 000	8%	现付2%折扣
C公司	600 000	60 000	6 000	54 000	9%	2个月内付款
D公司	600 000	60 000	24 000	36 000	6%	8个月内付款
E公司	600 000	60 000	42 000	18 000	3%	14个月内付款
F公司	600 000	60 000	60 000	0	0%	20个月内付款
G公司	600 000	60 000	78 000	−18 000	−3%	26个月内付款

问题:表1—1中,你计算的公司利润分别是多少?

当公司根据不同的客户确定好信用额度和信用期限后,如果客户在约定的账期内付款,公司将可以获得合理利润。但是,如果对赊销管理不到位,出现客户逾期支付的情况,公司将无法实现合理利润。从该案例可以看出,如果客户逾期6个月付款,公司获得的利润将只能达到同期的银行贷款利率,企业利润只能弥补从银行贷款的利息。

表1—3　　　　　　　　　　账款逾期时间与利润对比

付款期限	销售利润(元)	计　　算	说　　明
立即付款	60 000	600 000×10%	最大利润
信用期内付款	54 000	600 000×(10%−60/360×6%)	合理利润
逾期6个月	36 000	600 000×(10%−240/360×6%)	贷款利润
逾期12个月	18 000	600 000×(10%−420/360×6%)	微小利润
逾期18个月	0	600 000×(10%−600/360×6%)	无利润
逾期24个月	−18 000	600 000×(10%−780/360×6%)	有损失
变成坏账	9次业务	600 000×90%/60 000	最大损失

如果出现客户逾期一年半的情况,该笔业务的利润为0。这笔业务将只能是账面利润,实际上企业并没有赚钱。看来,缺乏信用管理的影响还是很大的,这笔订单并没有赚钱。如果再出现更长时间的逾期,该笔业务就会出现亏损。如果该笔账款最后变成了坏账,无法回收,企业需要再做同样的业务9笔才能弥补因该笔坏账所产生的损失。当然,这9笔业务都是采取现款交易的方式进行的。

核销坏账大大降低了公司的利润。如表1—3所示,如果发生一笔60万元的坏账,则需要增加相同的9笔交易才能弥补损失。然而,由于延迟付款而产生的利息成本则不那么明显,甚至根本没有被注意到。如表1—3所示,逾期付款的利息成本只需要20个月就可以完全蚕食利润。在实际业务过程中,由于延迟付款导致的利息成本很少单独计算,因为它们与所有其他活动产生的银行费用混合在一起。如果要单独计算,由于逾期付款导致的利息成本通常超过坏账损失金额的10倍。较高的利润率和较低的借贷成本意味着影响较小,而较高的借贷成本和有限的利润率就必须要求采取更严格的收款措施。

表 1—4　　　　　　　　　贷款利息与销售利润消耗时间对比

贷款利息率	销售利润率					
	15%	10%	8%	6%	4%	2%
4%	45	30	24	18	12	6
6%	30	20	16	12	8	4
8%	22.5	15	12	9	6	3
10%	18	12	9.6	7.2	4.8	2.4
12%	15	10	8	6	4	2
15%	12	8	6.4	4.8	3.2	1.6
	利润被货款拖延的利息成本完全吞噬掉所需要的月数					

通过查看表 1—4，每一个数字代表了在每一种贷款成本和利润组合情况下，还有多少时间销售将因延迟付款而导致无法盈利，以确定需要采取措施的时间。

信用销售是业务的润滑剂和助推器。信用销售已成为企业发展的重要手段。现在，只有在"先购买，后付款"的基础上，才能进行大量交易。交易的复杂性和财务资金压力使得了解客户比以往任何时候都更有必要，在了解客户基础上决定赊销的金额和时间，并注意及时收款。

前文所述，理论上，成本应该包含在价格中，企业只能获得合理的利润。但由于大多数客户在约定的截止日期后才付款，未计划在内的额外成本将扰乱公司的预计净利润，从而影响现金流。

在销售过程中，对每一类客户提供多少赊销金额和赊销期限都应该在复杂的赊销管理中提前做好安排。提供赊销不应该是一种偶然的行为，而应该是一种有计划的、有成本的、可控的过程。企业应该审慎地提供赊销，以便使销售能顺利地增加企业预期的利润。

【大客户关系维护】

大客户是企业的命脉。相比一般客户，大客户通常能够为企业带来更多的利润。通常，企业的应收账款也集中在几个大客户身上。如果个别大客户关系出现问题，不但可能影响销售业绩，企业资金也可能会受到威胁。企业应该尽自己最大的努力，做好管理和服务工作，为大客户创造价值，实现与大客户的双赢。

客户如水,企业如舟,水能载舟,亦能覆舟。大客户关系管理尤其重要和紧迫。

企业必须明确谁是大客户、大客户想要什么、如何建立大客户战略、如何维护大客户等问题。通过对大客户关系的管理,实现业绩的飞跃。

维护好与大客户的关系,不但能提升销售业绩,也能控制好赊销风险。企业应及时掌握与大客户的关系如何、稳定性如何,以及哪些大客户还需要加强沟通等。

根据多年的赊销管理经验,笔者就大客户关系管理方面提出四个方向:第一,要熟悉客户、了解客户,要有客户的信息和资料,熟悉客户联系人的职位;第二,要熟悉客户联系人的决策身份,并了解其详细个人爱好等;第三,确定与大客户的关系情况如何,客户关系是否良好;第四,明确与大客户的日常联络情况是怎样的,日常联络方式和频率如何。

对上述四个方面的信息进行要素分解,同时进行量化分析判断。根据量化分析结果确定所有销售团队人员的工作能力,以及与客户的关系好坏,帮助销售人员管理大客户。如果大客户关系良好,一方面能提升业务的发展,另一方面也有利于应收账款的回收,实现有效销售。对量化分析中发现的问题进行及时改进,提升大客户关系管理。

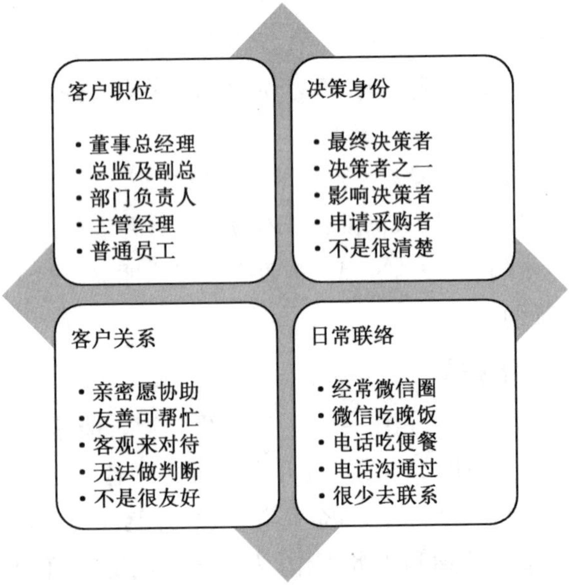

客户职位	决策身份
・董事总经理 ・总监及副总 ・部门负责人 ・主管经理 ・普通员工	・最终决策者 ・决策者之一 ・影响决策者 ・申请采购者 ・不是很清楚

客户关系	日常联络
・亲密愿协助 ・友善可帮忙 ・客观来对待 ・无法做判断 ・不是很友好	・经常微信圈 ・微信吃晚饭 ・电话吃便餐 ・电话沟通过 ・很少去联系

图1—2 维护大客户关系

【赊销与销售关系的思考】

一切始于销售,销售终于回款。商业社会中,我们每天都面临着各种两难问题的选择,不管最终的选择是什么,都无所谓好坏,适合的才是最好的。

选择自己喜欢的,才能愿意去做。就像销售工作,要有兴趣和热情才能做好。激烈的市场竞争中,赊销与销售相伴而生,正确地认识赊销的作用、从不同角度理解赊销的意义将更有利于实现销售的目标。只有认识并理解赊销的风险,才能在日常销售业务中建立完善的赊销管理制度和方法。

给客户提供赊销是增加销售的重要手段,同时也可能会给企业带来坏账的风险。针对客户的信用状况确定不同的赊销条件将十分必要和重要;对客户的分类管理将会大大提升和改进赊销管理水平,确保公司在增加业务的同时合理控制风险。

第二章 信用调查与信用报告

学习目标

对于客户能否享受到我们提供的赊销及信用条件是什么的判断,起始于对能够反映客户信用情况信息的分析。那么,能够反映信用情况的信息包括什么及怎样获得呢?本章中,我们将学习到:

➡ 企业信用信息的类型
➡ 信用信息的渠道
➡ 企业信用信息的内容
➡ 识别信息真假的方法
➡ 怎样撰写客户信用报告

关键词

社会信用	社会信用信息	公共信用信息
市场信用信息	信用信息	不良信息
信息种类	信息渠道	信息识别

内容提要

1. 理论知识点梳理
(1)企业信用信息的种类
(2)企业信用信息的内容
(3)企业不良信息的内容

(4)企业信用信息的来源

(5)企业信用报告

2. 实务场景设置

(1)怎样开展客户信用调查

(2)企业信用信息获取方式

(3)企业信用信息交互系统

(4)采集信息的原则与条件

(5)企业信用信息的识别

小贴士

信用岗位人员的一项重要工作就是收集整理客户的信用信息,信用分析人员判断客户的信用风险首先就要确定信息的类型与内容。所要收集的信息都应该从实用性和可获得性出发。其次,信用分析人员还要熟悉现有的信息渠道,以及不同渠道所收集信息的质量和成本。内部整理、外部调查、客户提供及第三方购买是最为常见的方式。不同渠道所获得的信息还需要采取适当的方式进行甄别和整理,最后形成客户信用报告,以便进行客户信用风险分析。

一、理论知识点梳理

★ 企业信用信息的种类

任何授信决策都是建立在掌握一定的客户信息基础之上的。客户信用风险评价必须以一定的、高质量的信息为基础,只有获得了足够的、高质量的信息后,决策才会成为有源之水、有本之木,信息质量对于客户的信用评价至关重要。

信用岗位人员的一项主要工作就是收集客户信息,进行有关客户信息的调查并撰写调查报告。这里,我们首先要弄明白,什么是企业信用信息?

《征信业管理条例》这样定义征信业务:

"征信业务,是指对企业、事业单位等组织(以下统称企业)的信用信息和个人的信用信息进行采集、整理、保存、加工,并向信息使用者提供的活动。"

什么是信用信息呢?《征信业管理条例》并没有给出定义。

《上海市社会信用条例》这样定义社会信用:

"社会信用,是指具有完全民事行为能力的自然人、法人和非法人组织(以下统称信息主体），在社会和经济活动中遵守法定义务或者履行约定义务的状态。本条例所称社会信用信息，是指可用以识别、分析、判断信息主体守法、履约状况的客观数据和资料。"

这里所说的社会信用信息，主要指信息主体守法方面的状况和资料以及履约状况的数据和资料，但是并没有进一步说明具体包括哪些数据和资料。社会信用信息分为公共信用信息和市场信用信息。

公共信用信息是指行政机关、司法机关、公共企业事业单位等公共信用信息提供单位，在履行职责、提供服务过程中产生或者获取的社会信用信息。

市场信用信息是指信用服务机构及其他企业事业单位等市场信用信息提供单位，在生产经营活动中产生、采集或者获取的社会信用信息。

《征信业务管理办法》第三条明确了信用信息的定义：

"信用信息，是指依法采集，为金融等活动提供服务，用于识别判断企业和个人信用状况的基本信息、借贷信息、其他相关信息，以及基于前述信息形成的分析评价信息。"

《征信业务管理办法》对信用信息的定义，除了主体的原始数据外，还将征信机构形成的分析与评价类信息也纳入了信用信息的范围。

从实践看，企业信用信息主要包括企业信用交易信息以及其他有助于了解和判断企业信用状况的相关信息。一是企业基本信息，包括企业名称、注册地址、企业年检信息等；二是企业信用交易信息，包括信贷信息、商业信用交易信息；三是企业经营信息，包括财务信息、管理信息及其他非财务信息；四是有助于判断企业信用状况及经营风险的其他信息，包括行政执法信息、司法判决信息等。

★ 企业信用信息的内容

在确定企业信用信息的具体内容时，必须考虑到采集的企业信息对信用风险决策的作用。在采集企业信息时，要考虑信息的全面性、丰富性、真实性、及时性及可用性。实践经验中，确定信息范围的基本原则主要包括：

（1）信息范围的广度：采集的企业信息越全面、越详细、越丰富，就越有利于分析判断企业的信用风险。

（2）信息内容的深度：采集的企业信息不能仅仅停留在表面，要深入下去，了解企业的真实情况，对异常信息要深入了解其背后的原因。

（3）获得信息的难度：收集企业信息是需要花费时间和费用的，你要了解的信息越详细、越深入，就越需要更大的成本付出，越详细的信息获取难度也越大。收集信息必须考虑获得信息的难度及成本。

信息采集要遵循"最少、必要"的原则,以便更好地保障信息主体的合法权益,实现信用信息安全、合规、合理地流动。不得过度采集信息,企业也没有必要过度采集信息。

根据信息采集的基本原则,结合企业的实际情况,某企业采集客户的信用信息范围举例如表2—1所示。

表2—1　　　　　　　　　企业信用信息分类表

信息类型	信息说明	备 注
基本信息	联络信息	具体详细的联系方式,如地址、电话、网站、微信号,以及地理方位、交通便利、联络状况等
	注册信息	准确的名称、注册地址、注册资本、经营范围、信用代码、登记日期、登记机关等
	变更信息	成立背景、发展历程、变更事项、重要事件
	资质信息	资质证书、商标专利、荣誉证书、税务资质、行政许可等
管理信息	股东信息	所属集团、股东名称、股权结构、股东介绍
	投资信息	对外投资、投资比例、投资产业、集团构架
	管理者信息	董事/监事/高管人员名称、人员介绍、管理构架
	组织信息	组织结构、管理模式、部门协调、责权关系
经营信息	采购信息	采购原料、采购区域、供应商信息、付款条件、物流信息
	生产信息	生产规模、设备情况、生产效率、生产技术、产品研发
	产品信息	主要产品、产品质量、产品定位、产品品牌、产品定价
	销售信息	销售团队、销售策略、客户信息、销售区域、收款条件
财务信息	财务报表	资产负债表、利润表、现金流量表
	财务要素	资产、负债、权益、收入、费用、利润
	财务数据	现金、存货、应收、应付、实收资本
	财务指标	偿债能力、营运能力、盈利能力、发展能力
信用信息	公共信用	社保评价、税务评价、工商年检
	交易信息	交易信息、交易记录评价
	履约信息	供应商评价、客户评价
	还贷信息	贷款银行、信贷评级、还贷情况等

续表

信息类型	信息说明	备注
公共信息	政府监管	工商、质检、环保、税务、海关等
	司法判决	诉讼、判决、失信、被执行、法院公告、股权冻结
	媒体舆情	媒体报道、新闻舆情、广告宣传、招投标等
	行业状况	行业规模、行业趋势、行业指标、行业地位
其他信息	实地考察	实地调查信息与分析、调查分析
	专家研判	行业专家分析判断、风险评估分析
	竞争策略	同业者分析、市场地位与竞争策略优势
	宏观环境	行业稳定性、产业链聚集、宏观环境

★ 企业不良信息的内容

在采集客户信用信息及分析客户信用风险的过程中，企业的不良信息往往在风险判断中起到至关重要的作用。

所谓不良信息，是指对信息主体信用状况构成负面影响的信息，包括信息主体在借贷、赊购、担保、租赁、保险等活动中未按照合同履行义务的信息，对信息主体的行政处罚信息，人民法院判决或者裁定信息主体履行义务和强制执行的信息，以及国务院征信业监督管理部门规定的其他不良信息。

大致而言，不良信息包括履约方面的不良信息和社会管理方面的不良信息。履约方面的不良信息主要产生于平等主体之间的民事和商事活动中，反映信息主体在履约方面的守信状况，即当信息主体被授信时，是否辜负了交易对方的信任、违背了交易双方的约定。社会管理方面的不良信息，即信息主体是否遵守了社会管理规定，并在未遵守相关规定时是否积极地承担了相应的法律责任。

在信用风险分析过程中，针对严重的不良信息可以作为信用决策时的一票否决项。一旦出现一票否决的内容，应立即停止对目标公司采取赊销。通常，出现下列情况都会被作为一票否决的内容：

➤ 被登记机关吊销营业执照
➤ 被司法部门列入失信被执行人
➤ 被有关监管部门列入严重违法失信名单
➤ 主体失联，通过各种方式都无法联系到目标主体
➤ 主体处于破产重组、清理整顿、歇业等状态

➢ 主体从事非法经营活动被处罚
➢ 其他一票否决项等

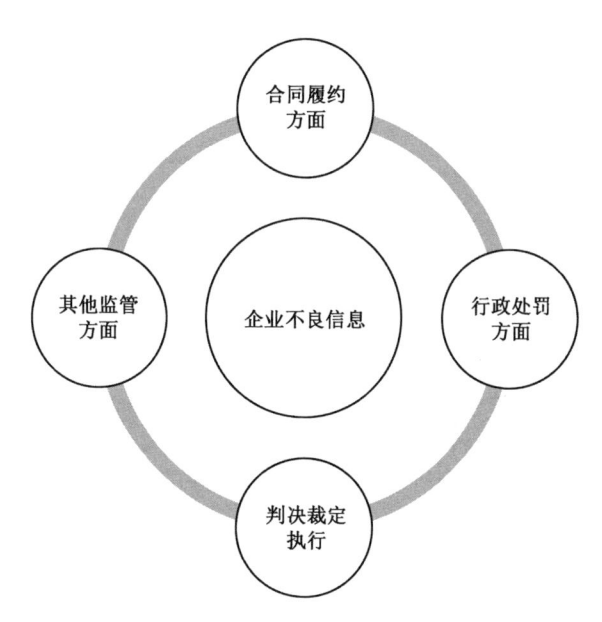

图 2—1　企业不良信息分类

★ 企业信用信息的来源

1. 信息渠道

信息渠道是人们在信息传播过程中使用的渠道,即传递和接收信息的方式。在信息传播中,由于信息内容或传播目的的不同,人们对信息渠道的要求也不同。

对于企业信用信息渠道而言,根据信息内容的不同,主要有两种类型:开放性渠道和封闭性渠道。

开放性信息渠道是指信息流通不局限于特定的交往对象之间的信息途径,交往双方通过该类型渠道进行信息交互时,其他人也可以通过该渠道了解所交互的信息,比如报刊出版物、广播电视、网络等大众传播渠道,都属于开放性信息渠道。

封闭性信息渠道是指信息流通仅限于特定的交往对象之间的信息途径,比如书信、电话、电子邮件、微信等,其传播特点是一个发送者对应一个或特定的几个接收者。封闭性信息渠道传输的信息往往具有私密性。

2. 信息来源

根据企业信用信息的具体内容，我们将其分为下列几类：基本信息、管理信息、经营信息、财务信息、信用信息、公共信息及其他信息等。

通常，主要通过四种渠道收集客户信息：企业内部整理、外部渠道调查、赊销客户提供和征信机构购买。

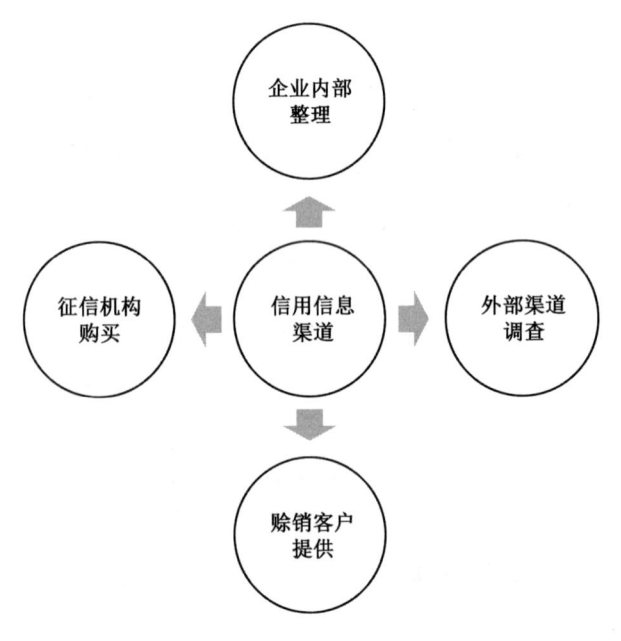

图 2—2　企业信用信息来源渠道

（1）企业内部整理

通常，企业在与客户进行交易的过程中和与客户的商业往来活动中会产生和收集各种信息。企业按照公司内部制度安排适当的人员对这些信息进行整理和归类，汇总分散在企业内部不同部门之间的客户信息，形成客户信息档案。

内部渠道是获取客户信息最方便和最灵活的方式，客户信息分散在企业内部各职能部门（如销售部门、物流部门、仓管部门、财务部门、法务部门等）中。其来源渠道主要包括公司内部的销售台账系统（客户关系管理简称 CRM）和财务结算系统等。

通过企业内部渠道的汇总整理，可以获得如下客户信息：

①客户的基础信息

▷ 联络信息

▷ 银行信息

②客户的交易信息

▷ 客户订货量是否呈上升趋势

▷ 客户的订货是否有季节性

③客户的付款信息

▷ 对我们的付款是否及时

▷ 其平均付款期是多少天

▷ 其是否有逾期付款的情况

④客户的分析评判信息

▷ 对我们的合作是否友好

▷ 对我们的表现是否满意

▷ 对我们的支持是否稳定

⑤其他信息等

客户过去的表现对评价其将来的信用是非常有意义的。若某个客户付款一直很及时且购买量呈上升趋势，那么当客户提出增加额度时，你会倾向于答应客户的请求；反之，你根本不应该考虑。

（2）外部渠道调查

外部渠道调查是获取客户信息最常见和最直观的方式。外部调查主要有两种渠道：一是企业销售或信用人员通过对客户进行实地访问和沟通调查获得；二是企业销售或信用人员通过对客户的关联部门及政府和媒体（供应商、客户、官方部门、网络媒体等）进行访问和调查获得。销售人员或信用人员与客户直接接触、面对面交流的调查方式，可以得到客户许多细节性的信息，得到的信息一般比较准确，并对信用决策起到非常大的作用。

许多信息在选择客户时或与客户初次交谈中即可获取，例如：

①客户的基本信息

▷ 客户的法定注册名称是什么

▷ 客户是什么类型的机构

▷ 客户是由谁投资兴办的（股东是谁）

▷ 客户成立多长时间了（成立日期）

②客户的业务信息

▷ 客户主要从事什么业务（生产贸易）

▷ 客户主要经营什么产品(产品类型)
▷ 客户的客户属于什么行业
▷ 客户的客户主要分布在哪里
▷ 客户的其他供应商有哪些
▷ 客户通常的赊销付款天数
▷ 客户通常的收款方式怎样
▷ 客户的业务发展怎样

通过进一步的接触或实地访问,会有意或无意地发现下列情况:

①客户的经营场地
▷ 客户的经营场地所处的方位
▷ 客户的内部办公设施和环境
▷ 客户不动产是租用还是自有

②客户的人员情况
▷ 客户的员工大约有多少
▷ 客户人员是否经常发生变化
▷ 客户的管理者是否有经验
▷ 客户人员的士气和素质如何

③客户的经营信息
▷ 客户的繁忙程度及工作时间
▷ 客户经营是否有季节性
▷ 客户的业务规模及增长情况
▷ 客户经营活跃程度
▷ 物流运输的频繁程度
▷ 产品库存积压情况
▷ 设备及运转情况

通过对客户的关联部门(供应商、客户、股东、竞争对手等)进行访问以及通过政府或网络(官方渠道、网络媒体等)进行搜索,可以获得客户的官方监管信息、媒体宣传信息、合作交易信息及其他信息等。

①信用交易信息
▷ 供应商合作情况如何
▷ 供应商评价如何

- 下游客户合作情况如何
- 下游客户评价如何
- 股东支持力度如何

②公共评价信息
- 竞争对手的评价
- 行业协会的评价
- 政府监管部门的评价
- 司法判决的不良信息
- 媒体不良信息

企业销售人员和信用人员应培养这些方面的信用意识，充分并及时获取客户的各方面资料，平时需要不断更新。

资料：《上海市公共信用信息目录（2020版）》收录信息涉及全市90家确认向上海市公共信用信息服务平台提供信息的单位，包括40家市级行政机关、16家区政府、7家中央在沪单位、2家人民团体、1家司法机关、9家公用事业单位和15家社会组织。这些信息主要分为登记类、资质类、监管类、判决类、执行类、履约类、管理类和公益类（主要信息查询网站参考书后附录4）。

(3) 赊销客户提供

由赊销客户自己提供信息是最节约和最直接的信息来源方式。客户在申请赊销时，提交信用申请表和赊销申请资料。

信用申请表及赊销申请资料主要包括下列内容：

①背景信息
- 准确的合法注册名称（营业执照）
- 企业联系地址及电话（联络信息）
- 具体对接的人员及岗位（负责人员）
- 企业的业务规模体量大小（收入利润）

②合作业务信息
- 采购产品的种类和规格
- 采购产品的数量和金额
- 累计交易规模的大小
- 申请付款的账期与方式
- 申请赊销额度的规模

③风险管控措施
- 赊销的原因说明
- 前期合作及付款情况
- 信用承诺与逾期处理方法
- 担保与抵押情况

④能力证明材料
- 产品的市场在哪里
- 业务订单规模预测
- 怎样才能获得付款
- 其他供应商及评价

建议在审批赊销时要求客户按照标准格式提供客户的基本资料和备查询的其他供应商信息(不少于3家)。

信用申请表有通用的标准版本,企业可根据需求作相应的修改、删减或添加其他认为必要的内容。比如,想了解客户之前的审计师事务所、合作律师事务所及其更换的原因等都是可以的。总之,掌握的客户信息越多,对企业越有利。根据经验,信用申请表不能忽视下列几点:
- 由客户自己填表而不是销售人员代替填表;
- 要有客户负责付款的财务联系人的姓名和电话;
- 要明确客户的付款方式(支票、银行转账等);
- 有关负责人保证及时付款的签字等。

要特别留意客户不愿意回答的问题,客户在信用申请表中留下的空白越多,越应该谨慎考虑是否接受这个客户的赊销申请。

(4)征信机构购买

如果客户不愿意填写信用申请表或者企业不打算逐个审查信用申请表的具体内容,那么花时间让客户填写申请表就没有多大意义了。如果要做到高效率,获得客户信息的最快捷方法就是求助于专业征信机构。

通过服务外包,委托给第三方征信公司来完成客户信息调查是最快捷和最有效的方式。征信公司在提供信息的过程中,由于其在信用专业领域的经验优势,如长期积累的信息数据量、信息调查人员的专业程度、丰富的调查网络及调查方法等,使其提供的信息较为准确、使用效率高、价格相对合理等。

下面,我们看看第三方征信公司是如何进行信用调查的。作为专业征信机

构,其信息调查渠道主要包括:

①信息主体主动提供信息

信息主体可以主动提供企业信用信息及经营信息,如企业信用交易信息、财务信息、商业银行信贷信息、商业机构赊销信息等。征信机构与信息主体联系,由信息主体主动提供其信用信息,这有利于交易对方了解企业信用历史及经营状况,为信息主体获取更多的信用交易机会。

②企业交易对方提供信息

企业交易对方也可以提供企业信用交易信息,促进企业守信履约。征信机构通过对企业交易对方的调查和访问,从交易对方获得企业的信用交易信息、业务合作信息等。

③行业协会提供信息

行业协会的重要职责之一是对本行业的基本情况进行统计、分析并发布,开展行业发展情况的基础调查。征信机构通过与行业协会合作,采集行业协会依职披露的行业信息和企业信息。

④政府有关部门依法已公开的信息

政府部门在履职过程中掌握了大量的企业信息,如工商登记年检中的企业基本信息、经营信息,行政部门对涉及违法违规企业的行政处罚信息等。征信机构通过专业渠道与政府有关部门公开的信息建立合作,获取政府登记类、资质类和监管类信息等。

⑤人民法院依法公布的判决、裁定等

人民法院依法作出的判决、裁定结果可能会影响企业生产经营状况,进而影响企业偿还债务、履行约定的能力。征信机构通过合作获得企业的执行判决信息。

⑥通过其他渠道采集企业信息

征信机构通过各种合法渠道采集企业信息(金融保险证券、招投标、网络媒体、会议展览等),对企业开展信用调查,获取企业的经营信息,帮助信息使用者全面评价企业信用状况。

⑦征信机构数据库及专业分析评价信息

这包括征信机构基于前述信息对企业信用状况形成的分析评价类信息,以及征信机构积累的企业信息数据库等。

征信公司提供的企业资信调查报告主要包括下列八个方面的内容:

➢ 企业基本信息，包括企业名称、联系方式、登记信息、投资人信息、年检信息等；

➢ 企业资质信息，包括企业资质、企业资格等；

➢ 企业信用交易信息，包括商业信用交易信息、履约信息等；

➢ 企业经营信息，包括管理信息、经营（采购、生产、销售）信息及其他信息等；

➢ 监管、判决、违约信息，包括行业监管信息、行政执法信息、司法判决信息等；

➢ 公共公开信息，包括媒体信息、网络信息、宣传信息、广告信息、介绍信息等；

➢ 行业信息，包括行业状况、行业背景、行业介绍、行业经营指标等；

➢ 其他信息，有助于了解和判断企业信用状况和经营风险的其他信息。

★ 企业信用报告

1. 客户信用报告

信用人员需要对通过各种渠道收集到的客户信息进行筛选、分类、核实等处理，将其中有价值的部分转化为量化的征信数据，按照统一的格式对客户信息进行分析汇总，形成客户的基本信用报告。

客户信用报告应该包括基本信息、财务信息、交易信息等内容。

2. 信贷信用报告

信贷信用报告相较于客户信用报告更为全面。它是全面记录企业各类经济活动、反映企业信用状况的文书，是企业征信系统的基础产品。企业信贷信用报告客观地记录企业的基本信息、信贷信息以及其他相关信息，全面、准确、及时地反映其信用状况，是信息主体的"经济身份证"。

企业信贷信用报告主要包括四部分内容：基本信息、信贷信息、公共信息和声明信息。基本信息展示企业的身份信息、主要出资人信息和高管人员信息等。信贷信息展示企业在金融机构的当前负债和已还清债务信息，是信贷信用报告的核心部分。公共信息展示企业在社会管理方面的信息，如欠税信息、行政处罚信息、法院判决和执行信息等。声明信息展示企业项下的报数机构说明、征信中心标注和信息主体声明等。

企业在进行信用管理的时候，可以参考客户的企业信贷信用报告用于决策。这里需要说明的是，从企业外部获取的、能够反映企业信用品质的报告最常见的包括两类:其一是企业征信报告;其二是企业信用评级报告。通常,企业征信报告需要付费获取,且存在非常严格的信息保护要求,但企业信用评级报告的结果(参考书后附录1)则是公开透明的。

二、实务场景设置

怎样开展客户信用调查?

【案例背景】

思林娜是达尔商社的信用经理,作为一名信用人员,应怎样收集信息?收集信息的方式有哪些? 从不同渠道获得的信息如何诊断、识别并分类整理是必须完成的工作,思林娜是如何操作的呢?

【关键问题】

- 如何收集企业信用信息? 信息收集有哪些方法?
- 信息收集的原则和资源有哪些?
- 怎样进行信息的真假识别?
- 客户信用报告的形式与内容有哪些?

【获取信息的方式】

获取信息的途径是多种多样的。在日常生活中,我们获取信息所选择的方式要因地制宜、取长补短。由于需求的不同,信息获取的手段、方式、方法也不相同。

在商业活动过程中,要获得客户的信用信息,通常采取的方式包括问(调查)、看(观察)、找(搜索)、要(索取)、买(购买)、析(分析)、联(共享)等。

1. 调查法(问)

包括电话调查、实地调查、问卷调查等。采用调查方法是最常见的获取信息方式,尤其以电话调查为主。电话调查借助电话这一中介工具进行,因而是一种间接的调查方法。实地调查采用线下访谈的方式进行,有针对性地、系统化地对调研对象(人)进行深入访谈。问卷调查是在设计问卷后进行测试,形式可以线下(街头、室内等),也可以线上(网站、软件、电话等)。

2. 观察法(看)

包括实地观察、现场查看等。观察法就是用眼睛看、耳朵听,或者拍摄、录音记录等。即通过开会、深入现场、参加生产和经营、实地采样、进行现场观察准确记录(包括测绘、录音、录像、拍照、笔录等)调研情况。

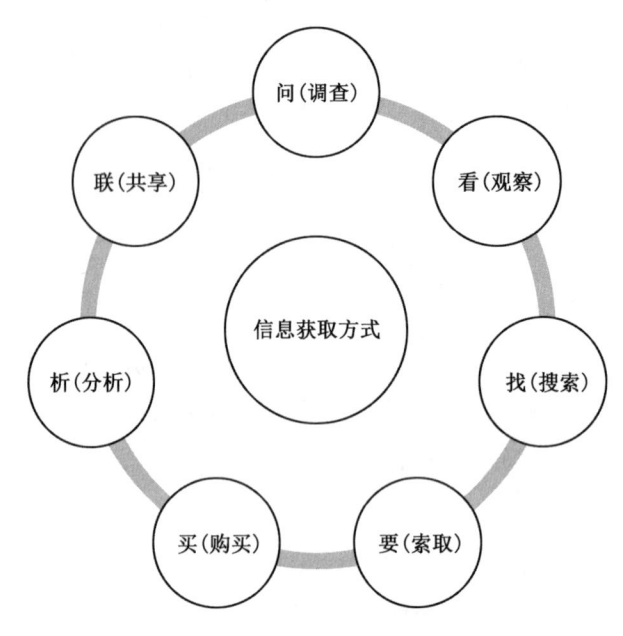

图 2—3　企业信用信息获取方式

3. 搜索法（找）

包括互联网收集、查阅资料、内部整理等。互联网收集，是指通过计算机搜索发布、传递和存储在网络上的各种信息。查阅资料，是指通过报纸、书刊、行业网站、文献、广播电视等查阅信息。内部整理，是指整理汇总分布在企业内部各职能部门的客户信息。

4. 索取法（要）

通过向客户索取，由客户直接提供或通过电子邮件向信息所有者索要。

5. 购买法（买）

有偿采集信息是最快捷的方式。即通过向第三方征信机构或数据公司购买，委托第三方征信公司来完成客户信息调查。

6. 分析法（析）

通过对已有客户信息的整理、汇总，结合专家访谈、小组讨论、信息分析等，得到对目标公司的分析评判信息，这些分析结果和建议内容也是比较重要的客户信用信息内容。

7. 共享法（联）

政府机构的公开数据、市场交易数据等通过数据接口实现数据共享，或通过网络爬虫的方式将散落在网络各个角落的数据集中起来。

在众多的信息获取方式中,通过亲自观察、调查、测量等获得的第一手信息,具有较高的真实性和可信度。通过访谈、阅读、视听、问卷等方式获得的第二手信息,信息的客观性和准确性有待进一步核实。

比较有效的方式是,利用数据挖掘技术结合机器学习检索并筛选数据来获取有用信息。这是目前最常用、最快捷和最方便的方法。但这种方法需要企业投入大量的成本,对于规模不大的企业来说可能得不偿失。大部分企业选择有偿采购数据可能是最方便和最节约的方式。

【建立信息交互系统】

不知道风险在哪里才是最大的风险所在。

最大的风险在于不知道的区域,最大的风险是没有被发现的风险。对已知的风险企业一般会有相应的控制措施,而对未知的风险往往是防不胜防。

企业常常发现不了自己存在的风险,一是由于外部时刻变化的复杂环境造成的,二是只缘身在此山中。不知道风险在哪里,当然不可能建立应对风险的控制措施了。

风险意味着不确定性,控制风险的主要手段就是进行调查,获得判断风险的信息,要让自己从"不知道"到"知道"。收集信息过程中的核心问题是解决信息不对称,导致信息不对称的主要因素是存在信息壁垒。消除信息壁垒的最有效方式就是建立信息互通互联机制,建立信息交互系统。

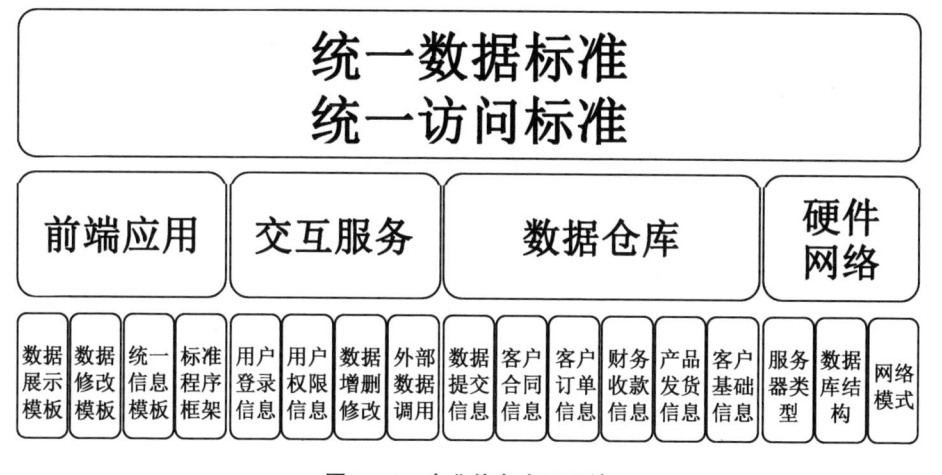

图 2—4　企业信息交互系统

客户信息分散在企业内部各职能部门（如销售部门、物流部门、仓管部门、财务部门、法务部门等）中，这些客户信息是分散的、支离破碎的、不一致的。另外，保存在不同部门的信息也是客户不同维度的内容，有可能因不同部门之间的利益冲突，有人故意隐藏有关客户的不利信息，隐藏真相往往使简单问题复杂化。企业如果没有一个信息交互系统或没有建立一个统一的客户信息系统，这些分散在不同部门的客户信息很可能会存在相互矛盾，也无法对客户进行准确的赊销风险分析判断。

当我们从不同渠道收集客户信息的时候，也会存在客户信息的重复性和差异性。只有建立信息交互系统或客户信息档案库，才能将分散在公司内部不同部门的客户信息进行归类汇总，并将从不同渠道获得的客户信息按照既定的标准和格式进行分类保存。建立客户信息档案并及时更新完善，才能发挥信息在信用分析中的作用。

【采集信息的原则与条件】

信息采集有问、看、找、要、买等不同的方式，收集信息的渠道有内部整理、外部调查、客户提供和第三方购买等。不管怎样，要想快速便捷地收集客户信息，客观准确地分析客户信息，需要具备"三种资源"和"三项技能"。

1. 三有

要采集客户信用信息，需要具有三种资源：人、财、权。所谓人，就是要有可用的人员，有专门负责信息收集的人员，安排信息收集人员进行信息调查和收集；所谓财，就是要有钱，有可支配的资金预算，用这些预算可以向第三方征信公司采购数据；所谓权，就是作为销售商，要有一定的市场地位，获得客户认同，客户愿意提供赊销申请表和赊销申请资料。

（1）客户提供：由客户提供赊销申请表和赊销申请资料。

（2）外部购买：从第三方征信机构或数据公司采购。

（3）人员采集：安排人员收集调查，主要通过内部整理、外部调查和公开搜索来完成。内部整理，即整理分散在公司内部不同部门的客户信息，包括客户交易信息、客户付款信息、客户合作信息等。外部调查，即信息采集人员通过对客户及其供应商、客户其他关联方的调查访问获得客户信息。公开搜索，即信息采集人员从行业协会、政府部门依法公开途径、人民法院依法公布的判决裁定、网站平台等搜索客户信息。

2. 三会

(1)会归类整理、查漏补缺

当企业从不同渠道收集到客户信息后,接下来要做的就是对信息进行归类整理。将客户信用信息分为基本信息、管理信息、经营信息、财务信息、信用信息、公共信息和其他信息等不同类型,把从不同渠道收集的客户信息按照类别进行整理和汇总。汇总整理完成后一定还要进行查漏补缺,完善客户信息内容。

(2)会真伪识别、虚实判断

就信息渠道本身而言,并不存在信息的真假问题,但是,当不同的信息内容流经不同的信息渠道时,对信息交往双方的利益乃至社会利益都会产生影响。在这种情况下,就会存在对其不同的评价。由于信息的来源渠道不同,信息可靠性也会存在一定的差异。分析判断信息的真假,去伪存真将是一件重要的工作。

(3)会加工分析、存储使用

收集信息的目的是使用信息。一堆信息是无法进行精准使用的,按照一定的标准和规则对这些信息进行分析判断,得出一个结论才能更好地使用信息。

【信用信息的诊断与识别】

1. 信息识别的必要性与意义

企业的信用信息是从多个渠道收集来的,不同渠道收集到的客户信息可能会存在不一致的情况,不同渠道的信息质量也存在一定的差异性,信息本身的真实性也会不同。如果是在信息不真实的基础上进行分析,其所带来的分析结论也是无法使用的。在使用信息之前对信息进行核查和识别是十分必要的。

信息风险,是指在信息共享过程中,由于信息不对称和严重的信息污染而导致的信息不准确、滞后和其他一些不良后果的相对风险现象。

主要表现为:在信息传递和沟通过程中,由于信息不准确、信息不能及时到达接收者等原因,可能导致管理者的决策失误。具体包括信息来源渠道不畅造成的信息不完整、偏颇、误导和不及时,以及在对信息进行技术处理过程中的深度不够、解读不正确、分析结论输入不及时等。

2. 信息识别的内容与种类

思林娜根据多年的信用管理经验,对任何新获得的企业信用信息,在使用信息之前,分别从真实性、完整性、及时性和有用性四个方面进行识别:

一是信息的真实性。只有建立在信息真实基础上的分析才是有价值的,如果信息本身存在质量问题,对其分析与应用将会带来巨大的风险,会错上加错、南辕北辙。

二是信息的完整性。如果信息是真实的,但存在信息缺失,往往缺失的信息很可能会存在巨大的风险。例如,某企业的经营利润都正常,但企业最近发生重大变更的信息有缺失,这个重大变更可能会导致企业巨大的风险。

三是信息的及时性。信息越及时,价值越大,两年前的信息已经都是过去式了,市场变化很快,我们需要及时了解客户最新的信息。

四是信息的有用性。如果获得很多客户信息,但这些信息对于分析和判断客户的信用风险作用不大,或无法准确分析客户的信用风险,那获得这些信息又有什么意义呢?

做客户信用分析时,首先要收集有用的客户信息,保障这些有用信息的完整性和及时性,最后判断信息是否真实。

3. 信息识别的步骤与项目

根据获得的企业信用信息内容,进行分类核查判断:

(1)机构合法性及类型识别:机构信用代码、法人类型与合法登记注册

核验:机构类型(营利法人、非营利法人、特别法人、非法人组织)、存续状态(在营、开业、在册)。

(2)机构资本识别:注册资本、实收资本、开办资金及资本金来源

核验:资本金来源、认缴与实缴、自有资本与机构规模的匹配程度及必要性、实缴的真实性(与财务核验)、认缴与实缴差异的原因。

(3)机构年检情况识别:年检通过情况、信息完整性、异常名单

核验:年检通过与否、年检提供的信息完整性及逻辑性、网站/联络地址/电话的公开与可联系性、年检的严肃性与仔细认真程度等。

(4)机构管理者识别:管理人员能力、管理者年龄

核验:管理者之间是否有亲属关系或其他关联关系,管理者年龄大小、阅历,是否在本机构内从事经营管理活动,是挂名人员、投资者还是经营者,是兼职还是专职等。

(5)机构股东关系识别:股权结构、控股者、权利分配情况

核验:股东背景、股东是否熟悉公司、股东是否控制公司、股东是否有可能侵吞公司资产、股东之间是否有矛盾、股东之间是否和睦。

(6)机构财务数据识别:财务科目、财务指标

核验:财务数字的逻辑关系、财务比率的可靠性、财务数字的可靠性与真实性等。主要识别的方式包括真假识别、数据是否有美化和处理、异常数据分析

和判断等。

(7)机构经营识别:经营数据、经营模式、经营策略

核验:经营业务与财务对比、经营销售模式与应收账款对比、交易方式与应收应付对比、客户与供应商情况对比,以及不良信息、涉诉信息、处罚信息、持续经营能力等。

(8)机构变更识别:资本变化、法人变化、股东变化、业务变化等

核验:机构是脱胎换骨还是金蝉脱壳,是实至名归还是徒有虚名,是小而美且持续还是花样多、变化快。

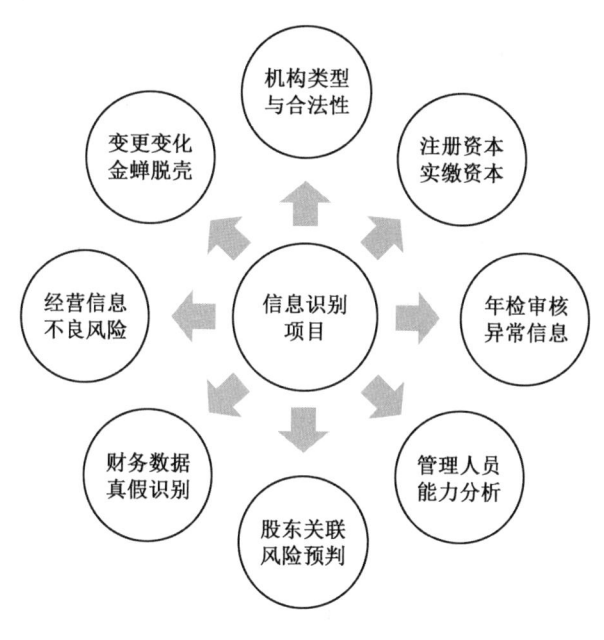

图 2—5 信息识别项目

4. 信息识别的方法与手段

数据质量的高低取决于数据的准确性,只有提高数据的准确性,才能提高信用风险决策的可用性。导致数据不准确的原因是多方面的,既有信息主体提供的信息不准确,也有信息处理过程中发生的错误,还有信息主体自身信息变化带来的数据错误。导致信息不真实的原因可能包括:

➤ 监察不力:脆弱的审计制度
➤ 口径不一:企业信息渠道泛滥
➤ 管理不同:行政管理的影响

> 意识薄弱：客户提供虚假信息
> 概念不一：企业报表多头管理
> 其他原因：其他方面导致

提高信息的准确性、识别不真实的信息是信用经理非常重要的一项工作。识别虚假信息，提高信息准确性，需要建立信息核查体系：

> 多渠道核实：选择真实渠道。对信息渠道进行筛选，选择优质的信息渠道，并与信息提供者订立相关的约束机制，从源头把握、控制信息的准确性。

> 多听、多看、多问：实地面访或电话访问。采取合理措施，提高数据准确性，建立信息审核制度，对不同渠道采集的信息进行审核，保障整理、加工、保存信息的准确性。严格审查原始数据质量，强化数据信息匹配程序。

> 多角度分析：核查数据的逻辑性。多角度进行分析，核验数据的逻辑性、关联性、互通性等。例如，从行业看人均产出的关系、行业成长性、排名与规模的大小认知。

> 多核对比较：与前期数据进行比较。加快信用信息的更新频率，提高数据准确性，对前后数据进行比对核验，并就获得的信息与信息主体进行核验。

就客户财务数据真假识别，思林娜总结了三类实用的识别手段和方法：

(1) 横向与纵向对比分析

> 横向对比：看企业的发展趋势，对比企业经营数据，分析其发展趋势与增长比例。看行业的增长趋势，了解企业所在行业的整体发展情况，了解行业平均增长速度。将企业的数据与行业的整体发展趋势进行对比分析。

> 纵向对比：看结构合理性，将企业数据进行结构化分析，对比企业数据的合理性。分析逻辑的一致性，根据企业特征，将结构化后的信息进行逻辑分析，查看其合理性和一致性。

思林娜的一些客户向她提供了信息。

表2—2　　　　　　客户1：某货运代理公司提供的部分数据

科　目	当年(万元)	上年(万元)	说　明
销售收入	21 000	7 000	收入增长2倍
净利润	50	25	利润增长1倍
净资产	5 380	5 330	保持平稳
纳税额	52	48	保持平稳

信息识别步骤如下：

➤ 从企业自身的发展趋势看，当年对比上年，收入增长 2 倍，利润增长 1 倍，净资产和纳税额保持平稳。

➤ 从行业发展趋势分析，首先必须了解货运代理公司的业务特征，熟悉货运代理行业的整体发展情况。随着我国对外贸易的不断开展，进出口市场需求不断增长，全国进出口市场的快速发展进一步带动货运代理市场的发展。货运代理行业保持 20% 的年均增长率。货运代理公司的主要利润来源于为客户提供货物代理服务收取的服务费，同时货运代理公司会帮助客户代付运费。所以，一般货运代理公司的销售收入都很大，但利润很小（收入中很大部分为代客户垫付的运费）。

➤ 分析企业数据结构，如表 2－3 所示。

表 2－3

科　目	当年(%)	上年(%)	说　明
销售利润率	0.24	0.40	利润率下降 40%
纳税额收入比	0.25	0.68	纳税额收入比下降 63%

➤ 分析逻辑一致性，通常情况下，处于正常经营的企业，其利润率不应该有太大的变化，纳税额与销售收入之比也应该处于合理的范围之内。对以上数据进行结构化分析后发现逻辑不一致。

➤ 通过以上横向对比和纵向对比分析，发现数据异常。经过与目标公司核实，该公司提供数据错误，当年的实际收入为 12 000 万元。将真实数据进行分析（见表 2－4），就能更清楚地明白横向对比与纵向对比分析的妙处所在。

表 2－4

科　目	当　年	上　年	说　明
销售收入	12 000 万元	7 000 万元	收入增长 0.7 倍
净利润	50 万元	25 万元	利润增长 1 倍
销售利润率	0.42%	0.40%	保持一致
纳税额收入比	0.43%	0.68%	基本合理

（2）宏观与微观对比分析

➤ 宏观分析：看企业类型，看企业属于什么类型，是生产制造类型的企业还是贸易服务类型的企业,不同企业类型的资产构成会有很大的差异。看行业类型,看目标公司所处的行业状况及该行业的特征等。

➢ 微观分析:看历史背景,仔细查看企业的发展历程,分析企业所处的发展阶段,不同的发展阶段企业的目标不同,经营数据也会有差异。看逻辑合理性,同样要将数据进行结构化分解,对分解后的数据进行逻辑分析。

表 2—5　　　　　　　客户 2:某铁合金冶炼公司提供的部分数据

科　目	当年(万元)	上年(万元)	说　明
销售收入	0	略	企业成立有 10 多年
净利润	1 000	略	没有收入,利润从哪里来
净资产	21 000	略	总资产－净资产＝4 000 万元
总资产	25 000	略	负债＋净资产＝210 000 万元
负债	189 000	略	资产负债权益不匹配

信息识别步骤如下:

➢ 看企业类型,该公司是从事有色金属冶炼的大型企业。属于重资产公司,资产规模较大。企业注册资本为 22 000 万元,注册资本全部实缴。企业的净资产数据应该是正确的。

➢ 看行业类型,铁合金冶炼行业是一个典型的高污染、高能耗的行业。在当前"碳中和"大背景下,行业的升级改造是大势所趋。目标公司也有可能在进行技术升级改造。

➢ 看历史背景,该企业已经成立 10 多年。企业当年没有销售收入,但是有利润,必有原因。由于企业为生产型企业,应该是高固定资产、高负债。

➢ 看数据逻辑,从已经获得的数据分析,如果净资产是正确的,假设总资产也是正确的,那么负债应该是 4 000 万元,这样分析好像也比较合理。假设负债是正确的,总资产应该是 210 000 万元,感觉资产规模有点大。

➢ 通过以上的宏观分析与微观分析,发现数据异常。经过与目标公司核实,该主体相关人员介绍,企业原主要生产硅锰、碳锰类产品,因响应环保政策,淘汰落后产能,企业决定进行产业链升级改造。目前在兴建新厂房,生产线尚未全部建成,故无营业收入,利润主要来源于营业外收入。企业投入 10 多亿元资金进行技改,资金主要来源于金融机构贷款,企业负债较高,总体资产规模较大。将正确数据进行分析(见表 2—6),就能更清楚地明白宏观分析与微观分析是怎样进行信息识别的。

表 2—6

科 目	当年(万元)	上年(万元)	说 明
销售收入	0	略	企业在技改,没有投产
净利润	1 000	略	利润来源于营业外收入
净资产	21 000	略	净资产与实收资本匹配
总资产	210 000	略	冶炼企业高资产、高负债
负债	189 000	略	10多亿元银行贷款从事技改

(3)多年对比与常识分析

▷ 多年对比:连续观察多年数据,做对比分析,看发展趋势;同时结合结构化分析,看其合理性。

▷ 常识分析:从常识角度出发,找出不符合常识的信息;从行业特征出发,对行业规律进行再认识。结合企业规模特征,发现与规模不匹配的异常信息。

表 2—7　　　　　客户3:某涂料批发贸易公司提供的部分数据

科 目	当年(万元)	上年(万元)	说 明
销售收入	1 600	1 900	保持稳定,基本合理
净利润	300	260	保持稳定,基本合理
净资产	2 500	2 200	保持稳定,基本合理
总资产	5 500	5 000	保持稳定,基本合理
负债	3 000	2 800	保持稳定,基本合理

信息识别步骤如下:

▷ 通过我们已经掌握的识别方法,对数据进行两年的对比分析,查看发展趋势,同时进行结构化分析,看合理性。

表 2—8

科 目	当 年	上 年	说 明
销售利润率	18.75%	13.68%	平稳,看起来合理
总资产报酬率	5.45%	5.20%	平稳,比较合理
净资产收益率	12.00%	11.82%	平稳,比较合理

续表

科　目	当　年	上　年	说　明
总资产周转率	0.29	0.38	平稳,看起来合理
净资产周转率	0.64	0.86	平稳,看起来合理

▷ 通过以上对比分析,暂时没有发现问题。现在,我们回过头来再想想。目标公司为涂料批发企业,一般从事批发贸易的公司有哪些特征？贸易公司大多是轻资产公司,销售规模很大,利润率很低,资产效率较高等。

▷ 通过常识分析,发现异常。作为涂料代理销售的批发商,利润率能达到15%左右好像与常识不符合,平均资产周转速度一年不到一次有些不应该,对比 5 000 万元左右的资产,年收入不到 2 000 万元略显有些少。我们继续调查该公司更多年份的数据,经过三年数据对比,发现当年及上年的销售收入数据有异议,正确的数据应该分别为 16 000 万元和 19 000 万元。

表 2—9

科　目	当年(万元)	上年(万元)	前年(万元)
销售收入	16 000	19 000	19 600
净利润	300	260	320
净资产	2 500	2 200	2 000
总资产	5 500	5 000	4 300
负债	3 000	2 800	2 300

▷ 对数据修正后,我们再来看看该企业对应的财务指标情况。

表 2—10

科　目	当　年	上　年	前　年
销售利润率	1.88%	1.37%	1.63%
总资产报酬率	5.45%	5.20%	7.44%
净资产收益率	12.00%	11.82%	16.00%
总资产周转率	2.91	3.80	4.56
净资产周转率	6.40	8.64	9.80

▶ 经过以上的多年对比分析与常识分析能发现数据异常。在实际工作中,我们更应该注重常识。所谓常识,并不是所有人的常识,常识也需要多学习、多锻炼。

【客户信用报告样本】

下列为达尔商社根据公司内部的信用管理制度对客户信息进行汇总分析后形成的客户信用档案(信用报告)。

客户信用报告样本(信用档案)
一、报告摘要

基本信息

中文名称		英文名称	
经营地址		注册地址	
电　话		官方网址	

报告摘要

统一信用代码		营业总收入	
注册日期		利润总额	
经济性质		资产合计	
法人代表		所有者权益	
注册资本		员工人数	
币种		企业规模	
主要业务		发展趋势	

分析评价

主要指标	评分说明	主要指标	评分说明
基本信息		信用分	
信用信息		风险等级	
其他信息		停业概率	

二、企业基本情况

联系信息

中文名称	
曾用中文名称	
英文名称	
经营地址	
邮政编码	
电　话	
传　真	
官方网址	

注册信息

统一信用代码	
注册名称	
注册地址	
成立时间	
企业类型	
注册资本	
币　种	
法人代表	
法定经营范围	
经营期限	
登记机关	

其他信息

行业分类	
进出口权	
资　质	

成立背景与发展历程

变更信息

变更时间	变更事项	变更前	变更后

重要事件

三、财务状况

企业资产负债表(单位:千元)

年　度	当　年	上　年
流动资产：		
货币资金		
应收票据		
应收账款		
预付款项		
其他应收款		
存货		
其他流动资产		
流动资产合计		
非流动资产：		
可供出售金融资产		
长期股权投资		

续表

年　度	当　年	上　年
固定资产净值		
在建工程		
无形资产		
商誉		
长期待摊费用(递延资产)		
递延所得税资产		
非流动资产合计		
资产总计		
流动负债：		
短期借款		
应付票据		
应付账款		
预收款项		
应付职工薪酬		
应交税费		
应付利息		
其他应付款		
一年内到期的非流动负债		
流动负债合计		
非流动负债：		
长期借款		
应付债券		
递延所得税负债		
非流动负债合计		
负债合计		
所有者权益：		
实收资本(股本)		
资本公积		

续表

年　度	当　年	上　年
盈余公积		
其他综合收益		
未分配利润		
少数股东权益		
所有者权益合计		
负债和所有者权益总计		

企业损益表(单位:千元)

年　度	当　年	上　年
营业总收入		
其中:主营业务收入		
其他业务收入		
营业总成本		
其中:主营业务成本		
其他业务成本		
营业税金及附加		
销售费用		
管理费用		
财务费用		
资产减值损失		
投资收益		
营业利润		
加:营业外收入		
减:营业外支出		
利润总额		
减:所得税费用		
净利润		

其他财务数据(单位:千元)

年　度	当　年	上　年
主营业务毛利		
期间费用合计		

比率分析表

	财务指标	当　年	上　年
偿债能力	资产负债率		
	产权比率		
	流动比率		
	速动比率		
营运能力	总资产周转率		
	应收账款周转天数		
	存货周转天数		
	应付账款周转天数		
	销售费用比率		
	管理费用比率		
	财务费用比率		
获利能力	毛利润率		
	销售利润率		
	总资产报酬率		
	净资产收益率		
发展能力	销售收入增长率		
	利润增长率		
	资产总值增长率		

财务分析

偿债能力分析及评价	
营运能力分析及评价	
获利能力分析及评价	
发展能力分析及评价	

四、资本构成及投资情况

资本构成　　　　单位：千元　　　　币种：人民币

主要股东信息

主要股东名称	股份比例(%)

主要股东介绍

名　称	
注册地址	
统一信用代码	
成立日期	
企业类型	
注册资本	
法人代表	
联系方式	
企业简介	

其他股东介绍

名　称	
企业简介	

关联公司及投资情况

投资企业名称	说　明

五、董事与管理者情况

主要负责人情况

负责人姓名	
职　务	
性　别	
年　龄	
教育背景	
职　责	
工作经历	

其他负责人情况

负责人姓名	
职　务	
性　别	
年　龄	
教育背景	
职　责	
工作经历	

六、公共记录

第三方评价

质押抵押记录	
诉讼记录	

海关信息

海关信息	海关编码	报关类型	企业管理类别	注册有效期

其他信息

银行记录	
质量投诉	
环保记录	
行政处罚	
媒体信息	

七、经营情况

主要业务与产品

主要业务	
主要产品	
产品品牌	

销售信息

客户行业	
主要客户	
业务渠道	
业务规模	
国内销售区域	
国际销售区域	
国内收款条件	
国际收款条件	

采购信息

采购原料	
主要供应商	
国内采购区域	
国际采购区域	
国内付款条件	
国际付款条件	

其他信息

员工信息	
经营地址	
经营面积	
场所位置	

调查员评述

被评估主体规模	
被评估主体业务现状描述	
被评估主体发展趋势描述	
所属行业发展趋势预期	
被调查主体沿革	
被调查主体外部环境	
综合分析	

八、信用评价及风险评估

信用评价结果

主要指标	评分说明	主要指标	评分说明
基本信息		CTC Score	
信用信息		风险等级	
其他信息		停业概率	

【信用调查的分析与思考】

"巧妇难为无米之炊"，做饭再好的人，没有米也是不行的。做客户信用风险分析，收集客户信息就是必要的。收集信息要尽量做到客观公正、及时有效、全面准确、丰富和深入，只有确定收集到的信息是有用的，才能判断客户信用风险状况。

"没有调查，就没有发言权，更没有决策权。"企业应从多个渠道调查收集客户信息，并对获得的信息进行整理归类，同时对信息进行识别，去伪存真，保留真实的、有价值的信息。

最后将客户信息按照规范的标准进行归档，建立客户信用报告。客户信用报告的书写要求做到语言通顺、段落分明、逻辑清楚、标准统一、内容规范。

第三章　信用风险与信用评估

学习目标

企业信用风险属于信用风险的一类。通常在非金融企业之间的交易中表现为交易对手在偿付上的违约，或是在我方授信、提供商业信用后，交易对手信用品质恶化等导致我方信用定价过低、风险转移手段应用不力等所带来的潜在风险。本章中，我们将要学到：

➡ 企业信用风险的内容与特征
➡ 企业信用风险的测量方法
➡ 企业信用风险评估的流程与步骤
➡ 企业信用风险评估的开展

关键词

信用风险　　风险测量　　信用评估
评估指标　　评估要素　　评估权重
评估模型　　信用等级　　评级符号

内容提要

1. 理论知识点梳理
(1) 信用风险的含义
(2) 信用风险的特征
(3) 企业对信用风险的测量与评估

2. 实务场景设置

(1) 信用评估的步骤

(2) 信用额度的计算

(3) 信用额度的重审

(4) 信用风险评估的分析与思考

小贴士

由于信用风险会对公司或个人的利益产生很大的影响，因此，开展信用风险评估便成为一项很重要的工作，较大的公司常有专门人员，针对每个交易对象的信用状况作评估来衡量可能的损益以及降低可能的损失。作为负责企业信用管理的信用经理，了解信用风险及其特征是进行信用风险管理的第一步。

在了解风险特征的基础上，学习风险测量的方法及手段、掌握测量的技术是进行信用风险管理的核心内容。

信用风险评估是信用管理中的最大课题。除了针对"放款"进行信用风险评估外，也需要针对"交易对手"或"债券发行者"进行信用风险评估。

一、理论知识点梳理

★ 信用风险的含义

信用经理的一项重要工作就是分析评估客户的信用风险，那么，什么是信用风险？如何界定信用风险呢？

信用风险管理，是指对交易对手、借款人或债券发行人违约的"可能性"所产生的风险进行管理。该风险成分可详细分为"违约概率"、"违约后回收率"、"本金"。

信用风险又称违约风险，是指因交易对方未能履行约定的合同义务或信用等级下降而造成经济损失的风险。通常，我们在企业信用风险的测量中主要研究受信人不能履行还本付息的责任而使授信人的预期收益与实际收益发生偏离的可能性，它是金融风险的主要类型。发生违约时，债权人或银行必将因为未能得到预期的收益而承担财务上的损失。

企业信用风险主要是由两方面原因造成的：一种是外部不确定性导致的系统性风险；另一种是内部不确定性导致的非系统性风险。

外部原因，主要是指与经济运行周期相关的因素，如宏观经济状况、产业发展状况、政策法律等。在经济扩张时期，信用风险降低，因为较强的盈利能力使总体违约率降低；在经济紧缩时期，随着整体盈利能力的恶化以及借款人因各种原因无法按时足额还款的可能性增加，信用风险上升。

内部原因，主要分为企业内部管理方面与对客户管理方面两部分。内部缺乏科学的信用管理体系和组织体系，如缺乏客户信息管理制度、客户信息档案不完整、财务部与销售部之间缺乏有效的沟通、内部业务人员与客户勾结、内部资金和项目审批不科学、领导主观盲目决策等。对客户缺乏科学的信用政策和规范的业务管理程序，如缺乏准确判断客户信用状况及其变化的有效方法、未正确选择结算方式和条件、应收账款监管不严、缺乏有效手段追回逾期账款等。

债务人自身的财务状况、投资策略和经营能力，以及对公司业务有影响的事件的发生，此类特殊事件的发生与经济运行周期无关，但对公司的经营业绩有重要影响。

分析信用风险的主要特征对我们理解信用风险有很大的帮助。信用风险是长期客观存在的，风险总是伴随左右。一旦发生信用风险，会给企业带来一定的破坏性，风险会产生传导效应，触发原本不会发生的风险。但信用风险是可以预防和控制的，由于其特殊性，风险控制难度较大。

★ 信用风险的特征

1. 客观性及长期性

信用风险客观存在、长期存在，不以人的意志为转移。很多逃废债务的企业，明知还不起也要借。据调查，目前我国企业平均资产负债率高达 80% 左右，这种高负债导致企业效率低下，潜在风险也就与日俱增。信用观念的转变是一个长期的、潜移默化的过程。切实培养企业的"契约"规则，建立有效的信用体系，需要更多地付出努力。

2. 破坏性及传染性

一个或少数信用主体经营困难或破产就会导致信用链条的中断和整个信用秩序的紊乱。即企业的信用风险具有传播性，一个企业发生信用风险会影响到其他企业。信用风险形成以后，如果企业本着合作的态度，双方的损失就会降到最低；但许多企业在此情况下往往选择不闻不问、能躲则躲的方式，事态就会越变越糟。当某一主体承受一定的信用风险时，该主体的预期收益和预期损失是不对称的。信用风险具有不断累积、恶性循环、连锁反应、超过一定的临界点会突然爆发而引起金融危机的特点。

3. 可控性及控制艰巨性

信用风险可以通过管理和控制降到最低,但处理具有滞后性。当前的不良资产处理措施都具有滞后性,这与不良资产的界定有关,同时还与信用风险体系没有完全统一有关。等不良资产出现后再采取种种补救措施,结果往往于事无补。另外,信用风险观察数据少且不易获取,因此具有明显的非系统性风险特征。信用风险并非完全由客观因素驱动,而是带有主观性的特点,并且无法用客观数据和事实加以验证。同时信用扩张与收缩交替出现,具有周期性特征。

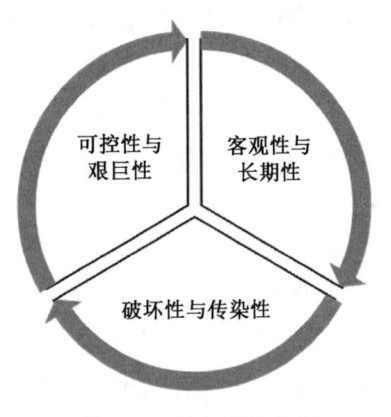

图 3—1　信用风险特征

★ 企业对信用风险的测量与评估

1. 评价方法的概述

对企业信用风险的评价大体包括三个阶段,即专家经验判断、信用评分模型、现代信用风险度量模型,由此也形成了相应的评价方法。

(1)专家经验判断

5C 法在实务中应用较多的是通过典型专家判断交易对手,包括信誉(或品质)、资本实力、收益能力、抵押情况、宏观周期状态这五类因素,从而得到结论。但 5C 指标通过专家判断法是以定性分析为主,其数据基础不够充分,且尚未使用数量统计等方式加以测量,往往主观性较强,判断的结果难免会不太具有说服力。

(2)信用评分模型

主要有 Z 值模型、Logistic 模型等。

Z值模型，主要整理收集一组财务比率计算加权平均数，进而推导出对企业信用风险的评价得分，最后将得到的评分与临界点作比较，对企业信用风险进行评估。

Logistic模型，主要将诸多特征变量结合，据此对企业可能违约的概率进行预测。但它属于一种静态分析，对企业未来的信用状况预测程度不高，而且选用多个变量处理可能会产生严重的多重共线性，因此不宜采用多指标衡量企业信用风险。

(3)现代信用风险度量模型

主要有KMV模型、Credit Portfolio View模型等。

KMV模型，认为股价在某种意义层面上能够对企业的发展潜力进行充分展示，所以它主要对资本市场的相关数据信息进行有效利用，而非对历史数据加以利用，并在违约概率中纳入相应的市场数据，针对上市企业呈现的股价波动率作剖析，以此对违约率进行合理预测，从而评估并确定企业可能存在的信用风险。

Credit Portfolio View模型，对宏观因素、历史数据进行全面考虑，且针对两者关系的探究与确定难度更大，牵涉到各种规模庞大、复杂的参数，所以它在国内企业信用风险相关的度量过程中被运用时存在相应的限制。

信用风险对于银行、债券发行者、投资者和债权人来说都是一种非常重要的、影响决策的因素。若某公司违约，则大家都得不到预期的收益。

2. 企业测量客户公司信用风险的常用方法

企业在测量公司信用风险时，最常用的方式就是对该公司的信用评估。通常会利用被评估公司的财务和历史情况进行分析，并用符号表示不同的等级以判断违约率，评估符号简单并易于理解。

最常用的评估符号为从AAA到CCC进行划分。AAA为信用等级最高，最不可能违约；CCC为信用等级最低，很可能违约。

通常，企业的信用评估等级越高，其违约的可能性就越小，所承担的信用风险越低，与之进行交易的信用政策就越宽松；而企业的信用评估等级越低，所承担的信用风险越高，与之进行交易的信用政策就越趋于严格，因为所有人都不希望蒙受太大的损失。

3. 信用评估体系

作为公司的信用管理负责人，企业的信用经理通常要对客户进行信用风险的测量。测量信用风险，就必须建立一套完整的、可执行的信用评估体系。

信用评估体系是在对被评估对象的资信状况进行客观公正的评价时所采用的评估方法、评估要素、评估指标、评估标准、指标权重、评估等级符号等项目的总称，这些项目形成一个完整的体系，就是信用评估体系。

```
信用评估体系
├─ 评估方法
├─ 评估要素
├─ 评估指标
├─ 评估标准
├─ 指标权重
└─ 评估等级符号
```

图 3—2　信用评估体系

信用评估体系是进行信用评估的依据，没有一套科学的评估体系，信用风险评估工作就无所适从，更谈不上信用评估的客观公正性和科学合理性。

利用各类信用评估方法和模型对客户进行信用评估，是信用管理中一项非常重要的工作。现在常见的各种信用评估，其主要差别在于方法或模型的选取。由于评估的目的不同、出发点不同，使得所使用的方法或模型之间存在巨大的差异。不同的评估方法或模型各有其特定的评估对象和评估重点，如果不能准确地选取，必然会使信用评估偏离预定的目标，误判风险，进而在一定程度上阻碍企业的业务开展。

评估方法或模型，主要有定性分析法与定量分析法、主观评估法与客观评估法、静态评估法与动态评估法、预测分析法与违约率模型法、财务比率分析法等。

上述各种方法都有明显的优点和缺点。哪一种方法或模型更适合企业进行信用风险分析，一直是个争论不休的问题，没有哪一种方法明显优于其他方法的情况。在确定哪一种模型最适合企业的需求时，理解每一种方法的原理是相当重要的，然后再选择最适合的一种方法。最理想的是综合运用这些评分模型，取长补短，建立起一种复合的方法。

无论上述哪一种评估方法或模型,实质上都是采用打分式的评估模型,通过对各要素指标设定标准分值,逐项打分,相加得到最终的分值,或通过权重调整后相加得到最终的分值。

二、实务场景设置

怎样进行企业信用风险评估?

【案例背景】

左依是达闪设备公司的高级信用经理,作为信用部门的负责人,需要分析评估赊销客户的信用风险,进行客户分级分类管理。

左依是如何开展信用风险评估工作的呢？他的这些分析是否能得到公司销售部门的认可,是否能在促进公司业务增长的同时控制赊销风险呢？

【关键问题】

- 评估步骤是怎样的?
- 如何设置评估指标的权重?
- 评估结论是怎么做出来的?
- 评估等级高的企业一定不会出现欠款吗?
- 企业评估的等级分布是怎样的?
- 新成立的企业能评估吗?

【信用评估的步骤与方法】

作为达闪设备公司的高级信用经理,为公司制定一套信用评估体系是左依最重要的工作。在制定评估体系时,考虑的因素包括公司的战略规划、业务特征、客户类型等。我们分别从下列几个方面看看左依是如何操作的。

第一步:评估方法的选择

信用评估方法,即有针对性地以各种风险维度对客户进行评估,通过内部专业评价与外部专家评价相结合、定量与定性相结合等方式对受评企业进行全方位的评价,得出综合信用评价结果。在主体评价的基础上,另设附加部分,主要设置了若干"建议参考比例"项和"一票否决"项,以体现评价系统的权威刚性和柔性。同时,通过"重大事项提示",提请使用者注意到一些较为明显的、关系到各方利益的潜在风险点。

为最大限度地保证评价信息及数据的客观公正,在实际评价中,结合所获取的原始数据与第三方信息进行交叉验证,并对客户进行现场调研,考察客户业务流程以核实数据准确性,从而减小误差。

考虑到评价体系的实操性,预置了若干有待后续阶段投入操作的评估因素,以最大限度地保证评价体系的可持续性与完善。

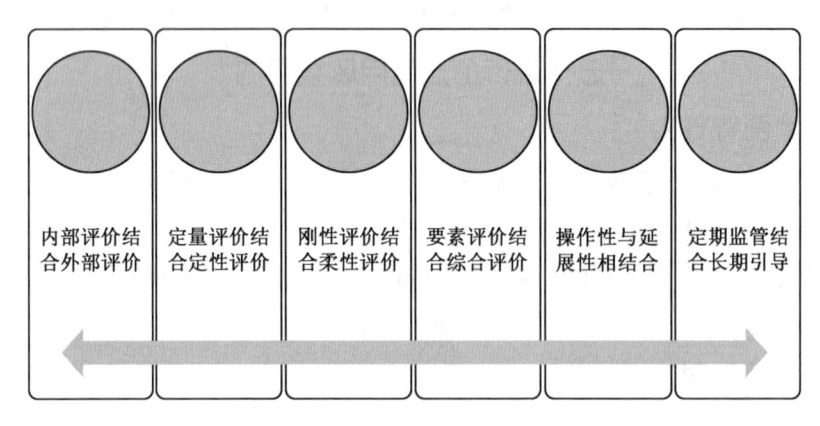

图 3—3 信用评估方法

第二步:评估要素与模型的选择

我们在评估客户信用状况时经常遇到以下困惑:客户信息不充分,由于个人经验、判断能力、考虑因素的不同,评价结果往往各异,不利于信用管理工作的顺利开展。

国际上对形成信用的要素有很多种说法,有 5C 要素、5P 要素、5W 要素、4F 要素等。如前文所述,5C 要素分析法主要分析以下 5 个方面的信用要素:品质（Character）、能力（Capacity）、资本（Capital）、抵押（Collateral）、条件（Condition）。

5C 分析不能单纯依靠专家经验判断,而是要在充分获取客户信息的基础上,运用数学方法并结合经验判断,建立适合自身特点的"客户信用评价模型",方可帮助我们对客户的信用风险水平做出科学判断,据此划分客户信用等级、细分客户群,进而为制定更科学、更富针对性的信用政策提供有力的理论依据。

左依根据达闪设备公司的情况,结合多年的实践经验,在信用评估要素的选择上进行了调整,将要素分为三大类:还款能力、综合印象和信用表现。

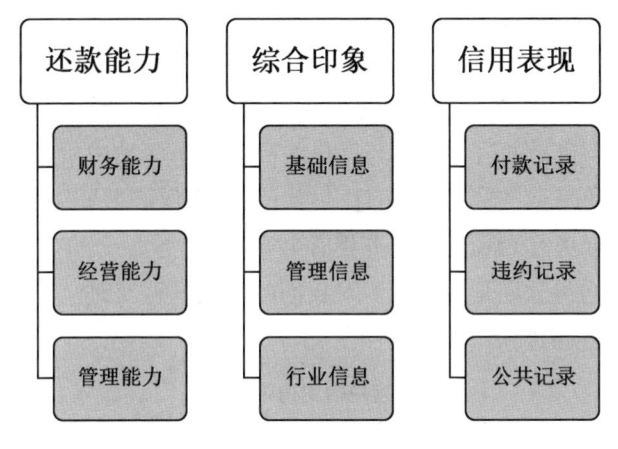

图 3—4　信用评估要素

作为债权人,最关心的一个问题就是债务人(客户)拿什么钱来还自己。还款能力是信用分析的重中之重,还款能力是企业偿还贷款的能力,没有还款能力的还款意愿是苍白的。

企业还款能力来源主要是生产经营活动或其他相关活动产生的直接用于归还债务的现金流,它是借款人的预期偿债能力。因此,要了解借款人未来偿债能力,必须对借款人的现实情况做全面细致的调查,对借款人的财务状况进行分析并作出预测。一般来说,经营活动产生的现金流是最基本的还款来源,也是最可靠的还款来源。

债权人都喜欢经营现金流充沛的客户。经营现金流质量较差的客户面临较大的风险,债权人的安全保障很低。所以,信用风险控制,首先要识别影响经营现金流的各种因素。涉及影响现金流的因素包括经营下滑、存货积压、应收增加、收入下滑、开工不足等。

还款能力是客户信用状况的基础,由财务状况等决定,包括客户支付偿债能力、运营效率能力、持续盈利能力和发展成长能力等。

除了还款能力外,还需要分辨客户的还款意愿,还款意愿是企业偿还债务的主观动力。因为存在一类企业,它们违约成本特别低,还款意愿比较差。

还款意愿的体现有时候比较复杂,判断依据和判断标准也不尽相同。客户的还款意愿有时候还与双方所处的地位、客户管理者的心态、双方的合作关系等有关。还款意愿可以用来描述对客户的综合印象。

相关人员特别是一线人员应该对关键信用风险因素进行评价,如销售能力、管理能力、客户满意度等。

客户的信用交易记录,即客户的信用表现。信用表现是客户是否按时还款的行为表现,可以按照客户以往的还款记录设计相应的指标进行推断。企业本身在与客户进行交易的过程中和与客户的商业往来活动中所获得的各种信息,应该进行整理和归类,包括交易信息、付款信息、合作信息等。

> 客户的业务是否稳定?业务量有上升吗?
> 客户平均付款期是多少天?对我们的付款是否及时?
> 是否有逾期付款?多少次?

表3—1　　　　　　　　　　客户信用记录表

登记部门			登记人	
客户编号			营业担当	
客户名称			建档日期	
客户地址			年交易额	
客户电话			付款方式	
往来银行			信用评定	
业务往来情况					

序号	日期	订单号	交易金额	是否付款	是否逾期	跟单员
1						
2						
3						
4						

催收记录	
按时付款	
逾期记录	
处理方式	

信用		仓库		业务		管理	

说明:此表为公司统一的客户信用报告单,公司可根据客户交易订单判断客户信用等级。公司可根据客户的信用等级及交易记录要求仓库暂停发货,或将交易方式调整为现款或预付款。业务人员要及时与客户沟通。

第三步:评估指标选择的原则

根据评估要素确定评估指标。评估指标,即体现信用评级要素的具体项目,一般以指标表示。指标的选择,必须以能充分体现评级的内容为条件。通过几项主要指标的衡量,就能把企业资信的某一方面情况充分揭示出来。例如,企业的偿债能力,可以通过流动比率、速动比率和资产负债率等指标加以体现;企业的盈利能力,可以通过销售利润率、总资产报酬率和净资产收益率等指标加以体现;企业的营运能力,可以通过总资产周转率、应收账款周转天数、存货周转天数等指标加以体现;企业的发展能力,可以通过收入增长率、利润增长率和总资产增长率等指标加以体现。

评估指标选择的原则主要考虑以下几点:

➢ 可获得性:要选择能够获得数据的指标

➢ 易衡量性:指标应容易衡量,避免因复杂、概念模糊而导致结果不准确

➢ 有代表性:结合公司实际,选择有代表性的关键指标,能从多方面综合反映

➢ 具导向性:评估指标应该反映公司信用风险管理的重点和目标

➢ 能调整性:根据市场的变化而及时进行调整,保证时效性

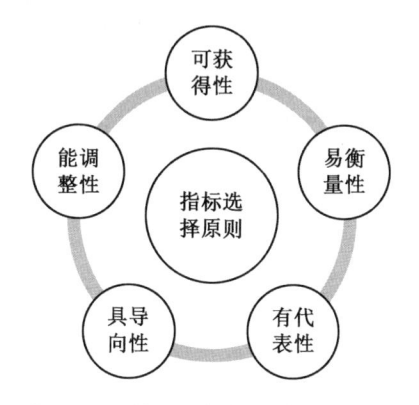

图3—5 信用评估指标选择的原则

从总体看,选择评估指标要定量与定性相结合。定量指标比较客观,但是不够全面,时效性较差;定性指标能够从多方面综合反映公司价值,但是其评估值受主观因素影响较大。只有两者相结合,才能准确评估信用风险。

第四步:评估模型设计的步骤

企业在设计信用评估模型时需要考虑多种客观因素,同时还要结合企业内

部的实际情况。无论是选择评估方法、确定评估要素还是明确评估指标等,都需要从企业的实际情况出发。调研分析永远是开展工作的第一步,在调研分析的基础上,有针对性地制定评估指标和评估标准,最终确定指标权重和风险等级。

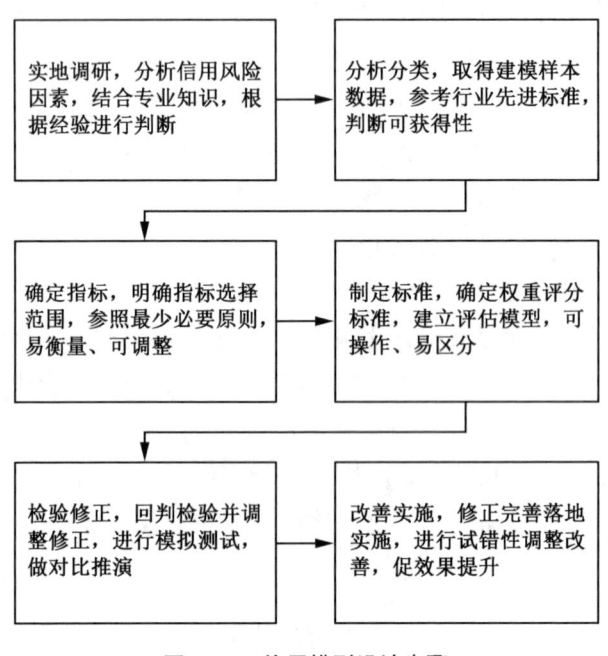

```
┌─────────────────┐      ┌─────────────────┐
│ 实地调研,分析信用风险  │      │ 分析分类,取得建模样本  │
│ 因素,结合专业知识,根  │─────▶│ 数据,参考行业先进标准, │
│ 据经验进行判断       │      │ 判断可获得性        │
└─────────────────┘      └─────────────────┘
         │                        │
         ▼                        ▼
┌─────────────────┐      ┌─────────────────┐
│ 确定指标,明确指标选择  │      │ 制定标准,确定权重评分  │
│ 范围,参照最少必要原则, │─────▶│ 标准,建立评估模型,可  │
│ 易衡量、可调整       │      │ 操作、易区分        │
└─────────────────┘      └─────────────────┘
         │                        │
         ▼                        ▼
┌─────────────────┐      ┌─────────────────┐
│ 检验修正,回判检验并调  │      │ 改善实施,修正完善落地  │
│ 整修正,进行模拟测试, │─────▶│ 实施,进行试错性调整改  │
│ 做对比推演         │      │ 善,促效果提升       │
└─────────────────┘      └─────────────────┘
```

图 3—6　信用模型设计步骤

通常的评估模型设计步骤包括下列几个方面:

(1)实地调研

对企业现有的信用规划、信用执行、信用考核等流程及制度进行调研,分析发生信用风险的原因和影响因素,结合专业知识,根据经验进行分析判断。

(2)分析分类

通过现状调查,将企业的信用考核关键指标与行业先进企业进行比较,初步取得建模样本数据,综合考虑数据的可获得性。

(3)确定指标

确定各财务及非财务影响因素,确定定性指标与定量指标,明确指标选择范围,参照最少必要原则进行筛选,坚持指标的易衡量性和可调整性。

(4)制定标准

建立评估模型,根据选定的评估指标,设置各指标权重,确定评估打分标准;评估标准要考虑可操作性和易区分性,标准要明确清楚。

(5)检验修正

根据选定的评估指标及评估标准,进行评估模拟"测量",对测量的结果进行对比分析,寻找差异的原因,评估目前标准的成效。开展回判检验并进行调整修正,制定重要的改善措施,确认能适合企业的需要。

(6)改善实施

通过权衡改善措施满足需求的能力,以及改善可能带来的影响,提交改善的制度和流程,并付诸实施。通过正式实施,持续进行效果监控,保持并加强改善的方向和成果。

实地调研	查找原因	知识经验
分析分类	获得数据	可比可得
确定指标	指标范围	衡量调整
制定标准	权重标准	操作区分
检验修正	测试调整	模拟适用
改善实施	完善落实	效果提升

图3—7 信用模型设计流程

第五步:评估指标的确定

信用评估要素包括三类:还款能力、信用表现和综合印象。还款能力主要用财务能力和经营能力体现,信用表现主要用付款记录和违约记录体现,综合印象主要用企业的基础信息和市场信息体现。

达闪设备公司客户信用风险评估指标的选择如表3—2所示。

表3—2　　　　　　　　　　　　信用评估指标

评估要素	评估指标	评估指标说明
还款能力	财务能力	支付偿债能力、运营效率能力、持续盈利能力和成长发展能力等,包括资产负债率、流动比率、速动比率、总资产周转率、应收账款周转天数、存货周转天数、销售利润率、总资产报酬率、净资产收益率、收入增长率、利润增长率、总资产增长率等
还款能力	经营能力	主要指标包括企业注册资本与实收资本、销售收入、经营利润、资产规模、净资产、负债等
还款能力	管理能力	管理经验、营销能力、技术能力、创新能力、融资能力、文化与经营理念等
信用表现	付款记录	交易付款评价、DSO、回款效率、60天以上逾期金额比率
信用表现	违约记录	违约次数、违约解决方案
信用表现	公共记录	政府监管信息、司法判决信息、媒体信息、第三方评价等
综合印象	基础信息	成立时间、变更信息、企业类型、股东背景、对外投资等
综合印象	管理信息	领导者及其信用、组织构架、董事/监事/高管信息、人力资源状况、管理风格与水平、内部风控管理等
综合印象	行业信息	宏观政策、行业状况、市场竞争力、行业排名、业内信誉、政府支持程度等

第六步:指标权重的确定

指标权重是指在评级指标体系中各项指标的重要性。信用评估的各项指标在信用评估指标体系中不可能同等看待:有些指标占有重要地位,对企业信用等级起到决定性作用,其权重就应大一些;有些指标的作用可能小一些,其权重就相对要小。

表3—3　　　　　　　　　　　　信用评估指标权重

评估要素	一级评估指标	二级评估指标	指标权重(%)
还款能力（51%）	财务能力（25%）	支付偿债能力	8
还款能力（51%）	财务能力（25%）	运营效率能力	5
还款能力（51%）	财务能力（25%）	持续盈利能力	7
还款能力（51%）	财务能力（25%）	成长发展能力	5
还款能力（51%）	经营能力（18%）	资本与净资产	3
还款能力（51%）	经营能力（18%）	销售收入	5
还款能力（51%）	经营能力（18%）	利润	5
还款能力（51%）	经营能力（18%）	资产	5

续表

评估要素	一级评估指标	二级评估指标	指标权重(%)
还款能力（51%）	管理能力（8%）	经营理念	2
		产品销售	2
		设备技术	2
		融资发展	2
信用表现（26%）	付款记录（6%）	DSO	3
		60天以上逾期金额比率	3
	违约记录（10%）	违约次数	5
		违约解决方案	5
	公共记录（10%）	监管媒体信息	5
		司法判决信息	5
综合印象（23%）	基础信息（8%）	历史背景	3
		股东信息	3
		关联信息	2
	管理信息（9%）	管理者信息	3
		人员与组织	3
		内控制度	3
	行业信息（6%）	行业状况	2
		市场地位	2
		政府支持	2
3类评估要素	9个一级指标	27个二级指标	100

第七步：评估标准的确定

要把企业的资信状况划分为不同的级别，这就要对每一项评估指标定出不同级别的标准，以便参照定位。明确标准是建立信用评估指标体系的关键，标准定得过高，有可能把信用好的企业排挤出赊销范围；反之，标准定得过低，又有可能把信用不好的企业混入赊销范围。两者都对赊销管理十分不利。因此，标准的制定必须十分慎重。一般来说，信用评估的标准要根据企业所在行业的总体水平来确定，评估标准主要考虑国内企业的总体状况。

评估标准最终要落实到对每一个评估指标的评分上。评分模型将企业财务能力、经营能力、管理能力、付款记录、违约记录、公共记录、基础信息、管理信息、行业信息9个一级指标分成若干个二级指标,每个指标都必须很明确,都有对应的信息可以表述,然后根据每个指标的评估标准计算得分。每个指标最低0分,最高100分,标准制定通常分为5档,分别为10、30、50、70、90;每一档的标准可以在对应档上下调整0—10分;计算每个指标的得分后,根据每个指标的权重,计算最后的总得分。

评分模型有针对性地以各种风险维度对企业进行评价,通过内部专业评价与外部专家评价相结合、定量与定性相结合等方式对受评企业进行全方位的评价,得出综合信用评价结果。最终的评估结果可以帮助我们进行信用决策。

达闪设备公司部分指标的评估标准如表3—4所示。

表3—4　　　　　　　　　　信用评估标准

评分档	90	70	50	30	10	调整分0—10
成立时间	10年以上	7—10年	5—6年	3—4年	1—2年	成立时间的长短与企业的持续经营能力有直接关系,越久越好
市场地位	领导地位(前20%)	重要地位(前40%)	中等地位(前60%)	从属地位(前80%)	补充垫底(后20%)	行业所属地位的高低决定企业的规模及重要性,越高越好
管理经验	10年以上	5—10年	3—5年	2—3年不详	1年以下	管理者的管理经验是决定公司成败的重要因素,越长越好
销售收入	3亿元以上	1亿—3亿元	0.5亿—1亿元	1 000万—5 000万元	1 000万元以下	销售收入规模越大越好,评估标准要结合其行业特点进行
流动比率	2.5以上	2—2.5	1.5—2	1—1.5	1以下	体现偿债能力,指标越大越好,结合行业进行划分和分析
应收账款天数	30天以内	30—60天	60—90天	90—120天	120天以上	应收账款天数越短越好,越短说明账款回收越快,结合行业分析
销售利润率	10%以上	5%—10%	0—5%	−5%—0	−5%以下	利润率越大越好,盈利能力越高,评估标准因行业会有不同
增长速度	10%以上	5%—10%	0—5%	−5%—0	−5%以下	业务增长速度的高低决定企业的成长速度,越快越稳定越好

第八步:评估等级符号的确定

评估等级符号即反映信用等级高低的符号。有的采用5个级别,有的采用

7个级别,有的采用9个级别。评估符号有的用 A、B、C 等英文字母表示,有的用 1、2、3 等数字表示。

一般来说,长期债务时间长、影响面广、信用波动大,采用级别较宽,通常分为 9 个级别;而短期债务时间短、信用波动小、级别较窄,一般分为 5 个级别。目前企业信用风险评估大多采用 7 个级别,也有少部分采取 5 个级别。

在评估符号的使用上,使用字母表示和使用数字表示的含义是有一些差别的。

如果采用 A、B、C 等英文字母表示信用等级,其含义是:展示被评估企业信用等级的高低,直接用字母的顺序表示信用等级的高低顺序。这是从被评估企业的角度出发对企业信用高低进行的评定,从信用价值角度分析判断企业信用等级,判断合作潜力,展示信用等级高低。如表 3-5 所示,将信用等级分为 AAA、AA、A、BBB、BB、B、C 7 个等级。

表 3-5　　　　　　　　信用评估等级符号(英文字母)

信用等级	信用水平	信用描述	信用分数
AAA	优秀	表示受评企业诚信程度高,实力雄厚,资产质量优良,各项指标先进,经营状况很好,清偿与支付能力极强,业务往来无问题。	$90 \leq \& \leq 100$
AA	良好	表示受评企业诚信程度较高,有一定实力,资产质量良好,各项指标处于中上等水平,经营处于良性循环状态,清偿与支付能力很好,目前业务往来应无问题。	$80 \leq \& < 90$
A	尚佳	表示受评企业诚信程度尚佳,实力及资产质量尚佳,各项指标处于中等水平,有清偿与支付能力,目前正常业务往来尚无问题。	$70 \leq \& < 80$
BBB	尚可	表示受评企业诚信程度尚可,实力及资产质量尚可,各项指标处于中下等水平,清偿与支付能力有一定的波动,宜在有保障条件下进行业务往来。	$50 \leq \& < 70$
BB	普通	表示受评企业诚信程度一般,实力及资产质量一般,各项指标处于低等水平,清偿与支付能力较弱,业务往来应谨慎。	$40 \leq \& < 50$
B	较差	表示受评企业诚信程度较差,投机成分浓厚,几乎没有清偿与支付能力,没有安全保障,不宜进行业务往来。	$30 \leq \& < 40$
C	极差	表示受评企业诚信程度极差,已丧失清偿与支付能力,或已歇业、破产、处于诉讼或清理整顿阶段等。	$0 \leq \& < 30$
N	无	由于信息不足或企业不具独立核算能力等无法做出评估。	—

如果采用1、2、3等数字表示评估符号,其含义是:展示客户风险的大小,用CR(credit risk)表示信用风险,用1—7表示风险级别,风险越高,数字越大,1表示风险最小,7表示风险最大。这是从赊销及控制风险的角度来判断赊销客户风险的大小,帮助企业提升风险管理能力和风险管理水平。如表3—6所示,将客户风险等级分为CR1、CR2、CR3、CR4、CR5、CR6、CR7 7个等级。

表3—6　　　　　　　　　信用评估等级符号(数字)

风险等级	含　义	建　议
CR1	表示企业资金实力雄厚,资产质量优良,各项指标先进,经营管理状况良好,经济效益显著,清偿与支付能力强。信用风险最低。	企业资信状况极好,信用风险可忽略不计,极力建议与被调查单位进行赊销,应放宽与该单位的信用条件,适当扩大销售机会,给予该单位较高的信用额度。
CR2	表示企业资金实力较强,资产质量较好,各项指标先进,经营管理状况良好,经济效益稳定,有较强的清偿与支付能力。信用风险明显低于平均水平。	企业资信状况优良,信用风险很小,建议给予该单位较优惠的信用条件和较高的信用额度。
CR3	表示企业资金实力和资产质量一般,有一定实力,各项经济指标处于中上等水平,经济效益不够稳定,清偿与支付能力尚可,受外部经济条件影响,偿债能力产生波动。信用风险略低于平均水平。	企业资信状况良好,信用风险较低,建议给予该单位正常的信用条件和适当的信用额度。
CR4	表示企业资产和财务状况一般,各项经济指标处于中等水平,经济实力不强,清偿与支付能力一般,可能受到不利经济状况的影响。信用风险属于平均水平。	企业资信状况一般,有一定的信用风险,建议在不断监控的基础上给予该单位正常的信用条件和中等信用额度。
CR5	表示企业资产和财务状况差,各项经济指标处于较低水平,经营管理不善,清偿与支付能力不佳,容易受到不利经济状况的影响。信用风险略高于平均水平。	企业资信状况欠佳,有风险,争取在有担保的条件下给予该单位小额信用额度。
CR6	表示企业一旦处于较为恶劣的经济环境下,有可能发生倒债,清偿能力具有极大的不确定性。信用风险明显高于平均水平。	企业资信状况较差,信用风险较高,除非获得担保,否则不应与其建立信用关系,可考虑给予其在担保范围内的信用额度。
CR7	表示企业目前几乎没有盈利能力和偿债能力,对债权人而言几乎没有保障,存在重大风险和不确定性。信用风险很大。	企业资信状况很差,信用风险很高,不考虑给予该单位信贷,建议只与其进行现款或预付货款交易。
N	由于信息不足或企业不具独立核算能力等无法做出评估。	—

【信用额度的计算】

标准信用额度及标准信用期限的确定没有公认的分析模型,通常情况下,一家企业在确定其信用额度和信用期限时,主要是依据过去一年与客户的历史交易记录、公司的信用战略,以及行业的付款习惯。为了体现对不同客户的信用控制,不同客户的信用额度和信用期限是不同的。信用额度一般是指赊销最高允许值,这里的赊销最高允许值包括对所有客户的总赊销额度和对每一客户的赊销额度;信用期限则是指对具体某一客户的赊销最长允许期。

第一步:信用额度的认知

通常,信用额度的计算要结合具体市场的实际情况、公司的总体资金情况和业务目标等进行综合考虑。具体到某一客户的赊销额度计算,要综合考虑客户公司的规模、资产质量、资产效率及风险大小。利用赊销客户的营运资金、注册资本、年营业额、应收账款、净资产、利润额等多个指标确定计算信用额度的基础,再结合信用评估结果确定信用额度。

这里我们需要明确两个概念:一是信用额度需求的计算;二是能够被批准的信用额度。销售人员或客户最关注的信用额度是"信用额度的需求值"。

$$信用额度的需求值 = 付款天数 \times 日均含税销售额$$

信用额度的需求值不一定就是最终能够授信的额度。公司及信用部门关注的信用额度是"信用额度的批准值",客户能够被批准的信用额度与平均风险收益指数密切相关,平均风险收益指数与客户风险指数密切相关,与业务的淡旺季也有关联。

原则上,赊销客户的应收账款余额不应超过我们对该客户能够批准的信用额度,回款的时间则不能超过信用期限,同时满足这两项条件,才认为自己的应收账款是相对安全的。

第二步:信用额度计算前的准备

"信用额度的需求值"是很容易量化的指标,但如何相对准确地确定某具体客户的"信用额度的批准值"就是个难点问题了。这里首先要搞清楚的问题是:"我们能接受让客户欠我们多少钱?"或者说:"我们自己有多大的资金实力?我们的抗风险能力有多大?"在此基础之上,就可以计算客户的信用额度了。

在确定信用额度之前,我们需要明确下列一些内容:

- ➢ 全面整理客户信息和资料
- ➢ 明确客户所处地区、所在行业

- 明确客户需求能力
- 明确销售指标、季节性影响
- 了解公司销售政策
- 了解产品运输状况
- 判断自身财务状况
- 了解客户信用风险等

第三步：信用额度计算方法

计算客户的信用额度有不同的方法，如销售量法、回款额法、营运资产法、资金预测法（以企业的一些财务数据为基础进行测算）等以定量计算为主的方法。但是，在企业信用管理实务中，企业如果采用以定量计算为主的信用额度计算方法也会根据实际情况进行调整。通常大多数企业会采取以定性分析为主的信用额度计算方法，包括：

- 小额试代法：用逐步变动法确定信用额度
- 同行参考法：参照客户的其他供应商确定
- 行业借鉴法：以行业平均 DSO 为主要参照标准
- 快速测算法：客户平均月订货量的 2 倍或净资产的 10% 或流动资产的 20%
- 专业机构法：以信用机构的评级建议为主要参考标准

购买专业信用调查机构的观点，专业机构会给出建议的额度，这种方法的好处是它们提供了专业经验和服务，不足之处是它们不了解企业与客户的具体交易背景，给出的建议额度并不一定适合自己。

表 3—7　　　　　　　　　　信用额度计算方法

以定量计算为主的方法	以定性分析为主的方法
(1)销售量法	(1)小额试代法
(2)回款额法	(2)同行参考法
(3)营运资产法	(3)行业借鉴法
(4)资金预测法	(4)快速测算法
	(5)专业机构法

(1)销售量法

销售量法（目标交易法）就是根据以往客户的订货量和订货周期确定信用额度的方法。以客户上个年度（或季度）订货量为基本数额，以本企业标准信用期限或订货周期为参数,计算客户的信用额度。将客户历史付款记录或客户的信用得分、信用等级作为修正系数。当然也可以以客户的预计订货量或本企业的销售预测为基本数额。

计算步骤:

$$信用限额=本年度交易目标\times 信用期限/360$$

$$某客户的信用额度=信用限额\times 客户信用评价得分/100$$

优点:简便易行,且与销售密切相关,容易推行,是应用最广泛的方法。

(2)回款额法

回款额法,即企业对客户近半年来每个月的回款额进行加权平均计算,以本企业标准信用期限为参数,计算客户的信用额度。

$$标准信用额度=最近半年月平均回款额\times 标准信用期限/30$$

优点:简单直接,易于操作,不用进行参数设定。但是,对于销售季节性较强的商品交易和客户回款极其不稳定的情况,会有一定误差。

(3)营运资产法

用营运资产法计算信用额度,就是以客户的最大负债能力为最大限额,并在此基础上进行修订的计算方法。

计算步骤:

$$营运资产=(营运资本+净资产)/2$$
$$=(流动资产-流动负债+所有者权益)/2$$
$$信用额度=营运资产\times 经验比例$$

其中,经验比例系数为 0—25%,根据计算的评估值确定系数。

评估值:流动比率、速动比率、短期债务比率、产权比率综合计算,结合评级及客户数量等综合因素测算系数。

优点:考虑了偿债能力和净资产实力来衡量客户的信用风险。但是,过分依赖客户的会计报表数据,没有该数据或数据不准确将无法使用。

(4)资金预测法

资金预测法就是根据公司的净现金情况确定信用额度的方法。净现金的计算参照公司的货币资金、应收账款、应付账款、短期借款、费用等。

计算步骤:

$$资金净额=现金+存款+(应收账款-应付账款)/3-(短期借款$$
$$+销售费用+管理费用+财务费用)/10$$

$$信用额度 = 资金净额 \times 经验比例$$

其中,经验比例系数为 0—10%,参照企业信用状况、行业分布、所处地区、发展历史、客户数量、业务集中度、评级等综合因素测算系数。

优点:考虑了最直接的净现金来衡量客户的信用风险。但是,过分依赖客户的财务数据,没有该数据或数据不准确将无法使用。

在操作实务中,信用经理往往会利用上述信用额度计算方法的 1—2 种进行组合,根据计算结果选择平均数或较小数作为最终的信用额度允许值。接下来就是围绕这个指标展开赊销业务的控制,得到客户的支持,进行部门之间的顺畅沟通。

【信用额度的重审】

1. 信用额度重审的原因

无论采用哪种方法计算信用额度批准值,在实际业务操作过程中,都有可能会遇到下列情况:

➢ 客户要求提高额度
➢ 客户订单超过额度
➢ 客户额度远超订单
➢ 客户付款变慢
➢ 客户发生逾期

2. 信用额度审核的方法、步骤与要点

遇到上述情况就需要进行客户信用额度重审,客户信用额度重审要定期进行,通常一年一次。审核的方法、步骤与要点如表 3—8 所示。

表 3—8　　　　　　　　信用额度审核方法、步骤与要点

审核方法	审核步骤	审核要点
分析客户订货情况	评估公司现有信用客户状况	现有信用资源分配情况
分析客户账龄状况、付款习惯和异常情况	采集公司年度销售目标及财务目标	现有信用额度使用率
更新客户的信用资料	设定公司年度信用策略且计算公司年度信用条件(总额度/天数/信用客户数)	理论 DSO 高于××天(含)的客户将特别审核是否保留原有账期
对客户付款习惯进行评价和建议	评估公司客户的年度信用条件及实施情况	现有客户贡献的毛利是否与其批准的账期匹配

3. 信用额度审核的目的、原则与结果

信用额度审核的主要目的是确认将信用资源分配给合适的客户,主要分析批准额度的使用情况,根据实际情况调整信用额度。

例如,在信用额度审核过程中,达闪设备公司信用部门将主导年度客户信用额度审核工作,业务团队必须参与年度信用额度审核,集团信用总监及RVP/GM作为第一层级的审批人,亚太区CFO和CEO作为最终审批人。

表3—9　　　　　　　　　　信用额度审核目的、原则与结果

审核目的	审核原则	审核结果
确认将信用资源分配给合适的客户,即高利润率客户,高交易量、有潜力客户	批准额度使用率: 额度使用率低于60%的客户将调整其额度,使得分配给其的额度适当	对于付款及时且销量已经超过额度的客户提高额度
查看现有客户信用支持是否合适,并做适当调整	客户交易利润率: 客户交易利润率低于5%将会由管理层特别审核,以保留其目前账期	▶ 对于付款基本及时且订货量平稳的客户维持现有额度 ▶ 对于订货量大但付款不及时的客户适当降低额度
鉴别出高收款风险客户,并采取适当的行动降低收款风险,高风险客户包括习惯性拖款客户及处于运营风险中的客户	休眠客户和小客户: 当年无交易的客户账期将改为CBD,将来有交易需要的时候,将很容易批准其新的额度; 交易额小于10K的客户将建议使用COD或CBD账期	▶ 对于订货量远远小于额度的客户降低额度 ▶ 对于财务状况明显将要恶化的客户降低或取消额度 ▶ 对于逾期账款过多的客户立即取消额度
账期定义: CIA:预付货款;CBD:出货前付款;COD:货到后立即付款(7天内) Net××:数期××天;AMS××:月结××天		

【信用风险评估的分析与思考】

信用评估是测量客户信用风险指标中最常用的方式。信用评估通常会利用被评估公司的财务数据和经营情况进行分析,并用符号表示不同的等级,判断违约率。

企业在开展客户信用评估时,必须建立一套完整的、可执行的信用评估体系。评估体系包括评估方法、评估要素、评估指标、评估标准、指标权重、评估等级符号等基本内容。

任何一套信用评估体系的建立，主要考虑其实用性和可操作性。作为信用部门负责人的信用经理，在进行信用评估时无论采取哪种信用评估方法，其目的都是要服务企业的整体战略需求，都要根据公司的信用政策、销售目标、市场情况来确定。

第四章　信用政策与信用岗位

学习目标

企业信用政策，用以指导企业信用管理部门处理应收账款的发生与收账。

企业的信用管理需要有章可依，即需要明确的信用政策，并配合相关的管理岗位予以落实、修订及完善。本章中，我们将学到：

➡ 企业如何制定信用政策

➡ 如何根据信用政策确定信用管理的目标

➡ 企业如何选择信用管理模式

➡ 信用管理体系流程的设置环节与方法

➡ 企业信用管理岗位设置的原则

➡ 信用管理岗位的职责

➡ 信用管理岗位人员的素质要求

关键词

信用政策	信用模式	信用体系
信用目标	信用岗位	信用流程
岗位职责	信用制度	人员素养

内容提要

1. 理论知识点梳理

(1) 信用政策的含义

(2) 信用政策的内容

(3) 企业信用政策实施效率评价方法

(4) 企业信用管理政策目标

(5) 企业信用管理模式与内容

2. 实务场景设置

(1) 企业信用管理部门

(2) 企业信用管理岗位设置

(3) 信用岗位人员素质要求

小贴士

企业应根据实际情况设置信用岗位，并根据需要确定岗位职责。信用岗位的设置与企业信用管理的目标息息相关，信用管理组织的确定与内部管理构架和业务模式密切相关。

根据信用岗位职责挑选和培养合适的信用人员，确定信用人员的职业发展规划，提升信用岗位在公司中的作用和地位。

信用人员要根据公司的信用管理模式，对客户进行信用分析，根据分析结果进行分类管理，并确定信用额度的分配原则和标准，制定适合的信用条件，开展客户风险管理与客户价值分析。

一、理论知识点梳理

★ 信用政策的含义

"政策"其实是指"我们做事情的时候规定好并遵循采取的方式"。每个公司都应该有自己的信用销售政策，信用销售政策由企业最高管理层以书面文件的形式发布，为信用管理工作提供行为准则和指导方针。

各公司在其政策的制定方面，存在明显的企业偏好。有些公司有整套的规章流程，有些公司的信用销售政策只是口头上的，有些公司甚至可以说没有信用销售政策（员工按照自己的方式办事）。其实，在一些企业中，没有政策本身可能也是一种政策。

1. 信用政策

信用政策是企业进行信用管理时需要遵循的方式、方法。在企业中，不同企业的信用政策是不一样的。同一企业在其不同的发展阶段、面对不同的宏观经济环境,其信用政策也应该是不一样的。

2. 企业信用政策

企业信用政策又称企业信用战略,是在特定的市场环境下,企业权衡与应收账款有关的效益和成本,用以指导企业信用管理部门处理应收账款的发生与收账而制定的一系列政策。

企业信用政策的制定主要目的是维护良好的客户关系,实现销售并提高企业赊销成功率。

★ 信用政策的内容

一个完整的信用政策主要包括信用标准、信用额度、信用条件、收款政策等内容。

1. 信用标准

信用标准是企业具体财务政策的重要组成部分,是客户满足企业信用交易所需具备的最低标准。

常用的分析方法有:其一,5C 信用评分法是从影响信用的 5 个方面,即品质、能力、资本、抵押、条件来衡量客户的信用;其二,信用评分法则是通过特征分析模型来分析与模拟公司的主要财务指标,判断客户公司出现破产的可能性大小。

2. 信用额度

对于满足信用标准的客户,企业可以对其采用赊销的交易方式,但是企业的生产能力、资金垫付不是无限的,因此,需要把有限的赊销资源进行合理的分配。

3. 信用条件

在赊销中,除了对客户规定最低标准与额度之外,为了促使客户能及早支付货款,企业往往会与客户约定好付款方式与时间。信用条件包括信用期限、折扣期限及现金折扣等。信用条件的表现方式如"$2/30, n/60$"。

4. 收款政策

收款政策是在约定的时间到了以后,客户依然没有或者没有完全支付货款的情况下,企业采取的应对措施。

★ 企业信用政策实施效率评价方法

常见的信用政策实施效率评价方法有:

1. 比较收益成本法

收益是指赊销收入给企业增加的收益扣除成本后的金额;成本是指企业的

各项持有成本,如短缺成本、机会成本、管理成本等。此方法在前文第一章"赊销的含义"中有详细展开,这里不再赘述。

2. DSO法

DSO是企业将应收账款转变为现金平均需要花费的时间,即应收账款变现天数。DSO的计算方法有:

(1) 期间平均法

这种方法最普遍,但是计算的误差也最大。期间一般可以定三个月、半年甚至是一年。主要是为了对企业进行横向和纵向的对比分析,年度DSO能体现本年企业现金回收的速度,为下一年制定合理目标提供参考。

$$DSO = 期末应收账款余额 / 这一时期的销售额 \times 这一时期的天数$$

(2) 倒推法

倒推法是指从最近某个月起,用总的应收账款减去的总天数,总天数即为DSO。它的计算重点是分账回收,而不是将全年或半年业绩一次性回收,这种方法的使用率最高。如果本月DSO比上月少,则信用管理部门的业绩更高效了;否则,就是企业的回款速度变慢了,使得企业的流动资金被占用,信用管理部门就要进行更严格的审核,追款力度更大。该种方法的不足之处是企业没办法了解每一笔拖欠的应收账款账龄。

(3) 账龄分类法

对某一时期内账龄不同的应收账款单独计算DSO,然后再将每个结果进行相加,得出总的信用销售的DSO。该方法可以算出各个时期内应收账款的占比,从而控制每笔应收账款的额度。

3. 坏账水平测算法

该方法主要测算三个指标,包括:

(1) 坏账率

表现为注销的坏账与信用销售总额之间的比率。它反映了某个期间企业利用信用管理政策对坏账的合理控制能力。

(2) 逾期账款率

表现为某个期间终了时的逾期应收账款与总的应收账款之间的比率。若该指标上升的速度过快,说明问题账户在增加。

(3) 回收成功率

表现为企业在某个时期内对应收账款的回收状况。该比率越高,说明企业信用管理的效率就越好。

★ 信用管理目标

当公司制定了信用政策后,要在信用政策的指导下首先确定公司的信用管理目标。只有明确了信用管理目标,才能根据目标制定相对应的信用制度体系与信用管理的具体内容。

企业信用管理目标是在企业总的战略指导下确定的,与信用管理相关,并用以指导企业所有部门处理相关业务的倾向性、方向性和总体性的战略方针。

理想的企业信用管理目标为最高的销售额、最快速的回款、最小的坏账率。实际上,这三个目标是相互矛盾的。如果要实现更高的销售收入,必然要给客户提供更宽松的信用政策,增加赊销额,延长客户账期;这样必然会带来回款速度的放慢,增加企业应收账款,增高坏账率。如果要做到更小的坏账率,最好的方式就是减少赊销,采取更严格的赊销政策,但是要大幅度提高销售收入就会比较困难。更快速回款的主要方式就是给客户尽可能短的账期,这样也会影响销售收入的提高。

如何平衡三者之间的关系?另外,这里还存在一个定量的问题:多高的销售额算最高?多大的坏账率算最小?应收账款周转天数多少算最快速的回款?

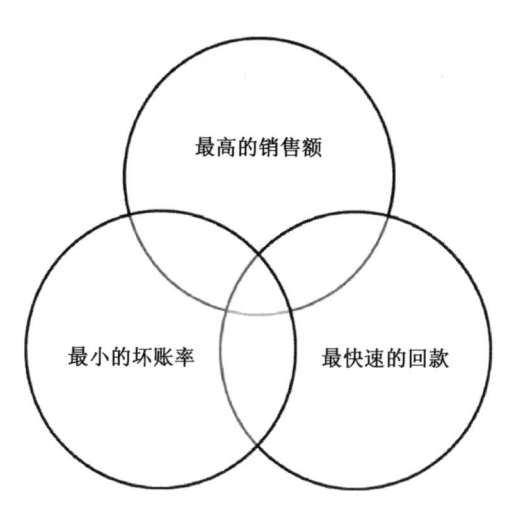

图 4—1　企业信用管理目标

> **实现信用管理目标的宗旨:一个平衡三个关系**

"一个平衡三个关系",这里我们就要在扩大销售业绩与降低赊销风险两者之间寻找平衡，同时还要处理好公司、员工与客户三者之间的利益关系。

- 一个平衡：做好扩大销售业绩与降低赊销风险两者之间的平衡
- 三个关系：处理好公司、员工与客户三者之间的利益关系

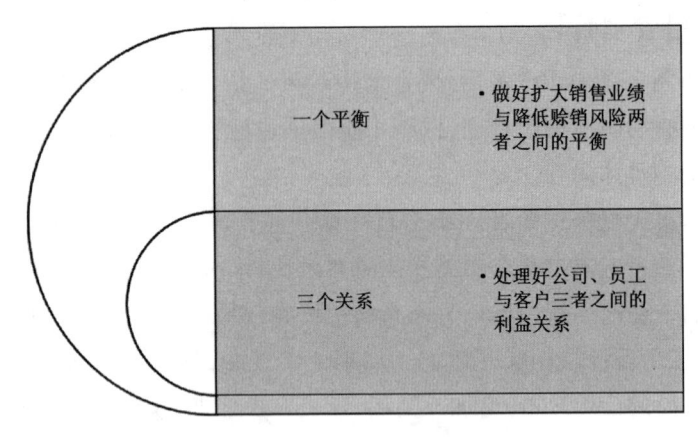

图4—2 一个平衡三个关系

信用管理就是在扩大销售业绩与降低赊销风险之间寻求平衡，确保两者之间平衡关系的平稳。当确定好两者之间的平衡点后，在实际操作过程中会存在平衡的上下波动，天平的倾斜程度是不一样的，但一定不能失去平衡关系，要做到静态平衡。静态平衡一旦出现重大问题，企业就可能会面临巨大风险。

根据企业所处的环境、所处的发展阶段和目标不同，公司关注的重点会有所不同，在不同环境下这种平衡关系可能会被打破，企业要重新寻找新的平衡点，这就是动态平衡。

动态平衡永远比静态平衡要复杂很多，需要更丰富的专业经验和极强的市场洞察能力，在发展过程中调整平衡关系和平衡状态。动态平衡就是在业务发展过程中根据实际情况随时做出变化和调整。

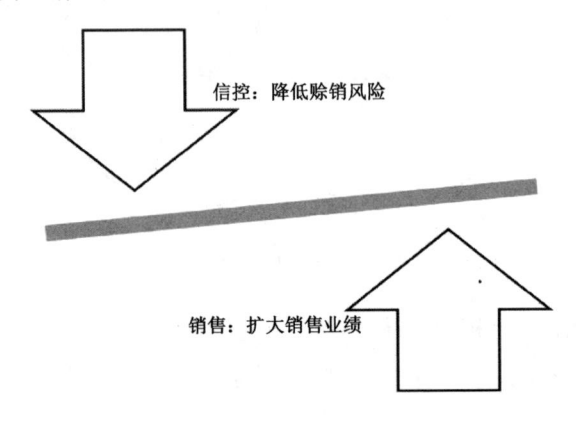

信控：降低赊销风险

销售：扩大销售业绩

图4—3 信用管理岗位与销售岗位的目标平衡

信用管理的核心是判断客户"有多好及好的程度",基于客户好的程度为其提供优惠的结算条件(赊销额度与赊销期限)。信用管理做得不好的企业往往会存在这样一些认知:信用部门就是来控制销售、限制销售、管理销售和管理客户的,给销售设置障碍。但也有一些信用管理较好的企业,其公司内部对信用的认知往往是这样的:信用是有价值的,信用可以帮助销售提升业绩,信用能帮助改善公司与客户之间的关系,信用能促进公司制度的完善等。

企业不应该仅仅追求短期利润最大化,公司是整个社会系统的一个角色,公司所有利益相关者的利益都应当被考虑在内。企业利益相关者的利益主要包括企业利益(股东利益)、员工利益和客户利益。公司要处理好企业利益、员工利益与客户利益之间的关系。公司与员工之间的利益、公司与客户之间的利益、员工与客户之间的利益要达到和谐统一。如果只考虑某一方的利益,无法达到共赢及多赢。如果各方都争取自己的利益,那么企业就无法正常发展。

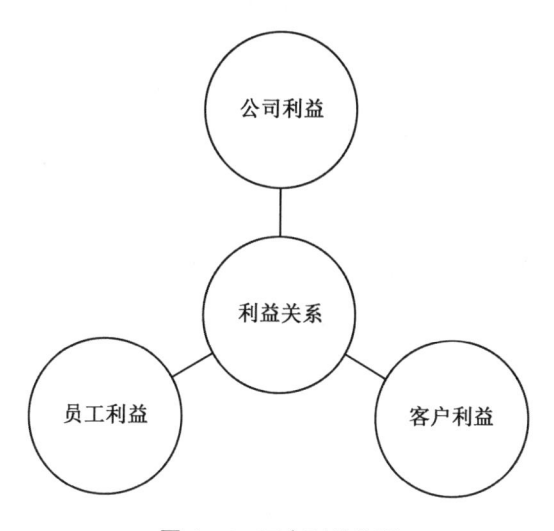

图 4—4 三方利益兼顾

★ 信用管理模式

1. 全过程信用管理模式

在企业信用管理政策指导下,在企业信用管理目标引领下,建立全过程信用管理模式是比较常用的方法。

统计分析显示,实施事前控制可以防止 70% 的拖欠风险;实施事后控制可以挽回 50% 的拖欠损失;实施全面控制可以减少 90% 的呆账、坏账损失。实施全面控制就是将信用风险管理贯穿于企业销售环节的全过程。

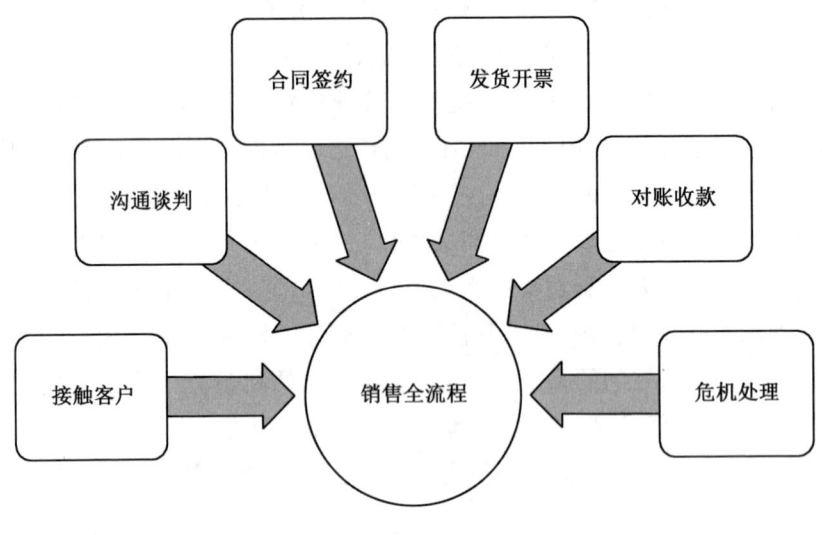

图 4—5　销售全流程

全过程信用管理模式是在企业内部建立信用管理体系，从销售流程的每个环节入手，在每个销售环节都将信用管理纳入其中。销售人员在接触客户后，要进行客户的信用调查和评估；销售人员在与客户进行沟通谈判的时候，要将信用评估后的交易条件告知客户；在签订合同的时候，要根据客户的风险等级确定履约担保的条款；在货物发出的同时，要进行信用的跟踪管理工作；在发现异常时，要及早采取措施进行催收管理。

全过程信用管理模式的核心是：事前要进行风险识别，事中要开展风险控制，事后要进行风险处理。

无论采用什么样的信用管理模式，企业的信用经理在开展信用管理工作的过程中，下面五个关键字是经常用到的：

▶ 定：制定公司的信用管理制度

▶ 划：划出赊销的红线，哪类客户或交易是不能赊销的

▶ 集：收集客户的信用信息

▶ 建：建立客户信用风险的评估模型

▶ 做：根据采集的客户信用信息和信用评估模型，开展客户信用风险评估工作，对客户进行风险分类

全过程信用管理模式，要求销售人员在开发客户的时候就要想到开发"好"

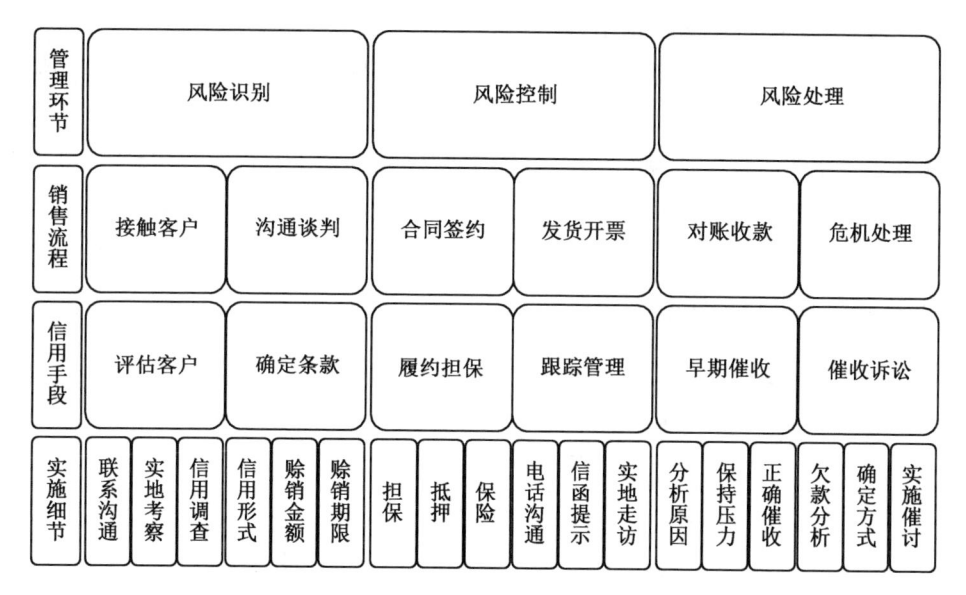

管理环节	风险识别		风险控制		风险处理	
销售流程	接触客户	沟通谈判	合同签约	发货开票	对账收款	危机处理
信用手段	评估客户	确定条款	履约担保	跟踪管理	早期催收	催收诉讼
实施细节	联系沟通／实地考察／信用调查	信用形式／赊销金额／赊销期限	担保／抵押／保险	电话沟通／信函提示／实地走访	分析原因／保持压力／正确催收	欠款分析／确定方式／实施催讨

图 4—6　全过程信用管理模式

的客户、信用高的客户、交易潜力大的客户；公司信用人员要建立一套恰当的分析评估模型，对销售人员开发的"好"客户进行信用评估，分析判断是否确实是一家"好"的客户、信用高的客户、风险低的客户等；随着时间的变化，当下判断出来的"好"客户也会发生变化，公司需要建立一套信用管理体系，用于管理公司经过寻找和评估后的赊销客户，提升客户信用能力，促进公司业务增长，降低赊销风险。

在企业信用风险管理中，如能实现赊销客户在应收账款上达到"不想欠、不能欠、不敢欠"的三者有机统一，那将是信用管理的理想境界。

就赊销管理策略而言，使赊销客户做到"不想欠"是"上策"、"不能欠"是"中策"、"不敢欠"是"下策"；就三者关系而言，使赊销客户"不想欠"是目标、"不能欠"是基础、"不敢欠"是保障。前两者的要义是预防、是治本，后者侧重的是惩治、是治标。"不敢"需要强硬的信用控制实施手段，"不能"需要完善的信用监督制度，"不想"需要坚定的信用文化信念。

2. 信用管理模式创新

随着企业经营管理模式的发展，企业信用管理模式也会发生变化。在企业的实际管理过程中，企业要根据自身的实际情况确定其信用管理模式。下面我们简单介绍几种信用管理模式的发展趋势，以供参考：

(1)渗透型模式:渠道信用管理

通常企业的信用管理只监控直接的赊销客户即可,渗透型信用模式是将信用管理渗透到渠道终端,其不但对中间商开展信用管理,还间接提示并监控终端客户。主要职责包括:提示中间商及时收款,到期提示终端客户付款;协助中间商催讨欠款,提示中间商终端客户的异常状况,提示中间商收款措施;监控中间商赊销尺度,监控中间商收款过程,验证终端客户信息,监控终端客户异常情况,监控终端客户付款过程;等等。

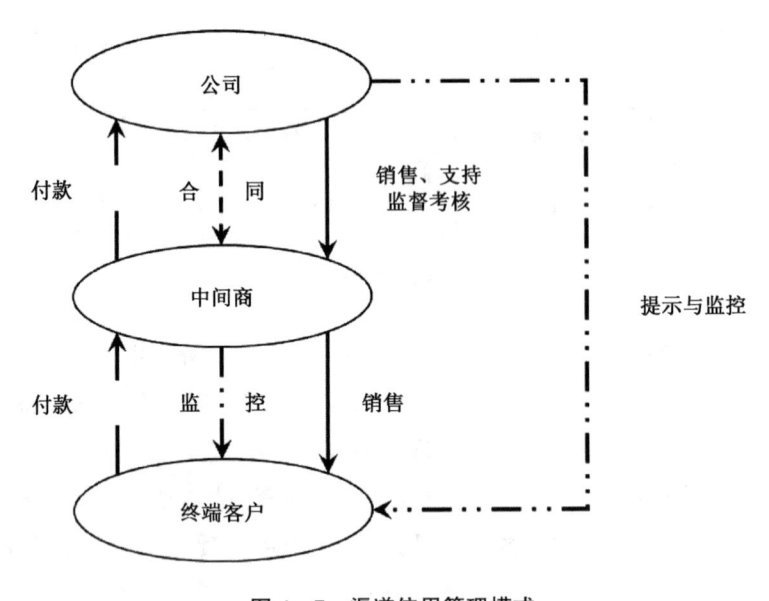

图4—7 渠道信用管理模式

(2)集中型模式:集团化信用管理

每家独立法人企业都会根据自身业务发展需要单独开展其信用管理工作,目前越来越多的集团型公司逐步将其原来分级授权管理的信用管理模式发展成集团统一的信用管理模式,由集团统一进行信用管理。分级授权信用管理的优点是高效,较能适应业务发展的需求,但成本较高。集中专业化信用管理的优点是节省成本,便于管理,但与业务的结合度不够。

任何信用管理模式都是以满足企业的发展需求为最终目的,只有结合企业的自身特点设计的信用管理模式才最具有生命力。

(3)专业型模式:信用管理外包

随着信用管理的专业化程度越来越高,部分企业会选择将信用管理全部外包给专业机构操作,实现信用管理的专业化。

信用管理外包,主要是将企业的信用销售业务从信用评估、交易开票到收款的全过程外包给专业机构,专业机构为企业提供相应的全套服务。其服务范围包括客户评估、赊销确定、发票收到的核实、货物收到的核实、货物质量的确认、应收款的对账、到期日的确定、付款日的确定、催收函的发送、到货款的核对、逾期××天内的催收等。从客户信用审核开始,到收到客户付款结束,是对交易进行的全过程控制。

(4)全面型模式:信用价值分析

全面信用管理模式,是将信用管理贯穿于公司生命周期的全过程,贯穿于采购、生产、销售全环节,落实内部控制与外部控制相结合,将供应商应付账款分析、客户应收账款分析、生产及库存分析等都纳入信用管理范围,将信用变成一种资本,用价值手段分析交易行为。

信用价值分析模型,其出发点是把客户视为一种可选择性优化的资产,尽最大可能发挥资产效能,运用这一模型可以协助销售部门、引导销售人员,将工作重心及企业有限的资源放在如何与最有价值的客户建立合理的贸易往来上,并持续将客户往优质化方向培育,从而为企业带来效益的最大化。

★ 企业信用管理工作的内容

根据对中国企业信用管理现状的调查,企业愿意采取赊销的比例不超过30%(70%是担心货款不能按时回收而拒绝采取赊销方式),却有约90%的企业实际上在采取赊销的方式。

通过对目前各个行业中逾期账款的调查分析,发现客户迟付原因中有约40%是客户不愿意支付,有约35%是客户的资金周转困难付不出来,还有约25%是质量纠纷或债权人管理上的失误造成的不能支付。

作为一名企业信用人员,最重要的工作目标与内容,一是如何发现赊销的风险? 二是当发现风险的时候如何采取行动?

▶ 如何发现风险?

▶ 如何提前发现风险?

▶ 如何看到风险的全貌?

▶ 如何采取措施?

▶ 采取什么措施?

▶ 什么时候行动?

企业信用管理是对企业赊销(信用销售)风险进行科学管理的一项特殊技术，也是对企业信用活动和信用决策的科学管理。其主要目的是规避赊销风险，提高赊销成功率。通过制定信用管理政策，对客户进行信用调查和评估，权衡信用销售的风险和收益，做出信用决策，严格管理产生的应收账款，确保应收账款安全和及时回收。努力实现企业信用销售的最大化，同时将企业信用风险降到最低。

信用销售(赊销)是指从市场战略的高度，将不能立即支付但在可预见的时间内有支付能力的客户纳入企业销售战略的视野，从而有效控制信用风险的一种销售管理方法，并制定相应的目标、战略、政策和程序。

企业采取赊销(信用销售)政策，公司对赊销管理的要求主要是：

➤ 组织和推动赊销过程，以保证平稳持久的销售量

➤ 建立必要的资金来源，以支持赊销的账款回收等待时间

➤ 建立相关的赊销制度，以改进和提升赊销管理的能力和水平

公司对能够产生现金的应收账款资产的管理应该是事先筹划，而不是消极应对或事后反应。赊销的客户在偿债能力和资产流动性方面各不相同，应该依据风险评估对他们施行不同的赊销政策。应收账款回收必须根据数额和难度来组织落实。

影响应收账款规模的因素有哪些呢？应收账款的规模与企业销售收入及平均收款期息息相关。应进一步分析哪些因素影响销售收入、哪些因素影响平均收款期，我们只要紧紧抓住这些影响因素，管理好这些因素，企业的信用管理工作就有的放矢了。

图 4-8 影响应收账款的因素

公司应该了解其行业中应收账款的平均回收天数,并通过比竞争对手更快的现金回收和更少的坏账来提高自身的竞争地位。

通常,企业信用政策的书面文件主要包括:
➢ 公司业务与目标概述
➢ 业务模式、客户类型、客户行业
➢ 信用管理政策内容
(1)客户管理制度、客户档案管理
(2)信用制度、信用标准、信用额度、信用期限、拖欠罚金等
(3)信用审查评估制度
(4)应收账款催收制度
(5)信用岗位管理制度
➢ 销售条件
➢ 坏账水平
➢ DSO 目标

二、实务场景设置

怎样设置信用岗位?

【案例背景】

马丁是达斯集团公司的董事、副总经理,分管公司的财务和运营工作。作为一名公司高管,他是怎样推动制定公司的信用政策与信用制度体系,并建立公司的信用管理部门的呢?

达斯集团公司主要从事电梯、空调等的生产销售业务,是全球排名前十的跨国公司。客户包括开发商、施工承包商及业主和物业等。由于国内社会信用体系的不完善,企业在经营业务过程中存在的主要问题是代理商的选择存在一定的风险和不规范、设备尾款偶有拖延、质保款经常拖延、维修款拖欠严重等。维修款的主要特点是数量多、金额小、时间短、管理成本高、效益差等。客户选择和货款回收都由销售人员负责,销售人员变动很大。

既要扩大销售,又要控制风险,马丁是如何制定公司的信用政策并组建信用部门实现信用管理目标的呢?

【关键问题】

● 如何制定信用政策?

- 怎样完善信用流程?
- 如何设置信用体系?
- 怎样设置信用岗位?
- 怎样管理信用人员?
- 如何提升人员能力?

【信用管理政策】

企业信用政策,用以指导企业信用管理部门处理应收账款的发生与收账。

信用政策一般分为紧缩型(保守型)、均衡型(温和型)和宽松型(开放型)三种。

表4—1　　　　　　　　　企业信用政策的类型

信用政策类型	政策说明
紧缩型(保守型)	或者称为"财务型"。注重信用,降低坏账和违约带来的风险,宁可失去贸易机会也不愿承担风险。但是,现有的或潜在的客户可能会随之流失,企业的发展可能会受到限制。在整体经济环境不好的前提下,适用于在竞争激烈的市场中占据优势地位的新兴企业或成熟企业,或在市场需求旺盛、产品利润低、生产成本高、行业风险高的情况下采用。
均衡型(温和型)	或者称为"适度型"。为了不失去重要客户并保留市场份额,公司愿意承担一定程度的信用风险,有保留地接受对偶尔延迟付款但最终付款的客户进行信用销售。存在一定的逾期甚至坏账风险,但比宽松型小很多。均衡型想要在风险控制与企业发展之间找到平衡点。
宽松型(开放型)	或者称为"销售型"。注重鼓励销售,努力为客户提供优惠的结算条件和宽松的拖欠处理方式。企业发展速度快,但同时也带来高风险,资金周转缓慢,甚至可能面临突发危机。在整体经济环境和行业前景良好的前提下,适用于资金实力雄厚、产品利润高、信用管理体系健全的市场准入型/成长型企业,或者库存过多、产品周期短、竞争激烈的企业。

任何政策的制定都需要与实际相结合,信用政策的制定同样要考虑企业的外部经济环境与企业自身的经营状况,还应该考虑与企业发展相匹配,以及现有的客户数量和质量等。

外部经济环境因素主要包括宏观经济状况、行业经营状况、行业与对手信用政策、产品市场状况、资金市场状况等。企业内部因素主要包括企业生产和经营能力、产品特征、生产规模、资金及财务状况、商品库存状况、企业发展速度及企业承担风险意愿等。

由于市场环境的变化,信用政策并不是一成不变的,也要根据市场情况做出调整。如果出现如表4—2所示的情况,企业的信用政策可能会有所调整。

表4—2　　　　　　　　　　企业信用政策调整的信号

信用政策放松的信号	信用政策收紧的信号
A. 存货积压超出正常	A. 库存低而需求大
B. 替代产品出现,产品更新换代	B. 产品针对客户设计,没有通用性
C. 有大量冗余资金,但销售成长性不强	C. 客户付款不受信用政策调整的困扰
D. 产品需求下降/市场份额下滑	D. 经营对个体客户的依存度过高
E. 利润率高于行业正常水平	E. 净利润水平较低
F. 争取新的市场与渠道	F. 生产周期长
G. 已经投入了大量前期费用和市场费用,或为补偿固定成本,需要提高产量	G. 信用制度的制定和实施不健全

达斯集团根据公司整体战略,结合外部经济环境因素及企业内部的经营情况,考虑到企业发展和现有客户状况,确定企业的信用政策为均衡型(温和型)。

【信用管理部门】

达斯集团公司设立"信用管理部"来负责企业的信用管理工作。

企业领导人必须对信用风险管理给予足够的重视,建立由主要领导负责的信用风险控制体系;制定科学的信用风险控制制度,并将其量化;培养得力的信用风险控制团队,并使权、责、利相结合。

企业信用管理部门的设置通常有三种模式,即财务型、销售型和独立型。

表4—3　　　　　　　　　　信用管理部门设置模式

信用管理部门类型	优　点	缺　点
财务主导——财务型	• 较严的审核 • 较少的风险承担倾向 • 独立的信用决策 • 较强的财务分析实力	• 可能过于保守 • 客户感性认识不足 • 处理恶劣客户能力弱
销售主导——销售型	• 有利于把握商业机会 • 了解客户 • 迅速的反应 • 处理恶劣客户能力强	• 较弱的财务分析能力 • 目标冲突 • 缺乏制衡

续表

信用管理部门类型	优 点	缺 点
公司主导——独立型	・专业性突出 ・独立的信用决策 ・易于平衡 ・统筹全盘工作	・成本开支较大 ・人力资源缺乏

根据公司的战略目标确定相应的信用管理机构、信用岗位职能和信用人员安排。达斯集团公司设置信用管理部门，该部门属于财务部门，由 CFO 统一管理。信用部门设置三个岗位：应收账款专员、信用控制专员、信用主管经理。

确定信用管理部门的职责与任务：

➢ 收集客户信用信息，建立客户信用档案

➢ 整理汇总分析客户信用资料，开展客户信用风险评估

➢ 根据风险评估进行客户分类并分配信用额度，实施赊销额度监管

➢ 监控客户付款能力变化，处理超赊销额度客户

➢ 管理和分析应收账款

➢ 召集和参加信用分析会议

➢ 协调处理逾期账款的催收

➢ 建议或决定采取法律措施

➢ 制订信用管理业务计划与预算

➢ 赊销管理报告与汇报

【信用管理岗位】

"定岗、定编、定责"，首先确定信用岗位工作的职能，确定机构的部署和安排，确定人员安排等。

没有离开组织的个人，也没有离开个人的组织，个人与组织交互影响、形影相伴，组织与个人总是交织在一起。信用岗位职责必定要与组织对信用管理的要求相匹配。

达斯集团公司根据其业务特点及客户应收账款情况，设置应收账款专员、信用控制专员、信用主管经理三个岗位。其中，应收账款专员 5 名，信用控制专员 2 名，信用主管经理 1 名。同时，在华北、华南及华东三个大区各设立 1 名负责所属地区的信用办事人员。公司就每个岗位制定其对应的工作职责。

表 4—4　　　　　　　　　　信用管理岗位职责

信用管理岗位	职责说明
信用主管经理	➡ 领导信用职能的日常工作，向财务总监汇报工作。 ➡ 对信用职能的所有建议、报告、审批意见负责。 ➡ 安排信用工作的进程，包括信用评估、信用控制检查等。 ➡ 协调信用职能与公司其他部门的关系。 ➡ 对下属人员进行管理、考核、培训。
信用控制专员	▷ 按照信用政策，对日常交易进行信用审批。 ▷ 对销售部门要求变更信用额度、信用期限、交易条件的申请进行审查。 ▷ 将信用职能和销售部门意见不能统一的交易按审批权限移交相应审批层级，并关注审批的结果。 ▷ 按年度核定客户的信用额度、信用期限、交易条件。 ▷ 参与重要客户的信用调查，必要时对客户进行拜访。 ▷ 负责对销售处有关人员的信用评估培训。
应收账款专员	◇ 根据管理的需要，编制账龄表，定期提交应收账款分析报告。 ◇ 会同会计部做好客户对账工作。 ◇ 监控检查销售部门应收账款催收工作，必要时参与收款行动。 ◇ 每月召集收款会议，分析问题账款状况，提出相应建议。 ◇ 确定需要移交集中处理的问题账款名录，并和法律部门参与资产重组、诉讼、资产保全等债权维护工作。

信用岗位的考核要点如表 4—5 所示。

表 4—5　　　　　　　　　　信用管理岗位考核

信用管理岗位	关注点	考核要点
办事员	关注信息	◇ 能识别现有信息的缺失（例如缺少客户经办人电话），积极收集所有相关信息 ◇ 但由于工作经验原因，还未能完全判断具体收款行动信息的真实性与合理性
专员	关注细节	◇ 独立开展工作，仔细检查，有经验判断与辨别重要信息并确保其正确性 ◇ 发现被他人忽视的关键性错误，关注结果 ◇ 对于所承担的任务不半途而废 ◇ 有决心和毅力达成目标，例如连续跟踪，考核业绩不佳的收款责任人的收款结果，向上级提供改进建议并付诸实施
主管	关注质量	◇ 随时核查自己与他人的工作，以确保质量 ◇ 鼓励他人高质量地工作，归纳与总结成功经验，推广与实施 ◇ 具备提供对主管级别或以上的信用管理培训能力，时间不少于 8 个小时
经理	关注客户	

【信用管理人员】

人的能力要与岗位的胜任力模型匹配。知识、技能、经验三个维度组成了个人的能力体系,而且这三个维度是正向循环、不断提升的。从实践来看,很多人知识储备比较丰富,但是缺乏实践,因此这类人的知识闭环并没有形成。

根据信用岗位职责的要求,在公司内部,信用岗位要与公司几乎所有的部门都有连接,包括财务、销售、法务、IT、市场、管理、运营、生产、物流、人事等;在公司外部,信用岗位还有可能与客户、律师事务所、征信机构、政府监管部门、司法部门等建立联系。信用岗位已经成为联系公司内外的重要通道和渠道。

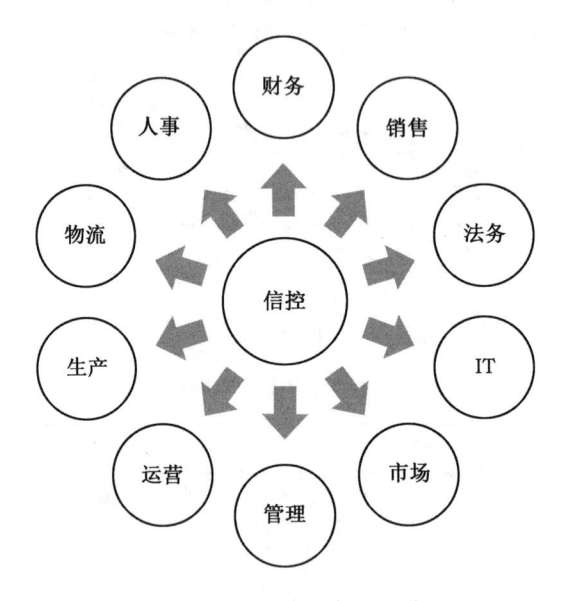

图 4—9 信用管理岗位关联图

信用岗位人员要具备财务金融知识和风险意识,具有战略眼光,能站在公司层面从宏观角度思考问题;业务操作过程中要具备心理学知识和法律知识,具备互联网技术思维,采用技术手段解决公司整体风险管理问题。

信用岗位人员要具有数据采集识别能力、数据分析挖掘能力及实际的操作执行能力和决策判断能力。图 4—10 为信用岗位人员的主要工作内容及具备的知识体系。

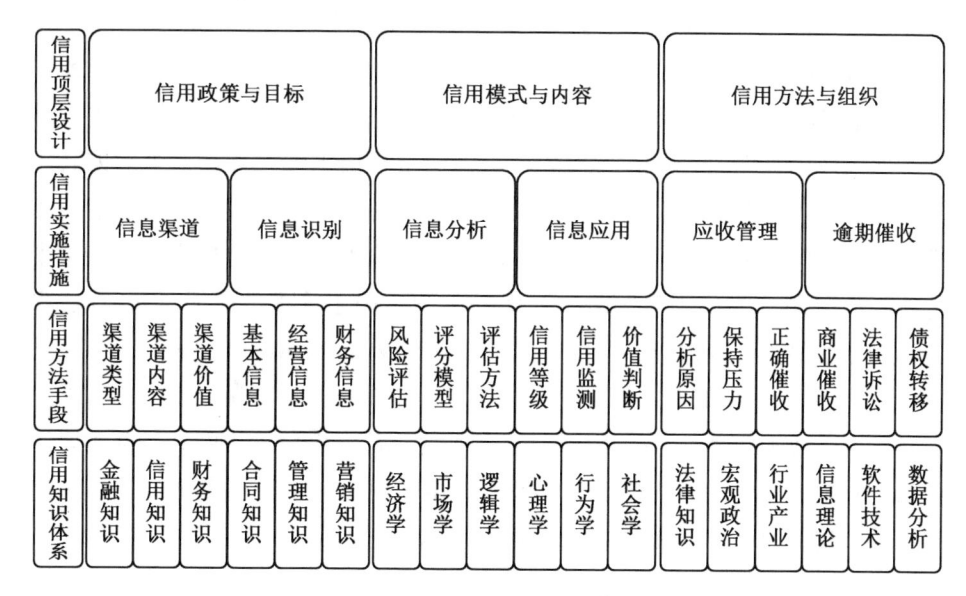

信用顶层设计	信用政策与目标		信用模式与内容			信用方法与组织	
信用实施措施	信息渠道	信息识别	信息分析		信息应用	应收管理	逾期催收

| 信用方法手段 | 渠道类型 | 渠道内容 | 渠道价值 | 基本信息 | 经营信息 | 财务信息 | 风险评估 | 评分模型 | 评估方法 | 信用等级 | 信用监测 | 价值判断 | 分析原因 | 保持压力 | 正确催收 | 商业催收 | 法律诉讼 | 债权转移 |
| 信用知识体系 | 金融知识 | 信用知识 | 财务知识 | 合同知识 | 管理知识 | 营销知识 | 经济学 | 市场学 | 逻辑学 | 心理学 | 行为学 | 社会学 | 法律知识 | 宏观政治 | 行业产业 | 信息理论 | 软件技术 | 数据分析 |

图 4—10 信用管理岗位知识体系

高素质的信用管理人员对企业的信用管理有效与否至关重要。一个良好的信用管理人员应具备以下基本素质和能力：

➢ 具有财会、金融专业知识
➢ 具有企业经营销售管理等实践经验
➢ 充分掌握企业的产品、客户和服务内容及特点
➢ 获得公司高层的支持
➢ 善于与同事和客户进行交流
➢ 充分了解获取信用资料的方法和渠道
➢ 具有迅速作出准确决定的经验、知识和能力
➢ 熟悉与不良客户打交道并迫使其付款的方法
➢ 了解法律和司法体系
➢ 了解社会学、心理学等

【信用岗位培训与思考】

信用岗位既需要具备扎实的经济学和金融学理论基础，也需要在信用分析与管理方面具有深厚的理论基础和应用能力。强调动手实践能力、业务操作能力、分析解决问题能力、分析建模能力。信用人员是应用型、创新性、复合型

人才。

1. 信用人员招聘

企业信用人员不外乎从内部提拔和外部招聘两种渠道。内部提拔主要从财务部门或销售部门寻找有潜力的人员来从事信用工作。外部招聘的方式主要是大学信用专业毕业生或市场上有经验的信用人员。目前全国开设信用管理相关专业的院校有 30 多所，包括信用管理和信用风险管理与法律防控两个专业。信用管理既可归于经济类应用学科，也可归于管理类应用学科，与法学也有一定的关联，信用管理是一个跨学科、重实践的应用型专业。

2. 信用岗位培训

无论企业采取哪种方式招聘信用管理人员，从事信用工作的人员都需要岗前培训和工作日常培训。信用人员的培训主要通过内部培训和外部培训来完成。内部培训与外部培训的结合才能起到更好的效果。

内部培训：工作中的培训是非常必要的，大多数信用管理技能只有通过实践才能学到。无论采取哪种方式招聘的信用人员都需要进行大量的岗前培训和日常培训工作，以改进工作效率，提升工作效能。要想提高培训的效果，制订培训计划并监督检查培训情况就非常必要。外聘培训老师、制定有针对性的培训题目也能大幅度改进内部培训的效果。

外部培训：外部专业信用培训机构会提供系统性的基础培训课程，这些培训课程包括企业信用基础知识、信用风险评估、信用分析与财务分析、应收账款管理与催收等。

外部信用培训有多种方式，主要包括信用管理基础知识系统培训（公开课）、信用实践进课堂（实践教学）、信用管理进企业（内训）、信用管理进园区/社区、信用经理俱乐部、信用经验分享会（沙龙）、信用参访游学、信用产学研基地等。专业征信机构的外部培训大多是理论结合实际、实践性强、可操作性强、生动有趣，采取案例教学、游戏参与、模拟推演、现身说法等。

(1) 公开课：信用管理基础知识系统培训，这类培训可以为信用人员打好理论基础，并进一步掌握信用管理方法和技术。

(2) 俱乐部：信用经理俱乐部，为信用经理人员提供交流平台，为经理人之间的沟通建立桥梁和纽带；增强信用经理之间的交流与合作，推动信用管理行业的交流与合作。

(3) 沙盘推演：模拟企业信用管理全流程、全岗位，模拟实战操作，信用角色扮演,激发参与者主动思考和换位思考,激发创新,沙盘演练,寓教于乐,培训者全程参与,过程中提出建议和新的解决方案,提升公司整体信用管理能力和水平。

(4)参访游学:信用参访游学活动,"学习标杆企业"开拓视野、拓展人脉,提升信用管理能力,学习更多信用管理技巧,提高信用分析运用能力。亲临感受,近距离接触学习,面对面体验。

(5)产学研基地:集产、教、研于一体,产教融合,提升信用教学的实用性,提高信用管理的战略性,拓展信用研究的全局性。完善社会信用建设,引领行业信用建设,促进企业信用建设,推动信用文化发展。采取头脑风暴、圆桌论坛、互动交流等形式。

3. 信用岗位的分析与思考

根据公司业务目标及行业特点制定信用政策,在信用政策的指导下确定公司的信用制度和流程。信用岗位和人员是实现公司信用目标、完成信用工作的必备力量。

信用管理部门的设立是重要的环节,明确岗位职责、组织人员、确定工作目标任务等都要与企业的实际目标相一致。在信用管理工作中,得到公司高层的重视和认可比什么都重要。

信用岗位对知识广度的要求非常高,不但要会基本的信用管理业务操作,更重要的是具备极强的协调沟通能力和信息识别分析能力。合理的职业通道和未来发展方向是信用人员工作的最大动力,也是提升工作能力的有效手段。

第五章　信用、征信与征信机构

学习目标

征信机构是专业提供信用服务的企业。本章中,我们需要:
- 了解市场对信用服务的需求
- 熟悉征信机构的运作方式
- 学习并掌握征信的作用和目的
- 获知信用的类型及含义
- 掌握征信行业的监管
- 了解信用服务行业建设

关键词

营利法人	利润与现金流	征信监管
商业催收	资信报告	征信业务
征信机构	个人征信	企业征信

内容提要

1. 理论知识点梳理

(1)征信机构的含义

(2)企业征信机构的主要业务

2. 实务场景设置

(1)盈利、利润与现金的关系

（2）应收账款管理服务的模式

（3）企业信用调查服务的模式

（4）征信机构的监管与行业发展

小贴士

征信机构是根据市场对信用产品的需求而发展起来的一类专业服务机构，满足客户对信用产品和服务的需求，提供有价值的产品和服务才能促进征信机构的发展壮大。

另外，征信机构是一种特殊的行业，适当的政府监管和行业自律是十分必要的。监管和自律才能促进征信机构为社会提供更好的信用产品，满足市场对不同类型信用服务的需求，实现信用行业的有序发展。

一、理论知识点梳理

★ 征信机构的含义

征信机构需要依照有关法律、法规批准成立，其工作范围包括征集个人信用信息、企业或其他组织信用信息等。征信机构的盈利来源主要是提供各类信用信息服务。

根据《征信业管理条例》、金融行业标准《征信机构信息安全规范》，征信业务定义为：对企业、事业单位等组织的信用信息和个人的信用信息进行采集、整理、保存、加工，并向信息使用者提供的活动。

征信机构则是依法设立的、主要经营征信业务的机构。

征信机构提供的主要信用产品为征信报告（资信调查报告），它是征信机构提供的关于企业或个人信用记录的文件。它是征信基础产品，系统记录企业或个人的信用活动，全面反映信息主体的信用状况。

一般来说，实务业界在区分征信机构的种类时，均按照业务模式划分。具体可分为企业征信机构和个人征信机构，企业征信机构主要工作对象是企业征信信息服务，个人征信机构的工作对象是消费者个人的信用信息服务。

★ 企业征信机构的主要业务

1. 提供批量信息数据服务

凭借征信公司本身拥有的庞大的信息资源网络广泛收集数据,对不同来源、不同结构、不同格式的数据进行标准化预处理,通过合法、合规的接入方式,提供包括金融、征信、工商、质检、海关、电商、运营商、资产等领域的权威数据。

一般批量信息服务可以提供两类信息数据服务:其一,为用户提供无差异的数据服务,即无需对用户所需数据进行特殊处理,方便用户使用一致的方式查询不同领域的数据。其二,根据用户需求,为用户提供定制化的批量数据服务,可以方便地对不同维度的数据进行裁剪和组合,更加符合用户需求,如提供某用户需要的化工行业的企业信息。

2. 提供各类企业资信调查报告

结合工商、税务、法人股东信息、业务经营信息等数据,通过多维度的评价,以报告文本形式提供目标企业全面的信用分析。这是企业征信机构提供给信用市场最重要的一类信用中间产品。

企业资信调查报告可以根据其内容的侧重点及信息覆盖的全面性分为:

(1)标准企业资信调查报告,广泛被银行贷款、信贷保险和商业赊销提供者用于评估目标公司的偿还能力和信用风险。

(2)企业深度资信调查报告,在标准企业资信调查报告的基础上,对目标公司的历史背景、业务活动、财务状况、行业状况等方面进行更加翔实的调查和分析,主要用于评估重要客户或重要合作伙伴的信贷能力。

(3)简版企业资信调查报告,企业资信调查报告的简化版,用于快速分析目标公司的信用状况和经营情况。

(4)企业信用专项报告,用于说明企业信用状况的具体某一方面信息。例如,企业公共记录报告,主要提供各个公共媒体、政府部门等公布的有关目标公司的过往记录,内容包括注册资料、股东及股份、排行榜、商标专利、诉讼记录、公共记录等;企业营业执照报告,主要提供目标公司的营业执照照面信息,可用于快速确定目标公司的合法性,以及相关业务联系人是否经过目标公司的授权许可等。

3. 用户画像

基于多维度的、大批量的企业信息,构建企业用户画像,可广泛应用于用户分群、精准营销等业务场景。

4. 风险监控

利用大数据搜索与关联挖掘技术,对目标企业主体的信用状况变化和可能存在的风险行为进行动态察觉与监控,实时预警。

二、实务场景设置

征信机构是如何运营的?

【案例背景】

CTC 征信公司是一家专业从事信用服务的机构,公司获得人民银行企业征信备案。在信用服务行业,CTC 是一家具有良好口碑和影响力的企业征信公司。

在信用服务行业,竞争是非常激烈的。在市场需求不足、产品同质化严重的大背景下,要促进征信公司的经营和发展是非常不容易的。CTC 的创始人安迪先生是怎么成功运作这家征信机构的呢?

【关键问题】

- 市场为什么会有信用服务需求?
- 市场有哪些信用服务需求?
- 怎样满足市场的信用服务需求?
- 怎样适应市场对信用服务需求的变化?
- 如何合法合规并持续性地提供征信服务?
- 什么是征信?什么是信用管理?
- 企业资信调查报告包含哪些内容?
- 企业有哪些信用风险?
- 征信机构的作用有哪些?

【盈利的公司会倒闭吗?】

"以取得利润并分配给股东等出资人为目的成立的法人,为营利法人",有限责任公司、股份有限公司和其他企业法人等为营利法人。

通常,我们都会认为企业不盈利就没有生存的基础。但是,如果公司盈利是否也有可能会面临倒闭的风险呢?

安迪在大学里学的是会计专业,毕业后进入一家企业做财务工作。安迪依靠扎实的财会知识和在工作过程中不断地学习,不到两年的时间就升任这家企业的财务经理,全面负责公司的财务工作,成为公司财务部门的负责人。

安迪的日常工作主要是记账并按月核算报表。

一般来说，财务经理主要负责企业的年度财务预算，建立财务会计制度和内部控制制度，建立成本控制制度，提供月度经营分析报告，改进现金流量管理，为公司重大投融资等经营活动提供财务决策支持。稳健的财务状况、健康的财务体系，对于一个公司来说往往起着至关重要的作用。

在财务管理水平日益成为企业核心竞争力的今天，企业对财务管理人员的要求越来越高。财务经理的职能不再只是做财务核算，提供财务分析报告，编制预算、成本和资金，还要为企业的整体经营管理乃至战略决策提供有力支持。

安迪任职的这家公司每年销售收入平均保持15%左右的增长，企业利润率在10%左右。但每个月到发工资或支付供应商应付款的时候，作为财务经理的安迪总会遇到公司银行存款吃紧、账面资金紧张的情况。因此，会有延后支付货款或偶有迟缓支付员工工资的情况发生。为此，公司的供应商及部分员工颇有微词。

公司老板几次找到安迪了解情况，老板说公司每年利润好几百万元，怎么会没有钱呢？对此很不理解。安迪拿出公司报表及银行存款余额表给老板看，并向老板汇报："我们公司虽然收入规模较大，盈利还可以，但现金相对短缺，银行存款较少。"

公司账面上的利润都以应收账款的形式存在，资金短缺主要是应收账款规模很大，企业平均DSO为180天以上。导致应收账款很大的原因是产品销售出去后，客户回款不及时。公司需要加大收款力度，尽快催收客户欠款。

老板若有所思，依然念叨说："奇怪了，公司每年盈利几百万元，钱都去哪里了？"

为了解决资金短缺问题，安迪建议公司加大收款力度。尽快催收客户欠款的方案得到了公司认可，公司销售人员都在加大收款工作，但都收效甚微。一方面，公司已经形成长期的不重视收款工作的氛围，销售人员也不知道怎么向客户加大催收力度；另一方面，市场竞争激烈，公司担心影响业务发展，催款意愿也不强烈。此外，受市场环境影响，三角债严重，存在相互拖欠的行为，客户的支付能力不够、支付意愿不高。

【现金与利润的关系】

"虚荣的利润，理性的现金。"对于企业来说，利润和现金两者都不可或缺，不过从短期来看，现金是生死攸关的问题。因为对于努力要在瞬息万变的市场中站稳脚跟的企业来说，能否在短期内生存下来是最重要的。现金是保证企业能够生存下来的唯一因素。

网络上流行一个比较深刻的小故事,可能可以更加直观地体会现金流的意义。

故事发生在一个小镇,小镇里的居民都债台高筑,靠赊账过日子。

这一天,从外地来了一位旅客,手里拿着1 000元去了小镇的旅馆,把1 000元放在旅馆的柜台上,说自己想先上楼挑一下有没有合适的房间,结果把钱放下之后,旅客就上楼看房间去了……

就在这个时候,旅店老板拿着旅客的1 000元,到了隔壁的屠夫那儿支付了他欠的肉钱。

屠夫拿到1 000元之后,到对面马路结清了欠猪农的猪本钱。

猪农则拿着这1 000元去付了他的饲料钱。

卖饲料的则赶紧拿着1 000元去付清了他欠的嫖资。

妓女拿着这1 000元付清了她所欠旅店老板的房钱。

旅店老板收到钱后,赶忙把1 000元放回柜台。结果等旅客下来后,说没看到合适的房间,便拿着1 000元离开了旅店……

这一天,没有人生产任何东西,也没有人得到任何东西,但是靠着这流通的1 000元,每个人的债务都结清了。

这个故事告诉我们,现金的重要性就是,只要有资金的流通,整个产业链还是可以继续运转的。

成功的企业,无一例外,都会严格控制企业的现金流,特别是努力避免大量持有库存和应收账款。企业都在极力将产品销售出去,将账款收回来。

净利润是企业一切努力的最终结果。作为企业管理者,资产负债管理方式对企业的财务利息会产生重大影响。减少利息支出并仔细规划和维护应收账款占总销售额的百分比至关重要。如果由于应收账款长期被拖欠而被迫增加借款,则增大的利息成本可能会侵蚀本来已经有限的净利润。公司更多的是为银行而不是股东创造利润。

从事财务工作的安迪认为,公司有利润不一定会有现金,现金才是企业生存的血液,缺乏现金,企业可能会面临倒闭。"利润是面子,现金是日子",要把日子过好就离不开现金。

企业只重视销售业绩、不重视收款工作,可能导致企业破产。如企业能提高收款意识、改进收款效果,如有公司能帮助企业直接收款,以增强企业资金流转效率,对企业来说获益将会是巨大的。

【企业应收账款管理】

安迪想明白这些后,决定辞职,加入一家专业为客户提供应收账款管理服务的公司,即 CTC 征信公司。

"现款交易,款到发货"是提升公司现金流、减少坏账发生的基本方法。但要做到现款交易可不是那么容易的事情,除非企业生产的产品质量高人一等,无可替代。

随着市场经济的发展、市场竞争的加剧,很多公司采取赊销的手段开拓业务。但是,由于社会信用体系不完善,企业自身缺乏信用制度,赊销必然带来大量的应收账款。很多企业面临应收账款逾期的情况,大量逾期应收账款无法回收,三角债、资金短缺等严重影响企业发展。

市场对催收逾期应收账款的需求很大,但市场上并没有专业的应收账款催收公司。一些"讨债公司"的催收方式存在不合规的情况,安迪想做一家不一样的应收账款管理公司来满足市场的需求,CTC 征信公司应运而生。

CTC 征信公司在为企业提供应收账款管理服务上所采取的催收模式为"律师的身份、商业的手段"。

律师的身份:由律师来从事应收账款的管理和商业催收,"律师的身份"在应收账款管理中的核心作用主要体现在下列几个方面:

> 十分熟悉法律法规,在催收过程中能及时找到问题的关键所在;
> 容易切中债务人要害,可在法律范围内快速发现债务的核心问题;
> 方便寻找债务人信息,能采取各种手段寻找到债务人及债务人资产等信息;
> 施加压力便于实施,会根据实际情况给债务人施加压力并落实这些手段;
> 确保催收合理合法,能控制催收过程中发生的不确定性和可能的风险。

商业的手段:律师在具体的应收账款催收过程中,要采用商业方式开展具体的沟通协调工作。"商业的手段"有助于:

> 协商解决纠纷,任何应收账款的发生都是由商业交易引起的,友好协商是第一步;
> 手段多种多样,商业催收过程中,可以采取电话、信件、面对面沟通等;
> 方法灵活多变,商业催收方法可根据债务人的实际情况来确定;

> 操作简单便捷,方式灵活,便于接受,因人而异;

> 手续简明扼要,商业催收的手续简单,目的明确,更有利于问题的解决。

安迪在开展业务的过程中,总会遇到这么一类客户,即当听说 CTC 能帮助他们管理和催收应收账款的时候,他们的第一反应包括:你们是帮我"讨债"的吧?你们是怎么"讨债"的?有哪些"非同寻常"的手段?会拉横幅、雇用民工吗?

如何才能转变企业的认知,让它们认识到专业的"应收账款管理"其实是一项需要具备一定的技术和经验的专业工作呢?

第一,CTC 提供的企业应收账款管理服务的核心内容要非常明确。

应收账款管理也称商账管理,或应收账款商业催收,是指受托方及其协作律师根据委托方的委托,作为委托方的代表,对委托方的应收账款及相关债务人进行调查和分析,并与债务人进行交涉,通过非诉讼的方式和合法的说服要求债务人将应收账款直接支付给委托方的整个过程。

第二,CTC 在为客户提供应收账款管理服务的过程中,逐步形成了一些特色。

> 风险低

企业已经发生了应收账款的逾期情况,已经有损失,如果前期额外向催收公司支付费用,那将会有增加损失的可能性。如果能与它们"同呼吸,共命运",将有可能获得客户的认同。CTC 提供的应收账款催收服务采用佣金制,即不收回欠款不收取佣金。与"对簿公堂"和自己催收的做法相比,商业催收的方式使企业不需要投入任何额外的支出,风险低。CTC 与委托方是利益共同体,CTC 会尽最大努力催收委托方的应收账款。

> 效果好

CTC 采用专人专案的方式开展催收工作,每一个案件都派专人从开始负责到结束,为债权人的沟通联系提供了极大方便。负责催收的人员均具有较强的调查和沟通能力、丰富的商业经验,并具有法律知识和信用管理意识,有广泛的社会影响力。作为征信机构,CTC 将会提供其不良付款记录,此"污点记录"对于希望正常经营的公司来说具有一定威慑力,回款的效果较好。

> 时间快

诉讼费钱、耗时,无论成功与否,都要付费。胜诉未必回款。专业的应收账款管理服务可快速提出解决方案,手法灵活、高效便捷。CTC 在开展商业催收时会在法律允许的范围内保证与债务人的接触频度,因为应收账款催收的基本原则是:谁催得紧,债务人将最先偿还给谁。

▷ 促和谐

债权人与债务人往往随着一场官司而走到老死不相往来的地步。应收账款商业催收采用第三方的介入,在解决纠纷的同时,促进了双方之间的关系,维持了将来更好的合作前景。

CTC 在确保业务的合法性和操作的规范性上使委托方放心,在风险操作和根据效果计提利益方面使委托方受益,在促进债权债务方和谐共赢及促进委托方管理制度改进方面使委托方成长。

第三,经过 CTC 为企业提供应收账款管理服务后,为企业的可持续经营带来较大的改善。

▷ 避免进一步的成本风险
▷ 最大限度回笼沉淀资金
▷ 节省企业人力、财力、物力
▷ 优化企业的客户结构
▷ 维护与客户的业务关系
▷ 加快赊销回款
▷ 实现完全销售
▷ 树立企业良好信用管理形象

CTC 的"应收账款管理服务"除帮助客户企业催收应收账款外,还为企业的业务人员提供催收案例的分享和培训,提高客户企业自身业务人员的催收技巧和能力。同时,针对客户企业应收账款管理人员不足的情况,提供应收账款的整体外包服务等。这些都大大提高了客户企业的应收账款回收率,提高了客户企业资金的周转效率,为增强客户企业的运行能力提供了有力的支撑。

【企业资信调查报告】

风险通常源于对客户的了解不够。企业不了解客户,不了解客户的信息,不了解客户的偿付能力和信用,当然就无法判断客户的风险。

企业掌握的客户信息越多,客户就越难违约。当债务人清楚地知道你有他的详细信息并且可以随时联系到他,成功起诉他并从他的资产中收回欠款时,他更愿意先付款给你。

CTC 在为客户企业提供应收账款催款服务的过程中,发现有很大一部分逾期欠款实际上是由于前期风险控制没有做好导致的，企业在给客户放账之前对客户的支付能力不了解，对客户的支付意愿不清楚。如果企业有建立信用管理体系，对赊销客户进行风险调查和评估，其逾期应收账款将会大大降低。

因此，要提高企业的信用风险防范能力，首先要从筛选客户开始。通过对客户进行信用调查，筛选优质客户，做好客户的分类管理，对企业非常重要。

这时，越来越多的企业会委托 CTC 对其赊销客户进行信用调查。当 CTC 的信用调查业务越来越多的时候，CTC 便成立了一个信用调查部门负责为这些企业提供"资信调查报告"。

"企业资信调查报告"是在深入探究公司的经营发展状况和财务成果基础之上，结合股东及领导人的背景，客观地分析企业的优势和劣势，并对企业进行信用评级，使你能准确掌握目标客户的信息情报，提前制定应对措施，主动调整合作方式，确保在尽可能规避信用风险的同时实现利润最大化。

经过不断地改进完善，CTC 为企业提供的"资信调查报告"内容主要有：一是客户基本信息，包括企业名称、地址、年检信息等；二是客户信用交易信息，包括信贷信息、商业信用交易信息；三是客户经营信息，包括财务信息、管理信息及其他非财务信息；四是有助于了解和判断客户信用状况及经营风险的其他信息，包括行政执法信息、司法判决信息；五是信用分析与评价信息，基于对收集到的客户信息进行分类整理，并按照一定的方法对客户信用情况进行分析评估，确定客户的信用等级和类型。

现款交易不可行，赊销成为新趋势。谨慎选择客户，降低赊销风险，首先就要进行客户信用调查，对客户信息进行分析和评估，建立并管理客户信用档案，建立互联互通的信息系统，提高企业的赊销决策水平，完善信用管理机制，从源头开始预防信用风险。选择"高质量"的客户是关键的第一步。

企业信用就是建立在授信人对受信人信任的基础上，使受信人无须立即付款即可获得商品或服务的能力。受信人的履约能力和履约意愿对信用具有重要影响。履约能力是受信人在一定时期内实现付款或还款的经济能力，与受信人的经济状况有密切关系。履约意愿是指受信人在一定期限内保证付款或还款的主观意愿，与受信人的道德品质有直接关系。

信用调查是企业信用管理工作中最重要的一项工作。信用调查中最关键的是"情报收集"工作，包括了解客户的商业信息、经营能力、资本结构、发展潜力、偿债能力等情况。通过对客户信息资料的收集，审查客户的财务报表，运用各种财务分析方法,对客户偿债能力进行评估,确定对客户的信用政策。对企业而言,信用调查是一项十分重要的工作,调查分析结果将作为企业是否与客户进行交易、确定交易条件、授予赊销额度,以及如何与客户签订合同的决策依据。

资信调查报告信息的准确性及可靠性是核心。CTC征信公司是如何保障资信调查报告信息的准确性的呢?

▷ 多渠道交叉验证

企业的信息分布在不同的渠道,且不同渠道信息的可靠程度也会有所不同,不同的渠道获得的信息准确性会存在差异。外部信息来源主要为行业协会提供信息、政府有关部门依法已公开的信息、人民法院依法公布的判决或裁定等。CTC会从不同渠道获得信息,并进行信息的交叉验证。

▷ 一手资料与二手资料互相验证

CTC除从不同的外部渠道收集信息外,还会对信息主体、交易对方等开展实际的电话或面访调查,获得一手资料和当前最新的信息。通过对调查到的一手资料与二手资料进行互相验证,核验信息的准确性、可靠性和时效性等。

▷ 按行业分类调查与分析

CTC内部设置有分别负责不同行业的信用调查分析团队,例如机械行业、化工行业、电子行业、建筑房地产业等十多个不同的信用调查分析小组。小组成员分别在某些特定的行业有丰富的经验,了解行业特征,调查收集信息更专业、更高效,分析更到位。

▷ 多层次审核并解答客户问题与疑惑

CTC建立三级审核体系:信用分析师初审、主管经理二审、质检部门三审的三级审核流程。特殊的信用调查还要经过总经理审核。多层次审核,确保信息的准确性和可使用性。同时,就使用者对报告提出的问题或疑惑,通常由操作该份报告的信用分析师直接回答。从多方面满足委托方需求,实现资信调查报告最大限度帮助分析信用风险的最终目的。

CTC为企业提供资信调查报告服务,即征信服务。征信业源于信用交易的需要,是市场经济条件下专业化的信用信息服务行业。企业征信机构按照一定的规则,从各种途径和渠道收集与信用相关的信息,进行整理、加工后,形成资信调查报告等征信产品,向第三方提供服务,满足市场信用交易等方面的需要。

征信业务,是指独立于交易活动的第三方,依法收集、整理、保存、加工自然人、法人及其他组织的信用信息,并对外提供信用信息服务,帮助客户判断、控制信用风险,进行信用管理的活动。

随着业务的发展,CTC决定整合公司的业务团队,成立"企业信用管理部",该部门主要为企业提供整体信用解决方案,包括信用咨询、信用调查、信用培训及应收账款管理等业务。CTC为企业提供的"信用管理整体解决方案"主要涉及内容为信用政策制定及制度流程设计、客户信用调查及档案建立、客户评估及授信管理、合同管理、应收账款回收管理等。具体如图5-1所示。

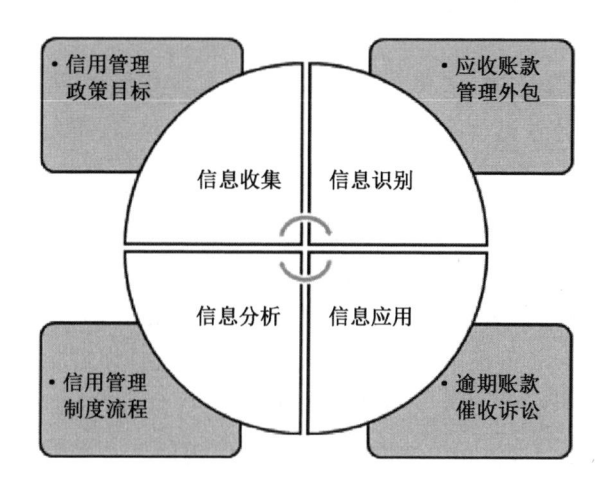

图5-1 企业信用管理流程

安迪总结CTC公司运作的主要经验为:仔细寻找并认真分析市场需求;根据市场需求提供高性价比的产品和服务,并提升为企业解决问题的能力;持续不断地改进工作流程和创新服务产品;改进公司的服务方式,帮助企业在市场竞争中提升其竞争能力,改善现金流,提高业绩。

CTC在持续不断地为企业提供信用管理服务的过程中,深刻领会到企业信用管理要在下列四个方面不断改进:

(1)利润率的持续改进:确保年利润增长率大于或等于销售增长率。
(2)现金流的不断扩大:追求现金流量效果,使其对外负债达到最低。
(3)资产使用效率提升:追求资产使用效率,以最少的资产实现销售目标。
(4)控制应收账款风险:力求避免不必要的利息费用,提升应收账款回款率。

【征信监管与行业发展】

1. 征信业管理

中华人民共和国国务院令第631号《征信业管理条例》经2012年12月26日国务院第228次常务会议通过，自2013年3月15日起施行。《征信业管理条例》强化了对征信机构的管理，明确了征信业务的范围以及由中国人民银行（以下称国务院征信业监督管理部门）及其派出机构依法对征信业进行监督管理。同时，明确了企业征信机构的设立须向所在地的国务院征信业监督管理部门派出机构办理备案等。

征信机构：依法设立、主要经营征信业务（是指对企业、事业单位等组织的信用信息和个人的信用信息进行采集、整理、保存、加工，并向信息使用者提供的活动）的机构。

根据监管要求，按照条例规定，CTC于2014年完成央行征信备案，获得央行的企业征信备案许可。随着征信备案的获得，"CTC征信"在内控管理、业务规则、信息安全等方面有了大幅度的提升和改善，并按月向央行报送"企业征信业务监测报告"，每年开展信息安全、业务合规等自查管理活动。

《征信业管理条例》第五章单列金融信用信息基础数据库，为防范金融风险、促进金融业发展提供相关信息服务，金融信用信息基础数据库由专业运行机构建设、运行和维护。

《征信业管理条例》对经营个人征信业务的征信机构实行经营许可制，必须获得个人征信业务经营许可证，同时对其征信业务规则有更严格的规定。

百行征信有限公司，是中国第一家获得个人征信业务经营许可的市场化公司，由中国互联网金融协会与芝麻信用、腾讯征信、前海征信、考拉征信、鹏元征信、中诚信征信、中智诚征信、华道征信8家市场机构按照共商、共建、共享、共赢原则共同发起组建。公司于2018年3月19日在深圳注册成立并落户福田，注册资本10亿元。

朴道征信有限公司，是第二家拿到牌照的个人征信机构。2020年12月25日，中国人民银行对外宣布，批准朴道征信有限公司个人征信业务许可。朴道征信有限公司注册资本10亿元，其中北京金融控股集团有限公司持股35%、京东数字科技控股股份有限公司持股25%、北京小米电子软件技术有限公司持股17.5%、北京旷视科技有限公司持股17.5%、北京聚信优享企业管理中心（有限合伙）持股5%。

2. 信用服务行业发展

上海市信用服务行业协会成立于 2005 年 6 月，为本市从事信用服务的同业企业及其他经济组织自愿组成的跨部门、跨所有制的非营利行业性社会团体法人。上海市信用服务行业协会是一家以信用服务机构为会员的行业协会，"CTC 征信"是协会的创始会员、协会的理事单位。

从"信用服务体系建设是社会诚信体系建设的关键"这一定位来看，信用服务行业协会使上海的信用服务机构在组织、管理方面纳入了社会诚信体系建设的同步轨道，与"依据相关规章，大力规范和促进信用服务业发展，完善社会信用服务体系，满足经济社会协调发展需要"的要求是一致的。充分发挥行业协会、市场中介组织的作用，是市场经济发展的必然趋势。行业协会可以在规范市场秩序、提高行业的社会公信力、提升行业的整体服务能力等方面发挥积极的作用。

协会会员机构的经营范围基本涵盖了信用服务产业链上的所有环节，包括信用管理咨询、信用调查、资信评估、商账追收、信用担保、信用保险、保理等，在上海建设社会主义现代化国际大都市和国际经济、金融、贸易、航运中心过程中发挥了重要的作用。

3. 征信机构运营的分析与思考

征信机构是经营征信业务的机构，征信机构提供各类征信服务，包括应收账款管理、信用信息调查、信用风险评估、信用体系建设等。只要提供的服务能满足市场需求，帮助客户解决问题，征信机构的业务就能不断发展和增长。

"CTC 征信"紧紧抓住市场需求，不断开发并完善产品和服务，持续创新。同时严格遵照监管要求，加强信息安全及合规建设，不断完善内控体系。在提升自身综合服务能力的同时，根据企业及市场的需求不断改进服务流程和开发新产品，与时俱进，与企业和市场共同进步，不断发展壮大。

第二篇

财务报表分析与财务识别

第六章　财务报表的阅读与分析

学习目标

财务报表分析的主体通常与企业存在现实或潜在的利益关系，需要对企业的财务状况、经营成果以及现金流量状况等进行分析和评价。财务报表分析的主体可分为内部分析主体和外部分析主体。其中，内部分析主体包括大股东（所有者）、公司管理层等；外部分析主体包括中小股东、债权人、投资者、政府职能部门、社会中介机构、竞争对手、供应商、客户等。

信用管理工作成功的重点之一是对企业财务情况的熟悉与了解。阅读和分析企业的财务报表是信用管理人员必备的技能。如何快速阅读企业的财务报表？如何分析企业的财务报表？如何从财务报表中发现企业的经营风险？本章将侧重从信用风险分析的角度探讨怎样阅读企业的财务报表。本章内容主要从以下三个方面展开：

➡ 财务报表是什么？企业的财务报表包含什么内容？
➡ 财务报表是怎么编制的？财务核算的基本规则是什么？
➡ 怎样阅读企业的财务报表？怎样分析企业的财务报表？

关键词

资产负债表	利润表	现金流量表
会计假设	会计要素	会计基础
比率分析	比较分析	杜邦分析

内容提要

1. 理论知识点梳理
(1) 财务报表的内容
(2) 财务报表的核算规则
(3) 如何阅读和分析财务报表
2. 实务场景设置
(1) 财务报表的逻辑关系
(2) 财务报表的分析方法

小贴士

信用管理人员不是财务人员,信用管理人员有其阅读财务报表的侧重点,如何基于信用风险控制来解读财务报表才是关键,如何能从财务报表中发现风险点才是其阅读财务报表的目的所在。

一、理论知识点梳理

★ 财务报表的内容

还款能力是分析企业信用状况的基础,还款能力分析在企业信用风险评估中起着非常重要的作用。还款能力是指企业偿还欠款的能力。

还款能力,可以理解为借款人偿还欠款的现金流量,表现为有没有钱、有多少钱、有什么样的钱、什么时候有钱等,还款能力主要体现在企业的财务能力和经营能力上。判断企业还款能力的主要方法是对其财务报表进行分析和审查。

审查和分析财务报表,检查银行存款、应收账款、存货、应付账款、每月费用等,分析企业可自由支配的流动资金有多少。从信用分析的角度看,财务报表分析的核心就是关注企业的还款能力。

1. 财务报表的定义

财务报表又称会计报表,是企业向报表使用者提供与企业财务状况、经营成果和现金流量有关的会计信息的书面报告,反映企业履行受托管理职责的情况。财务报表是全面反映企业在一定时期内的资产、负债和所有者权益以及经营成果和财务状况变化的书面文件,它有助于使用者做出经济决策。

财务报表按其反映的范围,分为母公司财务报表和合并财务报表。合并财务报表是指反映母公司及其全部子公司组成的企业集团整体财务状况、经营成果和现金流量的财务报表。合并财务报表反映集团(母公司和子公司)作为经济主体的合并会计信息,而母公司财务报表仅提供母公司作为法律主体的会计信息。

母、子公司债权人的债权是针对法律主体而非经济主体。合并财务报表实际上是母公司和子公司报表的混合,不能反映各个法律主体的偿付能力。因此,只有在母、子公司存在债务交叉担保或对企业集团整体授信的情况下,合并财务报表才能为债权人提供更有用的信息。

2. 财务报表的种类

财务报表按其反映的内容不同,分为资产负债表、利润表、现金流量表、所有者权益变动表、附表和附注。实际工作中,企业的财务报表主要有三张:资产负债表、利润表和现金流量表。

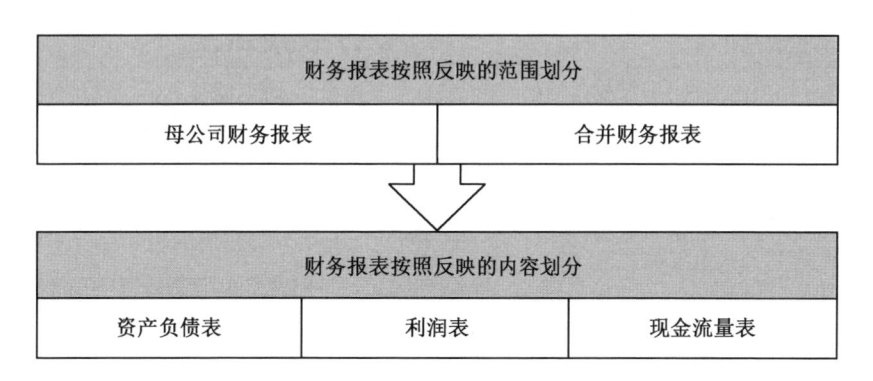

图 6—1 财务报表的类型

(1)资产负债表

资产负债表是反映企业在特定日期财务状况的静态会计报表。它显示了企业在特定日期拥有或控制的经济资源、承担的现有义务以及所有者对净资产的要求权。

通过资产负债表,可以很直观地表明:

➢ 企业拥有什么(资产)

➢ 企业欠别人什么(负债)

➢ 股东留下什么(净资产或权益)

资产负债表显示企业在报表截止日(通常为 12 月 31 日)拥有或控制的资产、负债和所有者权益(自有资本)的存量和结构。其数值会随着时间的变化而发生变化,此刻的数字大小与下一刻的数字大小可能会有所不同。形象地看,资产负债表就是在 12 月 31 日对企业的资产情况进行拍照后被定格的一张照片。

资产负债表通常分为两部分:左边是资产,右边是负债和所有者权益(也有将负债和所有者权益置于资产之下的报表)。左边记录资产的构成,右边记录资产的来源,所以左边的合计与右边的合计是一样的。

$$资产=负债+所有者权益$$

表 6—1　　　　　　　　　　　资产负债表的结构

资　产	负债及所有者权益
某一时刻资产的构成(可用的钱)	同一时刻资产的来源(借来的钱及自己的钱)
企业此刻拥有或控制的资产以什么样的形态存在,其构成是什么	企业此刻实际拥有或控制的资产是从哪里获得的,来源渠道是什么
预计在一年内能变现、出售或耗用的资产为流动资产	如果资产是借来的,就是负债,按照时间的不同,负债分为流动负债和非流动负债
● 流动资产 主要包括货币资金、应收票据、应收账款、预付款项、存货和其他应收款等	● 流动负债 主要包括短期借款、应付票据、应付账款、预收款项、应交税费、其他应付款等 ● 非流动负债 主要包括长期借款、应付债券、长期应付款等
预计不能在一年内变现或者耗用的资产为非流动资产,非流动资产是指流动资产以外的资产	如果资产不是来源于借入而是归股东所有的,就是所有者权益,所有者权益是所有者对企业资产的剩余索取权
● 非流动资产 主要包括固定资产、在建工程、无形资产、长期投资等	● 所有者权益 主要包括实收资本(股本)、资本公积、盈余公积、未分配利润等
● 资产总计	● 负债与所有者权益总计

资产负债表有助于使用者了解企业在某一时刻各种资产和负债的规模、结构及其数量的对应关系,明确受托责任及义务,作出基于优化结构、降低风险和提高运营效率的判断和决策。

(2)利润表

利润表是反映企业在一定会计期间经营成果的报表。由于它反映的是某一期间的情况,所以又称为动态报表。有时利润表也称为损益表、收益表。

通过利润表,可以很直观地表明:

➢ 企业在一段时间内的经营能力(拓展业务的能力)

➢ 企业在一段时间内的费用支出(控制成本的能力)

➢ 企业在一段时间内的财务业绩(企业赚钱的能力)

利润表将一段时期(通常是自然年)的营业收入与同一会计期间相关的营业费用相匹配,以计算出一个企业一段时期的净利润(或净亏损)。

$$收入-费用=利润$$

利润表是对企业经营过程的记录,属于动态会计报表,通常记录时间为一年,并将这一过程记录为一段录像。

利润表反映企业经营业绩的主要来源和构成,有助于判断企业利润的连续性和稳定性、利润的质量和风险。利润表通常采用多步式结构,越是靠前的项目,其连续性和稳定性越高。

表 6-2　　　　　　　　　　　　利润表的结构

利润表	××年
第一步:销售收入	营业收入
	减:营业成本 　　税金及附加 　　销售费用 　　管理费用 　　研发费用 　　财务费用 加:其他收益 　　投资收益(损失以"-"号填列) 　　公允价值变动收益(损失以"-"号填列) 　　资产减值损失(损失以"-"号填列) 　　资产处置收益(损失以"-"号填列)
第二步:营业利润	营业利润
	加:营业外收入 减:营业外支出
第三步:利润总额	利润总额
	减:所得税
第四步:净利润	净利润

利润表有助于管理者了解当期取得的收入和发生的产品成本、各项期间费

用及税金(不含增值税),了解盈利总水平和各项利润来源及其结构,把握经营策略。通过利润表提供的不同时期的比较数字(本月数、本年累计数、上年数),可以分析企业未来利润的发展趋势及获利能力,了解投资者投入资本的获利能力。

(3)现金流量表

现金流量表反映一家企业在一个固定期间(通常是一年)内的现金(包含银行存款)增减变动情形。现金流量表的出现,主要是反映资产负债表中各个项目对现金流量的影响,并根据其用途划分为经营、投资及筹资三个活动。

现金流量表反映企业在一定时期内产生的现金数额(现金流入减去同期现金流出),表明在满足同一时期所有现金费用支出后,企业创造了多少超额现金。现金流量表可用于分析一家企业在短期内有没有足够的现金去应付开销。

通过现金流量表,可以很直观地表明:

➢ 企业在某一特定期间内现金增加额的大小

➢ 企业在某一特定期间内现金流入和流出的信息

➢ 企业现金从哪里来、到哪里去(经营、投资、筹资)

现金流量表的主要作用是决定企业的短期生存能力,它是反映一家企业在一定时期内现金流入和现金流出动态状况的报表。现金流量表的组成内容与资产负债表和利润表相一致,以利润表和资产负债表的数据为基础来编制。

现金流入量－现金流出量＝当期现金持有量的变动

表6—3 现金流量表的结构

现金流量表	××年
第一步:经营活动产生的现金流量	营业现金及其盈余产生能力:可用于支持经营性流动资产的规模、偿还债务本息和支持长期投资的内源融资
● 经营活动现金流入	销售商品或提供劳务
● 经营活动现金流出	购买商品或接受劳务 职工工资及税费
第二步:投资活动产生的现金流量	投资实物资产、权益性及债权性证券以及这类投资的本金与收益的回收
● 投资活动现金流入	收回投资 取得利息、股息或利润 出售固定资产
● 投资活动现金流出	购建固定资产 对外投资

续表

现金流量表	××年
第三步:筹资活动产生的现金流量	外源融资能力:吸收投资、发行股票、分配利润、支付股利、偿付债务本息、返还股本或投资
● 筹资活动现金流入	吸收投资 取得借款
● 筹资活动现金流出	偿还债务 分配利润
第四步:现金及现金等价物净增加额	现金流入量－现金流出量＝现金持有量的变动

现金流量表反映企业现金变动的原因和构成,帮助我们分析和判断现金流入和现金流出的连续性和稳定性、现金来源的质量和风险,按照引起现金流量变化的活动进行分类列示。现金流量表有助于管理者了解企业的净收益质量、取得和运用现金的能力、支付债务本息与股利的能力,以及预测企业未来的现金流量。

3. 三张报表的关系

资产负债表是现金流量表和利润表的基础,其反映的是企业当期期初和期末两个时点的财务状况。在资产负债表中,可以从左边看出企业资产的构成,从右边看到企业资产的来源。现金流量表诠释了"货币资金"科目,利润表的影响都在"所有者权益"科目中。资产负债表为财务报表的主表,利润表、现金流量表都是资产负债表的附表。

现金流量表反映的是资产负债表中各个科目对现金流量的影响,并最终反映为资产负债表中"货币资金"科目当期期初及期末两个时点数的差额,也就是说,企业在经营、投资和筹资三类活动中分别获得多少现金净流入,三者加起来的当期现金流量净额再加上资产负债表中"货币资金"期初余额即等于"货币资金"期末余额。

而利润表则对资产负债表中"未分配利润"科目在本期期初到期末之间发生变化的过程做了解释。企业本期从主营业务收入、其他业务收入、投资收益、营业外收入及补贴收入中分别获得了多少收益,扣除成本、费用、税金等还剩下多少收益,该部分剩下的收益还需要提取法定盈余公积和任意盈余公积,再扣掉当期分红(如现金股利),最终剩下的加上期初"未分配利润"就等于资产负债表中"未分配利润"科目的期末余额。

表 6—4　　　　　　　　　　　　　财务报表的关系

期初资产负债表		现金流量表	期末资产负债表	
流动资产	货币资金	现金增减变化	货币资金	流动资产
	非货币资金	经营活动	非货币资金	
长期资产	固定资产	投资活动	固定资产	长期资产
	其他长期资产	购建资产	其他长期资产	
流动负债	短期借款	筹资活动	短期借款	流动负债
	其他流动负债	经营活动	其他流动负债	
长期负债	长期借款	筹资活动	长期借款	长期负债
	其他长期负债	借款还款	其他长期负债	
所有者权益	实收资本	筹资活动	实收资本	所有者权益
	资本公积	分红增资	资本公积	
	未分配利润	净利润	未分配利润	
		利润表		

★ 财务报表的核算规则

财务是一门语言,是企业对内和对外沟通的语言,是商业社会中通用的一门标准商业语言。对企业内部,它是一个最重要的管理和决策工具;对外可以呈现给企业利益相关者,使其了解企业的业绩和经营状况,判断企业的质量高低。

对包括投资人、债权人、管理者在内的许多人来说,必须掌握财务这门语言。对内部管理者来说,只有掌握了这项技能,才能诊断出公司的症状,开出治疗方案,预测公司经营的财务结果。此外,还可以促进与公司外部投资者及其他利益相关者的沟通,使信息透明,彼此加深了解。

财务作为一门通用的商业语言,也有其语言的规范标准,要读懂这门语言,必须了解这门语言的一些基本规则。

1. 会计假设

会计假设,即会计基本假设,是指会计人员对会计核算所处的变化不定的环境和某些不确定的因素,根据客观的、正常的情况或趋势所做的合乎情理的判断。会计假设是组织会计核算工作应当明确的前提条件,是建立会计原则的基础,也是进行会计实务的必要条件,一般包括会计主体、持续经营、会计分期(会计期间)和货币计量。

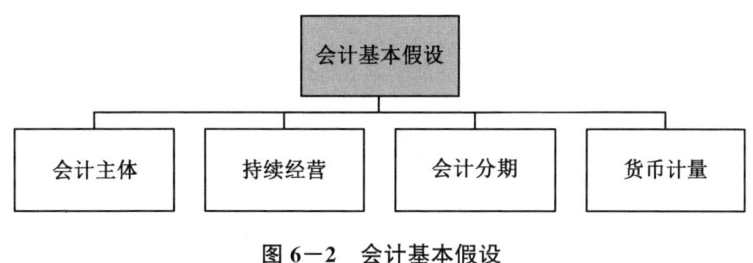

图 6-2 会计基本假设

会计主体可以是法律主体,也可以是集团公司或其他独立核算的单位。会计核算要以企业持续的正常经营活动为前提,这样,企业才能按原定的用途去使用现有的资产,按过去和现时承诺的条件去清偿各种债务。

会计分期主要是确定会计年度,会计年度根据国家的不同情况而定,可以采用历年制(一月制),也可以不采用历年制。

表 6-5　　　　　　　　各国会计年度对比

会计年度	说　明
一月制(1月1日到12月31日)	中国、德国、芬兰、西班牙等
四月制(4月1日到下年3月31日)	日本、新加坡、英国、加拿大等
七月制(7月1日到下年6月30日)	瑞典、澳大利亚、菲律宾等
十月制(10月1日到下年9月30日)	美国、泰国、缅甸等

我国会计核算以人民币为记账本位币,业务收支以人民币以外的货币为主的单位,可以选定其中一种作为记账本位币,但是编制的财务报表应当折算为人民币。

表 6-6　　　　　　　　会计假设说明

会计假设	说　明
● 会计主体 是指会计所服务的特定单位,它明确了会计工作的空间范围	➢ 法律主体必然是一个会计主体 ➢ 会计主体不一定是法律主体 ➢ 是单独进行核算的经济实体(企业) ➢ 具有独立资金和经营业务

续表

会计假设	说 明
● 持续经营 是指会计主体的生产经营活动将无期限持续下去,在可以预见的将来不会倒闭	➢ 会计主体将按照既定用途使用资产 ➢ 按照既定的合约条件清偿债务 ➢ 在此基础上选择会计原则和会计方法 ➢ 界定了会计核算的时间范围
● 会计分期 是指将一个企业持续经营的生产经营活动划分为一个个连续的、长短相同的期间	➢ 及时提供会计信息,保证会计信息的可比性 ➢ 产生了当期与以前期间、以后期间的差别 ➢ 会计期间分为年度、季度和月份 ➢ 通常年度、季度和月份的起讫日期采用公历日期
● 货币计量 是指会计主体在财务会计确认、计量和报告时以货币计量反映会计主体的生产经营活动	➢ 币种的唯一性 ➢ 会计核算以人民币为记账本位币 ➢ 币值的稳定性 ➢ 在币值稳定或相对稳定的情况下,才有可比性

2. 会计信息质量要求

会计信息质量要求是对企业财务报告中所提供会计信息质量的基本要求,是使财务报告中所提供会计信息对使用者决策有用应具备的基本特征,根据基本准则规定,它包括可靠性、相关性、可理解性、可比性、实质重于形式、重要性、谨慎性和及时性等。

会计信息的价值在于帮助所有者或者其他方面做出经济决策,具有时效性。即使是可靠的、相关的会计信息,如果不及时提供,就失去了时效性,对于使用者的效用就大大降低,甚至不再具有实际意义。实务中,需要在及时性与可靠性之间作相应权衡,以最大限度地满足财务报告使用者的经济决策需要。

3. 会计要素

会计要素是指会计对象是由哪些部分构成的,是对会计对象所作的基本分类,是会计核算对象的具体化,是构成会计对象具体内容的主要因素,也是构成财务报表的基本要素。

会计要素分为反映企业财务状况的会计要素和反映企业经营成果的会计要素。《企业会计准则》将会计要素界定为六个,即资产、负债、所有者权益、收入、费用和利润。其中,资产、负债和所有者权益三项会计要素侧重于反映企业的财务状况,构成资产负债表要素;收入、费用和利润三项会计要素侧重于反映企业的经营成果,构成利润表要素。

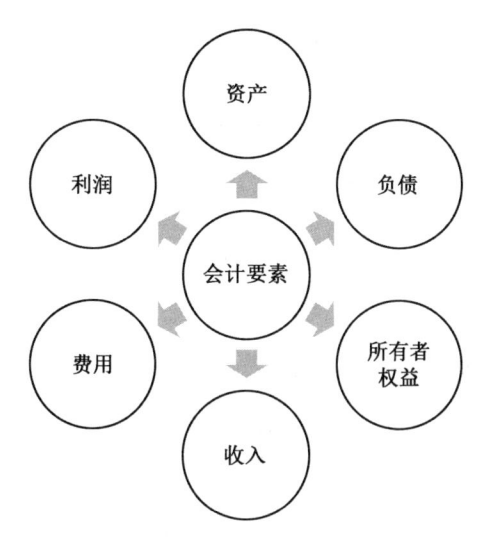

图 6—3 会计要素

会计要素的界定和分类可以使财务会计系统更加科学严密,为投资者等财务报告使用者提供更加有用的信息。

表 6—7　　　　　　　　　　　　会计要素说明

会计要素	说　明
● 资产 是指企业过去的交易或者事项形成的、由企业拥有或者控制的、预期会给企业带来经济利益的资源	➢ 资产应为企业拥有或者控制的资源 ➢ 资产预期会给企业带来经济利益 ➢ 资产是由企业过去的交易或者事项形成的 ➢ 与该资源有关的经济利益很可能流入企业 ➢ 该资源的成本或者价值能够可靠地计量
● 负债 是指企业过去的交易或者事项形成的、预期会导致经济利益流出企业的现时义务	➢ 负债是企业承担的现时义务 ➢ 负债预期会导致经济利益流出企业 ➢ 负债是由企业过去的交易或者事项形成的 ➢ 与该义务有关的经济利益很可能流出企业 ➢ 未来流出的经济利益的金额能够可靠地计量
● 所有者权益 是指企业资产扣除负债后由所有者享有的剩余权益,又称为股东权益	➢ 所有者权益是所有者对企业资产的剩余索取权 ➢ 它是企业资产中扣除债权人权益后应由所有者享有的部分 ➢ 既可反映所有者投入资本的保值增值情况,又体现了保护债权人权益的理念 ➢ 无须偿还,除非发生减资、清算,企业清算时,接受清偿在负债之后 ➢ 可分享企业利润,所有者能凭借所有者权益参与利润的分配

续表

会计要素	说　　明
● 收入 是指企业在日常活动中形成的、会导致所有者权益增加的、与所有者投入资本无关的经济利益的总流入	➢ 收入是企业在日常活动中形成的 ➢ 收入会导致所有者权益的增加 ➢ 收入是与所有者投入资本无关的经济利益的总流入 ➢ 经济利益流入企业的结果会导致资产的增加或者负债的减少 ➢ 经济利益的流入额能够可靠地计量
● 费用 是指企业在日常活动中发生的、会导致所有者权益减少的、与向所有者分配利润无关的经济利益的总流出	➢ 费用是企业在日常活动中形成的 ➢ 费用会导致所有者权益的减少 ➢ 费用是与向所有者分配利润无关的经济利益的总流出 ➢ 经济利益流出企业的结果会导致资产的减少或者负债的增加 ➢ 经济利益的流出额能够可靠地计量
● 利润 是指企业在一定会计期间的经营成果	➢ 利润反映的是收入减去费用、利得减去损失后净额的概念 ➢ 利润及其金额的确认主要依赖于收入和费用以及利得和损失的确认及其金额的计量 ➢ 如果企业实现了利润,表明企业的所有者权益将增加,业绩得到了提升 ➢ 如果企业发生了亏损(即利润为负数),表明企业的所有者权益将减少,业绩下滑了 ➢ 利润往往是评价企业管理层业绩的一项重要指标,也是投资者等财务报告使用者进行决策时的重要参考因素

★ 如何阅读财务报表

财务报表是企业的一张"体检表",是由会计人员把企业的各项经营活动量化、记录并呈现出来的。

如何阅读这张"体检表"是企业管理者和投资者的重要议题。首先,我们必须要了解这张"体检表"的编制原则和基础是什么?

1. 会计基础

企业会计的确认、计量和报告应当以权责发生制为基础。权责发生制又称应收应付制,它是以本期发生的费用和收入应计入本期损益为标准来处理有关经济业务的一种制度。凡在本期发生应从本期收入中获得补偿的费用,不论是否在本期已实际支付或未付的,均应作为本期的费用处理;凡在本期发生应归属于本期的收入,不论是否在本期已实际收到或未收到的,均应作为本期的收入处理。实行这种制度,有利于正确反映各期的费用水平和盈亏状况。

在实务中,企业交易或者事项的发生时间与相关货币收支时间有时并不完全一致。例如,款项已经收到,但销售并未实现;或者款项已经支付,但并不是为本期生产经营活动而发生的。为了更加真实、公允地反映特定会计期间的财务状况和经营成果,基本准则明确规定,企业在会计确认、计量和报告中应当以权责发生制为基础。

收付实现制是与权责发生制相对应的一种会计基础,它是以收到或支付现金作为确认收入和费用的依据。目前,我国的行政单位采用收付实现制,事业单位除经营业务可以采用权责发生制外,其他大部分业务采用收付实现制。

2. 报表的阅读

如何阅读企业的财务报表?财务作为一门通用的商业语言,它的难点是"中翻中",要把财务报表中的数字翻译成容易理解的内容,能从这些数字信息中发现问题。

很多人在阅读企业财务报表的时候,最喜欢先看企业的利润表,而且大部分时间用在分析利润表上,看企业收入多少、是否盈利。有些人甚至只看利润表,而经验丰富的专业投资者却会用很多时间来分析资产负债表。

作为信用分析人员,他们观察财务的角度会有所不同。从信用风险分析的角度,最关注的应该是客户的偿债能力,现金流是能体现企业的流动性、判断企业的偿债能力的重要指标。

(1) 看现金流

要观察现金的充足性和稳定性,现金流是否以经营活动现金流为主。现金流从某种意义上比收入和利润更重要,也更真实,现金流决定着企业的生死。收入和利润的连续增长如果没有伴随着相应的现金流入,往往预示着巨大的风险。观察现金流,最好按照如下顺序:

➤ 经营活动现金流量是否大于零;
➤ 经营活动现金流量是否大于净利润;
➤ 经营活动现金流量是否大于流动负债;
➤ 经营活动现金流量与净利润的变化趋势是否一致;
➤ 自由现金流量是否大于零等(自由现金流量等于经营活动现金流量减去公司为了持续生存下去所需的基本资本开支)。

(2) 看利润

企业是否盈利，重点要看利润的主要构成。看收入的细分来源，这些细分收入来源是否稳定。此外，还要看利润的大小、利润的可持续性、利润的结构、获利能力的稳定性和可持续性，以及成本费用的掌控能力和稳定性等。

利润表和现金流量表都是期间报表，从两个不同的角度讲述了企业赚钱的能力，用会计语言表述，一个是权责发生制，另一个是收付实现制。利润表是按照权责发生制编制的，只要权利义务转移就可以确认收入和成本费用了；而现金流量表则是按照收付实现制编制的，必须有现金流的收支才会记上一笔。

(3) 看资产负债表

对债务情况的了解，最重要的报表是资产负债表。即使没有利润表，通过分析所有者权益中未分配利润的变动，可以判断企业的盈利情况；即使没有现金流量表，通过分析资产负债表中货币资金的变动，也可以判断企业的现金流情况。

➤ 首先，看资产的来源，看负债的构成及负债与权益的比例。

高负债不代表面临风险：由于经营方式产生的负债，经营性负债不可怕（没有利息，用别人的钱，如用客户的钱、用供应商的钱）；金融性负债越多，财务风险越高（需要偿还利息和本金）。

统计显示，中国上市公司平均资产负债率约为 42%。资产负债率存在明显的行业差异，不能跨行业比较。

➤ 其次，看资产的构成，不同的资产配置决定公司的战略选择。

需要分析资产结构，判断公司是轻资产还是重资产。

轻资产公司特征：固定资产和存货比例低，拥有更多经营现金流，对上下游的溢价能力比较强，广告研发费用高。轻资产公司需要具备一定的资源整合能力，具备对合作企业的把控能力，但其对外部环境变化的敏感性和灵活性不够。

重资产公司特征：固定资产和存货比例比较高，生产型企业也可能会选择轻资产模式。

➤ 最后，看资产的期限，从资产期限分布来判断资产配置的经营风险。

资产负债表中各类资产的排序就是按照期限从短到长排列的，流动资产通常要大于流动负债。应收账款要看回收能力，进行账龄分析。

表 6—8　　　　　　　　　　　报表阅读要点

科　目	看顺序	看内容	看重点
流动性	现金流量表	现金流是否稳定、充足	是否以经营活动为主
经营能力	利润表	是盈利还是亏损	收入、毛利、利润率
稳定性	资产负债表	是否健康与稳定	先看来源，再看构成

★ 如何分析财务报表

财务分析就是分析企业的财务状况，主要是对企业财务报表的分析，分析内容与金钱和数字有关。

财务报表分析的目的是要洞察财务数据反映的企业背后的业务逻辑，只有把企业的业务逻辑和商业模式理顺，财务分析才能显露出企业的真实面目。学会财务分析，提升判断和决策能力，正确判断企业的未来。

1. 比率分析法

分析企业的财务报表，最重要的手段就是进行比率分析。

比率分析法是通过对财务报表有关指标的比率计算，分析企业财务状况和经营成果、了解企业发展前景的分析方法。它是将同一期财务报表上若干重要项目间的相关数据互相比较，用一个数据除以另一个数据求出比率，据以分析和评估企业的经营活动，以及企业目前和历史状况。比率分析法是财务分析最基本的工具。

由于企业的经营活动是错综复杂而又相互联系的，比率分析法所用到的比率种类很多，关键是要选择有意义的、互相关联的数值进行比较。由于财务分析的目的不同、用途不同、着眼点不同，不同类型的分析者所关注的侧重点也会不同。作为债权人进行客户信用分析，主要是运用偿债能力比率、营运能力比率、获利能力比率、发展能力比率四类比率来分析企业的财务状况和经营成果。

实践中，信用分析人员在对客户进行信用风险评估时大多会选取如表 6—9 所示的比率作为评估指标，这些指标通常会采取简易的方法来计算。

表 6—9　　　　　　　　　　　　财务比率分析指标

财务指标		计算公式
偿债能力	资产负债率	资产负债率＝负债合计/资产合计
	产权比率	产权比率＝负债合计/所有者权益合计
	流动比率	流动比率＝流动资产合计/流动负债合计
	速动比率	速动比率＝(流动资产合计－存货)/流动负债合计
营运能力	总资产周转率	总资产周转率＝主营业务收入/资产合计
	应收账款周转天数	应收账款周转天数＝应收账款×360/主营业务收入
	存货周转天数	存货周转天数＝存货×360/主营业务成本
	应付账款周转天数	应付账款周转天数＝应付账款×360/主营业务成本
	销售费用比率(%)	销售费用比率(%)＝销售费用/主营业务收入×100
	管理费用比率(%)	管理费用比率(%)＝管理费用/主营业务收入×100
	财务费用比率(%)	财务费用比率(%)＝财务费用/主营业务收入×100
获利能力	毛利润率(%)	毛利润率(%)＝(主营业务收入－主营业务成本－营业税金及附加)/主营业务收入×100
	销售利润率(%)	销售利润率(%)＝净利润/主营业务收入×100
	总资产报酬率(%)	总资产报酬率(%)＝净利润/资产合计×100
	净资产收益率(%)	净资产收益率(%)＝净利润/所有者权益合计×100
发展能力	销售收入增长率(%)	销售收入增长率(%)＝(本期主营业务收入－上期主营业务收入)/上期主营业务收入×100
	利润增长率(%)	利润增长率(%)＝(本期净利润－上期净利润)/上期净利润×100
	总资产增长率(%)	总资产增长率(%)＝(期末资产总计－期初资产总计)/期初资产总计×100
备注：以上计算公式所用的数据均来自客户信用报告中"财务状况"项目下的数值		

在财务分析中，比率分析用途最广，但由于比率分析属于静态分析，对于预测企业未来并非绝对合理可靠。比率分析也有局限性，在运用比率分析时，要注意将各种比率有机联系起来进行全面分析，注意审查公司的实际情况，财务报表不能完全反映企业的真实情况。

实践中，偿债能力、营运能力、获利能力和发展能力比率所对应的参考值范围如表6—10所示。

表 6-10　　　　　　　　　财务比率分析指标参考值范围

类别	比率	参考值	说　明
偿债能力	资产负债率	0.4—0.6	评价公司负债水平,是衡量公司利用债权人资金进行经营活动能力的指标,反映债权人发放贷款的安全程度
	流动比率	1.5—2.0	反映企业财务状况,是衡量企业偿还短期债务能力的指标
	速动比率	0.8—1.2	是对流动比率的补充,计算企业实际的短期债务偿还能力
营运能力	总资产周转率	0.6—1.0	体现公司总体经营能力
	应收账款周转天数	30—60 天	体现公司销售团队回收货款的能力
	存货周转天数	60—90 天	体现产品的受欢迎程度
获利能力	销售利润率	10%—20%	反映销售收入收益水平
	总资产报酬率	5%—15%	评价企业运用全部资产的总体获利能力,是评价企业资产营运效益的重要指标
	净资产收益率	15%—30%	衡量公司运用自有资本的效率
发展能力	销售收入增长率	10%—20%	反映主营业务收入的增减变动情况,是评价企业成长状况和发展能力的重要指标
	利润增长率	10%—15%	反映企业营业利润的增减变动情况
	总资产增长率	10%—15%	又称总资产扩张率,反映企业本期资产规模的增长情况

说明:参考值为经验所得,根据行业情况、企业情况、市场变动等会有差异。

2. 比较分析法

没有对比,就没有好坏。

比较分析法也叫对比分析法或水平分析法,是通过同类财务指标在不同时期或不同情况的数值上的比较,揭示财务指标的数量关系和数量差异的一种方法。

通过比较分析,可以发现差距,找出产生差异的原因,进一步判断企业的财务状况和经营成果;通过比较分析,可以确定企业生产经营活动的收益性和资金投向的安全性。按比较对象的不同,比较分析法可以分为绝对数比较分析、绝对数增减变动比较分析、百分比增减变动分析、比率增减变动分析等。

对比的时候还要分清楚是与谁在比,通常分为与自己比(计划、过去)及与行业比。从时间上比较,最常用的是环比和同比。通过比较,分析企业的优劣势。

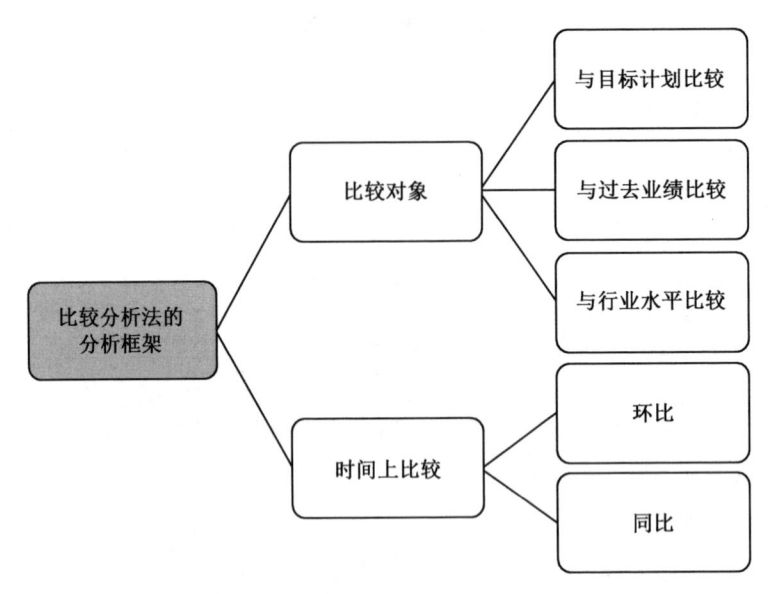

```
                                    ┌── 与目标计划比较
                        ┌─ 比较对象 ─┼── 与过去业绩比较
                        │           └── 与行业水平比较
        比较分析法的 ───┤
           分析框架     │           ┌── 环比
                        └─ 时间上比较┤
                                    └── 同比
```

图6－4　财务比较分析框架

二、实务场景设置

怎样分析企业的财务报表？

【案例背景】

某汽车制动部件生产企业 A1 公司和 A2 公司，都从事制动毂、轮毂、差速器总成、减速器总成、转向节等汽车配件制造，两家企业同一时期的财务报表（利润表及资产负债表）如下。那么，我们如何进行财务报表的分析呢？

【关键问题】

- 财务报表的计量单位是什么？
- 财务报表中数字的逻辑关系是怎样的？
- 财务报表的核算主体与时间范围是怎样的？
- 如何从数字中梳理出可作对比分析的指标？
- 怎样进行不同期间及不同企业之间的比较分析？
- 如何综合分析企业的财务情况？

【报表内容】

表 6—11　　　　　　　　　　　　　利润表

利润表(单位:千元)	A1		A2	
年　度	上　年	当　年	上　年	当　年
营业总收入	261 245	277 848	291 923	324 532
其中:主营业务收入	261 245	277 848	290 093	324 498
其他业务收入	0	0	1 830	34
营业总成本				
减:主营业务成本	203 779	200 596	229 245	262 726
营业税金及附加	3 111	3 288	968	5 926
销售费用	3 283	2 714	11 874	9 212
管理费用	10 075	10 191	12 401	8 894
财务费用	8 195	11 271	10 057	8 158
加:投资收益	0	610	0	0
资产减值损失	−853	−739	0	0
营业利润	31 949	49 659	27 378	29 616
加:营业外收入	6 233	257	1 222	0
减:营业外支出	336	297	135	0
利润总额	37 846	49 619	28 465	29 616
减:所得税费用	8 363	7 304	7 116	7 404
净利润	29 483	42 315	21 349	22 212

表 6—12　　　　　　　　　　　　　资产负债表

资产负债表(单位:千元)	A1		A2	
日　期	年初数	年末数	年初数	年末数
流动资产:				
货币资金	13 671	39 475	25 426	39 447
应收票据	330	0		
应收账款	45 286	46 627	20 336	45 243
预付款项	70 440	62 524	20 059	14 219
其他应收款	48 620	102 255	1 807	6 654

续表

资产负债表(单位:千元)	A1		A2	
日　期	年初数	年末数	年初数	年末数
存货	29 263	32 131	29 263	31 254
其他流动资产				36
流动资产合计	207 610	283 012	96 891	136 853
非流动资产:				
可供出售金融资产	0	0	0	0
长期股权投资	30 890	30 000	66 000	62 355
固定资产	69 179	79 927	97 589	108 344
在建工程	11 745	14 335	25 831	35 577
无形资产	12 134	10 660	24 254	24 987
递延税款借项	2 467	2 013	919	736
非流动资产合计	126 415	136 935	214 593	231 999
资产总计	334 025	419 947	311 484	368 852
流动负债:				
短期借款	40 000	78 600	40 000	78 600
应付票据	26 000	47 000	26 000	57 000
应付账款	25 868	12 891	3 242	9 407
预收款项	9 138	1 421		
应付职工薪酬	1 444	466	453	785
应交税费	21 479	41 370	389	226
其他应付款	8 848	3 218		4
流动负债合计	132 777	184 966	70 084	146 022
非流动负债:				
长期借款	0	0	32 580	13 058
长期应付款	37 302	28 720	3 259	0
递延所得税负债	11 567	11 567	0	0
非流动负债合计	48 869	40 287	35 839	13 058
负债合计	181 646	225 253	105 923	159 080

续表

资产负债表(单位:千元)	A1		A2	
日期	年初数	年末数	年初数	年末数
所有者权益:				
实收资本(股本)	63 000	63 000	63 000	63 000
资本公积	65 555	65 555	80 644	80 644
盈余公积	2 393	6 625	7 259	9 480
未分配利润	21 431	59 514	54 658	56 648
所有者权益合计	152 379	194 694	205 561	209 772
负债和所有者权益总计	334 025	419 947	311 484	368 852

【比率分析】

首先，根据以上财务报表，利用比率分析法分别计算两家公司两年的各项财务比率。表6—13为A1公司和A2公司两年每个财务比率的计算结果对比表。

表6—13　　　　　　　　　　　比率分析表

	财务指标	A1		A2	
	年度	上年	当年	上年	当年
偿债能力	资产负债率	0.54	0.54	0.34	0.43
	产权比率	1.19	1.16	0.52	0.76
	流动比率	1.56	1.53	1.38	0.94
	速动比率	1.34	1.36	0.96	0.72
营运能力	总资产周转率	0.78	0.66	0.93	0.88
	应收账款周转天数	62	60	25	50
	存货周转天数	52	58	46	43
	应付账款周转天数	46	23	5	13
	销售费用比率(%)	1.26	0.98	4.09	2.84
	管理费用比率(%)	3.86	3.67	4.27	2.74
	财务费用比率(%)	3.14	4.06	3.47	2.51

续表

财务指标		A1		A2	
	年　度	上　年	当　年	上　年	当　年
获利能力	毛利润率(%)	20.81	26.62	20.64	17.21
	销售利润率(%)	11.29	15.23	7.36	6.85
	总资产报酬率(%)	8.83	10.08	6.85	6.02
	净资产收益率(%)	19.35	21.73	10.39	10.59
发展能力	销售收入增长率(%)	—	6.36	—	11.86
	利润增长率(%)	—	43.52	—	4.04
	总资产增长率(%)	—	25.72	—	18.42

然后，通过计算出来的企业财务比率，对照财务比率的参考值，单独看两家企业某一年的财务比率，这些比率都处于正常范围，但我们仅仅通过一年的财务比率是无法全面分析出企业整体财务情况和经营情况的。

【比较分析】

接下来，我们将计算出来的财务比率进行时间上的对比，将两年数字进行比较，就能非常直观地看出企业的发展趋势。下面以获利能力指标举例，我们能非常清楚地看到A1公司的各项盈利指标当年都好于上年，企业在向好的方向发展，发展前景良好。

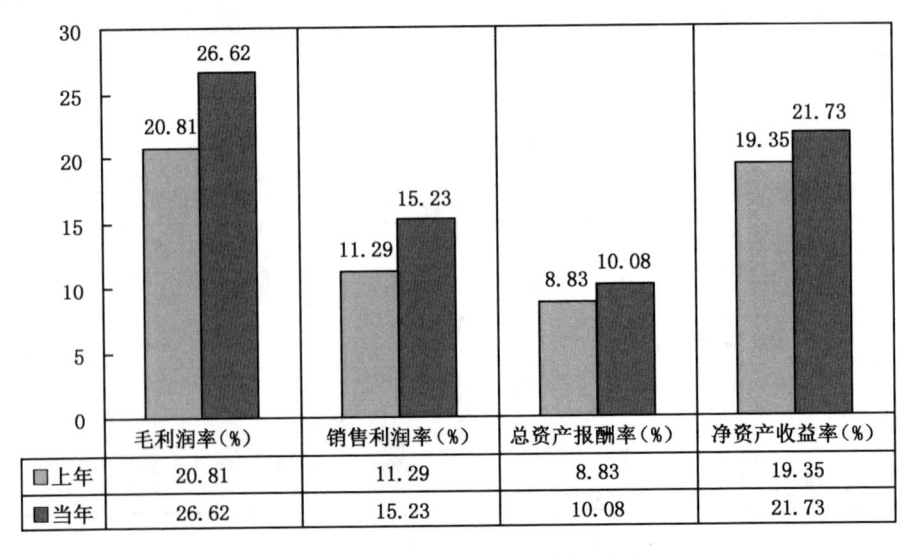

	毛利润率(%)	销售利润率(%)	总资产报酬率(%)	净资产收益率(%)
上年	20.81	11.29	8.83	19.35
当年	26.62	15.23	10.08	21.73

图6—5　A1公司获利能力指标对比

A2 公司的各项盈利指标上年都好于或接近当年,企业获利能力在下降,发展前景令人担忧。经过对比分析,A1 公司的财务及经营情况明显好于 A2 公司。

	毛利润率(%)	销售利润率(%)	总资产报酬率(%)	净资产收益率(%)
上年	20.64	7.36	6.85	10.39
当年	17.21	6.85	6.02	10.59

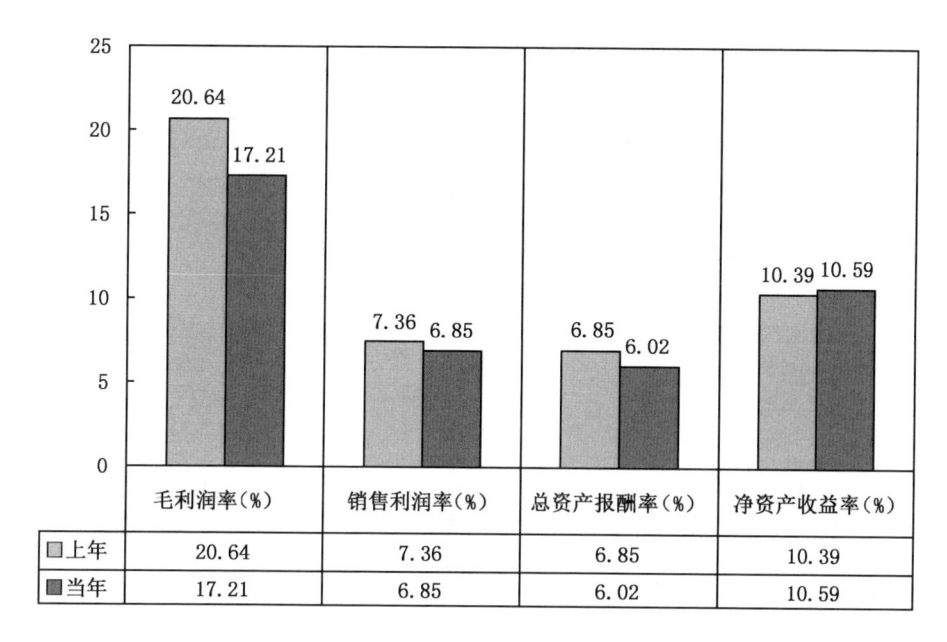

图 6—6　A2 公司获利能力指标对比

问题与练习:

1. 请你利用所学的财务分析方法,继续分析上述两家企业的财务状况,你还有哪些新发现?

2. 假如上述 A1 公司和 A2 公司是同一家企业,A1 和 A2 是从不同渠道获得的 A 公司财务报表,A1 是 A 公司对外募集资金时提供给投资者的财务报表,A2 是 A 公司对内的财务报表。那么,从信用风险分析的角度,你又有哪些新发现?

【杜邦分析】

巴菲特曾经说过,如果只能选择一个指标来衡量公司经营业绩的话,那么这个指标一定是净资产收益率(ROE),可见净资产收益率的重要性。净资产收益率决定了企业自我可持续增长的能力。净资产收益率越高,企业就越能自给自足,维持自我增长。

我们把净资产收益率拆分成三个元素：销售利润率、总资产周转率和杠杆比率。这三个部分是相乘的关系，其中任何一部分的提升都能带动公司净资产收益率的整体提升。

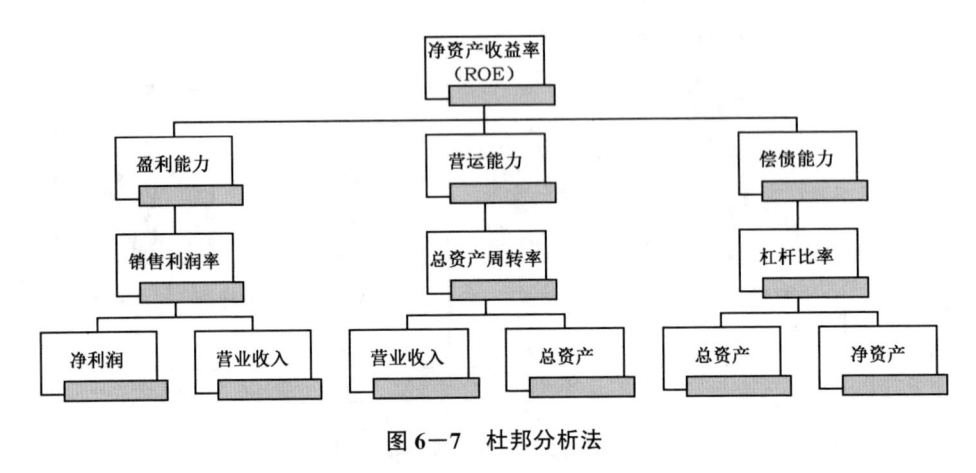

$$净资产收益率 = \frac{净利润}{所有者权益合计}$$

$$= \frac{净利润}{主营业务收入} \times \frac{主营业务收入}{资产合计} \times \frac{资产合计}{所有者权益合计}$$

$$= 销售利润率 \times 总资产周转率 \times 杠杆比率$$

图6-7 杜邦分析法

以上分解净资产收益率的方法，就是通常所说的杜邦分析法。

杜邦分析法是利用几种主要的财务比率之间的关系来综合分析企业的财务状况。其基本思想是将企业净资产收益率逐级分解为多项财务比率乘积，这样有助于深入分析比较企业的经营业绩。其显著的特点是"分治策略"，把一个复杂的大问题分拆成若干个小问题。它将若干个用于评价企业效率和财务状况的比率按其内在联系有机地结合起来，形成一个完整的指标体系，并最终通过净资产收益率来综合反映。

杜邦分析法使财务比率分析的层次更清晰、条理更突出，有助于更加清晰地看到净资产收益率的决定因素，以及销售利润率与总资产周转率、债务比率之间的相互关联关系，为报表分析者全面仔细地了解企业的经营和盈利状况提供方便。

1. 销售利润率

关注的是企业经营管理状况，代表企业产品是否赚钱、产品利润高不高。

要提高销售利润率,可以提高产品销售价格。销售利润率高说明这家企业的产品或者服务是优秀的,或者这家企业在行业中处于龙头地位,具备一定的定价权;销售利润率低说明这家企业的产品或者服务竞争力较低,从侧面反映公司抗风险能力比较差。

2. 总资产周转率

关注的是企业资产管理状况,反映企业的营运能力。一般来说,资产周转次数越多,表明周转越快,营运能力越强。通常,总资产周转率越高也说明企业销售额越高,从侧面说明企业的产品比较畅销。

3. 杠杆比率(权益乘数)

关注的是企业债务管理状况,与负债相关,资产负债率越高,杠杆比率越大,净资产收益率就越高。但是,负债过多会增大企业的财务风险。

问题与练习:请分别计算上述案例中 A1 公司和 A2 公司的净资产收益率,并分析提高净资产收益率的方法。

通常,信用分析人员在对企业的财务报表进行分析的时候,不仅要看财务数据的绝对值,还要看这些数据的相对值;不仅要看当期数,还要看未来的发展趋势;既要从单一角度分析某一具体内容(例如应收账款回收能力分析),也要综合分析企业的整体情况。

信用人员可以从企业财务报表中分析客户的生意周期(存货周转天数加上应收账款周转天数等于企业完整的营业周期),好的生意方式就是慢付快收,或先接订单再生产,或先收款再安排生产,以销定产才是长期可持续的。

第七章　会计科目的分析与识别

学习目标

　　会计科目是构成企业财务报表的基本要素。财务报表中每个会计科目背后都代表企业不同的经营数据，每个科目的数据都表示企业经营的成果。如何识别这些科目？如何分析这些科目？

　　本章从信用风险管理的角度，探讨如何认识和分析会计科目并识别数据的真假。

关键词

资产　　负债　　所有者权益
收入　　费用　　利润
现金流　分析角度　异常信号

内容提要

1. 理论知识点梳理
（1）会计要素
（2）会计科目
（3）会计科目分析要点
2. 实务场景设置
（1）货币资金科目的分析与识别
（2）应收账款科目的分析与识别

(3)存货科目的分析与识别

(4)固定资产科目的分析与识别

(5)在建工程科目的分析与识别

(6)负债类科目的分析与识别

(7)收入类科目的分析与识别

(8)成本费用类科目的分析与识别

(9)现金流的分析与识别

小贴士

对于经营者、股东、债权人、政府管理部门等不同的身份,其对财务数据的识别侧重点会有所不同。作为企业的信用管理人员,其分析、识别财务数据的角度与债权人、经营者有相似的方面,也有其个性化的特点。作为信用管理人员,需要以信用风险的识别、防范及管理为宗旨来开展对财务数据的分析。

一、理论知识点梳理

现代经济是信用经济,经济利益主体之间的经济往来行为往往涉及各种信用关系。从企业的角度来看,信用是一种工具,可以运用于企业筹资、投资等金融活动中。良好的企业信用是一项无形资产,是企业获得资源的重要因素。在企业信用管理中,信用评价是用于评判关系企业信用状况的唯一手段。借助信用评价可以对企业面临的财务风险、经营安全性等进行估计,并帮助企业做出合理的决策。企业一旦遭遇信用危机,后果是企业的现金流、生产经营会遭遇困境,会错失良好的投资机会,甚至陷入财务困境。

★ 会计要素

现行会计要素包括资产、负债、所有者权益、收入、费用和利润六类。

资产、负债和所有者权益是反映静态财务状况的要素,即在某一特定时点达到的水平。通俗地说,在某个时点上"你有的"是资产,"你欠的"是负债,两者相抵之后的余额是你对资产"享有的净权利",即所有者权益。

收入、费用和利润是反映动态经营成果的要素,即某一特定期间内累积的结果。通俗地说,在某个期间内"你挣的"是收入,"你花的"是费用,两者相抵之后"余下的"是利润。

1. 资产

企业资产按流动性的不同,分为流动资产和非流动资产。流动资产是一年或超过一年的一个营业周期内变现或耗用的资产,主要包括库存现金、银行存款、应收及预付款项、存货等。非流动资产是一年或超过一年的一个营业周期以上才能变现或耗用的资产,主要包括长期股权投资、固定资产、无形资产等。

2. 负债

根据不同的维度,负债可以划分为:

(1)流动负债和非流动负债。流动负债是偿还期在一年(含一年)或超过一年的一个营业周期内的债务,包括短期借款、应付账款、预收款项、应付票据、应交税费、应付职工薪酬、应付利息、应付股利、其他应付款等。非流动负债是偿还期在一年(不含一年)或超过一年的一个营业周期以上的债务,包括长期借款、应付债券、长期应付款等。

(2)有息负债和无息负债。有息负债一般指需要偿还利息和本金的债务,包括短期借款、一年内到期的长期借款、长期借款、应付债券等。通常情况下,应付债券的利率最高,长期借款次之,短期借款利率最小。无息负债一般指仅需偿还本金的债务,包括应付账款、应付职工薪酬等。

(3)经营性负债、分配性负债和融资性负债。经营性负债一般指企业因经营活动而发生的负债,包括应付票据、应付账款、预收账款和应付职工薪酬等,为无息负债。分配性负债一般指由企业盈利而产生的负债,包括应付股利、应交税金,为无息负债。融资性负债一般指短期借款、一年内到期的长期借款、长期借款、应付债券,为有息负债。

负债构成了企业部分资金的来源以及未来经济资源的流出,同时,信用风险就是由于企业不履行到期债务所造成的风险。一旦企业发生信用风险,一方面会给债权人造成损失,另一方面也可能会面临资产被冻结或被处置,并产生破产的风险。信用风险分析人员最重要的就是分析企业的负债水平,并判断其偿债能力。

3. 所有者权益

所有者权益又称股东权益,是企业资产扣除负债后由所有者或股东享有的剩余权益,也称其为净资产。所有者权益按其形成过程,可划分为投入资本和留存收益。

4. 收入

收入按照企业日常活动中业务的性质及该收入的重要性,可分为主营业务收入、其他业务收入、投资收益等。

营业收入是企业发展的引擎,对于信用风险分析人员来说,如何分析营业收入的质量和真实性至关重要,因为营业收入的好坏是判断企业造血能力的重要标准。

5. 费用

费用按照与收入的配比关系不同,可分为营业成本、期间费用、其他费用。

营业成本包括主营业务成本、其他业务成本、税金及附加,营业成本的发生往往与营业收入有因果关系。

期间费用是指企业最典型的费用项目,包括管理费用、销售费用和财务费用;其他费用包括所得税费用等。

销售费用是企业在销售产品或提供服务过程中所产生的费用,一般包括销售过程中产生的广告费、保险费、运输费、销售人员的工资和提成,以及销售部门的固定资产折旧等。

管理费用是指企业行政管理部门为组织和管理生产经营活动而发生的各种费用,一般包括管理人员的工资、职工教育经费、各类行政开支、招待费、管理部门的固定资产折旧等。

财务费用是指企业为筹集生产经营所需资金等而发生的费用,包括利息净支出(利息支出减利息收入后的差额)、汇兑净损失(汇兑损失减汇兑收益后的差额)、金融机构手续费,以及筹集生产经营资金发生的其他费用等。剖析企业成本与费用的构成能够帮助我们更好地了解企业的经营状况,进而更清晰地分析企业的造血能力。

6. 利润

利润是企业在一定期间内的经营成果,是企业在生产经营过程中产生的净经济利益流入,表现为经济利益流入与经济利益流出的差额。利润必须通过收入、费用、利得和损失的计量得到。

★ 会计科目

1. 类别

常见的会计科目包括五大类:资产类、负债类、所有者权益类、成本类和损益类。其中,资产类包括"库存现金"、"固定资产"等会计科目;负债类包括"应付账款"、"长期借款"等会计科目;所有者权益类包括"实收资本"、"利润分配"等会计科目;成本类包括"生产成本"、"研发支出"等会计科目;损益类包括收入类会计科目与费用类会计科目,如"主营业务收入"、"其他业务收入"、"主营业务成本"、"其他业务成本"、"销售费用"、"所得税费用"等会计科目。

2. 明细科目

表 7—1 会计科目分类明细表

资产类		负债类	
1001	库存现金	2001	短期借款
1002	银行存款	2201	应付票据
1012	其他货币资金	2202	应付账款
1101	交易性金融资产	2203	预收账款
1121	应收票据	2204	合同负债
1122	应收账款	2211	应付职工薪酬
1123	预付账款	2221	应交税费
1131	应收股利	2231	应付利息
1132	应收利息	2232	应付股利
1164	合同资产	2241	其他应付款
1165	合同资产减值准备	2501	长期借款
1221	其他应收款	2502	应付债券
1231	坏账准备	2701	长期应付款
1401	材料采购	2801	预计负债
1402	在途物资	2901	递延所得税负债
1403	原材料	所有者权益类	
1404	材料成本差异	4001	实收资本
1405	库存商品	4002	资本公积
1406	发出商品	4101	盈利公积
1408	委托加工物资	4103	本年利润
1410	商品进销差价	4104	利润分配
1411	周转材料	4201	库存股

续表

资产类		成本类	
1471	存货跌价准备	5001	生产成本
1501	债权投资	5101	制造费用
1502	其他债权投资	5301	研发支出
1503	其他权益工具投资	5401	合同履约成本
1511	长期股权投资	5402	合同取得成本
1512	长期股权投资减值准备	损益类	
1521	投资性房地产	6001	主营业务收入
1531	长期应收款	6051	其他业务收入
1601	固定资产	6101	公允价值变动损益
1602	累计折旧	6102	投资收益
1603	固定资产减值准备	6103	资产处置损益
1604	在建工程	6104	净敞口套期损益
1605	工程物资	6301	营业外收入
1606	固定资产清理	6401	主营业务成本
1701	无形资产	6402	其他业务成本
1702	累计摊销	6403	税金及附加
1703	无形资产减值准备	6601	销售费用
1711	商誉	6602	管理费用
1801	长期待摊费用	6603	财务费用
1811	递延所得税资产	6701	资产减值损失
1901	待处理财产损溢	6702	信用减值损失
		6711	营业外支出
		6801	所得税费用
		6901	以前年度损益调整

其中,特别展开说明部分科目：

(1)货币资金

在资产中,货币资金是资产负债表中的第一个科目,也是流动性最强的科目。货币资金包括库存现金、银行存款和其他货币资金。

简单地理解,货币资金就是企业账面上的钱。企业经营的目的就在于获得利益,获得利益的本质就是现金及现金等价物流入的增加或流出的减少。

(2)应收账款

由于通用会计准则中使用了"权责发生制",于是出现了应收应付款。应收账款的实质是"自己的钱还揣在别人的腰包里"的情况,企业的商品和服务已经交付给客户,但是钱还没有收到。

平时人们常说"资产软,负债硬,现金为王",应收账款就是最典型的例子。一方面,企业自己的资金还没有回流形成闭环,相当于为客户垫款;另一方面,确认销售所导致的流转税还加速了企业的现金流出。再者,如果客户拖延还款或不还,更是要计提坏账损失甚至核销应收账款。相比"一手交钱,一手交货"的理想商业交易方式,现实商业交易中,客户因为资金周转不力需要赊账,又或者客户背景强势需要企业自己垫付商品循环款项才是生意常态。

(3)存货

存货连接了企业的生产和经营,构成了一个存货循环。首先,企业用货币资金购买原材料,原材料增加,货币资金减少或者应付账款增加。其次,原材料进入生产,成为产品,厂房及机器设备等的折旧计入存货成本。再次,产品卖出,存货减少,应收账款增加。最后,回收应收账款,货币资金增加。如此周而复始,形成存货循环。

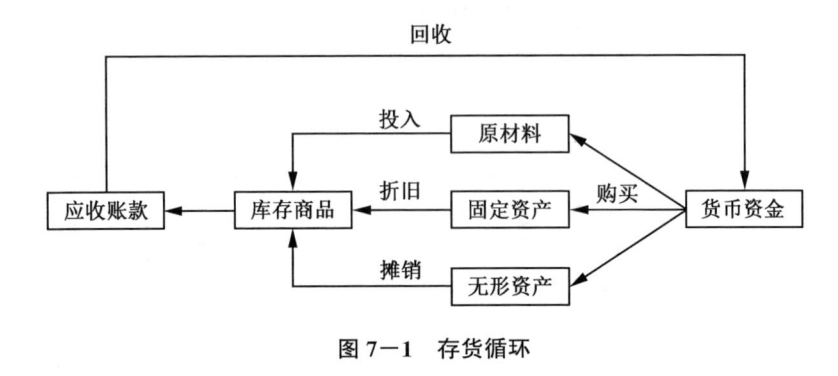

图 7—1 存货循环

更加具体地说,存货是指企业在日常活动中持有以备出售的产成品或商品、处在生产过程中的在产品、在生产过程或提供劳务过程中耗用的材料或物料等,包括各类材料、在产品、半成品、产成品或库存商品,以及包装物、低值易耗品、委托加工物资等。值得注意的是,不同行业的企业对存货的披露是有差别的。如"万科"披露的是完工开发产品、在建开发产品、拟开发土地;"云南白药"披露的是原材料、在产品、库存商品、消耗性生物资产、包装物及低值易耗品、开发成本和委托加工物资;"顺丰控股"披露的是低值易耗品、库存材料、库存商品、航材消耗件和在建开发产品等。

此外,存货具有时间价值,而且不同行业的存货受时间的影响,价值变动方向是不同的。比如服装类企业,一件新款服装第一年售价可能是 2 000 元,第二年售价也许是 1 000 元,等到了第三年也许只有 100 元了。但是白酒类企业,其白酒存货随着时间的增长不仅不会贬值,反而时间越长,价值越高。

(4)固定资产

固定资产是指企业使用期限超过一年的房屋、建筑物、机器、机械、运输工具,以及其他与生产经营有关的设备、器具、工具等。

固定资产一定程度上反映了企业的技术水平和工艺水平,进而可以从侧面展现企业在同业中的地位及产品的竞争力[尤其是重资产型企业,一般来说,(固定资产+在建工程+工程物资)/总资产>40%,说明属于重资产型企业]。同时,固定资产具有使用周期长、投资数额大、变现能力差的特点,所以,其对企业的经营状况和财务状况都存在着巨大的影响。企业耗费上亿资金新购入的机器设备如果无法产出预期的效益,那么,企业未来的盈利能力势必会受到损害,更不用说较大的折旧费用影响到企业的财务利润,可能影响投资人对企业的信心,企业融资能力下降,信用风险上升。

(5)在建工程

在建工程是指企业尚未达到使用状态的建设工程,包括固定资产的新建、改扩建工程,或技术改造、设备更新和大修理工程等尚未完工的工程。

同时,"在建工程"是一个中转科目,企业自建固定资产,需通过"在建工程"账户核算,达到预定可使用状态后转入"固定资产"账户。

根据会计准则,在建工程无须计提折旧,一旦达到预定可使用状态后转换成固定资产就需要计提折旧了。有的企业出于美化报表、增加利润的目的,就会选择推迟在建工程的结转。此外,部分企业虚增的收入还喜欢通过"在建工程"科目造假来进行消化,因为一旦当年审计过关,后续很难再被挖出来,未来转为固定资产后,更是可以通过固定资产折旧对虚增的部分进行"毁尸灭迹"。

(6)现金流

企业现金流主要分为三类:经营活动产生的现金流、投资活动产生的现金流和筹资活动产生的现金流。

经营活动产生的现金流是指本期销售商品、提供劳务收到的现金和收回的应收账款、新增的预收账款等,反映企业经营活动现金流的状况。

投资活动产生的现金流是指与企业投资相关的现金流,包括投资性活动产生的现金流入或流出。现金流出指的是购建固定资产、无形资产和其他长期投资所支付的资金净额,以及如购买国债或投资股票等金融类投资行为所支付的资金。现金流入主要包括出售固定资产或其他长期投资实际收到的资金,以及金融投资收回的本金和投资收益。通过对投资活动现金流的分析,我们往往可以找到企业现金流的去向。

筹资活动产生的现金流,筹资就是资金筹集,筹资活动是通过权益性筹资(发行股票)和债务性筹资(借款)等方式筹措资金的财务活动。既然是筹措资金,那么筹资活动必然导致资金的变化,包括筹资活动的现金流入和筹资活动的现金流出。

一般而言,企业首先通过各种筹资(合伙人凑钱或借钱)取得最初的现金(筹资活动现金流入),企业获得现金后,开始购入各类生产工具,如机器、设备、厂房等(投资活动现金流出)。当企业拥有最初的生产基础后,开始购买原材料和生产相关服务(经营活动现金流出),进行产品生产,之后卖出产品,资金回笼(经营活动现金流入)。这些回笼的资金一部分用于机器等生产设备的更新维护和购买,一部分用于购买原材料和雇用人员,一部分则用于偿还借款或者分红,若有剩余甚至还可以投资股票或债券市场,如此周而复始。

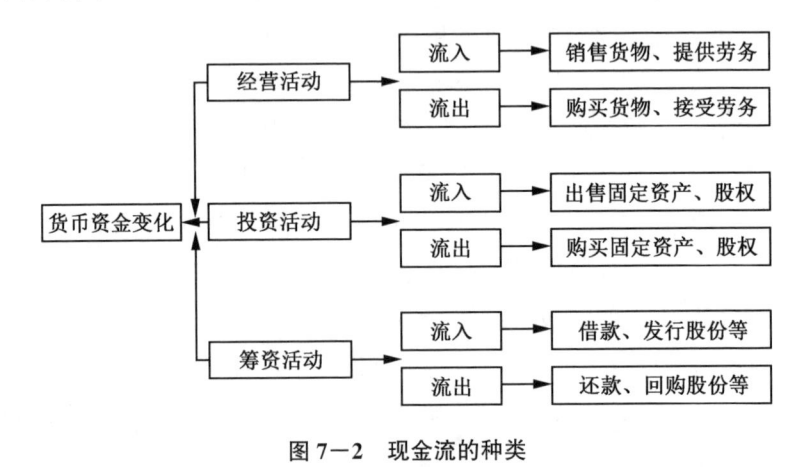

图7—2 现金流的种类

在企业信用风险分析中,对企业现金流的分析可谓是重中之重。因为在债务偿还能力中,企业现金流的充足性和产生现金流的能力是最直接和最有效的。

通常,人们总是会根据盈利状况来判断企业的好坏,但资产和利润都是纸上富贵,对于供应商、债权人来说,只有现金才是他们最关心的。信用风险的解决讲究的是时效性,也就是所谓的"远水解不了近渴"。比如,当年的雷曼兄弟就是因为无法筹集到200亿美元的资金(尽管其账上仍有高达700亿美元的资产),使得这家拥有150年历史的投资银行不得不宣布破产。

在下文实务场景设置中将就企业信用管理人员常用到的会计科目进行展开。

★ 会计科目分析要点

1. 信用风险分析的目的

从实务操作的角度出发,就是要判别企业的违约风险,并为企业的经营决策提供依据。比如,作为上游供应商,你给予下游厂商多少赊销额度及多长的赊销账期,这些都需要基于下游厂商的信用状况和企业自身的条件来确定。

2. 信用风险分析要考虑的因素

(1)要从了解和分析交易对手开始。第一,弄清楚交易对手是做什么的、它是怎么做的、它做得怎么样,也就是它的经营构成、经营模式与经营财务。第二,弄清楚交易对手过去、现在和未来的经营构成、经营模式与经营财务是怎样的。

(2)既然是信用风险分析,核心问题就是要分析企业的偿债能力到底如何。企业用什么来偿债呢?现金、现金流才是企业偿债能力的核心指标。要知道企业的偿债能力,就要了解这家企业现在有多少债务、每年的现金流大概有多少等。

(3)要对企业的现金流展开分析,按照时间维度,对企业过去、现在和未来的现金流分别进行分析。

▶ 过去的现金流:过去的现金沉淀到现在就是资产,而资产中最有利于解决债务的就是货币资金和金融资产。存货、固定资产等资产不是较好的偿债来源,存在着变现的难度,很多看起来经营很好的企业最终都是死在变现不灵上。

分析企业过去的现金流，就是分析企业的账面流动性。

▷ 现在的现金流：主要是分析企业的现金流量表，关注企业的内部现金流和外部现金流。其中，内部现金流就是企业自身产生的现金流，主要是关注EBITDA和经营性净现金流这两个指标，投资活动产生的现金流也会影响到内部现金流。外部现金流主要来自银行、外部资本市场融资等，由于外部融资的不确定性太大，我们还是要将主要精力放在对内部现金流的分析上。

▷ 未来的现金流：未来现金流的预测基础是对企业盈利的预测，对企业盈利的预测就是对企业的未来进行分析，如企业未来的经营构成、经营模式、经营财务将会如何，盈利的潜力如何，是否有足够的未来现金流入。由于未来变数太大，作为一个参考即可，信用分析主要是围绕现在的现金流来展开。

总之，信用风险分析中无论如何强调现金流的重要性都不为过。不是盈利，也不是账面资产，只有实打实的现金流才是偿还债务的主要来源。当我们做信用风险分析时，始终要考虑现金流，主要是考虑现在的现金流；同时还要考虑过去的现金流，判断企业是否有沉淀的流动性，以及考虑企业未来的现金流，判断其是否有潜力。

二、实务场景设置

怎样分析和识别财务数据？

【货币资金科目的分析与识别】

1. 货币资金的分析角度

角度1：货币资金的来源是否合理？

按照企业正常的经营流程，企业的货币资金主要是通过日常经营、举债以及股权融资得来。从信用风险管理的角度来看，显然是来源于日常经营活动的货币资金优于通过股权融资得来的货币资金，股权融资得来的货币资金优于举债得来的货币资金。当然，并不是说依靠筹资活动维持日常现金流的企业都不好，如果企业有超强的融资能力，总是能通过"借新还旧"进行正常经营，则必定有其特别的优势，可以根据实际情况选择合作。只是人们一般更喜欢业务竞争力强、市场地位牢固、经营战略稳定，且货币资金多为日常经营累积所得、造血能力强的企业。

案例 7-1：晨鸣纸业货币资金情况

表 7-2　　　　　　　　　　货币资金的组成　　　　　　　　　单位：万元

货币资金(按项目)	2021-12-31	2020-12-31	2019-12-31
库存现金(货币资金)	292.61	216.17	241.81
银行存款(货币资金)	316 643.18	438 772.55	296 512.72
其他货币资金(货币资金)	2 170 736.17	1 336 965.04	1 633 898.41
其中：存放在境外的款项总额(货币资金)	46 295.29	22 983.71	40 588.12
合计(货币资金)	2 487 671.96	1 775 953.76	1 930 652.95

角度 2：货币资金是否存在使用受限？

货币资金由库存现金、银行存款和其他货币资金构成。其他货币资金中有些是根本无法自由使用的，如企业银行账户中的各类保证金(如银行承兑汇票保证金、信用证保证金、履约保证金等)、央行法定存款准备金、被司法冻结的资金，或募集的特定用途的资金等，以及集团类企业的货币资金分布在下属子公司的情况。

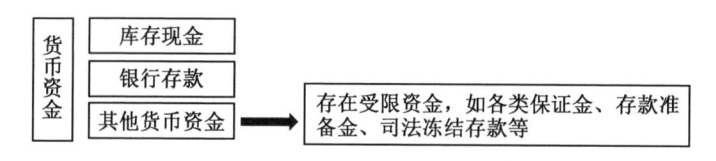

图 7-3　货币资金的组成

案例 7-2：晨鸣纸业受限资金情况

2020 年 6 月，晨鸣纸业由于对永续中票"17 鲁晨鸣 MTN001"不行使赎回权，并重置利率问题，在债券市场引起热议。

有市场评论称，虽然期满不赎回永续债并不算是债务违约，但不行使永续中票赎回权，将对晨鸣纸业的直接及间接融资产生负面影响，进一步推升融资成本，加大流动性压力并削弱其再融资能力。

表 7-3　　　　造纸行业受限资金占比情况(**2019 年上市公司披露**)　　　单位：亿元，%

序号	证券代码	企业名称	受限货币资金	货币资金	占比
1	000488.SZ	晨鸣纸业	161.76	193.07	83.78
2	600793.SH	宜宾纸业	0.57	1.98	28.79

续表

序号	证券代码	企业名称	受限货币资金	货币资金	占比
3	002521.SZ	齐峰新材	0.31	1.54	20.13
4	600356.SH	恒丰纸业	0.05	2.56	1.95
5	003006.SZ	百亚股份	0.00	2.27	0.00

注：占比＝受限资金/货币资金。

通过表7－3可以看出，受限货币资金占比行业最小值为0，下四分位数为1.95%，中位数为20.13%，上四分位数为28.79%，最大值为83.78%。其中，晨鸣纸业受限货币资金占比达83.78%，虽然其货币资金总额较大，但大部分是受限资金，无法动用，以其企业体量来说，企业的资金链是比较紧张的。

角度3：货币资金是否够用？

企业的货币资金是否够用，主要是看企业的类货币资产（货币资金加上应收银行承兑汇票和银行理财产品，三者统称为类货币资产）能否覆盖短期有息负债或者全部有息负债，能覆盖短期有息负债说明企业资金链比较安全，能覆盖全部有息负债说明企业资金比较充裕。

案例7－3：造纸业上市公司货币资金情况

(1)我们以造纸行业上市公司披露的全部有息负债类货币资产覆盖情况来看：

表7－4 造纸行业全部有息负债类货币资产覆盖情况（2019年上市公司披露情况）

单位：亿元

序号	证券代码	企业名称	全部有息负债	类货币资产	差额
1	000488.SZ	晨鸣纸业	546.68	193.07	353.61
2	603733.SH	仙鹤股份	24.87	12.83	12.04
3	600356.SH	恒丰纸业	5.20	2.56	2.64
4	003006.SZ	百亚股份	0.00	2.27	－2.27
5	002067.SZ	景兴纸业	7.19	13.14	－5.95

注：差额＝全部有息负债金额－类货币资产金额。

通过对上述造纸行业上市公司全部有息负债类货币资产覆盖情况的观察，全部有息负债金额与类货币资产金额差额最小值为－5.95亿元，下四分位数为－2.27亿元，中位数为2.64亿元，上四分位数为12.04亿元，最大值为353.61

亿元。

(2)我们以造纸行业上市公司披露的短期有息负债不受限货币资金覆盖情况来看：

表7-5 造纸行业短期有息负债不受限货币资金覆盖情况(2019年上市公司披露情况)

单位：亿元

序号	证券代码	企业名称	短期有息负债	不受限货币资金	差额
1	000488.SZ	晨鸣纸业	425.46	31.31	394.15
2	600793.SH	宜宾纸业	10.78	1.41	9.37
3	002067.SZ	景兴纸业	7.19	4.95	2.24
4	000815.SZ	美利云	3.76	6.02	-2.26
5	603165.SH	荣晟环保	0.01	7.11	-7.10

注：差额=短期有息负债金额-不受限货币资金金额。

通过对上述造纸行业上市公司短期有息负债不受限货币资金覆盖情况的观察，短期有息负债金额与不受限货币资金金额差额最小值为-7.10亿元，下四分位数为-2.26亿元，中位数为2.24亿元，上四分位数为9.37亿元，最大值为394.15亿元。

如果我们对以上各表做一个简单的统计就可以发现：晨鸣纸业在三张表中均有出现，且排名第一，说明其资金非常紧张(当然并不表示晨鸣纸业一定会发生违约或财务造假)。

资金紧张就可能会导致付款延期或坏账，信用风险增大。需要注意的是，资金紧张的企业有很强的虚增货币资金的冲动。我们在分析企业货币资金的时候，可以从受限资金情况、短期或全部有息负债覆盖情况等角度去思考货币资金的含金量。

除了以上几个看待货币资金的角度外，一旦货币资金出现如下异常情况，也需要引起信用分析人员的警觉，这些异常信号可能预示着企业经营状况恶化，或者货币资金存在舞弊。

2. 货币资金的异常信号

异常信号1：货币资金太少

一般来说，无论企业采取何种经营策略，在货币资金方面，企业至少应保留能够覆盖半年的刚性成本的资金。刚性成本一般包括水电费、房租费、员工工资等。如果分析对象为非上市公司,则可参考其所在地区的行业平均刚性成本进行判断;若为上市企业,则可通过查看企业年报中相关科目附注中的明细项目获得。若货币资金金额远远少于半年的刚性成本,则公司可能会存在较大的不确定性,公司一旦遇到政策调整或行业波动,可能会产生信用风险。

异常信号 2:货币资金太多

一般来说,货币资金太多指的是货币资金在公司资产中占比过高的情形,但是行业情况及公司体量不同,导致难以给"货币资金太多"一个完全准确的定量与定义,通常认为占比超过 20% 即为货币资金太多。

同时,货币资金太多与高负债、高规模、高紧张中的一个同时出现,则该货币资金很有可能存在问题。

➢ 高负债:一般指资产负债率超过 70%。
➢ 高规模:公司期末货币资金超过当期营业收入。
➢ 高紧张:控股股东现金流紧张且大比例质押股权,公司虽盈利可观且具备分红条件,却长期未有高比例的分红。

异常信号 3:货币资金与固定资产的比值异常

通常,稳定经营的一般制造类企业,其货币资金主要用来支持企业日常生产经营的周转,如原材料购买、员工薪资支付等,而日常周转所需资金主要取决于企业的生产能力。企业的生产能力对应到财务报表上,多体现为固定资产。因此,企业的货币资金规模应与固定资产规模相匹配。

案例 7-4:塑料行业上市公司货币资金/固定资产比例情况

康得新作为我国新型复合材料行业的领军者,一度被誉为"中国的 3M"和"千亿白马股"。但 2019 年,康得新被曝出百亿元财务造假,社会哗然。通过数据分析,可以发现该公司的一些财务异常信号。比如,通过统计发现(选取其他公司与康得新对比),稳定经营的一般制造类企业,货币资金/固定资产比例集中在 0.6—0.7,而康得新的货币资金/固定资产比例为 5.22,远高于行业平均水平。

表 7-6 塑料行业上市企业货币资金/固定资产情况(2017 年上市公司披露情况)

单位:亿元,%

序号	证券代码	证券名称	货币资金	固定资产	比值
1	002450.SZ	*ST 康得	185.04	35.42	5.22

续表

序号	证券代码	证券名称	货币资金	固定资产	比值
2	300478.SZ	杭州高新	1.12	0.67	1.67
3	603266.SH	天龙股份	1.17	1.99	0.59
4	603991.SH	至正股份	0.68	2.00	0.34
5	601208.SH	东材科技	1.60	15.18	0.11

注：比值＝货币资金/固定资产。

通过上述塑料行业上市企业货币资金与固定资产比值的统计情况可以看出，货币资金与固定资产的比值最小值为 0.11，下四分位数为 0.34，中位数为 0.59，上四分位数为 1.67，最大值为 5.22。

异常信号 4：利率异常

若企业的货币资金显著高于所需要的营运资金量，则需分析多余货币资金的用途。若并非为短期投资或偿债准备，则考虑其是否为赚取利息收入等。其中，可以通过企业披露的利息收入/银行存款来判断企业的货币资金是否产生合理收益。一般以计算的利率值与七天通知存款利率相比。

案例 7-5：康美药业的利息

2018 年 12 月 28 日，康美药业发布公告称，公司收到证监会的《调查通知书》。根据证监会的调查结果，2016 年至 2018 年上半年，康美药业分别虚增营业收入 89.99 亿元、100.32 亿元、84.84 亿元。

表 7-7　　2017 年康美药业利息收入/平均货币资金　　单位：亿元，%

序号	证券代码	证券名称	2016 年货币资金	2017 年货币资金	2017 年利息收入	利率
1	600518.SH	ST 康美	273.25	341.51	0.41	0.13

注：利率＝利息收入/平均货币资金。

通过表 7-7 可以看出，2017 年康美药业利息收入的利率仅为 0.13%，远远小于七天通知存款利率 1.1%，属于利率比较低的，说明货币资金有可能被挪用，平时都不存在银行，或者货币资金数字有问题，其账面持续保持大规模货币资金是非常不合理的。

异常信号 5：大存大贷

大存大贷指的是企业账上有大量货币资金的同时还借了大量没有合理原因的高息负债。注意看两点：一个借债原因是否合理，另一个借债是否高息。

其中,合理的借债原因主要包括在短期内有大规模项目投资或即将到期偿还的债务。

案例 7-6：*ST 康得与康美药业

"两康事件"是近年来发生的较为恶劣的财务造假案件,被证监会列入"2020 年证监稽查 20 起典型违法案例"。其中,2015—2018 年,康得新复合材料集团股份有限公司编造虚假合同、单据虚增收入和成本费用,累计虚增利润 115 亿元。2016—2018 年,康美药业股份有限公司实际控制人、董事长等通过虚开和篡改增值税发票、伪造银行单据,累计虚增货币资金 887 亿元,虚增收入 275 亿元,虚增利润 39 亿元。

表 7-8　　　　2017 年 *ST 康得与康美药业利息支出/平均有息负债　　单位:亿元,%

序号	证券代码	证券名称	2017 年货币资金	2017 年有息负债	2016—2017 年平均有息负债	2017 年利息支出	利率
1	002450.SZ	*ST 康得	185.04	122.81	97.43	5.77	5.92
2	600518.SH	ST 康美	341.51	227.02	180.92	12.18	6.73

注:利率＝利息支出/平均有息负债。

*ST 康得 2017 年末货币资金为 185.04 亿元,有息负债为 122.81 亿元;康美药业 2017 年末货币资金为 341.51 亿元,有息负债为 227.02 亿元。通过对比发现,两者货币资金和有息负债规模均处于行业顶端地位。一方面手握巨量资金,另一方面却背负大量有息负债,符合大存大贷的标准。同时,*ST 康得和康美药业有息负债中主要是短期借款,并且借款原因财报均没有披露。

*ST 康得 2017 年利息支出为 5.77 亿元,当年和上一年度平均有息负债为 97.43 亿元,平均利率为 5.92%;康美药业 2017 年利息支出为 12.18 亿元,平均有息负债为 180.92 亿元,平均利率为 6.73%。两者都在有大额货币资金的同时,还借这么多利率并不低的钱,就似乎有些异常了。

3. 货币资金科目的总结

观察和分析货币资金科目,首先,应该关注企业货币资金的来源,尤其注意那些频繁通过举债和股权融资积累货币资金的企业。

其次,考察货币资金的规模(尤其是减去其受限额度后)是否合理:如果过少,可能对企业的日常经营、偿债能力产生负面影响,产生信用风险;如果过多,则可以通过核查分析货币资金与固定资产的比值、利率水平、是否存在大存大贷现象等方式来推断货币资金的真伪。由此判断企业现有货币资金能否从真正意义上支持企业的未来发展,以及是否会影响到企业的信用状况。

【应收账款科目的分析与识别】

1. 应收账款的分析角度

角度1:应收账款的规模

企业的应收账款规模同企业的业务规模呈正相关,应收账款的规模对企业信用风险具有重大影响。

可以通过计算应收账款占总资产的比重,判断应收账款的规模。我们应果断避开那些占比过高的企业,钱在别人手里,是否能够收回是极大的未知数。一般来说,如果这家企业的"应收账款+应收票据"占总资产的八九成,可以说该企业在客户面前已经卑微到了极致,在行业中没有议价能力,因为企业大部分钱被客户攥着,或者说客户在用企业的钱做生意,而且极有可能会有相当一部分无法收回。

下面,我们罗列2020年A股应收账款占比前十大企业的名单,以供参考(为保证客观,此处为应收账款与应收票据之和同资产总额之比)。

表7-9　　　　　　　　　2020年应收账款占比前十的上市公司　　　　　　单位:万元,%

序号	证券代码	证券名称	应收账款	应收票据	资产总额	占比
1	002965.SZ	祥鑫科技	273 237	0	350 150	78.03
2	002613.SZ	北玻股份	306 868	0	416 566	73.67
3	600881.SH	亚泰集团	46 041	0	62 712	73.42
4	601368.SH	绿城水务	493 199	6 045	690 375	72.31
5	002847.SZ	盐津铺子	438 757	206	616 909	71.16
6	603002.SH	宏昌电子	98 060	550	140 944	69.96
7	300067.SZ	安诺其	14 511	0	20 865	69.55
8	000401.SZ	冀东水泥	27 871	9 250	57 470	64.59
9	300172.SZ	中电环保	204 226	66 156	432 762	62.48
10	600926.SH	杭州银行	19 931	16 920	60 178	61.24

对于企业来说,理想的状态是应收账款占总资产的比例为0,也就是没有应收账款和应收票据,这说明公司在产业链上话语权非常强。事实上,像格力电器、茅台这样的行业龙头企业也会有应收账款,但总的来说比值肯定是越小

越好。

角度2：应收账款的账龄分布

应收账款账龄即为这笔账款已经欠多久了。日常生活中，我们都知道欠钱的时间越长，能够要回来的概率就越小。在分析应收账款的时候，要多关注应收账款的账龄结构。如果企业的应收账款账龄都是4—5年，那么其收回的可能性基本为0。

角度3：应收账款的坏账准备

应收账款是自己的钱被攥在了别人手里，那么就有要不回来的风险。因此，就要对应收账款计提减值准备，而这个计提减值准备的标准则是由管理层决定的。至于怎么计提、计提多少，那就有很大的操作空间了。

案例7-7：华侨城与华数传媒

表7-10　　　　2020年华侨城与华数传媒应收账款坏账计提情况　　　单位：万元，%

企业	组合名称	账面余额	坏账准备	计提比例
2020年华侨城应收账款坏账计提情况	1年以内（含1年）	104 256	1 571	1.51
	1—2年	2 554	126	4.93
	2—3年	565	132	23.36
	3—4年	1 068	471	44.10
	4—5年	249	110	44.18
	5年以上	3 213	3 048	94.86
	关联方组合	7 987	—	—
	合　计	119 892	5 458	4.55
2020年华数传媒应收账款坏账计提情况	1年以内（含1年）	106 379	3 679	3.46
	1—2年	17 373	1 993	11.47
	2—3年	9 819	2 617	26.65
	3—4年	3 815	2 035	53.34
	4—5年	1 640	1 313	80.06
	5年以上	2 534	2 534	100.00
	合　计	141 560	14 171	10.01

不同公司因其商业模式的不同和管理层的态度不同，对于应收账款的计提规则会有所不同，我们平时在看待此项目的时候，应该进行同行业比较。

严谨的管理层认为,这钱一年多都没要回来,就要做好要不回来的准备,所以要多计提一些坏账准备;而乐观的管理层则认为,我有信心能要回来,所以不用计提那么多坏账准备。

因此,"应收账款"这个科目可"操作"的空间就非常大,当然在目前的市场环境下,我们还是要保守一点、严谨一些。

角度4:应收账款的周转率

指标1:应收账款周转率＝营业收入/平均应收账款。

它是反映公司应收账款周转速度的比率,说明一定期间内公司应收账款转为现金的平均次数。其中,平均应收账款＝(期初应收账款＋期末应收账款)/2。

指标2:应收账款周转天数＝360/应收账款周转率。

也称平均应收账款回收期或平均收现期。它表示公司从获得应收账款的权利到收回款项、变成现金所需要的时间。

计算上述指标时需要注意坏账准备情况,因为坏账越多,应收账款余额越少,对应周转率增高和周转天数下降,但其本质是由于应收账款的质量下降而带来的应收账款减少,并非好事,所以在坏账准备较大的情况下,计算上述指标时要把计提的坏账准备加回去。另外,应收票据实质上也是应收账款,只不过更加灵活,若条件允许,计算上述指标时也可以将应收票据加进去,这样会更符合实际情况。

应收账款周转率不是越高越好,虽然周转率较高代表企业收账速度快、平均收账期短、资金回收快,但周转率高也可能是企业实施了较紧的信用政策,付款条件严苛,这样就会减小企业销售量的增长,特别是当这种限制的代价大于赊销成本时,会影响企业盈利水平的提高。所以,应收账款周转率合适与否,可以视具体行业而定,同业比较可能会更加客观。我们更应该关注的是该指标是否会突然变化,以及找出突然变化的原因(经营环境的变动、企业收款政策的变动等)。

角度5:应收账款的客户明细

有些企业不会披露或者说不敢披露应收账款的客户明细,但也有少数企业会在附注中把应收账款客户明细告诉我们,我们可以通过第三方机构或其他信息渠道查询这些客户的经营情况,从而大体判断企业的应收账款质量(比如欠款客户是大型国企、上市企业等,肯定比不知名的十八线小企业靠谱)。对于能把应收账款的客户明细披露出来的企业,是可以给予更多关注的。

另外，应关注客户的集中度，尤其关注大客户的情况，首先判断该客户与企业是否具有关联关系，其次判断与企业的业务往来是否稳定、其自身经营是否正常等。

2. 应收账款的异常信号

异常信号1：坏账计提过小

我们在评估企业应收账款质量的时候，要注意坏账计提金额是否过小。虽然坏账损失会直接导致公司财务质量大打折扣，但是，账款无法回收也可能造成公司现金流承压、资产无法周转，从而信用风险增大。

案例7-8：暴风集团

根据暴风集团2017年年报，东山精密拥有暴风集团旗下的子公司暴风统帅10.53%的股份，并且东山精密是暴风统帅的第一大供应商，向暴风统帅销售了超过12亿元的商品，持有暴风统帅8.55亿元的应收账款。

然而，在东山精密2017年自己的报表中，其应收账款前五名重大客户竟然连暴风集团欠它的8.55亿元都没找到。只有第二名的10.8亿元相近似，并且对其计提的坏账准备只有0.5%，可见东山精密对半年内收回该笔款项信心相当充足。那么，这个坏账计提比例是否真的合理？是否过小？东山精密在2016年时对暴风集团的销售额高达10.49亿元，也就是说，这些应收账款的账龄可能已经实际超过半年。果然在2018年半年报中，东山精密将第二大欠款方的坏账计提比例从0.5%改成4.48%，导致应收账款质量突然恶化。所以，对于这种报表水分，信用风险管理者在分析时需要多加留心。

异常信号2：应收账款规模增长异常

如果一家企业的应收账款出现不正常的大幅增长，我们就要留个心眼了。什么样的增长叫异常增长呢？一般来说，如果应收账款的增速超过了同期收入的增长，往往就是有问题的。当然，在具体分析过程中还要注意观察应收账款增长规模与收入增长规模的对比。

案例7-9：乐视网应收账款的增长与营业收入的增长

表7-11　　　　　2015年、2016年乐视网应收账款情况

项目	2015年末 金额（万元）	占总资产比例（%）	2016年末 金额（万元）	占总资产比例（%）	比重增减（%）	金额增减金额（%）
应收账款	335 968.31	19.78	868 585.51	26.95	7.17	158.53

在 2016 年年报中,人们发现乐视网的应收账款余额相比 2015 年增长了 158.53%。对此,乐视网给出的解释是:主要是销售收入增加导致了应收账款的相应增加。但实际上,乐视网 2016 年的营业收入只不过增长了 68.91% 而已,而净利润甚至还是下滑的。这就属于我们所说的应收账款增速远大于营业收入增速的情况。

表 7—12 　　　　　　　　2015 年、2016 年乐视网营业收入情况

项　　目	2015 年(万元)	2016 年(万元)	增减(%)
营业收入	1 301 672.51	2 1985 687.85	68.91

异常信号 3:1 年内应收账款未回收率远大于坏账计提比例

一般来说,既然是应收账款,就会有一定比例的欠款是无法及时收到的。对于这种情况,很多企业也是心知肚明。所以,企业一般会按照账龄分析法来计提坏账准备。企业的坏账计提比例是根据以前的经营状况推测的,如果遇到企业对应收账款坏账计提比例进行"胡编乱造",就会给信用风险分析造成一定程度的误导,影响对企业资产信用质量的判断。这个时候,我们可以通过应收账款未回收率与应收账款坏账计提比例的对比,来判断企业应收账款的实际质量和企业信息的"公信力"。

案例 7—10:乐视网应收账款的未回收率

乐视网对应收账款的坏账计提比例规则如表 7—13 所示。

表 7—13 　　　　　　　　乐视网应收账款坏账计提规则　　　　　　　　单位:%

账　　龄	应收账款坏账计提比例
1 年以内(含 1 年)	3.00
1—2 年	10.00
2—3 年	25.00
3 年以上	50.00
5 年以上	100.00

然后对乐视网 2013—2016 年应收账款的回款情况进行计算,如表 7—14 所示。

表7—14　　　　2013—2016年乐视网应收账款回款情况　　　　单位:亿元,%

账龄	2013年	2014年	2015年	2016年	坏账计提比例
1年以内	8.94	17.19	28.35	76.75	3.00
1—2年	0.87	2.07	5.01	10.39	10.00
2—3年	0.05	0.48	1.87	3.16	25.00
2013—2014年1年以内应收账款未回收率					23.15
2014—2015年1年以内应收账款未回收率					29.14
2015—2016年1年以内应收账款未回收率					36.65

怎样计算应收账款的未回收率？2013年"1年以内"的应收账款有8.94亿元,如果这些应收账款没有在2014年收回,那么2014年年报就记录在"1—2年"这个项目中有2.07亿元,用2.07亿元除以8.94亿元,就可以得到2013年"1年以内"应收账款未回收的比例是23.15%。以此类推,2014年"1年以内"应收账款未回收的比例是29.14%(5.01/17.19),2015年"1年以内"应收账款未回收的比例是36.65%(10.39/28.35)。上述数据均远高于乐视网自己设置的应收账款坏账计提比例。

通过以上分析,我们就可以非常明确地判断:乐视网的应收账款质量存在较大的问题,实际坏账率要远远超过他们的计提规则,企业存在极大的经营风险和信用风险!

3. 应收账款科目的总结

看到应收账款,我们首先对应收账款规模的真实性和合理性要有个合理的判断,将应收账款增长率与企业资产规模、营业收入规模进行对比,并与同行业标杆企业、行业平均水平以及自身前期水平进行比较,果断抛弃那些应收账款占比过高的企业。

其次,应收账款是商业债权,一定程度上代表企业与下游客户的议价能力、企业所处的行业地位。当"应收账款+应收票据"小于预收账款较多时,意味着下游客户信任企业的实力,企业在行业中有一定的地位。

最后,关注坏账准备的计提方法和比例,应拉长分析期间,多做跨期对比,自然能让异常的应收账款浮出水面,细究其背后就能发现公司隐藏的经营状况。

【存货科目的分析与识别】

1. 存货的分析角度

角度1:存货的规模

"存货是万恶之源",过高的存货占用了企业的资金,浪费了企业的人力、仓储资源。尤其是现在的商品经济时代,产品更新迭代速度快,一不小心就会变成呆滞库存,未来很可能会被当作垃圾处理。存货规模过大,从某种程度上说明企业的变现能力出现了问题,原因可能是企业生产计划纰漏导致过度生产,可能是企业产品定位不行导致销售不对路,可能是企业的生产工艺欠佳导致残次品太多,也可能是企业销售部门能力欠佳导致客户流失。总之,存货虽然是一个资产类科目,但是它一定程度上掩盖了企业的问题,存货规模过大对于信用风险分析人员来说并不是一个好信号。

角度2:存货的减值

在研究信用风险时,适当规模的存货一般是风险的压舱石。但是有一些行业,比如农林牧渔行业,即便是有专业人员审核,因其存货的盘点难度实在过大,其数字与现实可能存在较大的出入,出名的就有"獐子岛"的扇贝。这类企业自身存在虚增利润的行为,虚增的利润结转至留存收益,通过做多资产(一般很少选择减少负债)来达到会计平衡,而存货往往是此类企业最喜欢虚增的科目,因为难以准确盘点。这种虚增的利润,等到光景不好的年份,直接大额计提存货减值准备,把之前虚增的利润减掉,造成资产质量恶化,信用风险上升。所以,如有条件,请避开此类存货难以准确盘点的企业。

此外,存货减值多发生在行业低迷时,如2015年前后的钢铁行业,或是发生在行业产品技术迅速迭代时期,如2011—2017年家电行业中深康佳A、四川长虹、TCL集团均有大幅计提存货减值。

角度3:存货的结构

存货包括产成品、在产品、原材料或周转材料。有时候我们通过存货结构的转变可以看到企业当下的战略规划,甚至推断出下一阶段企业的发展态势会如何变化,从而评估企业的信用风险。

表7—15　　　　　　　某铸造类企业的存货结构

年　度	2017	2018	2019	2020
存货金额(万元)	956	1 082	1 150	1 266

续表

年　　度	2017	2018	2019	2020
存货百分比(%)	100	100	100	100
其中:原材料	38	36	37	21
委托加工物资	7	11	10	20
库存商品	48	46	48	58
低值易耗品	11	10	8	7
存货跌价准备	-4	-3	-3	-6

通过表7-15某铸造类企业的存货结构看,原材料占存货的比例由2019年的37%猛然下降到2020年的21%,而此类企业正常运营一般需要保证原材料在存货中的占比达到35%以上。如此的存货结构反映出企业可能存在原材料不足、开工率降低或者有大量库存商品积压,有市场环境变差的趋势。同时,该企业委托加工物资的占比由2019年的10%猛然上升到2020年的20%,表明企业劳务外包的业务增多,可能是由于自身产品供给能力下滑所致,那么供给能力下降背后的原因是企业裁员、企业准备由生产向服务转型,还是生产设备损坏？确定背后的原因关系着企业未来发展状况的好坏,值得信用风险从业人员去进一步了解。

案例7-11:立讯精密的存货结构

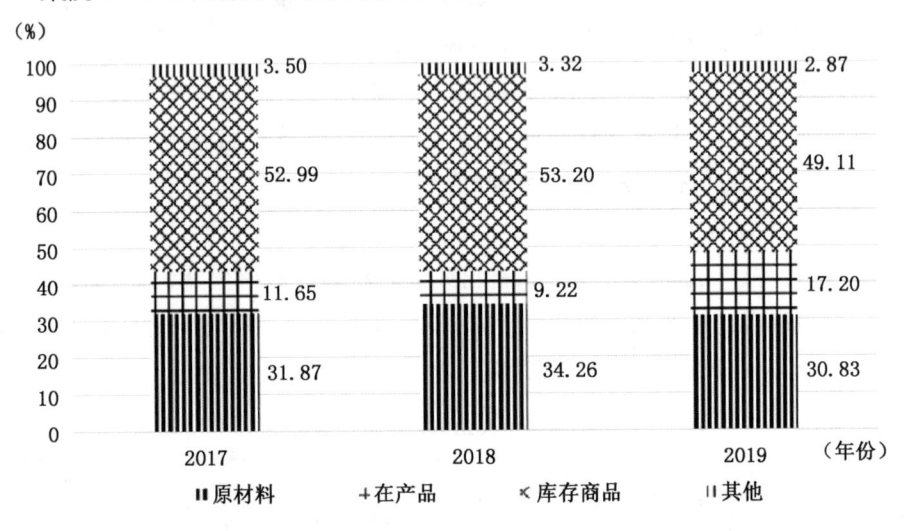

图7-4　立讯精密2017-2019年存货结构

通过 3 年对比我们可以发现,2018 年立讯精密原材料占比由 2017 年的 31.87% 上升到 34.26%,而 2019 年在产品则由 2018 年的 9.22% 上升到 17.20%。

一般来说,如果企业的在产品比例大幅提升,可能是因为企业生产效率下降所致,也有可能是因为企业开始生产工艺较为复杂的新产品所致,比如茅台的在产品和半成品占比达到 70% 左右(因为白酒的制作工艺复杂、制作周期长,有两次投料、九次蒸煮、八次发酵、七次取酒之说)。考虑当年立讯精密所处的行业运行状况,其作为苹果公司的供应商,很大程度上不可能会出现生产效率下降的情况,再结合 2018 年立讯精密的原材料比例上升,推测 2018—2019 年立讯精密有可能接到了大单,且产品生产工艺较为复杂。结果真是立讯精密接到了苹果 AirPods 生产大单,并带来了之后的业绩飞升,收入大幅增加,信用风险进一步降低。

角度 4:存货的周转率

存货周转率是企业一定时期内主营业务成本与平均存货余额的比率,它反映了存货的周转情况。一般来说,存货周转率越高,表明存货周转速度越快,存货的流动性越强或者说占用在存货上的资金周转速度越快;反之,则存货流动性越小,存货存在积压的可能。存货周转率是反映企业营运能力的重要指标,除了单独分析存货周转率外,还可以将其与毛利率相结合进行分析,具体情况如图 7-5 所示。

	毛利率高	
4 存货周转率下降 毛利率上升 可能存在舞弊行为		1 存货周转率上升 毛利率上升 企业竞争力增强
3 存货周转率下降 毛利率下降 企业经营陷入困境		2 存货周转率上升 毛利率下降 企业采用以价换量策略

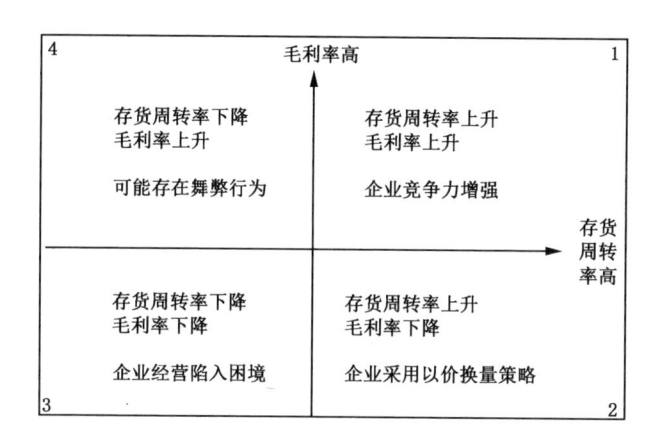

图 7-5 存货周转率与毛利率组合

> 情况 1:存货周转率上升 & 毛利率上升

存货周转率上升说明企业的产品适销对路;同时毛利率又在上升,这意味着企业对产品还存在提价空间。

案例 7-12：伊利股份

2017年，伊利股份营业总收入、净利润创下连续多年行业第一佳绩，公司综合市场占有率、消费者渗透率、净资产收益率等均蝉联行业第一，五大核心指标稳居行业榜首，公司龙头位置不可动摇。根据荷兰合作银行发布的2017年乳企榜单，伊利股份稳居全球乳企八强，继续蝉联亚洲乳业首位（《证券时报》）。

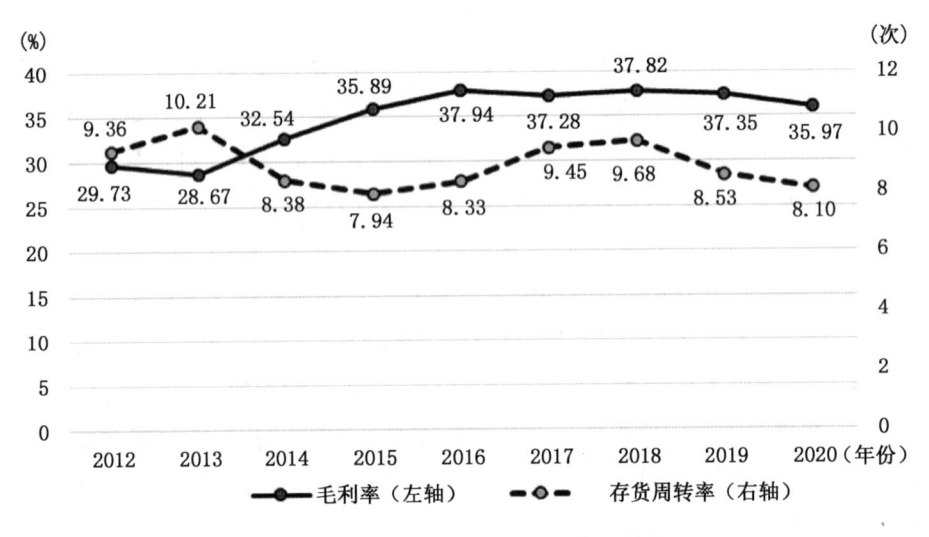

毛利率（左轴）数据：2012年 29.73，2013年 28.67，2014年 32.54，2015年 35.89，2016年 37.94，2017年 37.28，2018年 37.82，2019年 37.35，2020年 35.97

存货周转率（右轴）数据：2012年 9.36，2013年 10.21，2014年 8.38，2015年 7.94，2016年 8.33，2017年 9.45，2018年 9.68，2019年 8.53，2020年 8.10

图 7-6　伊利股份毛利率与存货周转率

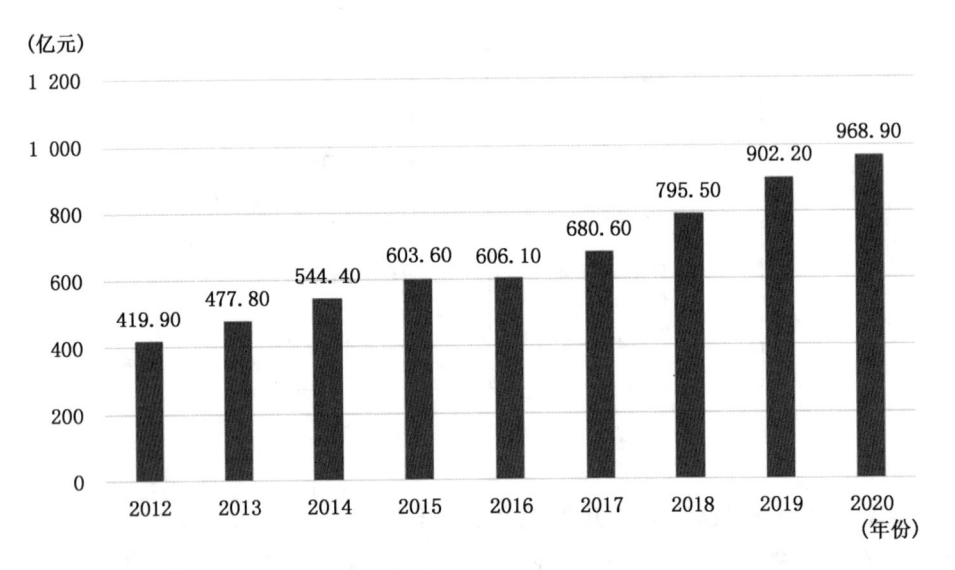

营业收入（亿元）：2012年 419.90，2013年 477.80，2014年 544.40，2015年 603.60，2016年 606.10，2017年 680.60，2018年 795.50，2019年 902.20，2020年 968.90

图 7-7　伊利股份营业收入

可以看出,2014—2017年,伊利股份的毛利率与存货周转率基本向上发展。

> **情况2:存货周转率上升 & 毛利率下降**

存货周转率上升说明产品适销对路,存货占用资金时间缩短;但同时毛利率下降,可能是因为原料成本增加,或者企业采用以价换量的经营策略。

当然,不论原因为何,这都说明企业没有转移定价的能力,这是大部分企业的共同点。

案例7-13:海信视像

海信视像科技股份有限公司是一家主要从事电视机、数字广播电视设备、冰箱和信息网络终端产品的研究、开发、制造与销售的公司,是海信集团经营规模最大的控股子公司,也是国内最早进入平板电视行业的彩电企业之一。近10年来,传统黑色家电行业受到互联网新势力冲击较大,海信、TCL、长虹等虽是广为人知的家电品牌,但品牌之间差异性不大,因此均价也较为接近,在行业需求低迷时,龙头品牌只能通过价格战以及巨额的促销投入等以价换量的方式来保障业绩。

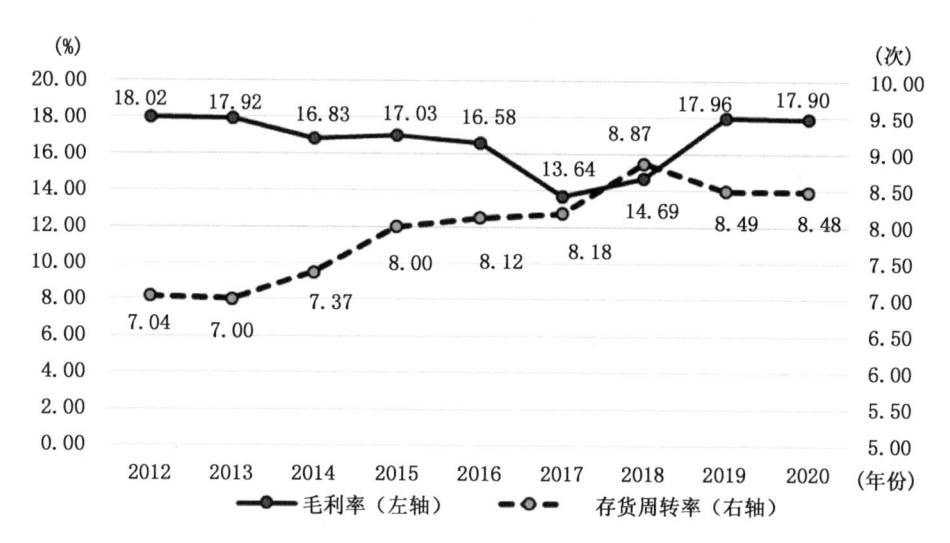

图7-8 海信毛利率与存货周转率

图 7-9 海信营业收入

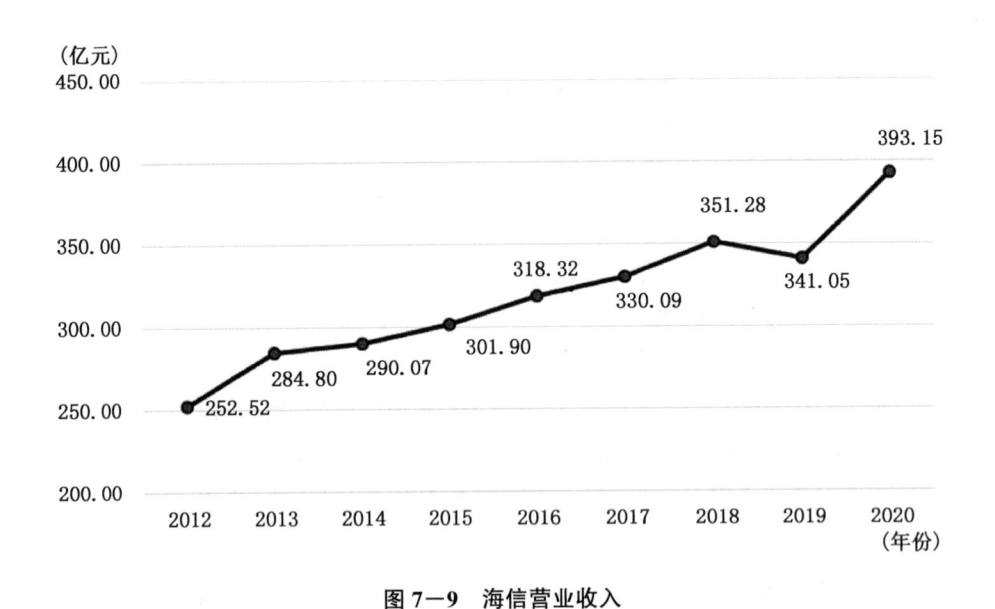

> **情况 3:存货周转率下降 & 毛利率下降**

存货周转率下降一般是产品销售出现了停滞,企业通过采用以价换量的经营策略希望提振业绩,如此一来毛利率必然下降,但如果连续多年这两个指标都在下降,那么企业可能存在产品积压的情况,甚至有大额资产减值损失情况的存在,需要信用风险从业人员警惕。

案例 7-14:东阿阿胶

2019 年,东阿阿胶实现营业收入 297 000 万元,同比下滑 59.53%。事实上,东阿阿胶步入窘境并不意外。业内人士认为,东阿阿胶业绩暴跌的重要原因之一便是提价——连年提价导致消费者不再买账,靠提价支撑的增长逻辑遭遇"天花板"。

《证券时报》报道,东阿阿胶 2019 年业绩下滑,究其原因,是东阿阿胶渠道库存出现持续积压,导致营收下降,直接影响经营业绩。2019 年,东阿阿胶应收账款高达 126 301 万元,同比增长 4.33%。东阿阿胶解释,受外部环境影响,下游客户资金压力加大,回款减少。另一方面,2019 年,东阿阿胶计提坏账准备金额达 19 114 万元(2018 年为 5 989 万元),收回或转回坏账准备金额 4 716 万元(2018 年为 1 791 万元)(《经济日报》)。

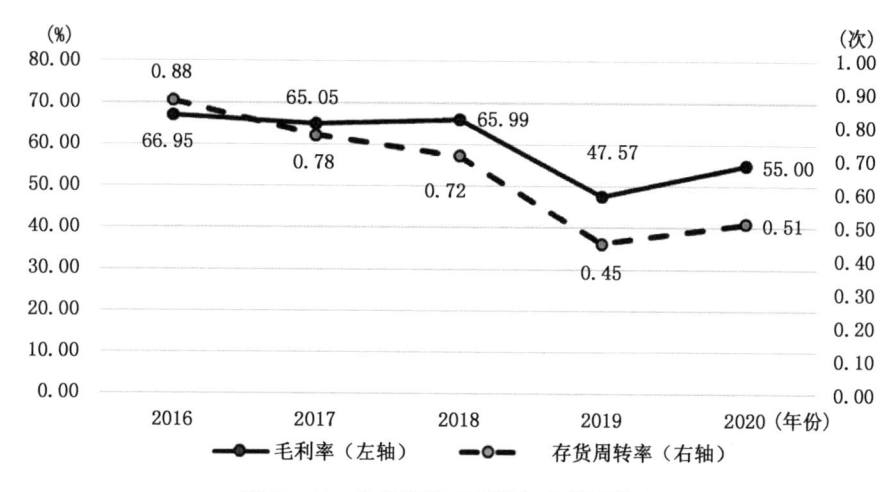

图 7-10　东阿阿胶毛利率与存货周转率

图 7-11　东阿阿胶营业收入

> **情况 4：存货周转率下降 & 毛利率上升**

详见下文"存货异常信号 1"。

2. 存货的异常信号

异常信号 1：存货周转率与毛利率异常

需要警惕的是，若企业在原有产品结构（产品种类、产品价格）没有太大变化的前提下，存货周转率下降，但企业的毛利率却在上升，此类企业有可能会存在财务舞弊的行为。

此类行为的本质是虚增利润，当年的部分存货已经卖出，但是该部分存货在账面上并没有结转变为成本，导致营业收入上去了，营业成本却没有相应增加，于是利润就凭空多出来了，最终导致毛利率上升，存货周转率下降。

当然，如果存货周转率下降幅度小、毛利率增加则属于正常现象，因为一些公司通常会对产品提价（毛利率就会增加，但提价的同时也会使得存货周转率下滑）。

案例7-15：奥瑞德

2020年6月9日，ST瑞德（600666，奥瑞德光电股份有限公司）公告，收到中国证监会重庆监管局（重庆证监局）《行政处罚及市场禁入事先告知书》，公司涉嫌信息披露违法违规一案已由重庆证监局调查完毕，重庆证监局依法拟作出行政处罚，其中实际控制人、时任董事长左洪波被采取10年证券市场禁入措施。

此次公告显示，经重庆证监局查明，ST瑞德涉嫌财务报表虚假记载方面，ST瑞德及其子公司相关借款、担保事项，以及哈尔滨奥瑞德光电技术有限公司（奥瑞德全资子公司）虚构向东莞市华星镀膜科技有限公司销售145台3D玻璃热弯机事项、虚构收回鄂尔多斯市达瑞祥光电科技有限公司应收账款事项，导致ST瑞德公开披露的2016年年报、2017年年报、2018年三季报等共10份财务报告存在虚假记载，分别虚增当期利润总额3 621万元至15 627万元不等。

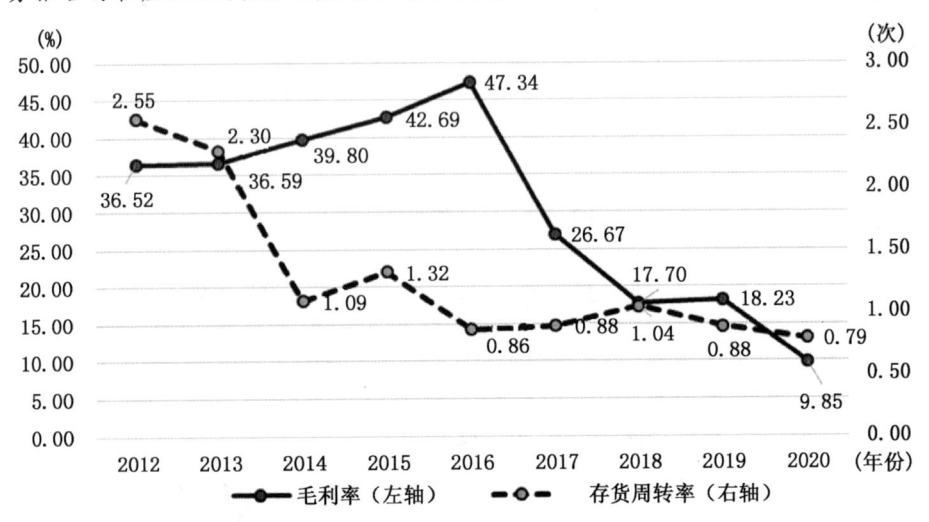

图7-12 ST瑞德毛利率与存货周转率

异常信号 2:存货跌价准备异常

存货的计价规则之一就是:按照成本与可变现净值孰低来计算存货的价值,存货是具有时间价值的,可能随时间而升值,可能随时间而减值,也有可能今年随时间升值,但明年市场环境突变,变成了随时间减值。

有一点,信用风险从业人员要注意,企业财务报表中的存货跌价准备也是财务人员对资产估值的主观判断,存在极大的"可操作"性。

案例 7-16:某手机零部件生产企业

某手机零部件生产商生产了一批手机零部件,由于销售、市场和技术原因没能及时完成出售,成本在 2 000 万元。手机零部件更新迭代较快,价值缩水应提减值,但是企业硬拖 2 年不进行减值。到了第三年,企业声称,这批手机零部件可以以九折价格交易出去,与客户的合同已经签订,发货单都有,客户也签收了,但该批手机零部件存货连仓库都没出。后经专家评估,这批存货的评估值两折都没有,最后该批零部件直接当废品处理了。

所以,信用风险从业人员在进行信用评估时,需要仔细评估存货的真正价值,而不是简单依赖报表数据,对于存货占总资产比重较大的企业,需要格外注意存货的现值。

3. 存货科目的总结

作为信用风险分析人员,首先分析企业存货的构成,警惕那些产成品占比较大的企业。如果产成品规模连续多年上升,同时存货周转率下降,企业大概率处于产品滞销状态。

其次,避开一些传统的农林牧渔行业,因为很多时候它们的存货真实状态、真实价值是真的说不清,当然也要关注企业所在行业的整体发展状况。

最后,分析企业毛利率和存货周转率两者的变化情况,尤其注意存货周转率下降但毛利率上升的企业,很有可能是财务舞弊的结果。

【固定资产科目的分析与识别】

1. 固定资产的分析角度

角度 1:固定资产周转率

固定资产周转率也称固定资产利用率,是企业销售收入与固定资产净值的比率,其公式可表示为:

$$固定资产周转率=销售收入\div 平均固定资产净值$$
$$平均固定资产净值=(固定资产期初净值+固定资产期末净值)\div 2$$

一般而言，存货周转率比固定资产周转率更能直观反映企业的经营效率，但如果是对固定资产依赖性较大的生产制造类企业，企业的收益与固定资产的高效利用之间有着较强的关联性，而像劳动密集型或资金密集型企业，企业效益与劳动量及资金量相关，用固定资产周转率进行分析也就没有什么意义了。

在同业对比中，如果固定资产周转率较低，则应关注企业是否有固定资产处于闲置的状况或新建固定资产。同时，使用固定资产周转率指标进行营运状态判断的前提是，作对比的企业所使用的折旧政策需要相同，如果一家用加速折旧，另一家用年限平均折旧，那么固定资产周转率也不具备可比性。此外，固定资产每年都会计提折旧，也就使得固定资产周转率自然而然有上升趋势，但这种上升并不是企业经营得当获得的。如果固定资产过于老旧，我们分析固定资产周转率也是没有意义的。

固定资产周转率反映企业对固定资产的利用效率，在生产制造类企业的同业对比中会比较适用，但要注意折旧政策是否一致。

角度2：固定资产减值

固定资产发生损坏、技术陈旧或者其他经济原因，导致其可收回金额低于其账面价值，这种情况称为固定资产减值。若固定资产的可收回金额低于其账面价值，应当按可收回金额低于其账面价值的差额计提减值准备，并计入当期损益，影响企业利润。同时，固定资产减值准备按会计准则的规定不准许转回，有时候有些公司在亏损时还要计提大额资产减值，一般来说原因有：

（1）可能之前存在虚增固定资产价值的情况，导致实际使用状态与产出效能相矛盾，企业通过减值进行"毁尸灭迹"。

（2）通过减值，实现固定资产价值减小，从而降低以后年度的折旧费用，为日后留足利润空间。

（3）可能为日后处置固定资产做准备，实际中固定资产减值可能导致资产的账面余额小于市价，日后以市价卖出资产而产生盈利。比如一项固定资产原价为2 000万元，计提的折旧为400万元，如果以1 200万元出售，就亏了400万元；如果在以前年度提取了减值准备600万元，就盈利了200万元。

所以，信用分析人员在分析企业的风险时，需要考虑企业是否有虚增固定资产价值和之前年度进行固定资产减值来分别夸大企业家底和造血能力的情况发生。

角度3：隐蔽资产

有些固定资产由于其本身的特性,即便已经折旧完了,还可以使用很多年。这样的固定资产就在账面上无法反映其价值,例如,水力发电企业已折旧完成的固定资产还可以使用许多年。更有甚者,折旧完成的固定资产会增值,如百货公司的自持物业(重置成本比原始成本高得多,如果交易再评估会巨幅增值),这种类型的折旧就形成了企业的隐蔽资产。企业的账面净资产小于企业的真实净资产,信用分析人员在评估此类企业的家底时,也不能忽视隐蔽资产。

案例 7-17:中南传媒

中南传媒是一家优质的上市公司,主营业务稳定,手握百亿现金。根据该企业披露:该主体拥有 653 宗房产,建筑面积合计 75 万平方米。

2020 年财报披露,中南传媒房屋及建筑物当年账面价值为 1 132 649 469.00 元(包括固定资产下的 978 606 857.00 元和投资性房地产下的 154 042 612.00 元),该值除以 75 万平方米,得到约 1 500 元/平方米。

结合中国现行房价,可以看出中南传媒在固定资产方面有一大块隐蔽资产(而且中南传媒旗下有一家子公司——湖南省新华书店有限责任公司,众所周知,新华书店在各城市的店面都是处于都市核心地带的)。

角度 4:折旧方法的差异

折旧是按照一定方法把固定资产成本逐步分摊到每一期的核算方法,折旧方法一般有:

(1)年限平均法(直线法):是最常见的折旧方法,计算方法也最简便。在这种方法下,固定资产价值被认为是随时间转移的,与使用情况无关,每期的折旧额是固定的。

(2)工作量法:适用于交通运输企业和一些价值大且不常用的建筑施工设备,按照实际工作量计算折旧,每期的折旧额随着工作量变化而变化。使用这种方法的缺陷是忽略了无形损耗,固定资产即使不使用也会发生损耗。

(3)双倍余额递减法:是一种加速折旧的方法,主要适用于国民经济中具有重要地位且技术进步快的电子生产企业、船舶工业企业、汽车制造企业、化工生产企业和医药生产企业,以及其他经财政部批准的特殊行业的企业,其机器、设备才可采用双倍余额递减法。一般来说,这是一种税收优惠政策。加速折旧减少当期净利润,企业可以缓交所得税,是对企业的政策扶持。

(4)年数总和法:是一种加速折旧的方法,与双倍余额递减法的适用条件相同,需要满足一定的条件,并报税务部门批准才能使用年数总和法计提折旧。

但是,当我们翻开上市公司的年报时会发现,双倍余额递减法和年数总和法作为加速折旧的方法,上市公司几乎不会采用。因为加速折旧虽然可以带来税收上的好处,但会给企业折旧初期的利润带来毁灭性的打击,尤其对于上百亿资产的重资产企业,可能很快就变 ST 了,所以相比税收优惠,上市公司显然更关心自己的利润和股价。

三种折旧方法下的折旧额对比如表 7—16 所示。

表 7—16　　三种折旧方法下的折旧额对比(折旧年限为 10 年,残值为 0)　　单位:元

年限	直线法	双倍余额递减法	年数总和法
原值	10 000 000	10 000 000	10 000 000
1	1 000 000	2 000 000	1 818 182
2	1 000 000	1 600 000	1 636 364
3	1 000 000	1 280 000	1 454 545
4	1 000 000	1 024 000	1 272 727
5	1 000 000	819 200	1 090 909
6	1 000 000	655 360	909 091
7	1 000 000	524 288	727 273
8	1 000 000	419 430	545 455
9	1 000 000	838 861	363 636
10	1 000 000	838 861	181 818
合计	10 000 000	10 000 000	10 000 000

可以看出,前 4 年加速折旧方法下每年折旧费用较直线法多出很多,会严重影响公司利润,这是很多公司所不能接受的。

由于折旧年限属于会计估计,企业核算具有一定的自主性,所以即便是同一型号的设备在不同的公司中由于折旧年限的估计不同,其每年计算出的折旧费用也不同,而折旧费用最终将会影响净利润。此外,折旧政策可以根据企业在不同时间点的经营情况进行调节,也给企业的利润调节留下了腾挪的空间。

案例 7—18:中国国航折旧政策变更

2020 年 4 月 29 日,中国国航发布公告,对于固定资产及使用权资产中与发动机大修相关的发动机替换件,公司原采用年限平均法计提折旧。通过评估发动机替换件的实际消耗模式和有关经济利益的预期实现方式,公司认为

发动机替换件的消耗与实际执行的飞行小时更为直接相关,将发动机替换件的折旧方法变更为工作量法能够更真实地反映资产实际消耗情况,更客观地反映中国国航公司的财务状况和经营成果。发动机替换件折旧方法的变更对比详见表7—17。

表7—17　　　　　　　2020年中国国航变更折旧政策

发动机替换件	变更前	变更后
预计使用年限	3—15年	9 000—43 000小时
年折旧率	6.67%—33.33%	2.33%—11.11%

公司根据2020年1—3月发动机实际执行的飞行小时数据测算,本次会计估计变更将增加公司2020年1—3月合并税前利润约人民币4.20亿元,该变动主要是由于公司受新型冠状病毒肺炎疫情影响,实际执行飞行小时同比下降所致。

案例7—19：钢铁行业企业延长折旧年限

2015年前后,钢铁行业集体延长折旧年限,钢铁行业发展陷入周期性低迷,有些企业实在顶不住业绩压力,就在折旧上做文章。比如河北钢铁公告称,公司决定从2014年1月1日起调整固定资产折旧年限,具体调整方案如下：房屋建筑物折旧年限由25—30年增加至40—45年；机器设备折旧年限由10—13年增加至12—22年；运输工具折旧年限由6—8年增加至10—15年；其他固定资产折旧年限由3—10年增加至8—22年。对于此次会计变更对公司的影响,河北钢铁在公告中表示,经测算,本次会计估计变更后,预计2014年公司将减少固定资产折旧20亿元,所有者权益及净利润增加15亿元。

又如方大特钢公告称,在2014年1月延长固定资产折旧年限,预计2014年减少固定资产折旧6 400万元,增加2014年度所有者权益及净利润4 800万元。

相同的操作在山东钢铁、南钢股份、新钢股份、柳钢股份、马钢股份、华菱钢铁和韶钢松山身上均有发生。

2. 固定资产的异常信号

异常信号1：固定资产增速异常

如果一家企业的固定资产占比（固定资产合计/总资产）连续几年都有迅速上升,或者该主体与同业其他企业相比,两者固定资产总额相差不大,但这家企业的营收是其他企业的几倍,那么很有可能该企业虚增了收入,并通过"固定资产"、"在建工程"等项目进行平衡。

案例7-20:尔康制药财务造假

尔康制药2011年的营业收入只有6.08亿元,2016年就变成了27.06亿元,几年翻了近4倍,同时固定资产增长很快,而且远比同行医药公司高。另外,它的固定资产竟然高于恒瑞医药,但恒瑞医药的营收是该公司营收的4—8倍。

2018年,尔康制药收到中国证监会湖南监管局《行政处罚决定书》,判决书中指出:"尔康制药通过虚构改性淀粉收入、未确认产品销售退货等方式,分别在2015年年度财务报表中虚增收入18 058 880.00元,虚增净利润15 859 735.04元,占当期合并报表披露营业收入1 755 998 915.76元的1.03%、披露净利润604 578 672.02元的2.62%;在2016年年度财务报表中虚增营业收入255 075 191.84元,虚增净利润232 254 448.80元,占当期合并报表披露营业收入2 960 896 815.03元的8.61%、披露净利润1 026 434 494.30元的22.63%。"

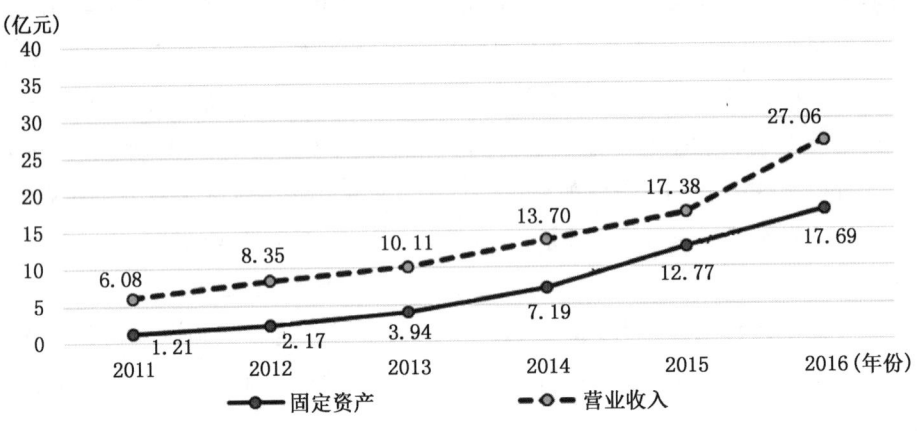

图7-13 尔康制药营收与固定资产对比

同时,我们对比2016年各化学制药头部企业固定资产占比,就会发现尔康制药固定资产占比虚高。

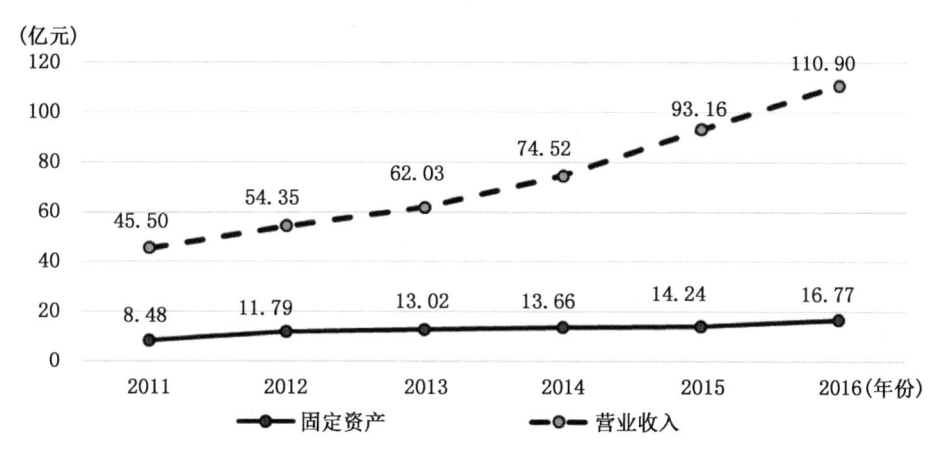

图 7-14　恒瑞医药营收与固定资产对比

表 7-18　　　　2016 年化学制药头部企业固定资产占比　　　　单位:亿元,%

企业名称	固定资产	在建工程	总资产	占比
尔康制药	17.69	7.72	54.17	46.91
山河药铺	1.247	0.05	4.027	32.21
济川药业	14.32	2.607	49.88	33.94
翰宇药业	8.551	1.1	44.57	21.65
恒瑞药业	16.77	1.1	143.3	12.47
康弘药业	4.088	1.288	37.58	14.31

虽然尔康制药一直否认其存在固定资产造假,但是 2022 年尔康制药业绩预告显示,2021 年净利润预计亏损 6.5 亿元至 8.2 亿元,主因或为改性淀粉及淀粉囊相关资产、存货大额计提减值,并引发深交所关注,要求公司就资产大幅减值情况做详细披露。尔康制药随后回复表示:固定资产的总净值为 15.3 亿元,可变现净值为 8.39 亿元,拟计提减值金额为 6.91 亿元,固定资产基本上属于腰斩。

异常信号 2:折旧年限异常

由于折旧政策是一种会计估计,企业具有一定的自主性,折旧政策可以随着企业的情况进行调整,从而达到利润调节的目的,隐藏企业真实的造血能力。如果你对一家企业的折旧有所怀疑,那可以通过以下几种方法进行验证:

(1)若该企业有产品相似、生产线相似的同业企业,那么可以对比几家同业企业的折旧政策,看该企业折旧年限相较于同行是否过于漫长。

（2）一般而言,企业的折旧金额与固定资产的比值是比较固定的。这个比值大幅减小可以理解为业绩不好,进行少提折旧的操作,而比值大幅上升则是计提折旧较为激进,从而隐藏利润。

此外,有机构对我国股票市场上的 ST 股和处于亏损边缘的企业的上述比值进行过统计,发现它们都出现过大幅下降,也就是说,当企业处于经营不善或亏损境地时,企业有很大动力去调整折旧,以拯救账面利润。

案例 7－21：三安光电

三安光电主要从事全色系超高亮度 LED 外延片、芯片、Ⅲ-Ⅴ族化合物半导体材料、微波通信集成电路与功率器件、光通信元器件等的研发、生产与销售。华灿光电主营业务为研发、生产和销售 LED 衬底片、外延片及芯片,公司系国内 LED 外延片、芯片产能第二大的企业。乾照光电主要从事全色系超高亮度 LED 外延片、芯片、高性能砷化镓太阳电池外延片、Mini-LED/Micro-LED 以及 VCSEL 等化合物半导体器件的研发、生产与销售。

三安光电、华灿光电、乾照光电都是从事 LED 相关产品生产的企业,并且商品结构也较为相似。但是,人们发现三安光电的毛利率显著高于其他两家企业,而 LED 是相对成熟的行业,按道理毛利率应该不会出现如此大的不一致。

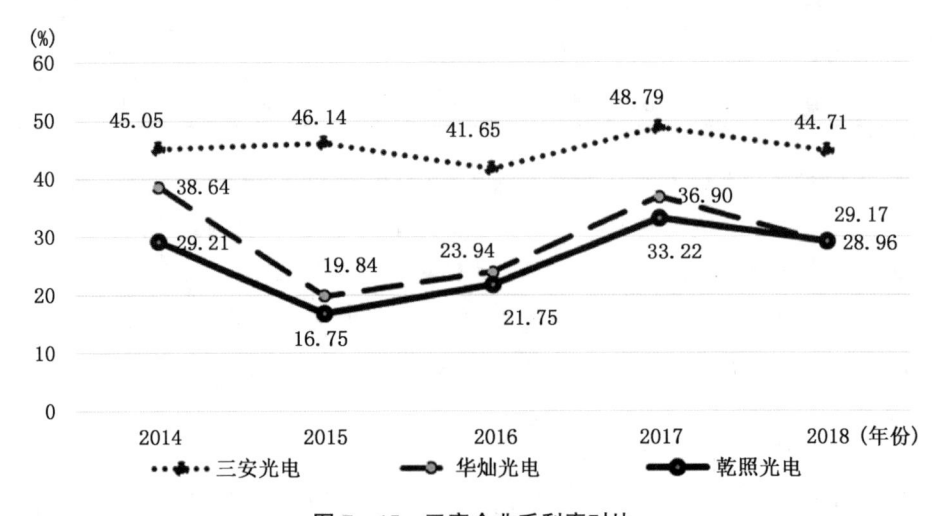

图 7－15 三家企业毛利率对比

我们发现三安光电的机器设备的折旧年限明显高于其他两家企业,这也许就是三安光电毛利率偏高的奥秘,不是经营得当、技术先进,而是"财技了得"。

表7-19　　　　　　　　　2018年三家企业的折旧政策

机器设备	三安光电	华灿光电	乾照光电
折旧方法	平均年限法	平均年限法	平均年限法
折旧年限	8—25年	5—10年	2—10年
年折旧率	3.8%—11.875%	9.50%—19.00%	9.5%—47.5%

所以，有些企业利润的差异也许仅仅源自企业折旧政策的差异，而非自身掌握了先进的工艺。信用分析人员在分析企业盈利能力时，需要排除来自固定资产折旧产生的干扰。

3. 固定资产科目的总结

总的来说，固定资产对制造类企业有着显著的影响，其折旧政策的变动可能改变其经营的本来结果，并导致固定资产真实的价值可能被虚高或被低估。作为信用风险分析人员，我们可以通过看固定资产周转天数有没有明显提高、看折旧额与固定资产之比的变化幅度是否有变化、对比同行的固定资产折旧年限有没有异常等方法分辨出企业虚增及隐藏的固定资产和利润，从而进一步摸清企业的家底及造血能力。

【在建工程科目的分析与识别】

1. 在建工程的分析角度

角度1：在建工程结转时间点

在建工程对于制造类企业往往具有非常重要的意义，在建工程规模的增加可能是一个企业扩产的开始，可以部分反映企业的战略发展方向，如果后期产出正常，可能会提升企业的盈利能力。

案例7-22：东华能源

东华能源股份有限公司2008年在深圳交易所上市（SZ.002221）。经过20多年的发展，现已居于中国500强第224位（2020年）。下属有三大产业基地，即宁波基地、张家港基地和茂名基地，专注于生产聚丙烯新材料和氢能源。根据东华能源披露：2016年，下属扬子江石化"120万吨丙烷脱氢制丙烯项目（一期）"和"40万吨/年聚丙烯项目"生产装置达到预计可使用状态。2017年，下属张家港新材料和宁波新材料两个烷烃资源综合利用项目投产，其具年产126万吨丙烯、80万吨聚丙烯产能。

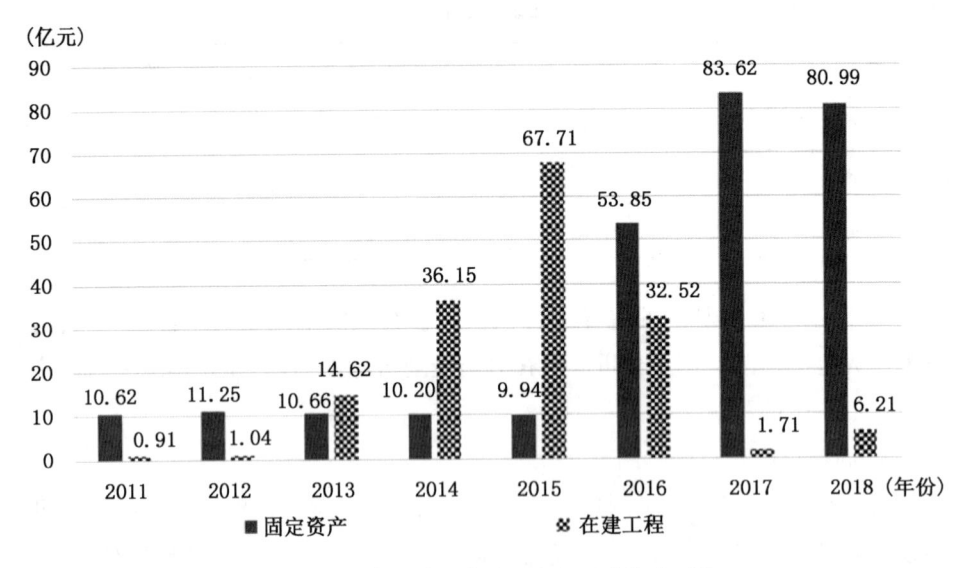

图 7—16　东华能源在建工程与固定资产对比

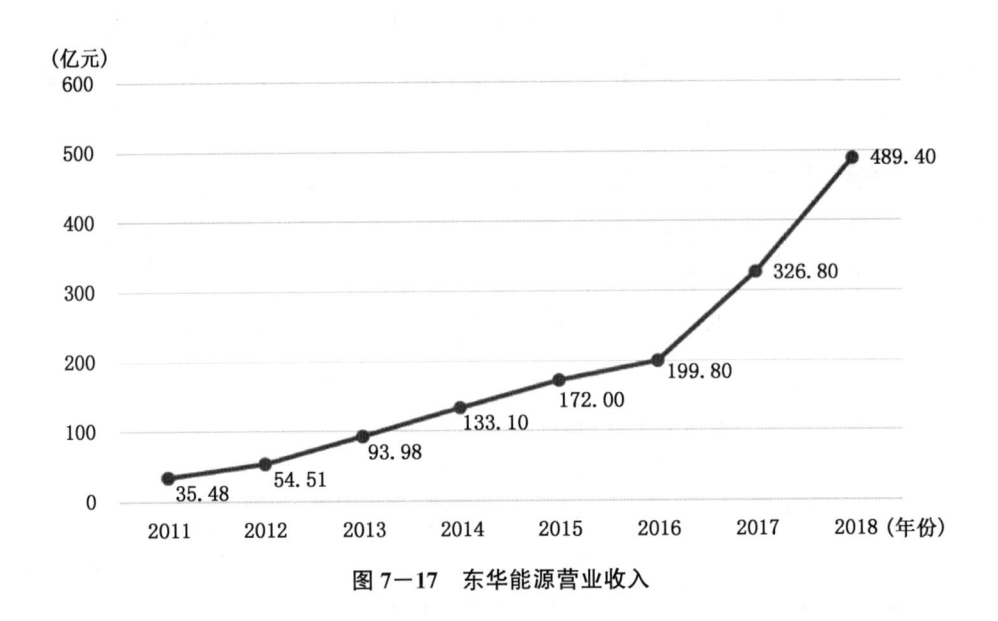

图 7—17　东华能源营业收入

通过对比，我们可以发现 2016—2017 年东华能源有大额的在建工程转为固定资产，2017 年东华能源的营业收入迎来大幅增长。

角度 2：在建工程的压力

我们在分析在建工程时，一方面要关注在建工程项目自身的余额，另一方面不能忽视该项目的总预算规模,有些企业的在建工程规模看着不大,但是预算巨大,后期可能会对企业形成资金压力。此时我们可以再关注一下企业的财务杠杆,若企业的资产负债率很高,又拥有庞大的在建工程预算时,那么企业在未来很有可能会出现资金短缺问题。

案例 7-23:巨人大厦

商人史玉柱曾创办珠海巨人高科技集团,这是当时中国第二大民营高科技企业。公司开启多元化蓝图,除了计算机外,巨人集团开始进军生物工程、房地产。

后来,史玉柱在珠海筹建巨人大厦。一开始,史玉柱的规划是,总投资 2 亿元建 15 层,作为巨人集团总部大楼。后来,巨人大厦的规划从最初的 15 层慢慢上升到 18 层、34 层、64 层直至最终的 78 层。巨人大厦的预算资金调整为 12 亿元人民币。依靠集团的自有资金来支撑庞大的巨人大厦工程,从集团生物工程业务抽调资金,由于抽调过度,导致新兴的生物工程出现萎缩,巨人大厦的资金来源被切断。受巨人大厦的拖累,巨人集团流动资金链断裂,导致巨人大厦的建设无资金支持,最终引爆舆论。

因此,信用风险分析人员应该着重关注在建工程给企业未来资金带来的压力以及固定资产的整体规模。

角度 3:在建工程和固定资产结构

企业的良好发展往往伴随着产能的扩张,而较为稳健或者是产业规划较好的企业则拥有一种比较好的在建工程和固定资产结构,固定资产在不断增长,在建工程的变化比较平稳,说明企业发展稳定,企业将经营所获取的收入不断重新投入企业的固定资产中,形成良好的资金循环。

案例 7-24:福耀玻璃

福耀玻璃工业集团股份有限公司是主要生产汽车安全玻璃的大型跨国集团。福耀的产品得到全球知名汽车制造企业及主要汽车厂商的认证和选用,包括宾利、奔驰、宝马、奥迪、通用、丰田、大众、福特、克莱斯勒等,为其提供全球OEM 配套服务和汽车玻璃全套解决方案,并被各大汽车制造企业评为"全球优秀供应商"。

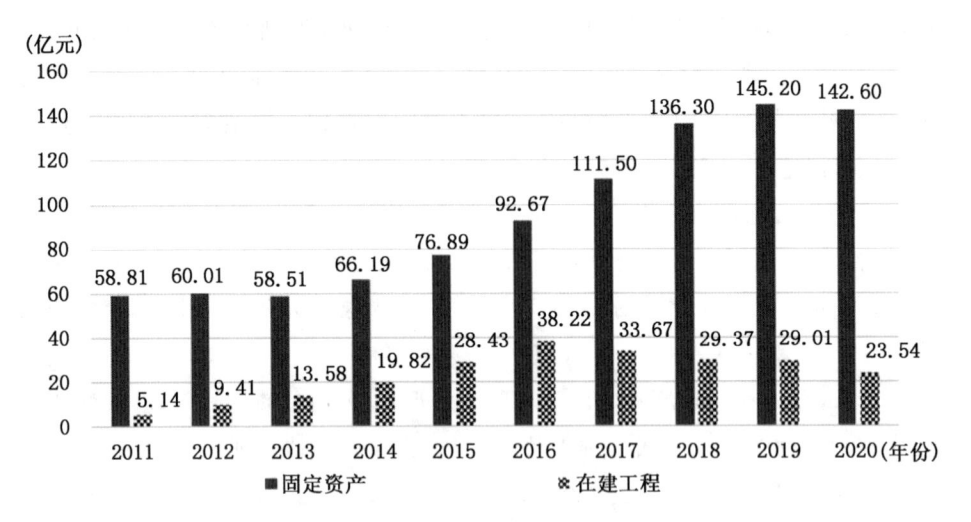

图 7－18　福耀玻璃在建工程与固定资产对比

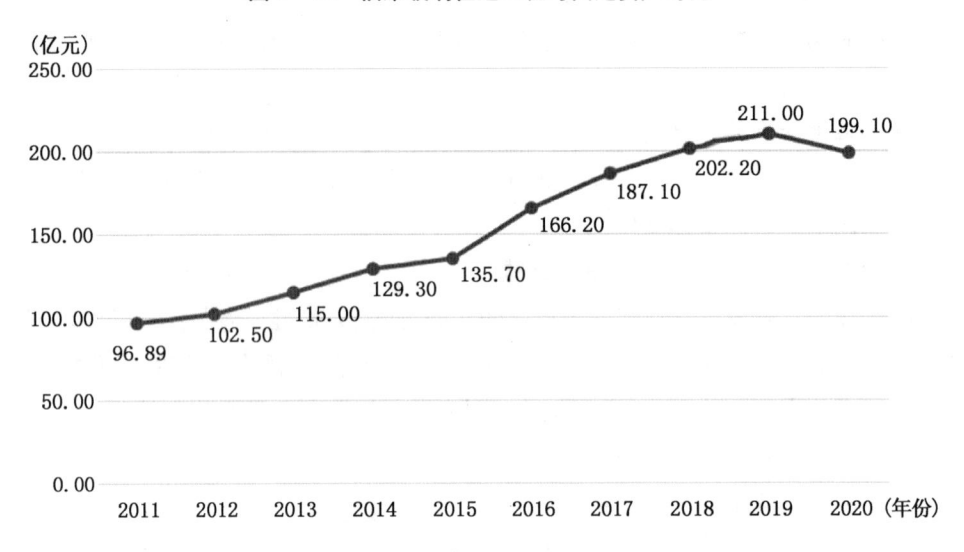

图 7－19　福耀玻璃营业收入

从图 7－18 和图 7－19 我们可以看出,福耀玻璃的固定资产基本每年都在上升,在建工程每年都在变化,说明企业每年都有新建工厂,同时福耀玻璃的营业收入也在不断上升,这就是我们所说的企业将经营所获取的收入不断重新投入企业的固定资产中,形成良好的资金循环。

角度 4:在建工程与折旧、利润之比

对于在建工程的分析,还可以考虑在建工程与当年的折旧及净利润之比。若在建工程与当年折旧之比大于50倍、与净利润之比大于30倍,则当在建工程转为固定资产时,新增固定资产的折旧将会对该企业的财务状况造成一定的冲击。当然,这两个比值对于市场投资者来说意义会更加大一些。信用风险分析人员则需要明白,企业盈利能力其实并没有真正下滑,仅仅是由于新增折旧的原因。

2. 在建工程的异常信号

一般来说,虚增在建工程背后都有着虚增的营业收入,而虚增的营业收入将会影响信用风险分析人员对企业"造血能力"的判断,虚增的在建工程也会影响我们对企业"家底"的判断。那么,有哪些信号的出现表明可能会存在在建工程造假呢?

异常信号1:反复追加在建工程资金、项目进度反复变化

大概只有"拎不清"的管理层才会搞错在建工程的预算总额,但是能够当上一家企业的管理者怎么可能会"拎不清"呢?大概率只是为了掩盖异常的在建工程、虚假收入或其他目的,总之肯定不利于企业的发展。

案例7-25:大族激光

大族激光科技产业集团股份有限公司是一家工业激光加工设备生产厂商。2019年,市场开始对大族激光的在建工程提出广泛质疑。大族激光的"欧洲研发运营中心"项目最早以"欧洲研发运营中心改扩建工程"的名义在2011年年报中出现,最初预算金额为5 000万元人民币,2012年项目预算增长至3 000万美元,2014年项目名称变更为"欧洲研发运营中心",完成度达50%。2015年披露显示工程进度已达80%,预计2016年即可竣工完成。但是,2016年该工程预算再次大幅上升至5.5亿元,工程进度回落至50%。2017年披露工程进度变更为80%,就在大家都以为明年终于可以完工时,2018年年报显示该项目再一次跳票,预算再次增至10.5亿元,工程进度又跌回64%,彻底引爆市场。而且自始至终,大族激光对这个项目讳莫如深,从来没有就此投资项目发布过任何一则详细公告。

2019年,深圳证监局向大族激光下发《行政监管措施决定书》,决定书中指出,大族欧洲股份公司在建工程"欧洲研发运营中心"项目存在未履行相关审议

程序、信息披露不准确且不及时等问题,要求采取有效措施进行改正。至此,大族激光不得不承认该项目确含酒店功能。2020年,大族激光将该项目出售给大族控股集团有限公司,完成与上市公司业务的剥离,若非有鬼,为何甩锅。

案例7-26:万福生科

如果说大族激光最后并没有被证监会实锤财务造假,那么作为经典案例的"万福生科"的"在建工程"科目也出现过这种在建工程进度反反复复修改的异常信号。

2008—2012年,万福生科通过虚构个人账户作为采购款,然后从个人账户转入公司账户,形成虚构销售收入入账,通过"采购—销售"的循环,无限虚增销售收入。虚增收入9亿多元,虚增利润2亿多元,差不多相当于2008—2011年4年的净利润总和。同时,万福生科采取了虚增在建工程和预付账款(分别为4 469万元和8 036万元)的造假手段来平衡虚增收入所造成的报表不平衡。

万福生科的在建工程预算和进度也出现反复修改的迹象。2012年一开始,万福生科供热车间改造工程的预算数为7 000万元。到2012年年中,预算数调整到8 000万元,且仍未完工。它的淀粉糖扩改工程,2010年已经完工且已经结转至固定资产,但2011年又开始建造,重新投入208.40万元,工程进度为90%,总预算未披露。到2012年年中,披露总预算增长为1亿元,已投入2 600余万元,进度降低为30%。

暴雷后,万福生科成为各大财经院校会计专业的教科书经典案例之一。"在建工程"是上市公司最为"藏污纳垢"的会计科目之一,却经常被投资者甚至审计师忽略。

当然我们并不是说,有此现象的就一定是有问题的企业,但至少要提高警觉性,提早预防。

异常信号2:存货与固定资产、在建工程异常联动

在建工程分析的落脚点在于企业是否通过在建工程进行了营收虚增,从而使企业的盈利或者造血能力得到高估。同时我们知道,虚增的营业收入一般会流入资产项,如存货科目、"固定资产"及"在建工程"等科目。此时,我们可以将"在建工程"与其他会计科目进行多周期联动分析。

案例 7-27：抚顺特钢

抚顺特殊钢股份有限公司（简称"抚顺特钢"）始建于1937年，是国家级高新技术企业。产品被广泛应用于航空、航天、兵器、核电、石油石化、交通运输、工程机械、医疗等行业和领域，覆盖六大洲、30多个国家和地区。

2010年至2017年9月，抚顺特殊钢股份有限公司滥用特殊钢原料投炉废料可做普通钢原料的特点，伪造"返回钢"入库凭证虚增库存，虚增在建工程和固定资产，虚增利润约19亿元，被人称为"上市二十年，专业造假八年整"。

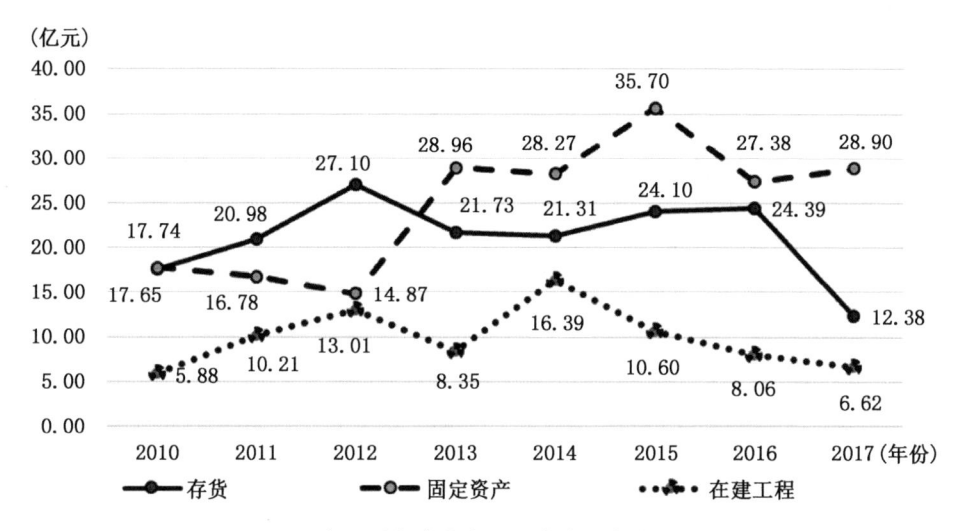

图 7-20 抚顺特钢存货与固定资产及在建工程对比

根据2019年中国证监会的行政处罚决定书〔2019〕147号显示："2010年至2016年度、2017年1月至9月，抚顺特钢通过虚增存货、减少生产成本、将部分虚增存货转入在建工程和固定资产进行资本化等方式，累计虚增利润总额1 901 945 340.86元。"抚顺特钢财务造假的方法并不复杂，就是通过虚构存货、在建工程和固定资产的金额，从而调整成本影响利润，形成了存货—在建工程—固定资产—折旧的经典造假路线。其具体舞弊路径如图7-21所示。

年度	少结转成本（亿元）
2010	0.71
2011	4.87
2012	5.6
2013	1.84
2014	1.85
2015	1.63
2016	1.86
2017	1.51

年度	虚增存货（亿元）
2010	0.71
2011	4.87
2012	5.6
2013	1.84
2014	1.85
2015	1.63
2016	1.86
2017	1.51

部分虚增存货转入在建工程

年度	虚增在建工程（亿元）
2013	7.42
2014	3.95

部分在建工程转入固定资产

年度	虚增固定资产（亿元）
2013	4.90
2015	3.50

通过折旧慢慢消化虚增资产

年度	虚增固定资产折旧（亿元）
2014	0.14
2015	0.18
2016	0.31
2017	0.23

图 7-21 抚顺特钢财务舞弊路径

表 7—20　　　　　　抚顺特钢相关科目年度同比增长率　　　　　　单位:%

年　度	2010	2011	2012	2013	2014	2015	2016
存货	13.50	18.87	29.17	−19.82	−1.93	13.09	1.20
固定资产＋在建工程	22.07	14.27	3.30	33.82	19.70	3.67	−23.46
固定资产	0.74	−5.41	−11.38	94.75	−2.38	26.28	−23.31
在建工程	237.93	73.64	27.42	−35.82	96.29	−35.33	−23.96

抚顺特钢的存货在2010—2012年连续增长,在2013年和2014年又出现下降。同时可以发现,固定资产与在建工程在这两个年度突然大幅上升,2013年的合计增长率达到33.82%,2014年达到19.70%。不得不说固定资产与在建工程合计增长的时间点有些微妙,存货下降后,固定资产＋在建工程恰好上升的可能性也是有的,但是如果结合抚顺特钢在这一时期的毛利率异常(详见"成本费用类科目的分析与识别"案例7—43有关内容),则多个异常信号的出现使得该企业进行财务舞弊的概率大大上升。

异常信号3:利息资本化率过高

一般情况下,在建工程的利息资本化率在5%左右,可以关注下资本化率以及利息资本化金额占在建工程的比例、利息资本化金额占财务费用的比例。结合同业比较,观察是否有异常信号。

3. 在建工程科目的总结

对于"在建工程"科目,在进行信用风险分析时,首先,看"在建工程"科目与企业运营的关系。比如,在建工程与固定资产之间的结构,反映企业是正处于扩张阶段还是收缩阶段,或者在建工程投入是否过大,会不会对企业的资金链造成压力。

其次,观察在建工程是否存在异常信号,联动其他科目,看企业是否存在虚增收入的情形。总之,可以通过"在建工程"科目判断企业家底的厚实程度以及企业造血能力的真实性。

【负债类科目的分析与识别】

1. 企业负债的分析角度

角度1:负债的目的

企业为什么需要负债呢?大概原因有三个:(1)企业扩大生产规模的需要;(2)营运资金周转的需要;(3)集团资金的安排问题。同时,负债作为企业财务结构的重要组成部分,与企业的收益、战略、经营紧密相关。

试设想,我们以茅台和格力(两者都是各自领域的龙头企业)为例,同样出于扩大规模、增加营收的目的,各自分别借款 200 亿元。茅台的借款用于原有产品扩大生产规模,而格力则主要进行新能源开发和芯片研制,债权人可能会给出两种截然不同的判断。

为什么呢?因为茅台用于扩大生产,茅台的产品市场上不愁销路,满足了市场的需求,风险低、利润高,同时也进一步扩大了市场占有率,稳固自己的市场地位,债权人表示放心,融资成本相对低廉。格力虽为行业内的优秀企业,但行业竞争激烈,原有电器行业扩张受压,核心产品并不具有绝对优势,故采取多元化策略,希望进入新的赛道,失败的可能性较大,债权人表示些许担心,融资成本也会相对比较高。

我们认为,信用风险分析应该是动态的,财务数据代表的仅仅是企业过去的资信状况,而是否能够按时足量还本付息则更多取决于企业未来的发展,所以只有更好地了解借款用于什么地方,才能更好地把控信用风险。

角度 2:负债的规模

通过观察企业近几年的负债规模、负债增长率、有息负债规模、有息负债比率和资金缺口测算的变化趋势,我们可以从整体上感受下企业的负债情况。

案例 7-28:苏宁易购的负债情况

(1)负债增长情况

表 7-21　　　2016—2020 年苏宁易购财务科目的相关变化情况　　　单位:亿元

年份 科目	2016	2017	2018	2019	2020
负　债	672.45	736.49	1 112.56	1 497.10	1 352.43
所有者权益	699.22	836.28	882.11	871.45	768.32
总资产	1 371.67	1 572.77	1 994.67	2 368.55	2 120.75

表 7-22　　　2016—2020 年苏宁易购财务比率的相关变化情况　　　单位:%

年份 科目	2016	2017	2018	2019	2020
负债增长率	19.76	9.52	51.06	34.56	−9.66
资产负债率	49.02	46.83	55.78	63.21	63.77

从表 7—21 和表 7—22 中可以看出,2016—2020 年,苏宁易购的负债以 19.08% 的复合增长率增长,至 2020 年已经增长到 1 352.43 亿元,企业债务负担进一步加重。

(2)有息负债

有息负债即带息负债,是指企业负债中需要支付利息的债务。一般情况下,短期借款、长期借款、应付债券、一年内到期的非流动负债、一年内到期的融资租赁负债、长期融资租赁负债都是有息负债。

有息负债可以通过财务费用减少利润,因此企业在降低负债率方面,应当重点减少有息负债,而不是无息负债,这对于利润增长或扭亏为盈具有重大意义。

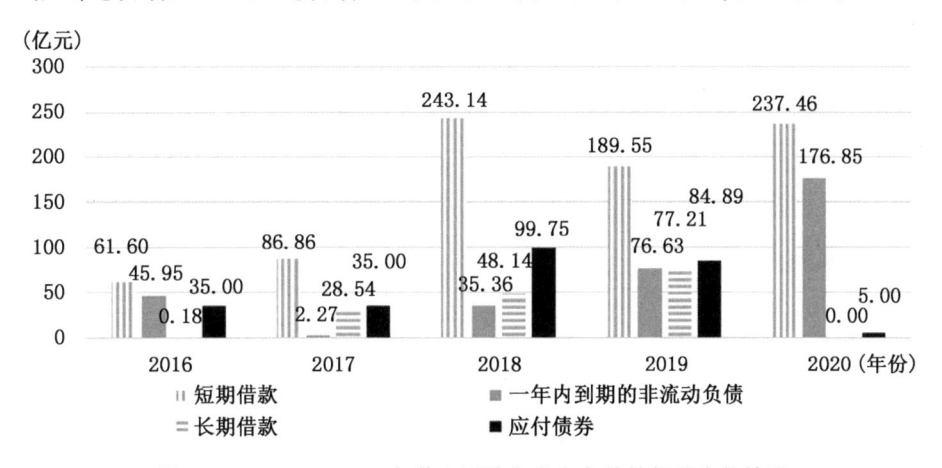

图 7—22 2016—2020 年苏宁易购各有息负债的相关变化情况

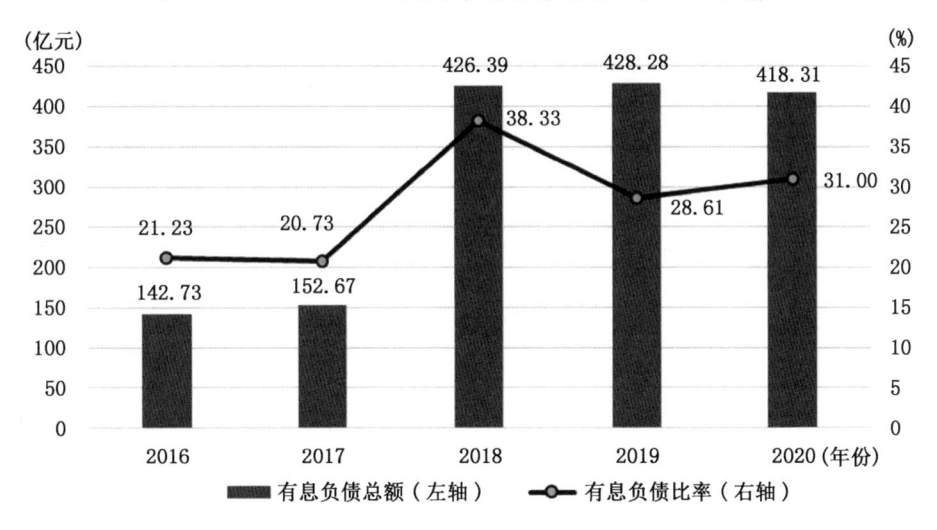

图 7—23 2016—2020 年苏宁易购有息负债总额及其比率的相关变化情况

从图 7—22 和图 7—23 中可以看出,2016—2020 年,苏宁易购的有息负债总额快速增长,其年均复合增长率达到 30.92%,至 2020 年有息负债已经占到总负债的 31%,企业的债务利息负担加重。

(3)资金缺口

我们可以做一个简单的资金缺口测算,大致感受下近几年该企业的资金缺口。计算公式为:资金缺口=(流动负债—经营性负债)—不受限货币资金。

该指标的逻辑在于,用企业的不受限资金与企业的短期债务进行对比,可以暂时将经营性负债剔除,因为供应商的钱可以稍微拖欠一下,但是银行、金融机构的钱是不能拖欠的。

表 7—23　　2016—2020 年苏宁易购资金缺口大致测算　　单位:亿元

科目＼年份	2016	2017	2018	2019	2020
货币资金	272.09	340.30	480.42	339.02	258.88
受限资金	89.53	104.83	178.14	159.82	142.30
流动负债合计	614.55	642.64	936.97	1 212.57	1 246.02
应付票据及应付账款	383.01	404.52	470.71	705.39	520.73
预收款项	16.03	14.92	19.66	71.58	2.87
合同负债	0.00	0.00	0.00	0.00	115.18
资金缺口	32.95	—12.27	144.32	256.40	490.66

(4)总结

通过上述三个指标,我们发现苏宁易购的负债规模从 2018 年开始增长,并且有息负债比率保持在较高位置。2016—2020 年中只有 2017 年不存在资金缺口,并且自 2018 年开始资金缺口逐年扩大,企业的整体负债水平处于上升阶段。

角度 3:短期偿债能力分析

一般来说,短期债务可以通过流动资产偿还,如直接使用现金偿还,或者变卖存货、应收账款等资产变现手段来偿还。

在短期偿债能力分析中,我们经常用到营运资本配置比率、流动比率、速动比率、现金比率、现金流量比率等(此类指标的计算方式参考书后附录 3)。

案例 7-29：苏宁易购短期偿债能力分析

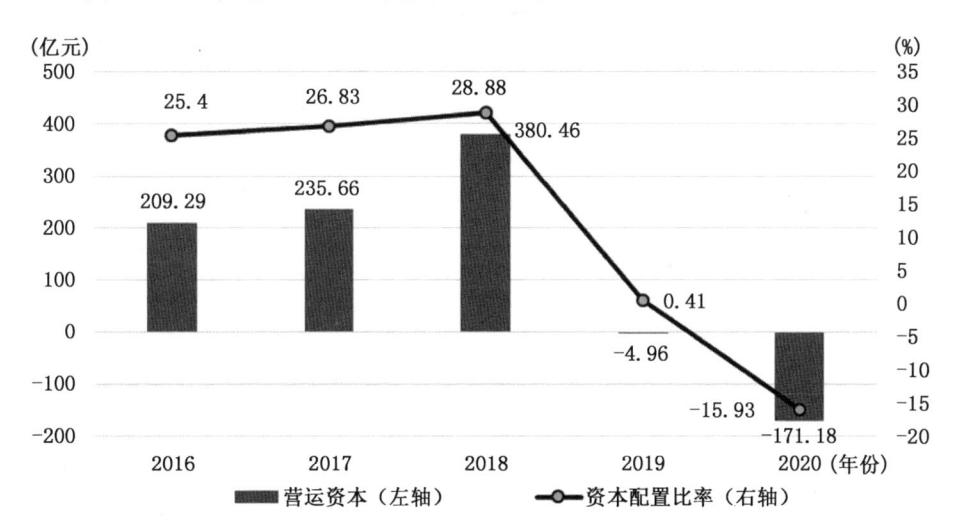

图 7-24　2016—2020 年苏宁易购的营运资本和资本配置比率

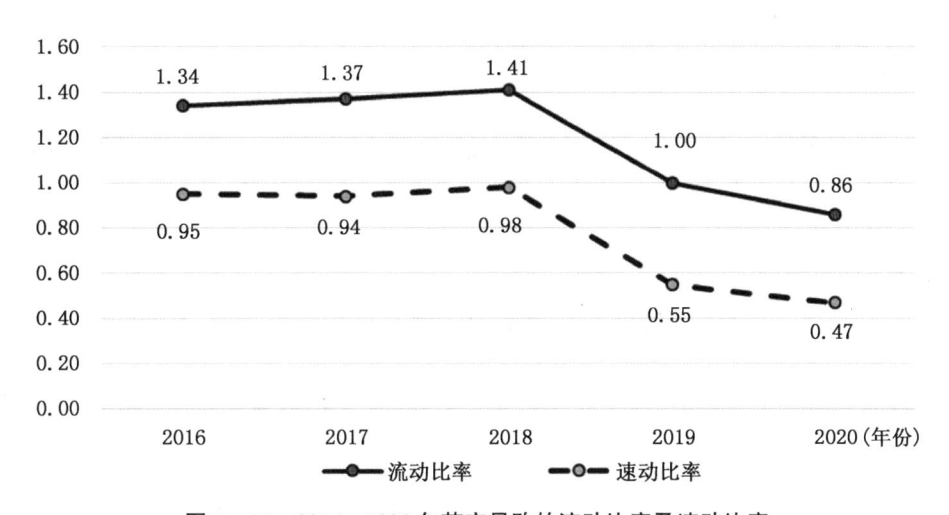

图 7-25　2016—2020 年苏宁易购的流动比率及速动比率

通过图 7-24 和图 7-25 可以发现，从 2019 年开始，苏宁易购的短期偿债能力出现大幅下滑，主要表现为营运资本大幅减少以及流动比率和速动比率小于等于 1，流动资产已经无法覆盖流动负债。对于 2019 年短期偿债能力下降的原因，苏宁易购解释：由于苏宁金服出表的影响，应付保理账款余额转为对外应付账款余额，带来了流动负债增加，相应地导致公司流动比率、速动比率有所下降（上述速动资产中已经减去预付账款）。

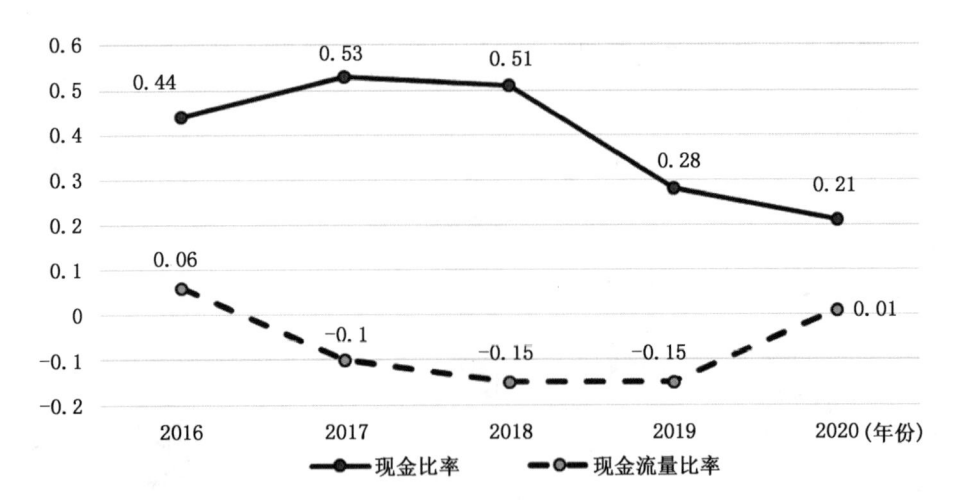

图 7-26　2016—2020 年苏宁易购的现金比率和现金流量比率

总的来说,自 2019 年开始,苏宁易购的营运资本、流动比率、速动比率和现金比率都处于下降趋势,而现金流量比率更是自 2017 年就开始下降,且处于负值状态,说明企业日常经营无法带来现金流入,更不要说通过经营活动产生的现金流进行偿债了。

角度 4:长期偿债能力分析

对于长期债务,通常更多考虑对于债务利息的偿付,毕竟本金的偿付时间大于一年,所以更多关注利息部分。

在长期偿债能力分析中,我们经常用到资产负债率、产权比率、权益乘数、利息保障倍数等(此类指标的计算方式参考书后附录 3)。

案例 7-30:苏宁易购长期偿债能力分析

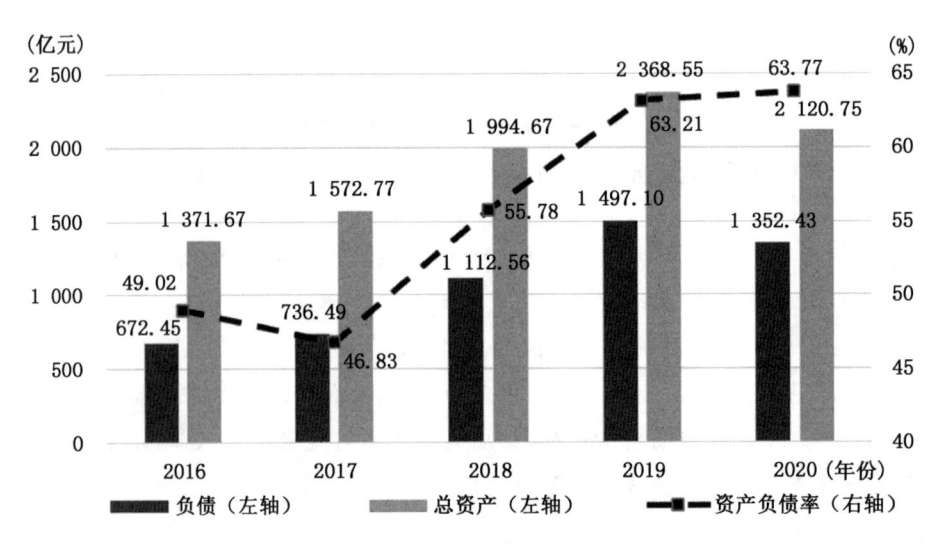

图 7-27　苏宁易购的资产负债率

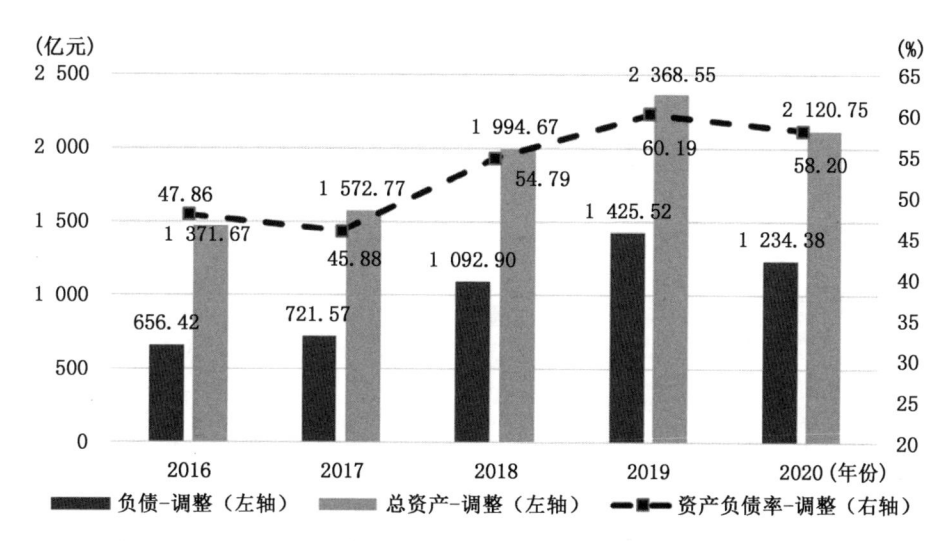

注：苏宁易购的资产负债率（调整）即为去除合同负债、预收账款等属于"友好"型负债后的资产负债率。

图 7－28 苏宁易购的资产负债率（调整）

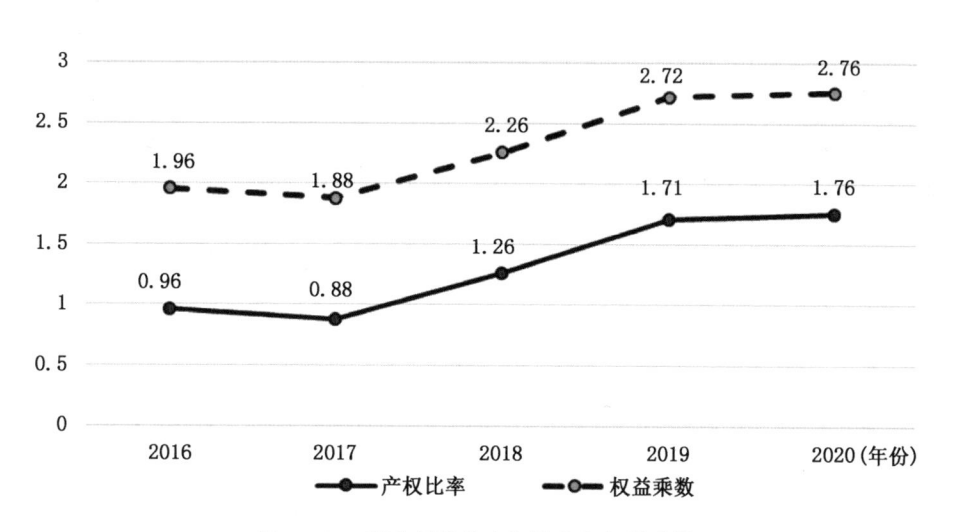

图 7－29 苏宁易购的产权比率和权益乘数

图 7-30　苏宁易购的利息保障倍数

以资产负债率、产权比率和权益乘数为代表的指标反映出苏宁易购自2017年开始企业杠杆率上升,财务泡沫增大。而2020年,苏宁易购的利息保障倍数更是变为负数,企业长期偿债能力下降。

对于企业来说,杠杆在不同经济状态下的作用是不同的。当经济上升时,可以快速扩大企业的规模,抢占更多的市场,获得更高的收入;而在经济下降时,过高的杠杆往往是企业破产的元凶。企业家总有一种错觉,觉得明天的经济资源会更多,而且金融机构"晴天送伞,雨天收伞"的特性又往往会加重企业家的错觉。经济上行下行的转换可能就在一瞬间,留给企业家反应的时间不会很多。

角度5:从负债科目看企业的市场地位

应付账款和预收账款,一个是占用上游供应商的钱,另一个是占用下游经销商或客户的钱,而且都是无息的。

若在其他负债科目没有大变动的前提下,应付账款在负债中的占比提升,可能是企业市场地位改善,获得了供应商们提供的更长信用期,也可能预示着企业未来更好的发展,当然最终还是要结合其他营运指标和舆情信息来判断。

预收账款多,说明企业的市场地位高,在交易中处于强势地位,比如茅台、涪陵榨菜等(当然房地产行业除外,行业特性决定了房地产企业天然有较多的预收款),因为只有紧俏的商品,供应商和消费者才会接受先付款后提货的模式。而且预收账款增多,往往预示着企业未来收入的增长。

总之,企业竞争力强就可以占用他人的资金帮助自己搞建设,同时别人还不能欠你钱;反之,只能贴钱给别人搞无偿支援,同时别人还可以欠你钱。

角度6:一些影响企业偿债能力的表外因素

(1)增强短期偿债能力的表外因素

可动用的银行贷款指标:可以随时借款,增加企业的现金,提高企业的支付能力。

准备很快变现的非流动资产:可以随时出售,但没有在"一年内到期的非流动资产"项目中列示。

偿债能力的声誉:如企业征信报告、债券评级报告中给出的良好评估。

(2)降低短期偿债能力的表外因素

与担保有关的或有负债:若担保金额较大,需要在评价偿债能力时特别关注。

2. 企业负债的异常信号

异常信号1:大存大贷

详见本系列"货币资金科目的分析与识别—异常信号5"有关介绍。

异常信号2:隐藏负债

(1)表外负债

假设甲公司与乙公司共同设立了丙公司,其中甲公司占股20%,乙公司占股80%。后来丙公司向银行贷款1 000万元,理论上,甲、乙公司分别需要为此项贷款承担20%和80%的偿付责任。然而在并表的时候,由于甲公司对丙公司的占股小于50%,则丙公司的资产和负债都不会计入甲公司的合并报表中。

(2)明股实债

明股实债又称名股实债,因其能有效降低财务杠杆、优化合并报表,长期以来是公司重要的融资手段之一。假设甲公司对项目公司经营时引入乙公司,乙公司出资300万元,占项目公司30%的股份。一般情况下:

▶ 若项目公司一年后经营顺利,实现净利润1 000万元,则乙公司按照股份占比,可以分得净利润300万元。但若乙公司是以"甲公司承诺借款300万元,借款期一年,以10%的利息还本付息"的明股实债的方式入股,则乙公司可得收益为30万元(300万元×10%),占项目公司总收益的3%,与乙公司股份占比30%相去甚远。

▷ 若项目公司一年后经营不顺利,仅有净利润50万元,按照乙公司股份占比可获得15万元。但按照明股实债方式依旧可以获得30万元,占项目公司总收益的60%。

总的来说,明股实债即是通过股权投资方式成为公司的少数股东,当项目公司盈利较高时,受限于明股实债合同,少数股东可能以低于其所占股比例收益退出;当项目公司盈利较差时,按照明股实债合同,少数股东可能以高于其所占股比例收益退出。总之,当少数股东收益比例与其持股比例有巨大偏差时,明股实债的可能性就很高。

案例7-31:新城控股

"财报披露,截至2020年底,公司少数股东权益比为38.41%,远高于其收益比7.32%,存在较大规模的'明股实债'迹象。有消息称,新城控股隐匿表外的债务可能超过300亿元,实际净负债率可能超过120%。"(《湖北长江商报》)

表7-24　　　　2020年新城控股少数股东权益相关分析　　　　单位:亿元,%

净资产	对应权益	权益占比	对应利润	收益占比	回报率
归属于母公司所有者权益	505	61.59	152	92.68	30.10
少数股东权益	315	38.41	12	7.32	3.81
合　计	820	100.00	164	100.00	20.00

通过表7-24,我们发现2020年新城控股的少数股东存在异常,收益占比仅有7.32%,与权益占比38.41%相去甚远,显然分配不公。回报率仅有3.81%,更接近于借款利率而非股权回报率。所以,新城控股极有可能存在明股实债的现象。

3. 负债类科目的总结

作为信用风险分析人员,工作的核心内容就是正确评估企业的信用风险,而信用风险源于企业的负债,所以对负债的分析是工作的主要内容。

首先,要明确的是,不是所有负债规模的上升都意味着企业信用风险的上升,需要对负债的性质进行分析。比如,有息负债的上升肯定比无息负债的上升更令人警觉,短期负债的上升肯定比长期负债的上升更令人担忧。

其次,关注企业的隐藏负债情况,若发现企业确有隐藏负债的情况,宁愿错过也不要错付。

最后,关注企业的偿债能力变化,通过长短期偿债能力的比率变化,判断企业信用风险的上升或下降,进行相关工作的安排。

【收入类科目的分析与识别】

1. 营业收入的分析角度

作为信用风险分析人员,最关心企业的现金流状况,但追根溯源,营业收入是利润之母,是企业现金流的源泉。

总体来说,营收好,现金流状况不一定好,但营收不好,现金流状况大概率不会好。信用风险分析人员在分析企业营业收入状况时,主要是要弄清楚三个方面的问题,即企业是干什么的、怎么干的、干得如何。

角度1:主营业务收入和其他业务收入

首先,确定企业营业收入的增长来自哪里,是源于内生增长还是依靠企业并购。通常,营业收入的增长源于内生增长会让人们觉得该企业的经营更加靠谱。因为内生增长来自企业发展、业务份额扩大以及产品竞争力增强,这些都是企业经营状态变好的信号。

其次,营业收入可以分为主营业务收入和其他业务收入。正常情况下,企业的收入肯定以主营业务为主,若其他收入规模异常,则需分析企业是否有合理的解释,如若没有,那么营业收入存在舞弊的可能性较大。

角度2:企业营业收入的增长率分析

连续三年的增长率是很重要的指标,通过该指标可以了解企业的发展情况。根据经验,该指标如果连续三年达到20%左右,可以判断这是一家处于稳定增长期的企业;如果增长率在10%上下,则大概率是一家经营稳定的企业;如果增长率为负值,则要小心一些,需要结合其他指标分析该企业的具体情况。

案例7-32:中集集团收入增长情况

中国国际海运集装箱(集团)股份有限公司成立于1997年,业务以集装箱,道路运输车辆,能源、化工及液态食品装备,海洋工程装备,空港、消防及自动化物流装备的制造和服务为主。

2016—2020年中集集团经营收入波幅较大,2016年受航运业务周期性波动的影响,全球箱量的需求跌至谷底,导致以集装箱制造为主的中集集团当年营业收入较上一年下降10%以上。2017年,全球贸易带动航运市场复苏,集装箱同时进入更新周期,中集集团当年营收增长幅度达50%。2018年继续保持高速增长,增幅依然有20%。2019年,受新冠疫情及国际贸易争端影响,营收有大幅下滑。2020年受益于我国疫情的快速控制,国内完备的产业链、供应链、

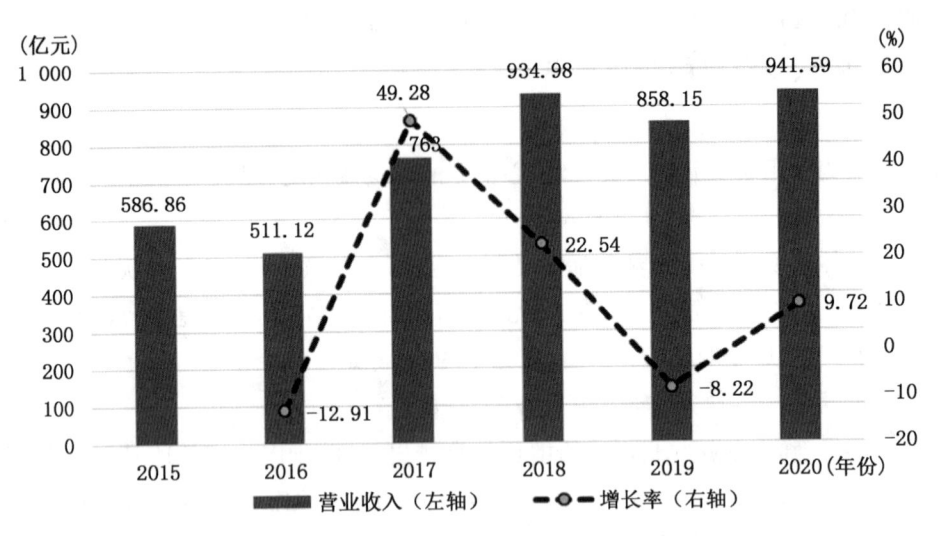

图 7-31　2015—2020 年中集集团营业收入与增长率

产能的迅速修复以及欧美国家经济刺激政策,使得海外相关需求上升,该企业营业收入得到较大增长。预计未来几年,该企业的整体业务保持向上发展,增长幅度预计在 10% 左右。

角度 3:企业营业收入的产品结构分析

分析企业的营业收入主要是靠什么拉动的。大多数企业为达到分散风险及实现利润最大化的目的,一般会选择多品种产品和服务的供给,相关可参考因素如下:

(1)产品服务占比;

(2)产品竞争优势;

(3)决定产品服务收入的因素;

(4)原材料变化情况。

案例 7-33:中集集团业务分布情况

▶ 产品服务占比说明

中集集团是全球领先的物流和能源行业设备及解决方案供应商。企业的核心业务包括集装箱,道路运输车辆,能源、化工及液态食品装备,此三类业务收入占营业收入的 65%—75%。

表7—25　　　　　2018—2020年中集集团产品营收占比情况

项　目	收入（亿元）			占比（%）		
	2018年	2019年	2020年	2018年	2019年	2020年
集装箱	315	202	222	34	23	24
道路运输车辆	244	233	265	26	27	28
能源、化工及液态食品装备	142	151	133	15	18	14
海洋工程装备	24	45	54	3	5	6
空港、消防及自动化物流装备	47	60	61	5	7	6
重型卡车	25	25	17	3	3	2
物流服务	86	92	106	9	11	11
产城	29	14	22	3	2	2
循环载具业务	0	0	30	0	0	3
金融及资产管理	21	22	22	2	3	2
其他	42	43	40	4	5	4
合并抵消	—40	—29	—30	—4	—3	—3
营业总收入	935	858	942	100	100	100

▶ 核心业务优势分析

集装箱制造业务作为中集集团的传统业务，产品主要包括标准干货箱、标准冷藏箱和特种箱。中集集团是全球最大的集装箱制造商，集装箱产销量常年保持世界第一，具有年产超过200万TEU的集装箱生产能力，规模优势显著，在集装箱市场具有极为重要的市场地位，或者说具有一定的定价权。同时，中集集团在集装箱制造领域拥有较强的技术研发能力，具有迅速满足市场需求的能力。2020年为适应市场需求，成功研发"疫苗三栖储运方舱"，成为首批新冠疫苗运输重点企业。

表7—26　　　　　2020年全球主要集装箱制造公司市场份额

公司名称	所在地	市场份额
中集集团	中国	约50%
中远海发	中国香港	约20%
新华昌	中国	约10%
上海寰宇	中国	约15%

从集装箱的原材料来看,其主要包括钢材、木地板和油漆。其中,钢材成本占比超过50%,2020年由于受疫情影响导致钢材下游行业停工停产,钢材价格整体走弱,但随着国内疫情得到有效控制,下游行业复工复产,需求提升,钢材价格稳步上升,集装箱制造成本进一步上升。同时,随着近年来环保要求的提高,对水性油漆和环保地板等环保材料应用的增加,使中集集团的集装箱成本控制能力不断增加。此外,集装箱行业是规模效应较为突出的行业,集装箱毛利率与集装箱规模呈现正向关系。

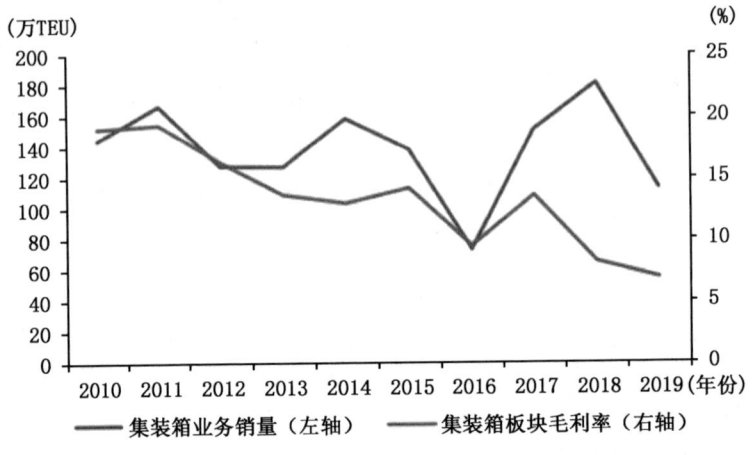

图7—32 2010—2019年中集集团集装箱毛利率与箱量走势关系

集装箱规模容易受到宏观经济趋势、国际贸易需求及海运业景气度的影响,2019年,企业的集装箱制造受中美贸易摩擦及新冠疫情影响,该板块收入较上年下降36.06%,导致当年营收同比减少8.22%。但随着全球经济呈加速复苏态势,国际贸易维持高景气度,集装箱业务在近1—2年内应该会保持稳定。

总体来说,中集集团营业收入主要与宏观经济趋势、国际贸易需求和国际物流需求相关。通过对其下属产品及服务的分析,该企业未来几年营业收入大概率会处于提升状态。

角度4:企业营业收入的客户分析

企业营业收入可以按照客户及地区进行分类分析,营业收入与客户的关系比营业收入与地区的关系更近一层,其可考虑因素如下:

(1)客户集中度。比如前五大客户销售额的占比(一般而言,客户越分散,所代表的产品市场化程度越高,企业整体应收账款质量越好)。

(2)企业议价能力。企业市场地位的体现。

(3)客户关联关系。具有关联关系的客户增多,营业收入的可靠性降低。

(4)客户环境变化。影响下游客户的信用状况。

案例 7-34:中集集团客户分布情况

▶ 客户集中度

表 7-27　　　　2016-2020 年中集集团前五大客户的销售情况

年份 科目	2016	2017	2018	2019	2020
销售金额(亿元)	45.32	124.9	134.82	54.85	104.61
金额占比(%)	8.87	16.37	14.42	6.39	11.11

从表 7-27 中我们可以看出,前五大客户销售额占比在 6%-17%,占比不算高,中集集团的客户集中度较低,受大客户的影响程度较低。

▶ 议价能力与客户关系

目前全球九成以上的集装箱由中国制造,而中集集团又是我国第一大集装箱制造企业,占据了全世界一半的市场份额。从其客户的构成来看,集装箱运输公司和集装箱租赁公司是中集集团最主要的客户类型。运输公司客户有马士基、地中海航运、中远海运、法国达飞轮船、长荣海运等,租箱公司客户主要有 Triton、Textainer、Floren、SeaCo、SeaClub 等。

上述客户均为相关行业中的头部企业,比如马士基公司是世界 500 强企业,拥有集装箱船、油轮、散货船、供给船和钻探平台共 200 多艘(个),运力达到 1 000 万吨;地中海航运有 560 艘运输船舶,拥有覆盖 200 条航运线路的 500 个港口,每年运送约 2 100 万标准箱等。所以中集集团的客户整体信用质量较高,随着疫情影响的降低,海运和集装箱租赁业的发展可能会进一步向上。

同时,由于中集集团掌控了近 50% 的集装箱产能,在与客户交易中,无疑掌握了更多的定价话语权。

角度 5:企业营业收入的区域结构分析

企业营业收入按照区域分类,分析业务区域结构有助于我们了解营业收入的成长空间和稳定性,相关可考虑因素如下:

(1)区域集中度;

(2)经营区消费者偏好和消费习惯趋势变化;

(3)经营区现有经济总量和未来发展空间;

(4)经营区经济结构以及结构变化趋势;

(5)经营区政治经济环境变化,如主政者的变化、经济政策的变化等。

案例 7-35:中集集团客户地区分布情况

表 7-28　　　2016—2020 年中集集团业务收入区域分布情况　　　单位:%

区域＼年份	2016	2017	2018	2019	2020
中国	46.1	42.95	47.66	52.81	60.25
美洲	19.01	24.22	25.03	16.79	18.86
欧洲	15.79	23.63	18.65	17.35	15.24
亚洲(中国以外)	14.22	7.09	6.99	10.78	3.87
其他	4.88	2.11	1.67	2.27	1.78

通过表 7-28 统计,近几年来,中集集团来自中国的业务收入增长迅速,来自美洲和欧洲的业务占比较为稳定,而来自亚洲(中国以外)地区的收入下降最快。究其原因,得益于近几年来中国经济的快速发展。其中 2017 年,全球经济增速提升,国际贸易和工业生产恢复增长,增幅达 3.8%,同年中国国内生产总值增速达到了 6.9%。

根据中集集团 2017 年财务报告所述:"报告期内,本集团道路运输车辆业务继续实现全面增长,全年累计销售 16.30 万台(套)[2016 年:12.31 万台(套)],同比增长 32.41%;实现销售收入为人民币 195.21 亿元(2016 年:人民币 146.95 亿元),同比增长 32.84%;实现净利润为人民币 10.18 亿元(2016 年:人民币 7.67 亿元),同比增长 32.72%。收入和净利润的增长主要得益于中国市场的良好业绩。"

角度 6:营业收入的质量

从信用风险分析的角度出发,营业收入分析不是我们分析的终点,因为一般条件下债务都是通过现金来偿还的,所以我们还需要关注营业收入的含金量。经营活动产生的现金流入与营业收入的比值就是考察营业收入含金量的一个比较好的指标。

收现比=销售商品、提供劳务收到的现金/营业收入

若此指标长期大于 1,则说明企业大部分营业收入均是以现金形式回收。

此外，当期销售商品、提供劳务收到的现金≈当期营业收入×1.13＋应收账款和票据（期初额－期末额）＋预收账款（期末额－期初额）。

理想的情况下，这个指标会大于1，因为企业卖出的商品都能及时收到现金，并且由于有增值税的原因，企业卖出商品收到的现金会比收入多。企业卖出商品收到的现金越多，说明企业产品的竞争力较强；反之，如果收现比越低，企业产品的竞争力相对越差。

案例 7－36：中集集团营业收入的质量分析

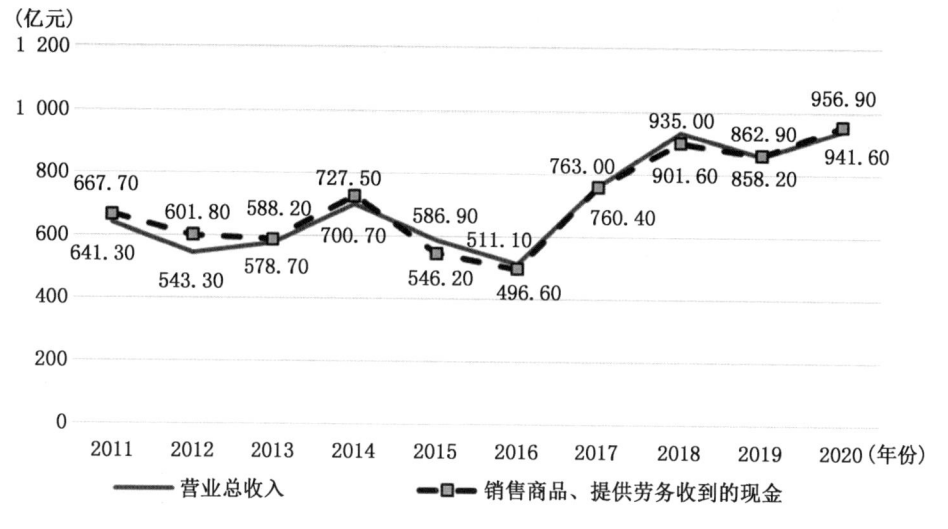

图 7－33　中集集团收到的现金与营业收入对比

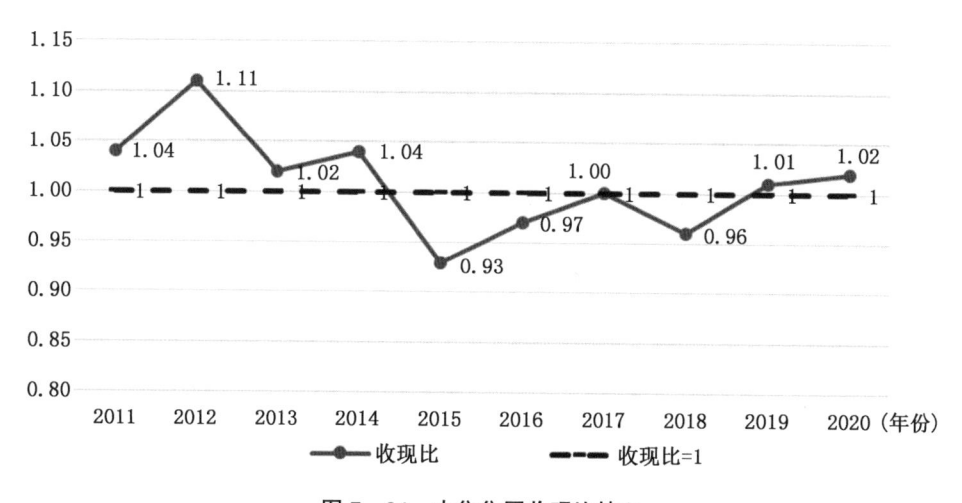

图 7－34　中集集团收现比情况

2011—2020年,中集集团销售商品、提供劳务收到的现金与营业收入基本一致,反映出该企业营业收入质量较高。

2. 营业收入的异常信号

异常信号1:销售商品、提供劳务收到的现金/营业收入长期小于1

如果一家企业经营活动产生的现金流入与营业收入的比值长期小于1,那么就要注意这家企业可能会存在产品竞争力不强、营业收入美化甚至造假的情况。

案例7-37:乐视网收现比分析

2021年3月26日,证监会终于公布了对贾跃亭的处罚。据《行政处罚决定书》〔2021〕16号显示,乐视网在2007—2016年财务造假,其间乐视网报送、披露的IPO文件及2010—2016年年报存在虚假记载。经查,乐视网在这期间虚增收入18.72亿元,虚增利润17.37亿元。

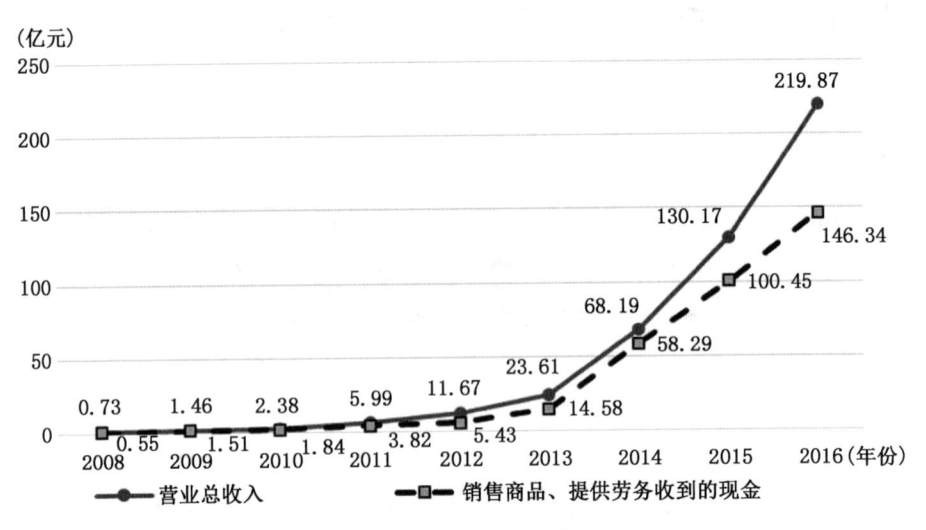

图7-35 乐视网收到的现金与营业收入对比

乐视网主要是通过贾跃亭实际控制的公司虚构业务,虚构与第三方公司业务,并通过贾跃亭控制的银行账户构建虚假资金循环的方式虚增业绩。在与客户真实业务往来中,通过冒充回款等方式虚增业绩。

图 7-36 乐视网收现比情况

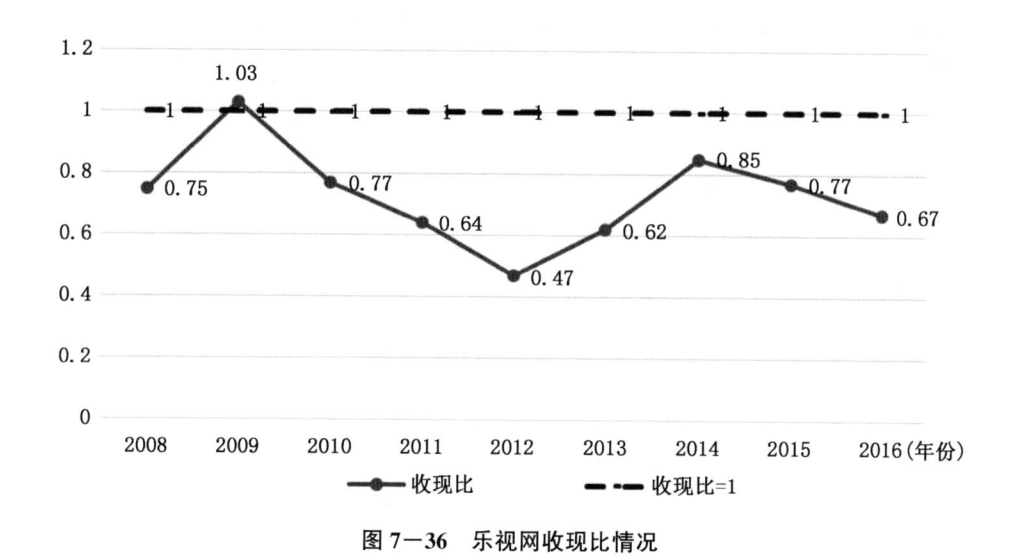

异常信号 2：关联交易巨大

法律并没有禁止公司与关联方进行交易，但如果关联方被居心叵测的大股东或实际控制人利用，那就是个大麻烦。关联交易，简而言之就是和自己人做生意，其最大好处是扭曲企业产品的市场供求关系和价格机制，虚增收入，从而掩盖企业造血能力的不足。

案例 7-38：乐视网关联交易

表 7-29　　　2016 年乐视网前五大关联客户的收入情况

关联客户名称	关联交易内容	销售金额（亿元）	占比（％）
乐帕营销服务（北京）有限公司	销售货物、销售会员	70.86	32.28
乐视智能终端科技有限公司	销售会员	21.65	9.86
乐视移动智能信息技术（北京）有限公司	销售货物、销售会员、广告、技术使用费	15.93	7.26
乐视体育文化产业发展（北京）有限公司	广告、技术服务收入	3.28	1.5
乐视控股（北京）有限公司	销售货物、CDN 服务	2.63	1.2
合　计		114.35	52.1

2016 年乐视网年报披露的前五大关联客户的收入已经超过其当年营业收入的 50％。

表7—30　　　　2016年乐视网前五大关联客户2017年坏账计提情况

关联客户名称	2017年末应收账款余额（亿元）	2017年计提坏账金额（亿元）	2017年末计提坏账金额占比（%）
乐帕营销服务(北京)有限公司	25.93	13.02	50.21
乐视智能终端科技有限公司	2	1.6	80.00
乐视移动智能信息技术(北京)有限公司	9.37	7.83	83.56
乐视体育文化产业发展(北京)有限公司	1.58	0.36	22.78
乐视控股(北京)有限公司	0.3	0.04	13.33
合计	39.18	22.85	58.32

乐视网前五大关联客户在2016年还产生了100多亿元的相关收入，但是到了2017年其应收账款就已经计提了超过50%的坏账，简直就是直接告诉我们相关收入有鬼。

像乐视网这样直接告诉我们关联交易如此巨大的企业毕竟是少数，更多时候企业会选择隐瞒关联交易。这个时候我们只能尽可能通过征信查询，寻找蛛丝马迹。

案例7－39：神雾环保关联交易

2017年，财经人士叶檀发表了《神雾集团：对不起贾布斯，我用你的套路实现了你的梦想》一文，指出神雾环保、神雾节能存在通过关联公司进行交易的财务造假行为。其中，叶女士在文中指出神雾环保在2016年年报中隐瞒了关联交易。

表7—31　　　　　　　神雾环保2016年前五大客户

序号	客户名称	销售额(万元)	占比(%)
1	乌海神雾煤化科技有限公司	128 690	41.18
2	新疆胜沃能源开发有限公司	103 577	33.14
3	内蒙古港原化工有限公司	34 616	11.08
4	新疆博力拓矿业有限责任公司	14 859	4.75
5	包头博发稀有新能源科技有限公司	13 208	4.23
合计	—	294 950	94.38

通过现代征信查询手段,发现 2016 年神雾环保的前两大客户乌海神雾煤化科技有限公司和新疆胜沃能源开发有限公司均为神雾集团的关联企业,其中乌海神雾煤化科技有限公司是神雾集团的子公司,新疆胜沃能源开发有限公司与北京禾工新兴能源科技有限公司(神雾集团的子公司)参股了新疆锦龙神雾能源开发有限公司。因此,2016 年神雾环保其实有近 75%的营业收入是关联企业贡献的。

此外,2016 年神雾环保营业收入达 31.25 亿元,而销售商品、提供劳务收到的现金却只有 24.85 亿元。而且,2017 年神雾环保坏账损失为 1.79 亿元,2018 年为 6.74 亿元,对于应收账款第二年被进行大额减提的套路是不是与乐视网很像?2019 年,神雾环保收到北京证监局的《行政监管措施决定书》,直指神雾环保在 2017 年存在虚增货币资金的情形,那为什么要虚增货币资金呢?答案显而易见。

关联交易可以有,但是大额关联交易,销售商品、提供劳务收到的现金远小于营业收入,而且第二年应收账款开始大额减提,就很可能是通过关联交易虚增收入。

异常信号 3:收入虚增导致的毛利率过高

企业财务舞弊主要是为了提高利润,一般通过收入的虚增和成本的虚减实现,这两种方式都可能造成毛利率的虚高。在这里我们先讨论收入的虚增,一家企业如果产品竞争能力不太强或者一般,却拥有远超行业平均水平的毛利润,那么该企业营业收入造假的可能性大大提高。

案例 7-40:万福生科

万福生科(湖南)农业开发股份有限公司(股票代码 300268)成立于 2003 年,2011 年在深圳证券交易所挂牌上市。公司是一家集粮食收储、大米和油脂加工、大米淀粉糖和蛋白粉系列产品生产销售与科研开发为一体的高新技术企业。

那么,万福生科的收入显示出哪些异常信号呢?可以对比万福生科和同业企业金健米业(两者经营地点相同,同在湖南省常德市,且主营业务都是对稻米精深加工)的收入相关数据,如表 7-32 所示。

表 7—32　　　　　　　万福生科和金健米业指标对比　　　　　　单位：%

名称	指标	2008年	2009年	2010年	2011年	2012年
万福生科	收入增长率	—	43.55	32.33	27.60	−47.67
	销售毛利率	22.78	24.66	23.93	21.21	14.41
金健米业	收入增长率	—	2.27	1.99	13.86	3.23
	销售毛利率	11.82	16.53	15.89	10.62	13.49

可以看出，处在同一行业、同一城市的两家企业，万福生科在2008—2012年毛利率几乎是金健米业的2倍。

2012年8月，湖南证监局对万福生科进行调查，至2013年调查结果显示：万福生科涉嫌欺诈发行股票和违法信息披露。万福生科上市前2008—2010年分别累计虚增销售收入约4.6亿元，虚增营业利润约1.12亿元。上市后披露的2011年年报和2012年半年报累计虚增销售收入4.45亿元，虚增营业利润1亿元。

当我们遇到这种毛利率和营业收入增长率与同业企业和行业背景相差太大的情况时，需要提高警惕。

异常信号4：营业收入增幅与应收账款增幅异常

详见本系列"应收账款科目的分析与识别—异常信号2"有关介绍。

3. 收入类科目的总结

作为信用风险分析人员，我们总是要判断企业的造血能力，首先判断企业营业收入的真假，关注是否同时存在存货大幅上升、毛利率畸高、应收账款增长幅度高于营业收入、企业的客户或供应商是"大豪客"或者有"七舅姥爷的三外甥女"的关联关系以及多年收现比小于1的情形，这些都是"有内鬼，终止交易"的信号。

其次，在确定了企业营业收入的真实情况后，通过上述方法大致判断企业营业收入在未来可预见时间内的发展情况，再选择与之合作的程度。

【成本费用类科目的分析与识别】

1. 营业成本与费用的分析角度

角度1：成本与原材料分析

通过主营业务成本和原材料分析，可以大致分析出影响企业产品成本的因素有哪些，进而在相关因素变动下，可以提前预判对企业营业收入的影响。

案例 7-41：东鹏饮料

该公司主要以能量饮料"东鹏特饮"为核心产品，"东鹏特饮"是公司最主要的收入来源。

从表 7-33 中可以看出，直接材料占到东鹏饮料主营业务成本的 85% 左右。

表 7-33　　2018—2020 年东鹏饮料主营业务成本构成　　单位：万元,%

项目类别	2018 年 金额	占比	2019 年 金额	占比	2020 年 金额	占比
直接材料	136 274.09	83.18	187 290.11	83.77	223 527.75	84.63
直接人工	6 687.83	4.08	7 275.19	3.25	6 698.35	2.54
制造费用	20 859.11	12.73	29 024.61	12.98	33 911.05	12.84
合　计	163 821.03	100.00	223 589.91	100.00	264 137.15	100.00

表 7-34　　2018—2020 年东鹏饮料原材料采购　　单位：万元,%

项目	2018 年 采购金额	比例	2019 年 采购金额	比例	2020 年 采购金额	比例
白砂糖	29 064.08	21.63	49 901.03	25.07	70 386.19	30.81
瓶坯	33 704.59	25.08	41 495.64	20.85	43 267.93	18.94
纸箱	12 908.27	9.60	16 075.87	8.08	17 619.73	7.71
香精	8 306.31	6.18	14 503.37	7.29	18 072.06	7.91
外帽	10 477.24	7.80	13 890.97	6.98	14 889.63	6.52
瓶盖	9 560.76	7.11	11 309.71	5.68	11 965.46	5.24
合计	104 021.25	77.40	147 176.59	73.95	176 201.00	77.14

表 7-35　　2018—2020 年东鹏饮料原材料明细（存量）　　单位：万元,%

项目	2018 年 采购金额	比例	2019 年 采购金额	比例	2020 年 采购金额	比例
白砂糖	1 028.17	17.14	2 661.57	27.68	2 270.34	23.70
香精	796.22	13.27	1 229.24	12.78	1 592.47	16.62
余甘子	57.49	0.96	701.56	7.30	714.86	7.46

续表

项 目	2018 年 采购金额	比例	2019 年 采购金额	比例	2020 年 采购金额	比例
瓶坯	533.16	8.87	652.61	6.79	417.68	4.36
咖啡因	325.70	5.43	369.10	3.84	705.82	7.37
金罐	415.71	6.93	434.30	4.52	277.25	2.89
茶粉	15.42	0.26	144.17	1.50	288.15	3.01
纸基	353.61	5.90	413.32	4.30	282.97	2.95
纸箱	361.36	6.02	365.00	3.80	367.26	3.83
陈皮	491.71	8.20	370.64	3.85	212.21	2.21
铝盖	224.68	3.75	374.79	3.90	421.11	4.40
其他	1 394.89	23.27	1 898.77	19.74	2 030.64	21.19
合计	5 998.12	100.00	9 615.07	100.00	9 580.76	100.00

东鹏饮料主营业务成本中直接材料占比约在85%,直接人工和制造费用短期内波动不会过于剧烈。但直接材料可能会因为原材料价格的波动而起伏巨大,通过分析表7—34和表7—35,发现该公司产品成本中白砂糖的消耗量基本与购买量持平,推测其他原材料消耗也与购买量基本一致,故瓶坯、纸箱、外帽、瓶盖等包装材料合计占比约有40%,香精占比8%左右,其他材料如金罐、咖啡因等约占20%。

我们进一步推测,如果将金罐算入包装材料,则东鹏饮料产品的原材料成本构成大致为:外包装45%、白砂糖30%、香精10%、咖啡因等15%。可以得到外包装和白砂糖才是东鹏饮料产品成本的大头,而原油价格决定了外包装中瓶坯、外帽、瓶盖等塑料制品的成本。找出和发现影响产品成本的主要因素,有利于判断企业产品未来的成本变化,为估计企业未来的盈利能力打下基础。

角度2:毛利率分析

毛利率是由营业收入和营业成本共同决定的,一般来说,企业产品的附加值越高,它的毛利率就越高。那附加值是什么呢?可能是药品的疗效(如各类抗癌药物),可能是商品的品牌效应(如喝茅台就是有面子),可能是技术垄断(如微软对于操作系统的垄断),所以,毛利率一定程度上反映了企业的实力和产品的竞争力。

(1)行业与毛利率

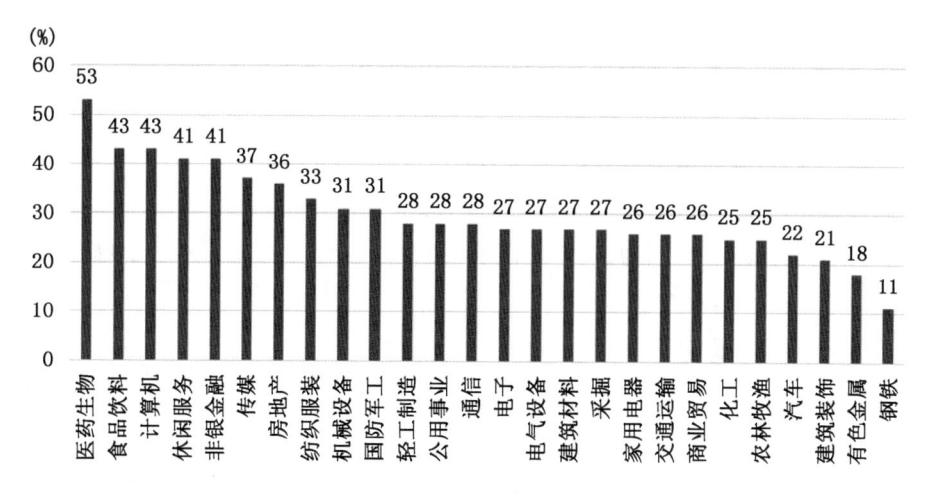

图 7-37 2019 年行业毛利率统计

我们知道不同行业的毛利率是不同的,如图 7-37 所示,毛利率最高的三个行业分别是医药生物、食品饮料和计算机,较低的三个行业分别是建筑装饰、有色金属和钢铁。从其产品来看,医药生物、食品饮料和计算机行业中产品的差异性较大,有专利或技术门槛,都具有各自独特的消费群体,产品附加值较高;而建筑装饰、有色金属和钢铁行业中产品的差异性较小,除去小部分特殊产品(如特殊钢材),行业主要产品专利或技术门槛较低,产品同质性较高,附加值较低,所以毛利率较低。

当某一行业处于成长期时,产品供不应求,企业对于产品技术的改进动力不足,却拥有提价的冲动,于是毛利率就有可能提高;相反,当行业进入成熟期时,产能平衡或产能过剩,则企业会选择降价促销,毛利率自然会下降。

(2)毛利率与存货的关系

详见本系列"存货科目的分析与识别—角度 4"有关介绍。

角度 3:期间费用合理性判断

期间费用与营业收入的比率主要用于衡量期间费用是否合理。比如,正常情况下,管理费用占到营业收入的 10%,突然今年上升到 20%,如果没有合理的解释,这就是一个很异常的现象。此外,工资、餐费、广告费等项目的明细都可以通过与营业收入对比,观察近 3—5 年的数据是否正常。当然,这种方法也有一定的局限性,比如财务费用就不一定适用。

此外，还可以观察此类费用的支出是否符合企业的战略方向和经营计划。比如，差旅费大幅增长，可能是企业计划拓宽异地市场所致；企业财务费用大幅提升，就看企业是否有增加债务融资的行为或计划。

2. 营业成本与费用的异常信号

异常信号：虚减成本导致的毛利率异常

大部分财务舞弊的目的是虚增利润，之前我们讲过，虚增收入可能导致企业毛利率异常，现在我们通过"辉山乳业"和"抚顺特钢"的案例来了解虚减营业成本导致毛利率异常的情形。

案例 7-42：辉山乳业

辉山乳业因为被浑水公司做空而被人们熟知，而浑水盯上辉山乳业也是因为其远高于同行业的毛利率，其毛利率几乎是同行的2倍。辉山乳业声称其通过自行生产苜蓿草，降低奶牛养殖（奶牛养殖业的主要开销是饲料，而苜蓿草就是奶牛的主要饲料）的饲料成本（苜蓿草成本从400美元/吨降低至92美元/吨），营业成本下降，毛利率也就上升了。

表7-36　　　　　2013—2016年各乳业公司毛利率统计　　　　　单位：%

公司名称＼年度	2013	2014	2015	2016
中国辉山乳业控股有限公司	64.4	68.3	61.9	61.9
北京三元食品股份有限公司	21.3	22.8	29.9	30.9
雅士利国际集团有限公司	53.5	51.1	50.8	50.7
内蒙古蒙牛乳业(集团)股份有限公司	27	30.3	31.3	32.2
内蒙古伊利实业集团股份有限公司	28.7	33.1	36.4	38.4
光明乳业股份有限公司	34.7	33.7	36.1	39.4

但是，浑水公司通过多渠道的调查后，发现辉山乳业的苜蓿草实则大部分是通过海外和黑龙江的第三方采购的。辉山乳业自身的苜蓿草产量理论上是无法满足企业生产需求的，故而推断辉山乳业毛利率高于同行的原因解释是无法成立的。

案例 7-43：抚顺特钢

在案例 7-27 中，提到该企业存在存货与在建工程、固定资产异常联动是财务异常的一个信号，现在来看一下抚顺特钢的另一个异常信号：远超同行业的企业毛利率。

从表7—37中我们可以看出,在2010—2015年抚顺特钢的毛利率均保持上涨态势,并且毛利率超过同业企业较多。如此高的毛利率与其财务报表中提及的2014年特殊钢行业产能过剩以及钢铁行业供给侧改革的行业状况无疑是有矛盾的。

表7—37　　　　2010—2016年抚顺特钢及相关企业的毛利率对比　　　　单位:%

年度 公司名称	2010	2011	2012	2013	2014	2015	2016
抚顺特钢	7.70	11.84	12.45	12.94	17.80	22.30	21.15
宝钢股份	10.84	6.74	6.02	9.46	9.90	8.86	16.82
太钢不锈	8.88	8.57	7.43	6.34	7.79	4.47	14.63
中信特钢	10.68	8.51	8.85	9.98	11.14	12.01	13.16
行业均值	10.21	8.28	8.04	9.27	10.70	11.14	15.19

同时,2010—2016年,抚顺特钢在保持高毛利率的情况下,营业收入较为稳定。从企业经营角度来看,在行业整体发展处于激烈竞争和企业自身固定资产大幅提高(固定资产扩大,一般意味着产能提高)的背景下,抚顺特钢并未将高毛利进一步转变为营业收入的增长,这一点与一般企业经营逻辑也是矛盾的。

表7—38　　　　2010—2016年抚顺特钢营业收入与毛利率情况

年度 科目	2010	2011	2012	2013	2014	2015	2016
营业收入(亿元)	52.82	54.18	49.12	54.6	54.53	45.58	46.78
毛利率(%)	7.70	11.84	12.45	12.94	17.80	22.30	21.15

那么,抚顺特钢的高毛利率来自哪里呢?虚减成本。根据证监会后来披露,该公司虚减成本如表7—39所示。

表7—39　　　　2010—2017年抚顺特钢少结转成本情况

年度	2010	2011	2012	2013	2014	2015	2016	2017
少结转成本 (亿元)	0.71	4.87	5.6	1.84	1.85	1.63	1.86	1.51

在2010—2017年间,抚顺特钢为了增加利润,虚减成本19亿元,根据"资产＝负债＋所有者权益"这个会计恒等式,所有者权益一项凭空多出19亿元,就会造成等式不平,于是抚顺特钢在资产项同时虚增19亿元(舞弊方法查看案例7-27)使报表金额达到平衡,而在此案例中这一做法所导致的结果就是企业毛利率异常以及存货与固定资产、在建工程异常联动。

3. 成本费用类科目的总结

通过分析企业的营业成本、期间费用及毛利率,有助于我们更好地了解企业的运营状态和竞争优势。

成本分析主要是通过分析企业原材料占比情况、毛利率情况等,判断企业的竞争优势和竞争地位,判断企业的市场优势。通过对公司期间费用占比的分析,推测企业所处的发展阶段和投入情况,为预测企业未来发展提供支持。

【现金流的分析与识别】

1. 企业现金流的分析角度

角度1:经营活动产生的现金流与信用风险

(1)分析思路

分析近几年企业经营活动现金流的发展状态,并尝试分析其中的原因,可以关注销售与原材料及存货的变化情况,因为这些变化背后隐藏了企业的真实经营状况,如行业地位的改变、经营策略的改变,同时也可以为我们预测企业未来现金流的变化提供依据。

(2)影响经营活动现金流可持续性的因素

可持续性,就是指经营活动现金流要么保持现有规模,要么在现有规模上保持一定的持续增长。长期来看,盈利是现金流的主要来源,因此,对盈利产生影响的因素对经营活动现金流都会产生影响,这样经营活动现金流分析可以通过盈利分析来代替。但在短期内,企业应收账款和应付账款的管理策略对企业的经营活动现金流也会产生较大的影响。

$$经营性净现金流增长率 = \frac{本年经营性净现金流 - 上年经营性净现金流}{上年经营性净现金流}$$

该比率是反映经营活动现金流可持续性的主要指标,如果该比率近三年平均增长率大于0,基本上可以说明企业的经营活动现金流具有可持续性。

(3)状态指标

➢ 经营活动现金流量净额:最好的情况就是持续的现金流入,糟糕的情形就是持续的现金流出。持续的现金流出会导致企业的日常经营结果无法支撑正常的经营活动,只能通过不断地筹措资金来维持生产和运营。

▷ 销售商品、提供劳务收到的现金与购买商品、接受劳务付出的现金之比:该比值可以反映企业的竞争力,如果企业在收入端收到的钱多,而在成本端支出的钱少,那么企业在产业链中可能处于较为强势的地位。该指标是正向指标,指标越高,说明企业在经营方面现金获取能力越强。

▷ 收现比:收现比=销售商品、提供劳务收到的现金/营业收入。

▷ 净现比:净现比=经营活动现金净流量/净利润(又称现金净利润),表示1元的利润带来了多少元的现金,比例越高越好。因为经营活动产生的现金流不包含折旧和摊销,所以如果经营活动都以现金结算,经营活动现金流净额肯定大于等于净利润。我们知道,持续的非现金净利润可能会很快耗尽企业的现金储备,不少盈利而破产的企业就是"死"于这个原因。

当一家企业的经营活动现金流量净额越大,存货周转速度越快,净利润的含金量越高,企业的财务基础就越稳固。

案例7-44:苏宁易购经营活动现金流分析

表7-40　　　2016—2020年苏宁易购经营活动产生的现金流量　　　单位:亿元

科目＼年份	2016	2017	2018	2019	2020
销售商品、提供劳务收到的现金	1 736	2 194	2 831	2 968	3 038
收到的税费与返还	—	—	—	—	—
收到其他与经营活动有关的现金	37	22	33	37	30
经营活动现金流入小计	1 773	2 216	2 864	3 005	3 068
购买商品、接受劳务支付的现金	1 498	1 996	2 600	2 714	2 708
支付给职工以及为职工支付的现金	63	79	117	168	121
支付的各项税费	36	40	45	59	42
支付其他与经营活动有关的现金	138	167	241	243	213
经营活动现金流出小计	1 735	2 282	3 003	3 184	3 084
经营活动产生的现金流量净额	38	−66	−139	−179	−16

表7—41　　2016—2020年苏宁易购经营活动产生的现金流相关指标

科目＼年份	2016	2017	2018	2019	2020
收现比	1.17	1.17	1.16	1.1	1.2
净现比	7.79	-1.63	-1.1	-1.92	7.79
销售商品、提供劳务收到的现金/购买商品、接受劳务付出的现金	1.16	1.1	1.09	1.09	1.12
销售毛利率(%)	14.36	14.10	15.00	14.53	10.99
存货周转天数(天)	40.17	36.73	35.28	38.36	40.9
应收账款周转天数(天)	2.19	3.35	5.73	8.43	10.62

根据表7—40和表7—41,我们发现苏宁易购经营活动现金流量净额已经连续4年为负数,尤其是2017—2019年吃掉了公司近400亿元的现金,说明其经营活动持续性失血,造成上述情况主要是因为2017年以后苏宁金服业务发展迅速,小贷、保理业务发放贷款规模增加较快,该类业务带来报告期内经营活动产生的现金净流出。

2019年剥离苏宁金服业务,2020年其经营活动现金流量净额有一定的恢复。但是,其零售及电商业务受疫情影响较大,线下业务销售下滑。虽然互联网业务占比提升较快,但其价格竞争较为激烈,毛利率偏低。并且苏宁易购在电商的布局相较京东、淘宝、拼多多已经落后,短期内不会为其带来太多的现金流。总之,苏宁易购靠自身的经营来偿还负债很难,现金流完全要靠外部融资支撑,一旦融资渠道出问题,随时会面临流动性危机。

角度2:投资活动产生的现金流与信用风险

企业的投资活动,包括企业对于固定资产、无形资产等的购买和卖出,以及对于金融类资产如股权、理财产品的购买和卖出。一般而言,企业的投资活动产生的现金流为负数,过多的投资活动现金流出肯定会降低企业抵御信用风险的能力,如果企业的投资没有达到预期的收益也就是发生投资风险,那么企业的信用风险可能会增大。

案例7—45:苏宁易购投资活动现金流分析

2017年开始,为了应对市场新形势,苏宁易购提出"智慧零售"的概念,并在零售业态、物流、金融这三个与零售息息相关的核心领域进行新一轮的投资布局。我们从投资项目、投资活动产生的现金流两个方面来对苏宁易购的投资风险及其对企业信用风险的影响展开分析。

(1)投资项目分析

苏宁易购提出"智慧零售"的概念后,投入巨量资金,试图致力于构建全场景智慧零售生态系统,实现从线上到线下、从城市到乡镇的全覆盖,为客户搭建随时可见、随时可触的智慧零售场景,满足在任何时间、任何地点对于任何服务的需求。

表 7—42　　　　2016—2020 年苏宁易购的投资分布情况　　　　单位:亿元

年份 科目	2016	2017	2018	2019	2020
固定资产	128.13	143.73	151.99	178.08	180.99
在建工程	15.91	5.09	20.63	43.43	34.63
无形资产	56.85	82.16	96.54	146.94	138.82
长期股权投资	4.17	17.67	176.75	402.58	393.52
投资性房地产	22.3	31.78	33.62	61.5	68.86

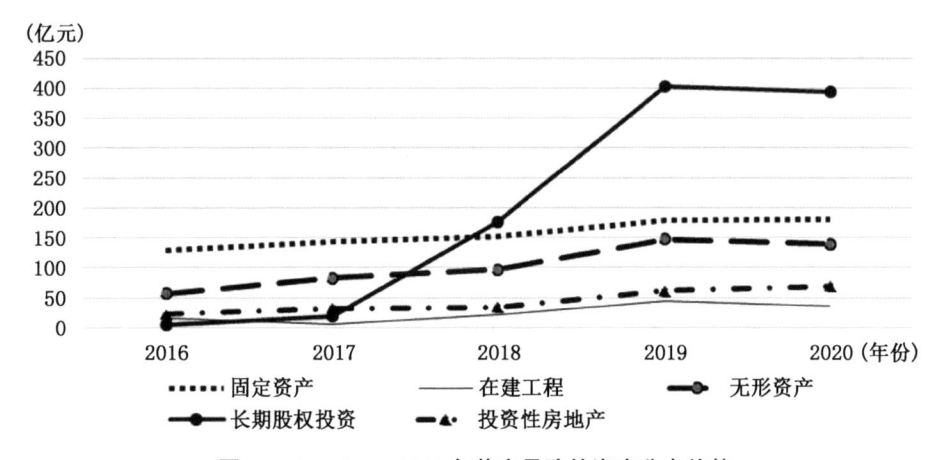

图 7—38　2016—2020 年苏宁易购的资产分布趋势

从表 7—42 和图 7—38 中可知,2016—2019 年,苏宁易购的固定资产、在建工程、无形资产、长期股权投资、投资性房地产均有大幅增长。

(2)投资活动产生的现金流分析

表 7—43　　　　2016—2020 年苏宁易购投资活动产生的现金流量　　　　单位：亿元

科目＼年份	2016	2017	2018	2019	2020
收回投资收到的现金	1 231	2 178	2 132	897	395
取得投资收益收到的现金	3	44	119	36	24
处置固定资产、无形资产和其他长期资产收回的现金净额	18	0	0	1	1
处置子公司及其他营业单位收到的现金净额	8	5	11	−37	17
收到其他与投资活动有关的现金	—	—	1	—	—
投资活动现金流入小计	1 260	2 227	2 263	897	437
购建固定资产、无形资产和其他长期资产支付的现金	24	24	74	92	58
投资支付的现金	1 631	2 047	2 219	972	332
取得子公司及其他营业单位支付的现金净额	0	22	2	42	1
支付其他与投资活动有关的现金	—	—	—	—	—
投资活动现金流出小计	1 655	2 093	2 295	1 106	391
投资活动产生的现金流量净额	−395	134	−32	−209	46

　　苏宁易购投资活动产生的现金流量净额在 2016 年、2018 年、2019 年均为负数，仅有 2017 年、2020 年为正数。2016—2020 年，苏宁易购投资活动产生的现金流量净额总额约为−455 亿元，其烧钱投资的规模还是相当惊人的。

　　苏宁易购激进的投资方式虽然刺激了其主营业务的增长，但对企业收益率的提升并不明显，经营活动产生的现金流依然为负数。苏宁易购虽然进行了大规模的长期股权投资，但是其所持股权短期内难有收益，或者收益产生的现金流无法覆盖同期投资支出，导致投资活动中的现金流量净额为负数。这两点加剧了苏宁易购的投资风险，也同时提高了企业的信用风险。

　　由于近几年苏宁易购现金流状况存在着巨大的压力，从 2020 年开始，苏宁易购的投资支出显著变小。

　　角度 3：筹资活动产生的现金流与信用风险

　　如果企业处于扩张期，在自身的利润累积及经营性净现金流都无法支撑企业项目扩张，或企业资金再投资收益高于其筹资成本时，企业将通过筹资来解决问题。企业筹措资金的渠道包括权益性筹资(发行股票)和债务性筹资(借款),如果企业过度依赖筹资,则企业有可能因借入资金而丧失偿债能力并产生企业利润风险,进而影响到企业的信用风险水平。

案例7-46:苏宁易购筹资活动现金流分析

近几年来,苏宁易购筹资方式是以借款、债券等债权融资为主,为企业带来较为沉重的债务负担。我们从苏宁易购的筹资活动现金流量、债务结构、偿债能力三个方面对其筹资风险进行分析。

(1)筹资活动现金流量分析

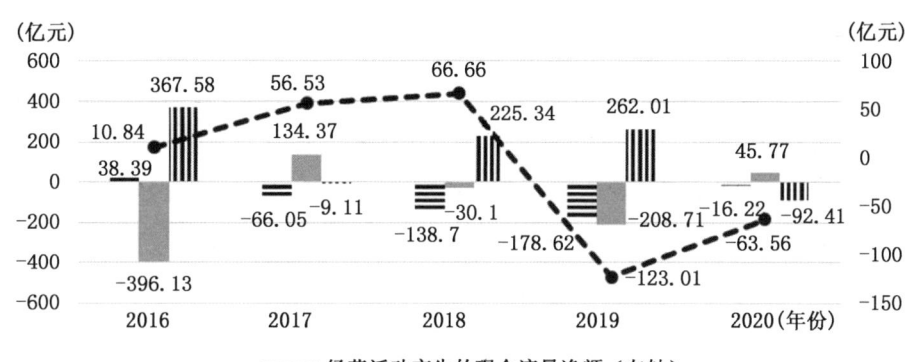

图7-39 2016-2020年苏宁易购现金流量情况

表7-44　　　2016-2020年苏宁易购筹资活动产生的现金流量　　　单位:亿元

年份 科目	2016	2017	2018	2019	2020
吸收投资收到的现金	354	8	53	105	0
其中:子公司吸收少数股东投资收到的现金	63	8	53	105	0
取得借款收到的现金	135	161	434	674	535
发行债券收到的现金	—	—	100	48	6
收到其他与筹资活动有关的现金	—	—	51	88	152
筹资活动现金流入小计	489	169	638	915	693
偿还债务支付的现金	110	166	262	516	577

续表

年份 科目	2016	2017	2018	2019	2020
分配股利、利润或偿付利息支付的现金	11	12	20	30	27
其中:子公司支付给少数股东的股利、利润	0	0	0	0	0
支付其他与筹资活动有关的现金	—	—	131	107	181
筹资活动现金流出小计	121	178	413	653	785
筹资活动产生的现金流量净额	368	—9	225	262	—92

从表7—44中我们可以看出,2016—2020年苏宁易购的融资总额规模都在百亿元以上,其中2017—2019年更是从169亿元增长到915亿元,涨幅十分惊人。但是融资规模越大,对于企业的资金管理能力要求越高,越大的资金流动越是难以让筹得的每一分钱都获得预期的效益,造成资金的浪费。

2016—2020年,苏宁易购的现金流基本靠筹资活动支撑,并且其筹资活动产生的现金流主要通过借款和发债获得,但是融资得来的相当一部分资金是用于偿还以前的债务,这种"拆东墙补西墙"的方式并不是一个很好的资金循环过程。以债权为主的融资模式一方面会带来巨大的利息负担,另一方面存在着很大的不确定性。如果企业认为自己能够不断地融资,那么我们就需要小心,一旦融资节奏被打破,可能直接刺破企业的财务泡沫,企业瞬间暴毙也不是不可能。

(2)债务结构分析

债务结构对于企业信用风险的作用是直接的,如果短期负债占比高,那么企业的信用风险程度相对较高,因为短期内的还款压力加大;而如果长期债务占比高,则利息费用会比较高,增加企业的财务负担。

从图7—40中可以看出,苏宁易购的债务结构在恶化,短期借款余额始终处于高位,2018年的短期借款大幅增加,使得苏宁易购的债务结构十分危险,还款压力较大。

(3)偿债能力分析

详见本系列"负债类科目的分析与识别—分析角度"有关介绍。

总的来说,自2018年开始,苏宁易购的营运资本、流动比率、速动比率和现

(亿元)
300

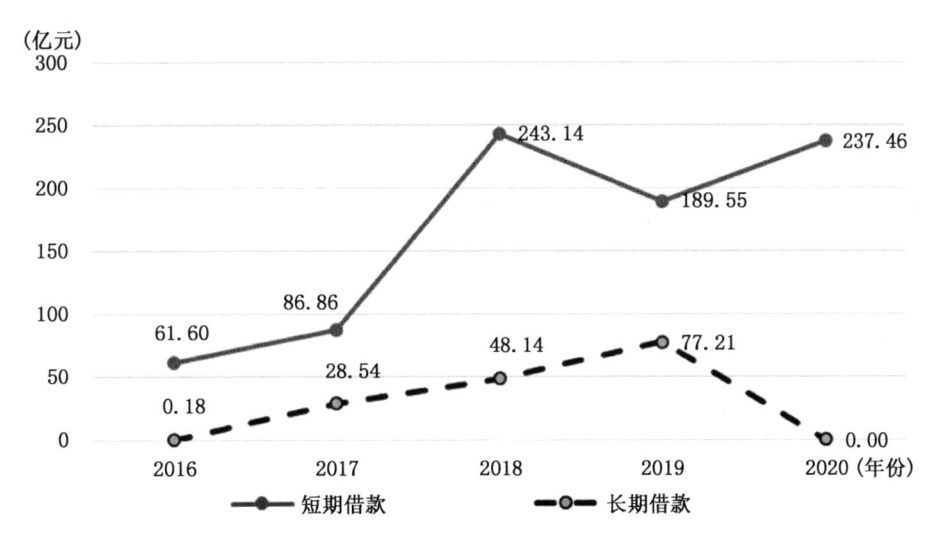

图 7—40　2016—2020 年苏宁易购短期和长期借款及趋势

金比率处于下降趋势,该企业短期偿债能力下滑较高。以资产负债率、产权比率和权益乘数为代表的指标反映出苏宁易购自 2017 年开始杠杆率上升,财务泡沫增大。而 2020 年,苏宁易购的利息保障倍数更是变为负数,长期偿债能力下降。

综上所述,可以看出苏宁易购的筹资风险处于一个较高的水平:首先,债务结构较差,短期还款压力大,偿债压力大也导致了苏宁易购"拆东墙补西墙"的融资行为。其次,苏宁易购短期偿债能力和长期偿债能力的下降,也可能会影响外界对其融资能力的评估,导致筹资风险上升,信用风险也进一步上升。

角度 4:现金流偿债能力指标展示

现金流偿债能力,通常可以通过经营性净现金流/总负债、总负债/EBITDA、现金比率、利息保障倍数等指标进行分析(指标计算可参考书后附录 3)。

2. 现金流分析的总结

企业若缺乏现金流,则既无法开展日常经营,也无法实现价值增值,更无法实现债务的偿还。我们可以通过分析经营活动现金流的获取能力,以及投资活动现金流和筹资活动现金流所产生的投资性风险和筹资性风险,来探索企业现金流与企业信用风险的关系。此外,当企业现金流遇到以下的情况,我们需要提高警惕:

(1)经营活动现金流出、投资活动现金流出及筹资活动现金流出:此类企业属于"大出血"型，三种现金流出一定会造成企业的现金及现金等价物的减少，若该情形持续时间较长，则会造成企业资金链脆弱、流动性枯竭，很有可能遭到破产清算。

（2）经营活动现金流出、投资活动现金流入及筹资活动现金流出：此类企业属于"坐吃山空"型，企业自身经营不赚钱，需要不断偿还之前的债务，并且只能依靠投资活动赚钱（很有可能是变卖资产所得）。

（3）经营活动现金流出、投资活动现金流出及筹资活动现金流入：此类企业属于"创业型"，企业经营尚未稳定并且处于持续扩张时期，需要通过不断融资维持企业的经营与发展，具有较大的创业风险。

（4）经营活动现金流出、投资活动现金流入及筹资活动现金流入：此类企业属于"不务正业"型，企业主要经营活动不赚钱，通过投资和融资获得现金流支持企业发展，如果投资活动和筹资活动产生的现金流分别来自变卖资产和举债的话，那就需要更加留心了。

第三篇

企业应收账款管理

第八章 应收账款及其管理

学习目标

应收账款是企业的一项重要资产,它是伴随企业的销售行为发生而形成的一项债权。如何正确认识应收账款?如何管理应收账款?如何提升应收账款的质量?

本章从企业赊销风险管理的角度出发,介绍怎样管理企业的应收账款。本章内容主要从以下三个方面展开:

➡ 什么是应收账款?应收账款的成因有哪些?
➡ 应收账款为什么会逾期?应收账款逾期的类型有哪些?
➡ 怎样管理应收账款?应收账款管理的内容有哪些?

关键词

商业信用	账款拖欠	账款成本
信用标准	信用条件	账款分类
账款周转天数	收现保证率	催收措施

内容提要

1. 理论知识点梳理
(1) 商业信用的含义
(2) 应收账款的功能
(3) 应收账款的成本

2. 实务场景设置

(1)账款回收与账龄的关系

(2)账款拖欠的类型及应对措施

小贴士

应收账款的实质是向顾客提供短期资金融通,所以,应收账款可能会增加企业的相关费用开支,影响企业现金流,甚至会引起坏账。那么,信用管理人员设计制度要求"一手交钱,一手交货"行不行？答案是否定的。

赊销的存在,对企业的发展至关重要。通过赊销可以向客户销售产品,以此增强企业的市场竞争力,争取更多客户,扩大销售,提高市场占有率,可以快速降低公司库存,进而减少因存货而带来的管理费、仓储费、保险费等支出。

两者权衡,作为企业信用管理人员,需要寻找到两者之间的平衡点,在保证企业销售的同时保障企业资金流的安全性。

一、理论知识点梳理

★ 商业信用的含义

1. 概念

商业信用是指企业与客户之间在买卖商品、提供服务时采取非现金销售方式而相互提供的信用。商业信用的内容主要包括两个方面：一是信用销售,也就是企业以延期付款或者分期付款方式销售商品和服务;二是企业之间的资金拆借。它是企业在正常的经营活动和商品交易中由于延期付款或预收账款所形成的常见的信贷关系,如为定制产品而支付定金、提供给买方客户三个月的应收账款、获得卖方客户给予的三个月应付账款等。在贸易领域,商业信用实质是债务人承诺将来偿还购物金额、借贷金额或提供合约商品、劳务。

使用商业信用,改变只采用现金交易模式,许多企业会因现金流不充足而导致购买力不足。尤其是竞争激烈的行业,厂商在扩大交易时,通过赊销的方式对于一时现金周转有困难的企业来说,确实具有促进销售规模提升的作用,使更多的客户愿意立即购买商品和劳务,由此,企业就可以实现扩大市场和吸引客户的目的。

2. 特征

（1）在商业信用中,包括商品、劳务的买卖和资金借贷两种不同的经济行为。在尚未偿付前,企业信用中的债权方实质是提供了一定的资金,通常为免费给予债务方使用。

（2）商业信用是直接信用,一般存在于企业与企业的客户之间,这对加强企业之间的联系、改善客户关系有一定作用。

（3）商业信用与整个产业资本的运动是一致的。即商业信用的数量和规模与工业生产、商品流通的数量和规模是相适应的,在动态趋向上是一致的。

（4）商业信用规模受到企业资本、经营规模和收账政策的限制,不可能无限大。

（5）商业信用具有严格的方向性,使企业只能向需要该种商品或劳务的客户提供信用。

（6）商业信用的主体是工商企业,含电子商务企业。商业信用的客体主要是商品资本,因此它表现为实物信用。

（7）商业信用的提供同样需要进行信用管理和风险控制,只有在债权债务方互相了解对方的信用级别和偿债能力的基础上才可能存在。

（8）商业信用的时间较短。由于企业信用是基于商品和劳务销售而产生,所以商业信用受到生产周期、销售周期和会计周期的限制,通常不超过 1 年,一般在 30－90 天比较常见。

（9）商业信用具有非恒定的独占性,也就是说,它会随着商事主体经营状况的好坏而处于一种变化的过程中,企业的不善经营和频繁的非诚信行为,完全有可能因此而降低甚至丧失商业信用。

★ 应收账款的功能

商业信用中发生金额最多、最容易出现、对企业影响最大的是应收账款。应收账款是伴随企业的销售行为发生而形成的一项债权,因此,应收账款的确认与收入的确认密切相关。通常在确认收入的同时,确认应收账款。应收账款与销售相生相伴。

1. 概念

应收账款,是企业因销售商品、提供劳务等经营活动应向购货单位或接受劳务单位收取的货款,主要包括企业销售商品或提供劳务等应向有关债务人收取的价款以及代购货单位垫付的包装费、运杂费等。

从法律上讲,应收账款是权利人因提供一定的货物、服务或设施而获得的要求义务人付款的权利以及依法享有的其他付款请求权,包括现有的和未来的金钱债权,但不包括因票据或其他有价证券而产生的付款请求权。

2. 功能

(1)促进销售、维持客户关系

在激烈的市场竞争中,通过提供赊销可以有效地促进销售。企业以赊销方式向客户提供商品或劳务,同时向客户融通了购买该商品或劳务的资金,相比现销方式客户会更乐意接受并达成交易,进而带来企业销售量和销售收入的增加。

在市场经济条件下,商业竞争激烈,企业通过多种方式扩大销售。当产品质量、价格、售后服务、广告等普遍同质化时,赊销就成为扩大销售的重要手段之一。在产品价格相同、质量水平相近、售后服务无差别的情况下,赊销产品的销售额将大大增加。

(2)减少存货

企业的存货会相应地占用资金,形成仓储费用、管理费用等,产生成本,而赊销则可以避免这些成本的产生。所以,无论是季节性生产企业还是非季节性生产企业,当产成品存货较多时,一般会采用优惠的信用条件进行赊销,将存货转化为应收账款,减少产成品库存,存货资金占用成本、仓储与管理费用等也会相应减少,从而提高企业收益。

★ 应收账款的成本

对应收账款的管理就是要追求账款的安全性、流动性及效益性。应收账款表示企业在销售过程中被购买单位所占用的资金。企业应及时收回应收账款,以弥补企业在生产经营过程中的各种耗费,保证企业持续经营;对于被拖欠的应收账款应采取措施,组织催收;对于确实无法收回的应收账款,凡符合坏账条件的,应在取得有关证明并按规定程序报批后,作坏账损失处理。

1. 机会成本

应收账款会占用企业一定量的资金,而企业若不把这部分资金投放于应收账款,便可以用于其他投资并可能获得收益,例如投资债券获得利息收入。这种因投放于应收账款而放弃其他投资所带来的收益,即为应收账款的机会成本。

应收账款机会成本＝应收账款占用资金的应计利息(即应计投资收益)
　　　　　　　　＝应收账款占用资金×资本成本

＝应收账款平均余额×变动成本率×资本成本

＝(全年变动成本/360)×平均收现期×资本成本

其中,平均收现期为各种收现期的加权平均数,资本成本为企业投资的投资收益率或资金成本率。

现举例说明,华立企业预测本年度赊销收入净额为 3 000 000 元,应收账款周转期为 60 天,变动成本率为 60%,资金成本率为 10%,计算应收账款机会成本。

解:应收账款平均余额＝3 000 000×60/360＝500 000(元)

应收账款所需资金额＝500 000×60%＝300 000(元)

应收账款机会成本＝300 000×10%＝30 000(元)

2. 管理成本

应收账款的管理成本主要是指在进行应收账款管理时所增加的费用,主要包括调查顾客信用状况的费用、收集各种信息的费用、账簿的记录费用、收账费用、数据处理成本、相关管理人员成本和从第三方购买信用信息的成本等。

3. 坏账成本

在赊销交易中,债务人由于种种原因无力偿还债务,债权人就有可能因无法收回应收账款而发生损失,这种损失就是坏账成本。

应收账款的坏账成本＝赊销额×预计坏账损失率

二、实务场景设置

怎样管理企业的应收账款?

【账款回收与账龄的关系】

每当有一笔逾期应收账款需要催收的时候,催收人员拿到该笔逾期应收账款的资料并经过简单分析后,通常会问以下问题:债务人拖欠多久了? 债务人为什么不付款?

公司资产负债表中的"应收账款"数字反映了一年中某一天应收账款的金额。仅此数字并不能说明特定应收账款逾期多长时间或可回收性如何,它是新产生的应收账款还是拖欠很久的应收账款,抑或是基本无法收回的应收账款等。因此,对应收账款的分析是必不可少的步骤。一个企业的流动性往往是以其应收账款的质量来判断的。企业应收账款回收能力越差,坏账越多,经营风险越高。

应收账款是一项流动资产,应在 12 个月内转化为现金。不幸的是,即使客户没有破产,许多应收账款也无法收回。

通常,应收账款的回收成功率与账龄成反比。应收账款账龄越短,回收的可能性越大;应收账款逾期时间越长,回收的可能性越小。

统计资料显示,账款回收的可能性与账龄的对比关系如表 8—1 所示。

表 8—1　　　　　　　　账龄与账款回收比例的关系

账　龄	账款回收的可能性
信用期内	95%
逾期 60 天	90%
逾期 180 天	80%
逾期 360 天	50%
逾期 720 天	30%

仍以华立企业为例,根据企业应收账款及客户情况编制账龄分析表,如表 8—2 和表 8—3 所示。

表 8—2　　　　　　　　账龄分析表(按账龄期)

账龄(天)	应收账款金额(万元)	占应收账款总额的百分比(%)
信用期内	1 898	82.16
逾期 0—30 天	316	13.68
逾期 31—60 天	46	1.99
逾期 61—90 天	20	0.87
逾期 90 天以上	30(单一客户逾期 180 天以上)	1.30
合　计	2 310	100

表 8—3　　　　　　　　账龄分析表(按主要客户)

客户档案号	客户名称	信用期(天)	应收账款余额(万元)	信用期内	逾期 30 天以内	逾期 31—60 天	逾期 61—90 天	逾期 90 天以上	备注
A-1-022	A 省大华商贸公司	30	1 100	800	300	0	0	0	
E-3-003	E 省轻工制造公司	60	450	450	0	0	0	0	

续表

客户档案号	客户名称	信用期（天）	应收账款余额（万元）	信用期内	逾期30天以内	逾期31—60天	逾期61—90天	逾期90天以上	备注
G-5-011	G市电子商务公司	90	310	290	0	20	0	0	
J-2-009	J省汽车配件制造有限公司	60	190	180	10	0	0	0	
R-8-015	R省电子元件制造公司	30	176	100	0	26	20	30	30万元逾期已达183天
—	其余客户		84	78	6	0	0	0	××客户单笔账款逾期
合 计			2 310	1 898	316	46	20	30	

【账款拖欠的类型及应对措施】

弄清楚债务人不付款的原因是开展应收账款管理工作的第一步。可是，债务人总是擅长寻找各种借口拖延付款，有的借口是事实，是需要处理和解决的问题，可有的借口就是个"借口"，是债务人拖延付款的手段，他们的"借口"编得越完美，拖延付款的时间就能越长。作为一名催收人员必须分清楚哪些是需要解决的问题、哪些是债务人拖延付款的借口，以便制定催收策略，采取相应的催收方式。

债务人在应对债权人催款的时候会使用各种拖延付款的借口，每天，你不仅要处理这些借口，还要学会防止债务人再次使用同样的借口。从事催收工作，首先要学会对债务人拖延付款的借口进行分类，按照类型管理应收账款。

以下是催收工作中最常听到的债务人拖延付款的借口：

➢ 我现在很忙，没有时间处理！
➢ 让我查一下，再与你通电话！
➢ 老板出差了，没有人能够负责！
➢ 我们财务人员更换了，需要一段时间核查！
➢ 账款还没有到期呢！
➢ 我们已经停产，正在重组！
➢ 已经安排，应该已经付款，你让财务查一下！
➢ 货物损坏/分量不足/价格错了！

> 公司账户中没有资金！
> 我们正在等待客户付款！
> 你们的产品质量有问题！
> 我们没有与你们签订过合同，没有与你们的贸易记录！
> 我们已经和你们公司×××达成意向，你直接问他！
> 财务管理系统出故障，等待修复，需要再等一段时间！

罗列债务人拖延付款的借口，并整理分析这些借口，然后对逾期应收账款进行分类，针对不同类型的逾期应收账款，采取不同的催收方式。

分类能力，本质上是一种抽象能力，不能进行精细的分类，我们就看不到显而易见的事实。分析和综合的背后都是分类能力，分析是在相同类别的事物中找差异性，综合是在不同类别的事物中找共同性，而这个共同性相当于分类的维度。不能分类就不能认知，把问题归类就能够以此类推，寻找问题的规律和解决问题的方法。

拖欠借口1：付不出（没有资金，付不出来）

多年的应收账款催收工作，很少有什么债务人不付款的借口是催收人员没有听说过的。当催收一笔欠款的时候，债务人最常用到的借口是这样的：

> 公司经营困难，好几个月没有发工资了。
> 市场竞争激烈，企业连续多年亏损。
> 市场变化快，产品滞销，库存增加。
> 企业经营不理想，停产停业了。
> 企业破产了，在进行重组。

其实，债务人的借口就是"我没有钱"。但很多债务人又碍于情面不好意思直接说，从而找各种"没有钱"的借口来搪塞。

如果债务人的借口是"我没有钱"，催收人员一定要去分析债务人是否真的没有钱，还是"我没有钱"只是一个借口。

作为催收人员，一定要弄清楚下列问题：

> 什么叫没有钱？没有钱的概念和范围是什么？
> 为什么没有钱？没有钱是针对哪些情况的？
> 做什么没有钱？债务人数量不多的钱都用在了什么地方？

深入调查和分析后，可能会发现债务人说的"我没有钱"的真实情况是这样的：

> 没有钱还债。
> 没有钱还你的债。
> 没有钱还清你的债。
> 没有钱一次性还清你的债。
> 目前没有钱一次性还清你的债。

进一步地深入调查和分析,可能会发现债务人下列"有钱"的情况:

> 生产有钱。
> 采购有钱。
> 发工资有钱。
> 付水电费有钱。
> 扩建有钱。
> 存起来有钱。

大多数情况下,债务人所说的"我没有钱"的精确解释是:他并非没有钱,只是暂时没有足够的钱还清每笔债款。他所说的"我没有钱"其实是"资金短缺",是"付不清",并不是真的"没有钱"。

举例:我们经常听到债务人没有钱的借口如表 8—4 所示。

表 8—4　　　　　　　　　　债务人没有钱的借口

没有钱的借口	说　明
经营困难	企业还在经营,但经营困难,资金匮乏
企业亏损	企业连续多年亏损,开工率不足,成本上升
产品滞销	产品更新快,滞销,降价销售,无力付款
账户查封	公司账户被查封,无法支付
账款未收回	大量应收账款收不回来,无法支付
重组整顿	企业经营困难,进行破产重组、停业整顿等
灾害损失	天灾人祸造成企业损失严重,恢复生产需要时间
停产停业	企业已经不经营,处于停产停业状态
倒闭吊销	申请破产倒闭,资产被查封,企业被吊销

拖欠借口 2:不想付(没有意愿,不想支付)

上述提到的债务人"没有钱"是一种最常见的情况,也是催收工作中遇到最多的情况,都属于"债务人资金困难,无法支付欠款"。

针对这种情况,催收人员所要采取的措施就是想办法"找钱",找到债务人在什么情况下、什么条件下有钱,使本企业的账单放到最先被支付的位置。

还有一种情况是,债务人经常用下列借口来应对催收人员的催款行为:

- ▷ 公司老板不在,不知道谁负责。
- ▷ 付款已申请,我已经提交上去了,没有人审批。
- ▷ 你的欠款正在走付款流程,不清楚到哪一步了。
- ▷ 我不了解情况,也不知道谁能帮上你。
- ▷ 我们是你最大的客户,不要催那么急,会影响合作关系的。

以上的借口都属于"债务人付款意愿差,不愿意支付,故意拖延付款",是一种缺乏信用意识、有意迟付的情况。

针对债务人的上述借口,催收人员所要采取的措施就是想办法"找人",要找到关键人,对关键人员施加压力和影响,迫使债务人改变认识、采取行动。

举例:我们经常听到债务人拖延支付的借口如表8—5所示。

表8—5　　　　　　　　债务人拖延支付的借口

拖延支付的借口	说　明
习惯性拖延	企业习惯性拖延,没有规范的付款程序和流程
地位不平等	购销双方地位不平等,债务人存在地位优势
设置付款障碍	故意设置复杂且漫长的付款流程和付款手续
资金挪作他用	资金被挪用,需要专项审批
需要利益输送	付款过程中需要帮助和支持
误会或误解	存在认知差异或误解,需要排解和疏通
老板不在	找不到负责人,没有人审批,故意逃避
欺诈逃债	蓄意欺诈,逃避债务

拖欠借口3:不能付(没有证据,不能支付)

"不想付"是债务人的付款意愿差,信用意识不强;"付不出"是债务人资金困难,支付能力差。这些都关系到债务人本身的情况,要给债务人施加压力,采取各种措施影响债务人。

还有一类情况是需要从自己公司内部去解决的问题。这种情况主要是由管理失误及产品质量或服务纠纷导致的。我们把这种情况归类为"不能付",表现为付款证据存在不足或瑕疵。要解决这种情况,就需要寻找到好的解决方案来处理,我们把这种解决办法称为"找方案"。

- 质量或服务纠纷的借口有:
> 产品存在质量问题,需要处理和解决。
> 产品质量导致我们损失严重,需要赔偿。
> 售后服务不及时,影响生产,导致我们损失严重。
> 你们的设备技术不达标,导致我们生产的产品不合格。
> 你们延期交货,导致我们损失严重。
> 你们取消供货,造成损失或客户丢失。
> 我们的客户还没有付款,我无法支付。
> 项目还没有验收,没有验收无法支付。
> 项目目前还在建设,没有投入运营,不能支付。
> 这个项目的预算还没有下来,无法支付。

- 管理失误的借口有:
> 你没有提供有关的合同、发货单、签收单。
> 你的证据有缺失。
> 合同约定不清楚。
> 我们没有收到过你的发票,无法支付。
> 合同约定的付款期限还没有到,不能支付。
> 时间太长了,查不到你的信息。
> 过诉讼时效了。

举例:我们经常听到债务人不能付的借口如表8—6所示。

表8—6　　　　　　　　债务人不能付的借口

不能付的借口	说　明
账款未到期	未到付款期限,或还在账期之中
项目未验收	项目还没有验收,需要验收通过
质量不合格	产品质量不符合协议约定,存在质量纠纷
服务有问题	服务能力不强,未达到客户要求,服务不周,客户不满意
项目未运营	项目还没有验收运营
手续不完备	付款的手续不完备,缺乏健全的付款材料
合同有缺失	双方没有书面合同,或合同不完整,证据缺乏

续表

不能付的借口	说　明
合同有瑕疵	合同条款存在瑕疵,合同条款苛刻,合同条款对债权人不利
预算未下达	项目的资金预算没有下来
票据不齐全	缺乏必要的票据,如发票、申请单、验收单等
证据不完整	因公司内部管理问题,证据缺失、信息缺乏、过诉讼时效等
技术不达标	产品技术未达到合同要求,技术不达标,给生产带来损失
交货不及时	交货不及时,因交货延误给客户带来经营损失
客户未付款	签订三方协议,客户的客户未付款等
延期有损失	取消合作或延期导致损失等
采购成本高	采购成本高于同行,存在溢价问题,不愿意支付

经过汇总分类,我们发现,债务人不付款主要有三种类型:

▶ 债务人没有钱支付账款:债务人对债务没有异议,认可存在债务纠纷,但因各种原因,债务人经营困难,资金缺乏,没有钱支付账款。

▶ 债务人没有意愿支付账款:债务人寻找各种理由,拒绝支付账款,付款意愿低,企业信用差。

▶ 债务人认为不能支付账款:债务还没有达到支付条件,存在没有解决的问题或缺少付款的证据等,主要包括管理失误和质量纠纷两大类。

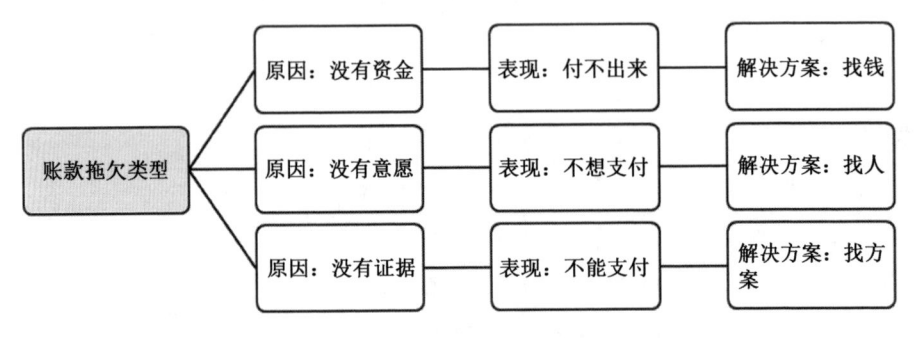

图8—1　应收账款拖欠的类型及解决方案

【应收账款管理的总结】

统计发现,应收账款发生逾期大部分原因是出在企业内部,其中70%产生于货物发出之前。

- 对客户的了解不全面、不真实。
- 没有准确判断客户的信用状况。
- 没有准确判断客户的信用变化。
- 公司财务与销售部门缺少有效沟通。
- 与客户签订的交易合同不规范。
- 企业内部人员与客户勾结。
- 没有正确选择结算条件和方式。
- 赊销项目审批不严格。
- 对应收账款监控不系统。
- 对拖欠账款缺少有效的催收手段。
- 缺少科学的信用管理制度等。

所以,应收账款管理的内容主要包括建立完善的管理制度、对客户进行分类监管、针对客户逾期的类型制定处置方式、建立预防机制防范账款发生逾期、建立应收账款管理团队等。

1. 建立完善的管理制度

(1)建立应收账款的各类管理制度:加强应收账款的控制手段,确定信用额度标准,提高产品质量和服务能力,完善销售奖惩及应收账款的坏账制度等。

(2)完善应收账款的日常管理:实施动态追踪分析,加强账龄对账分析,提高账款回收率分析等。

(3)严格应收账款的催收措施:强化内部信息动态流动,充分利用内外部催收资源,完善催收责任制度,严格落实催收政策。

2. 对客户进行分类监管

加强客户分类管理,针对不同的赊销客户采取不同的管理措施和方法。既可以根据客户重要性分类,如新客户、核心客户、一般客户;也可以根据客户的付款意愿分类,如主动付款、提醒付款、拖延付款、施压付款、无意付款等。

3. 针对客户逾期的类型制定处置方式

落实账款处置手段,当客户出现逾期付款的情况,根据公司管理制度及客户分类管理的规定,及时快速采取适当的处置手段,包括降低或取消赊销、取消交易或停止供货、收回货物、进行催收或诉讼等。

4. 建立预防机制防范账款发生逾期

应收账款逾期之前一定会发生一些异常情况,制定预防措施非常重要,包括了解客户可能发生的危险信号、建立风险预警、实施信息监测等。

5. 建立应收账款管理团队

根据公司信用管理制度和体系进行人员设置,针对业务特点提出信用人员的素质要求,建立完善内部沟通衔接机制,明确信控人员的目标任务等。

(1)团队设置:岗位设置、职责设置、业务分工

专业人员在企业应收账款管理中起到非常重要的作用,合理的岗位设置与分工将是账款管理的关键,不同岗位的人员各有特色,其作用是不一样的,例如财务人员、销售人员、信用管理人员、账款管理人员、清欠专组、委托第三方管理与催收等。

(2)人员素质要求:综合素质、交叉学科、社会经验

具体包括礼貌而又坚定的态度、良好的人际沟通技巧、外向性、极强的说服能力、坚忍不拔的意志力、目标导向、时间观念强、善于倾听并解决别人提出的问题、自信、自主性强、训练有素等。

(3)团队合作:部门合作、信息共享、资源互补

部门目标的一致性、信息互通的重要性、可用资源的充分性等都将是提高团队能力的主要手段。强烈而统一的口号与目标包括"现金到账之前销售并没有完成"、"货款的延迟比坏账更能侵蚀利润"、"越及时提醒客户就越早地收到货款"、"那是我们的钱"等。

第九章　逾期应收账款催收策略

学习目标

企业应收账款的账龄高低反映了其能够收回的比例。1年多前到期的应收账款可能会对公司产生消极作用，因为到期日越长，就越有可能出现坏账。一般而言，公司应充分注意持有1年以上的应收账款。

应收账款发生逾期后，就需要进行催收。怎样催收企业的逾期应收账款？有哪些催款方式和手段？如何提升应收账款的回款率？

第八章中，我们主要介绍了应收账款的管理逻辑，本章内容侧重于对已经发生逾期的应收账款展开催收，从提高催款成效的角度出发，重点学习逾期账款的催收策略。本章内容主要从以下三个方面展开：

- 应收账款催收的目标
- 逾期应收账款的管理方法
- 应收账款催收的方式

关键词

账款逾期	账款预警	催收方式
回收目标	账龄分析	电话催收
函件催收	上门催收	诉讼催收

内容提要

1. 理论知识点梳理

(1)逾期应收账款管理

(2)应收账款催收方式

2. 实务场景设置

(1)应收账款催收目标管理

(2)电话催收

(3)函件催收

(4)上门催收

(5)诉讼催收

小贴士

解决逾期应收账款,首先对逾期应收账款进行整理分析,然后归纳分类,针对不同的逾期应收账款,其管理方式也应当有所区别,不可一概而论地"打官司"。对偶尔发生、具有一定信用困难的客户,可以采取延期、展期等;对逾期时间长、欠款规模大的客户,可以采用电话、微信、邮件催收或法律手段催收等。

一、理论知识点梳理

★ 逾期应收账款管理

逾期应收账款管理的方法多种多样。本书中将侧重介绍几类适用性较强的方法。企业信用管理人员可以根据自己企业的特色决定可用方法,该方法可能是其中某一种、某一种的变化使用或是几种方法相结合。

1. 结合账龄分析设置预警

考虑结合账龄分析,针对不同信用期限内客户的账款到期、逾期情况,有针对性地提出预警警报,并配置相应的管理手段。

表9—1   逾期应收账款账龄管理示范

逾期账龄	账龄预警级别	管理方法
7天内	逾期提醒	管理人员关注,对客户给予提醒
7—30天	逾期催收预警	开始催收,选择温和电话、微信等方式
31—90天	逾期风险预警	坏账风险警示,选择商业信函、邮件等方式

续表

逾期账龄	账龄预警级别	管理方法
91－180 天	逾期时效预警	选择公函、信函等方式联系客户，同时内部控制启动催收申报
181 天－1 年	坏账预警及催收反馈	选择公函等方式联系客户，同时内部组建催收小组定期向公司汇报进度
1 年以上	催收工作进程申告	选择面谈、律师函等方式催收，内部完成工作进程申告

如表 9－1 所示，账款逾期 7 天时提出逾期提醒；账款逾期 30 天时提出逾期催收预警；账款逾期 31－90 天时提出逾期风险预警；账款逾期 91－180 天时提出逾期时效预警；账款逾期 181 天－1 年时提出坏账预警及催收反馈；账款逾期 1 年以上时提出催收工作进程申告，进而有效降低企业应收账款的风险。

2. 回收目标管理

没有目标就失去了方向，销售要确定一定的销售目标，应收账款催收也需要确定一定的目标，以作为对催收人员的认可及催收工作努力的一种激励。

回收目标应该由具体负责的每个催收人员根据自己的经验提出目标建议，由更高的职员审核确定这样的目标是否可行，而一旦通过，具体的催收人员就要为之努力。

回收目标建议的提出都必须分解落实到每一个具体的客户身上，根据每一个具体客户的回收目标来汇总出总的账款回收目标。

总的账款回收目标不能只是一个泛泛的百分比，应该是一个可落地、可执行、有方案的具体数额，总的回收目标由每一个具体客户的回收目标汇总而成。回收目标包括回收金额、回收百分比、回收时间、采取措施等。

3. 应收账款分析法

为统筹管理催收团队，实现账款回收目标，必要的工作方法和工作流程是十分重要的。通常，应收账款催收的基本工作内容包括对逾期应收账款的事前分析、根据分析确定回收目标、对逾期应收账款进行回款预测、按月报告应收账款的实际回收情况。

➤ 逾期应收账款分类表：按照金额从大到小顺序，依次排列所有应收账款，同时按照期限进行分类（信用期内、逾期 90 天、逾期 180 天等）。

➤ 应收账款回收目标表：列出回收目标及实际回收情况，以及回收要采取的措施和具体安排。

▷ 应收账款回收预测表：列出每个客户预计回收金额，可以直接列出未来一个月的总量，也可以按每周或每天的总量逐一列出。

▷ 月度应收账款报告：列出刚刚过去的一个月中总的、期内的、逾期的以及争议的应收账款，并显示上月应收账款预测数据和实现数据，解释说明正在采取的行动等。

每个催收人员每月提前进行回款预测，将回款预测分解到每个具体的客户身上；同时定期对预测的落实和执行情况进行分析和汇总，查找原因，提高预测的准确性和可执行性。

★ 应收账款催收方式

应收账款的催收过程一般包括：

1. 制定收账程序

催收账款的程序一般为信函通知、电话传真催收、派人面谈、诉诸法律，在采取法律行动前应考虑成本效益原则。

2. 确定催收方法

（1）临时因素所致

一是展期＋动态监控。若客户因系统风险、临时偶发因素遇到暂时的困难，企业在催收账款时，可以适当展期并同时进行动态监控。二是制订分期偿付计划。对于逾期账款金额较高的情况，可以通过修改债务偿付条件、制定分期付款期限，并商议后期偿付资金的利息贴补或无息，激励其逐次逐批还款，达到收回款项的目的。

（2）无理由逾期

针对故意拖欠的应收账款，可供选择的方法有讲理法、恻隐法、疲劳战法、激将法、软硬兼法。企业对各种不同类型的逾期账款的催收方式选择也不同。比如，对过期较短的顾客，不过多地打扰，以免将来失去这一市场；对过期稍长的顾客，可措辞婉转地写信催款；对过期较长的顾客，频繁地用信件催款并电话催询；对过期很长的顾客，可在催款时措辞严厉，必要时提请有关部门仲裁或提请诉讼等。

3. 催收工作的开展

接到一笔催款业务时，催收人员最先要做的工作就是摸清楚该笔账款的情况：了解债务人拖欠的原因，分析债务本身的状况，掌握与应收账款有关的各种材料。催收人员根据调查和了解到的债务情况,进而开展催收工作。

催收人员怎样开展催收工作呢?怎样开始第一步?通常,催收人员先是给债务人打电话,试试能否联系到债务人,听听债务人怎么说;或者给债务人发催款函,将有关证据材料发给债务人;如果需要面访,还会直接上门拜访债务人,当面沟通,上门催收;或者给债务人发律师函乃至直接起诉到法院等。以上是逾期应收账款的四种最常见的催收方式,也称为逾期应收账款催收的四种手段,分别是电话催收、函件催收、上门催收和诉讼催收。

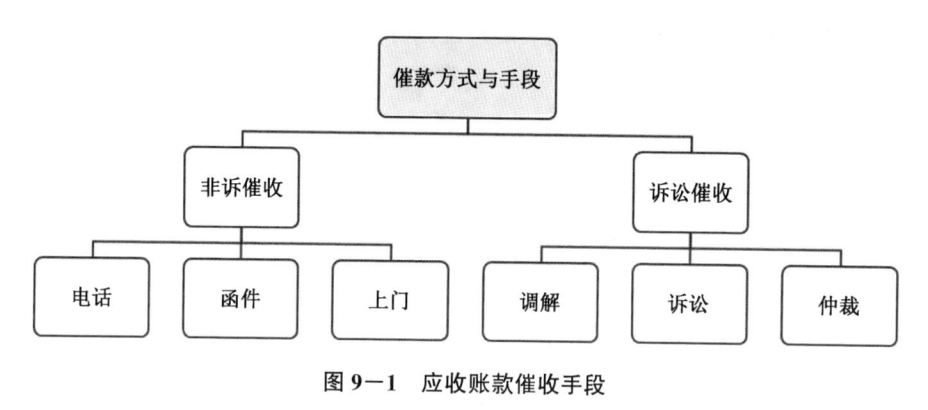

图 9—1 应收账款催收手段

二、实务场景设置

怎样催收逾期应收账款?

【应收账款催收目标管理】

案例 9-1:企业应收账款催收目标管理

D公司的逾期应收账款管理工作主要包括:

1. 差异化逾期账款管理和责任落实

D公司以逾期应收账款金额划分催收等级并落实相应的责任人。

表 9—2　　　　　D公司逾期应收账款预警等级责任落实

预警等级	催收等级	责任人
A	正常	信用管理部门
B	重点	公司高管+专业催收机构
C	专项	专业催收机构+律师+公司管理人员

预警 A 级的应收账款,金额低于 1 000 万元,可采取正常催收手段,如发函、电话提醒等形式,由信用管理部门工作人员负责实施。若客户对于发函和电话不予理睬,则应该实地考察客户经营地址从而取得联系。

预警 B 级的应收账款,需要信用管理部门管理层出面催收,也可考虑外包给第三方专业催收机构来进行重点催收。

预警 C 级的应收账款,应该引起全公司的高度重视,由公司董事会、法务部和信用管理部门共同研究解决方案,同时聘用第三方的专业催收团队为主,公司协同第三方进行催收工作。在多次催收均没有效果的情况下,利用法律途径来保证合法权益。

2. 设计规范的应收账款催收程序

表 9—3　　　　　D 公司逾期应收账款催收程序

催收等级	催收途径	阶　　段
正常	电话、微信、邮件	(1)一次提醒:7 天内 (2)二次告知:7—30 天 (3)三次催收启动:31—60 天
重点	电话、商业信函、拜访	(1)沟通式催收:61—90 天 (2)经理层级催收:91—180 天 (3)经理会同法务商业信函最后通知:181 天—1 年
专项	外包、委托律师、内部配合	(1)专业催收机构催收:1 年—1 年 6 个月 (2)专业催收＋律师:1 年 6 个月以上

D 公司在应收账款管理工作中发现,应收账款管理成败的关键在于事前管理,一旦账款进入逾期阵列,其管理难度会大幅提升。为了配合逾期应收账款的管理,公司应对应收账款管理的员工绩效考核机制予以考虑。这部分的绩效关键点在于应收账款回收情况,应将销售部门纳入考核范畴,已完成销售后的账款回收率也会反过来影响前期销售人员的绩效考评。

【电话催收,方便快捷】

电话是催收工作中最常用的工具,是处理逾期应收账款最关键的工具和最有力的武器。电话使双方能直接沟通,其使用率是最高的。电话催款可以迅速且直接与债务人联系,它能帮助快速找到问题的症结,以及债务人迟迟不还钱的原因;同时可以直接与债务人的决策者沟通,是高效率的工具。几次通话就能了解债务人的实际状况,赢得他的信任,尽早解决问题。但是,电话催收容易被对方编造各种借口欺骗,电话中沟通的内容很容易被对方忘记。

1. 电话催收的步骤和流程

在拨打催收电话之前就要做好准备工作,不打无准备之仗。在打电话的过程中,要集中精力倾听,发现问题并及时解决问题。电话结束后,要及时进行总结和记录。电话催收重在沟通技巧上。

(1)做好打电话之前的准备工作

给客户打电话之前,要尽量多地收集有关资料,并确认这是最新、最正确的资料。如果对欠款情况了解得不清楚,债务人会怀疑公司的能力。

➤ 了解债务本身的情况,如欠款金额、拖欠时间、有关文件等。
➤ 了解之前的催收记录,如欠款原因、付款历史、贸易流程等。
➤ 了解支付账户,如联络人姓名、职位等。
➤ 明确本次打电话的目的和要实现的最低目标等。

(2)电话过程中要积极应对,及时处理问题

拿起电话,必须保持好心情,保持积极的态度和正确的思维方式,保持热情,释放正能量。虽然有时候积极的态度到最后也不一定会得到正面效果,但如果一开始就抱有消极态度,要达到积极的效果也是比较困难的。

➤ 找到关键联络人,与关键联络人通话。
➤ 态度坚定,直接说明来意及准确的欠款金额。
➤ 强调立场,仔细聆听客户的意见,始终控制对话。
➤ 站在客户的立场,并承诺实施和解决问题。

(3)电话要以承诺收场,以书面记录完善

通常,同样的一句话,对方听到的与你想表达的往往会有很大的差距。所以,在打催收电话的时候表达一定要明确和具体。一旦对方做出承诺,必须将本次通话的内容做成书面文件发给对方。

➤ 尽可能引导客户做出承诺或同意在今后的某个时间再次磋商。
➤ 承诺必须指明约定的内容、特定的金额和日期,并得到双方的共识。
➤ 在结束之前,必须重复已达成的承诺。
➤ 将本次通话记录在案,向客户发出备忘录,记录本次通话的内容。

2. 电话催收的方法与技巧

电话催收方便快捷,但是,怎样才能提高电话催款的效果呢?我们这里提出 3W1H 电话催款法,分别是电话打给谁、什么时候打电话、怎样打电话、使用

什么方式打电话。

表9—4　　　　　　　　　　电话催收技巧

类　型	说　明
电话打给谁	电话打给谁？电话打给不同的人，要说的内容是不一样的，要对症下药，不要对牛弹琴。
什么时候打电话	什么时间段给债务人打电话？在客户情绪最佳的时候打电话，他才可能配合你。
怎样打电话	打电话的措施、语气等都关系到沟通效果，要做到有始有终。
使用什么方式打电话	移动电话、固定电话、微信语音等不同的方式进行组合；公司、个人、家人、朋友等不同的群体进行协同。

(1)电话打给谁

首先，要弄清楚这个电话是打给谁的。电话打给不同的人，要说的内容是不一样的。接听电话的人是否有权负责该笔应收账款？是一般工作人员还是决策者？是执行者还是联络者？……对象不一样，要说的内容和方式也不一样。

催收人员首先要确定对方的身份：

▷ 他是对接人？

▷ 他有沟通联络权？

▷ 他有建议协调权？

▷ 他有传话权还是话语权？

▷ 他有隐形决策权？

▷ 他有重要影响力？

▷ 他有最终决定权？

案例9－2:找总部解决

案例背景：

债务公司广州L电子元件有限公司是一家港资电子加工企业，公司处于正常经营状态，但是资金周转比较困难，公司的运营资金由香港总部统一管理。

债务公司因生产需要从债权公司采购工业产品，债务公司在收到货物后并未按照协议约定的时间支付货款，欠款标的：人民币116 225.46元。债权人一直在催收该笔欠款，逾期一年多没有收回。

案情分析：

债务公司因资金周转紧张，不会主动支付欠款，同时债务公司原采购经办人已经离职，现任工作人员并不会积极主动配合处理本案，采购和财务部门一直在相互推诿，甚至躲避债权人的催收行为。债务公司每月向香港总部报批维持日常生产的费用。

本案关键是要给掌握审批款项权力的负责人压力，迫使其将欠款拨付给债务公司，本案才有希望得到解决。

催收经过：

催收人员接到委托后，先后与债务公司财务和采购部门沟通，督促其尽快安排付款。债务公司采购人员表示每月都提交申请，但是财务不付，而财务部门表示采购部门不去申请费用，且账上无钱支付，双方都表态会积极配合处理此事。

双方相互推诿两个多月时间，案件毫无进展，催收人员通过多个渠道了解到，债务公司目前流动资金紧缺，香港总部拒绝拨付资金解决遗留应付账款，这是本案无法解决的主要原因。而债务公司各部门负责人早已习惯应付各种催款行为。

催收人员分析认为：解决本案的关键是要给香港总部施加压力。因此，催收人员立即起草律师函并邮寄给债务公司香港总部负责人，同时电话与香港总部财务总监进行交涉，迫使香港总部做出书面分期还款计划，在 4 个月内付清欠款，本案圆满解决。

(2) 什么时候打电话

其次，要掌握好打电话的最佳时间。在客户情绪最佳及最有可能处理的时候打电话，他才可能配合。根据催收经验，通常周一上午和周五下午尽量少给债务人打电话。打电话的时间还要根据债务人的性质不同而存在差异，不同时间点打电话的效果存在很大不同。

催收人员给债务人打电话的时间段包括下列几种，你认为哪个时间段打电话效果最好？

- ➤ 工作时间打？
- ➤ 工作时间上午打？
- ➤ 工作时间下午打？
- ➤ 一周中，周一到周五哪天最好？
- ➤ 非工作期间打？
- ➤ 中午休息期间打？

- ▷ 晚上时间段打？
- ▷ 周末时间段打？
- ▷ 节假日时间段打？

案例9-3：晚上打电话

案例背景：

债务人沈阳W公司是一家电气元器件销售企业，公司处于正常经营状态，企业规模较小，沿街门面办公，前店后仓（前面沿街为销售门店，后面为产品仓储）。

债务公司是债权公司（债权公司位于江苏）在沈阳地区的代理商，目前双方不再合作，尚有2万元人民币尾款没有支付，债权公司一直在催收此款，债务公司一直答应付款，但都没有支付。

案情分析：

债务公司为小微企业，规模不大，但企业成立多年，一直从事电气元器件销售业务，业绩稳定，在当地电气元器件销售行业有一定的口碑。本案不存在质量纠纷，欠款明确。

本案的关键是要给债务公司的负责人施加压力，迫使其认真对待，尽快处理。

催收经过：

催收人员接到委托后，与债务公司负责人张先生取得联系。张先生为债务公司负责人和所有者，其对欠款确认，没有异议。催收人员督促其尽快安排付清欠款，张先生表示会尽快支付。

催收人员接下来几乎每周都给张先生打电话，张先生一直态度很好，表示愿意支付。但是，连续沟通将近一个月时间，欠款迟迟没有支付。

催收人员分析，债务人张先生可能认为只有2万元欠款，债权人不会去诉讼（标的小，诉讼成本高），也不太可能安排人员经常上门催收（路途远，催收成本高）。所以，他就采取拖延战术，态度很好，但就是不行动。

催收人员认为，目前迟迟不付款的原因是给张先生施加的压力不够。催收人员原来都是在上班时间给债务人打电话，每次都是张先生接听电话（是门店里的固定电话）。这次，催收人员晚上八点半拨打电话，是一个年轻的小伙子（根据声音判断）接听的。催收人员问："老张在吗？我是他南方的朋友，有急事找他。"小伙子回答："现在下班了，张经理回家了，我在这里值班，我给你他家里电话，你联系他吧。"

催收人员立即拨打张经理家里的电话，是一个女士接听电话，其介绍是老张的爱人。催收人员抓住这个好机会,向张夫人倒了一大堆苦水,数落了老张拖延付款、不诚信的情况等。第二天老张就把欠款付了。

(3)怎样打电话

当我们已经知道在什么时候给什么人打电话后,接下来就是要怎样打好这个电话。打电话的状态、语气、言辞等,引起对方的注意和重视是打电话的主要目的。

给债务人打电话的要点:

> 明示:表明打电话是为了解决问题。
> 聆听:要站在客户的立场思考。
> 理解:重复客户的表述,直至真正明白为止。
> 礼貌:以礼貌的态度进行沟通。
> 坚持:唯一的解决方案是付款。
> 机敏:掌握客户的心态,促使其同意付款。

(4)使用什么方式打电话

最后,就是要采取不同的方式与债务人沟通。现代化的通信工具很多,如固定电话、移动电话、微信语音等。电话催款最重要的是保持持续性,给对方施加不间断的压力。

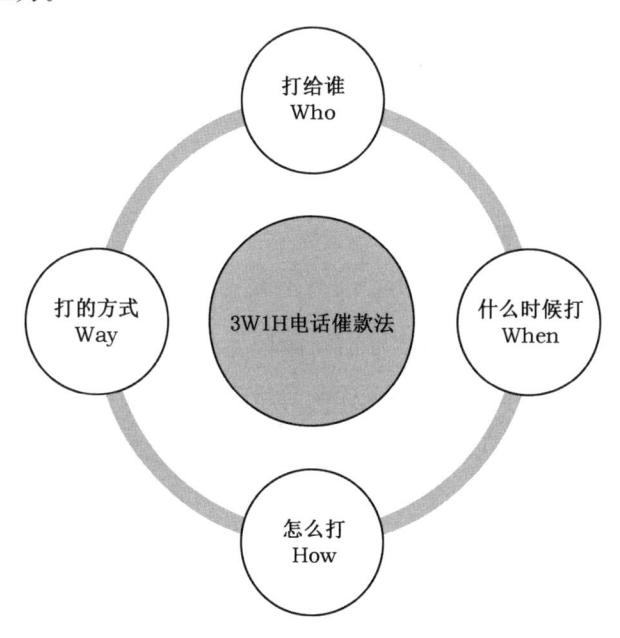

图 9—2 3W1H 电话催款方式

3. 电话催收的情绪控制与管理

(1) 克服畏惧，大胆开口

人们对"要钱或讨债"一直心有余悸，不好意思，难以开口，所以总是迟迟难以行动。

客户就是"上帝"，很多人一般不太愿意轻易得罪客户，可是大量欠款就是因为"难以开口"悬而未决。如果自己都不好意思与客户讨论逾期应收账款的事情，难道还指望客户会主动提出？

不断地拨打电话追问债务人为什么"不还钱"是一件令人非常头疼的事，谁都不愿意碰。将"开口要钱"变成"收回钱"是最富有挑战性的工作。首先，应该站在债务人的立场分析，他为什么迟迟不还钱，设想一下，如果你是债务人会怎么办？其次，尽量不要让债务人感觉到被羞辱，没有人愿意在被羞辱一番后，还按照你的指示办事。

(2) 控制情绪，冷静应对

很多情况下，我们会被债务人"激怒"和"伤害"，债务人经常会有"抵触"情绪，当抵触升级，你很难保持冷静和专业。

电话催收中，我们经常会遇到下列情况：

- 我不欠你钱。
- 没有你的发货单。
- 我现在不方便。
- 我不在位置上。
- 我不了解情况。
- 不是我负责。
- 对不起，我有另一通电话进来。
- 不要再打电话来了。
- 对方语速很快，态度粗鲁，时时打断你的话。

无论客户在多大程度上影响了你的情绪，与他们对话时要"始终"保持冷静和专业的态度。在催收工作中，感性和情绪化毫无用武之地。那么，如何才能保持冷静呢？唯一能做的就是倾听，倾听他们不还款的原因，换位思考，多从他们的角度出发，理解他们的困境，并坚定地相信这种困难只是暂时现象罢了。

如果一个债务人一听到你的声音就气不打一处来，你要保持客观心态，毕竟是他欠你钱，出错的是他，你可以稍加容忍，允许他将"负面情绪"发泄出来。

随着这种怒火的发泄,他的情绪就会稳定下来。

如果负面情绪积压太多,你也需要适当排解。不妨暂时离开工作,四处走走,找人聊聊,喝杯咖啡,多做几次深呼吸,重新找回最佳状态。

【函件催收,有理有据】

除电话催收方式外,催收人员还经常采用发送函件的方式进行催款。函件催收,有理有据。发送函件时要注意函件的内容、接收人、跟进频度等。

3W1H函件催款法包括催收函件的类型、催收函件的写法、催收函件的发送以及发送催收函件后的跟进。

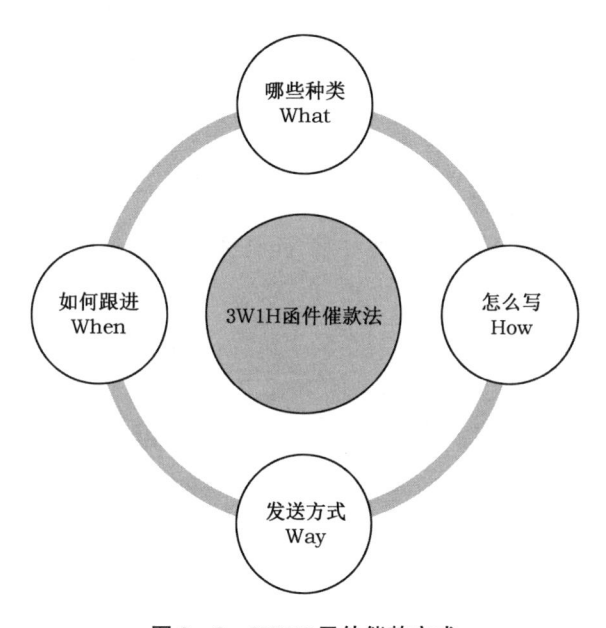

图 9—3　3W1H 函件催款方式

1. 催收函件的类型

不同类型的函件给债务人带来的影响是有一定差异的,催款力度也是不同的,合理区分并利用好不同类型的函件在催收工作中会起到很好的效果。催收函件主要包括下列类型:

➢ 月结单

➢ 付款通知单

➢ 对账函

➢ 催款函

➢ 律师函

2. 催收函件的写法

催收函件的写法也非常重要,一封极具威慑力的函件将会大大提高催收效果。写催收函件的关键在于给债务人造成影响。

写催款信最主要的是要确保内容简明、扼要、中肯、易读,行文要谦和且直入主题,避免过多的形容词。语言要确切、直接,写完后大声读一遍,让语句读起来更顺畅、更口语化。过于正式的信件一般在拆封前就被扔进了垃圾桶。

写催款信的主要目标有两个:第一,要让对方打开信封;第二,让他把信读完。这两点都不容易做到。很多催款信对方是拒收的,那么,如何才能让对方打开信封呢?吸引对方,让对方有兴趣,给对方带来好奇。就像你经常会收到广告邮件,怎么才能有吸引力呢?手写收信人是一个比较好的选择。用一个空白信封,在上面手写收信人。最好用鲜艳色彩的手写体,更容易吸引收件人的注意。

写催款信的要点包括:

➢ 收信人要明确:地址一定要详尽,姓名、职位、电话等要明确。

➢ 写信人要具体:写信人的职位、电话、签名。

➢ 内容上要突出:欠款金额写在突出位置,要求支付时间要具体。

➢ 格式上要美观:字体统一,条例清晰,不超过一页,往来明细清单可附页。

➢ 形式上要递进:催款函不宜超过 3 封,口气和措辞要逐步严厉和强硬。

➢ 名义上要多变:对账单、提醒单、催款单、诉讼前通知单、起诉意向单等。

3. 催收函件的发送

寄出信件前,一定要仔细检查一遍。金额是否正确?客户的姓名是否有误?拼写是否完整?语句是否通顺?意思表达是否清晰?有时候,还需要在催款信后附上有关发票凭证等,并将我方完整的收款信息一并提供(收款公司名称、开户银行、账号等)。

催款信发送的形式包括邮政快递、电子邮件、传真、微信等。在具体发送催款信的时候,可以选择其中一种方式,也可以选择多种方式同时发送。

(1)邮政快递

通过快递或邮政的方式寄出催款信。快递通常比邮政快,但邮政 EMS 的可靠性比较高。通常,律师函通过邮政 EMS 发送。为提高催款信的效力,通常会在快递单上写明"××催款信"。

(2)电子邮件

电子邮件速度快,并且是双向交流的;通过电子邮件发给客户任何信息,同时可以转发给不同的同事和人员,还可以将邮件内容打印出来。通过电子邮件发送催款信,可以在邮件中设置对方收到给回条,以便确认对方是否收到催款信。

(3)传真

传真比信件方便,容易送达目标读者。传真克服了人们躲避接电话或不愿回信等缺点,更容易送达债务人高层手中。传真可以将信息发送到任何一个地方(近年来由于微信的便捷性,传真已经很少使用)。

(4)微信

近年来,微信作为一种便捷的即时通信工具,使用人群越来越多,很多人采用微信作为沟通和发送文件的方式。如果你有对方的微信,采用微信发送催款信就变得非常方便了,它可以实现快速传递,但由于微信多是个人所有,其发送催款信的效能会大大降低。

4. 发送催收函件后的跟进

发送催收函件后还要进行及时的沟通,要注意跟进的时间和跟进的方式。函件催收结合电话催收才能起到事半功倍的效果。发出函件后,为提升效率,必须有一次电话跟进。同时还要根据实际情况,把握跟进的时间频率和方法。

表9—5　　　　　　　　　　　函件催款过程

类　型	说　明
函件类型	函件类型主要包括月结单、对账单、通知单、提醒单、催款单、律师函等。
如何写函件	内容简明扼要,语气要中肯,措辞要有吸引力,格式要方便传阅。
函件发送	函件发送方式包括邮政快递、电子邮件、传真、微信等。
函件跟进	时间:逐步加深,3封为限,每次间隔10天左右。 方式:函件与电话结合,书面与口头齐下。

案例9-4:给不同的人发送不同的催款函

案例背景:

债务人江苏Y铝业有限公司是一家大型民营有色金属加工企业,案件委托时债务公司已经更名为江苏Y轻合金科技股份有限公司,并且已经在深圳中小板上市,企业经营效益非常好,具备偿债能力。

债务公司从债权公司(外商独资耐火材料的生产销售企业)采购耐火材料。欠款标的:人民币151 757.46元。已经逾期5年。

案情分析：

催收人员分析，导致此案发生的几种缘由可能包括：第一，债权人一直无人负责应收账款的催收，且债务人未主动支付货款。第二，存在质量或合同纠纷，导致债务公司拒绝支付，且双方无法达成和解，拖延至今。本案因超过诉讼时效，无法通过司法途径来解决。

催收经过：

催收人员先后与债务公司的采购和财务负责人取得联系，确认欠款事实和欠款金额都没有异议，但是，债务公司的采购和财务负责人均表示不清楚为何导致该笔欠款长期未支付，并且均表示愿意在了解情况后配合处理此事。

后续三个月的时间里，债务公司迟迟未付款，并且躲避催收。催收人员先后两次发送言辞强硬的催款信和律师函要求债务公司尽快付款，但债务公司财务部与采购部之间相互推诿。后来，采购部负责人迫于催收人员的强大压力，告知因公司董事长认为该笔欠款已经超过诉讼时效，且猜测存在质量纠纷而拒绝批复。

鉴于上述情况，催收人员起草了一份言辞委婉的函件给债务公司董事长，明确表示虽然本案已经超过诉讼时效，但如果债务人拒绝付款，是不道德的行为，且债务公司作为上市公司应在公平、公正、合法的前提下获取利益，而其本人更是一位成功的企业家，是上市公司的负责人，不能因本案的微利而损害企业和个人的良好形象。

函件发出后三天，债务公司采购部负责人主动联系催收人员，表示董事长已经明确表态愿意支付货款，经协商，最后做适当折让后付款，解决本案。

【上门催收，成效明显】

对于标的较大的应收账款或情况较为复杂的应收账款，很多时候还需要上门催收，与债务人当面沟通，具体处理和解决问题。

上门催收的核心要点是要能掌控场面，最终形成方案，目的是要起到施加压力的作用。

上门催收方式中，需要把握好以下四个关键点：约、见、谈、跟。

➢ 约：预约见面是上门催收的第一步，提前预约要见面的人和明确面谈的目的等。

➢ 见：预约好后，确定具体见面的时间、地点，上门的时候提前准备好见面的材料和注意的事项等。

➢ 谈：会谈要掌控场面，做好计划和安排，深入讨论，避免冷场。

▶ 跟：面谈后要将面谈内容和要点进行汇总反馈，并跟进沟通。

表 9-6　　　　　　　　　　上门催款技巧

类　型	说　明
如何约	约见债务人进行谈判是面访催收的前提，约见关键人和决策人是核心。
如何见	见面的时间、地点以及心情和状态都会影响谈判的成果和效率。
如何谈	对债务及债务人的深入了解可以在谈判中处于中心地位，有理、有据、有节。
如何跟	会谈之后及时有序跟进，跟进的步骤和频率及程度决定方案的落地和执行。

案例 9-5：约不到人就直接上门催收

案例背景：

债务人中油 H 工程有限公司是一家大型工程施工企业。债权人给债务人供应机械设备，欠款标的：128 160.00 美元。这是承包西气东输项目拖欠的设备款，项目早已完工并投入使用，原项目负责人被安排到非洲工作，无法联系上。该案件不存在质量问题。

案情分析：

催收人员接手案件后，经过调查分析：债务公司规模较大，有一定的支付能力；债务公司原联系人已被派往其他地区，找到新的对接人是关键，而手头上现有的信息显示无法直接找到债务公司新的联系人。

催收经过：

催收人员首先与债务公司负责工程的后勤人员确认欠款，并且发函给债务公司总经理，但是各部门之间相互推诿，一问三不知，也找不到负责人，没有任何实质进展。

催收人员准备采用直接上门的催收方式，亲自前往债务公司与项目部工作人员沟通。在与债务公司项目人员沟通过程中，获悉债务公司的财务总监能起到关键作用。

财务总监负责原有项目的欠款处理事宜。催收人员随即去见财务总监，来到财务总监办公室所在楼层，看到有 10 多个债权人都在财务总监处催款，财务总监心情非常糟糕，情绪暴躁，把所有催债人员都拒之门外。

催收人员看到这种情况就没有立即上去询问，其他债权人的催债人员被骂和拒绝后都相继无奈离开。

债务公司财务总监避而不见，下一步怎么办？冲动是魔鬼，先静下来，慢慢等待时机。

催收人员不动声色一直在财务总监办公室门口徘徊等待机会,两个小时后,财务总监从监控中看到催收人员一直未离开,主动开门询问情况,在了解情况后答应尽快处理,一个月后圆满解决。

面访耗时耗力,因此,面访的目的不仅仅是为了收回欠款,还要通过与客户的沟通交谈增进双方的关系,了解客户延迟付款的真正原因,以提升企业的信用管理能力。

上门催款的要点包括:

➤ 确定面访的主要目的:对账、催款、知情。
➤ 面访前充分准备,带上所有的文件及授权证明。
➤ 最好在约定的办公时间,在对方办公室内处理。
➤ 全面衡量对方的办公环境、公司管理、存货数量、客户情况、真实拖欠原因等,方便收款。
➤ 最好要有两位以上的催收人员共同参与上门催收。
➤ 态度明确,尊重对方,有礼有节,切忌争吵。
➤ 熟悉人员,形成方案,了解流程。
➤ 书面及电话跟进,及时处理与解决问题。

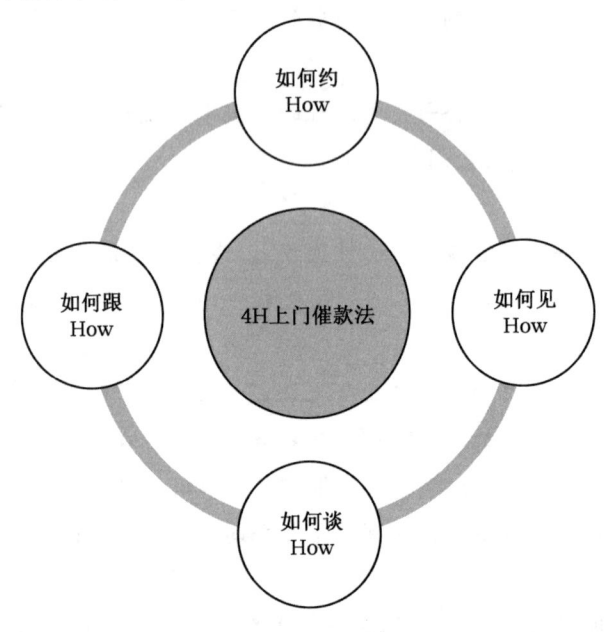

图 9—4　4H 上门催款方式

案例 9-6：上门催收的谈判与跟进

案例背景：

债务人苏州 D 丝织厂有限公司，因地方政府整体规划征用债务公司的土地，债务公司被迫停产，正在处理搬迁事宜。同时债务公司工人因为没有得到合理的安置，已经将债务公司告到劳动监察部门，并且劳动监察部门已经对债务公司采取了相应的行政处罚和监控。

债权人（某日资企业）给债务人供应纺织颜料，因债务人停产，尚有 214 197.49 元人民币货款没有支付，债务人承诺在获得政府拆迁补偿款后于 8 月 31 日前支付。债权人基于债务人目前停产、受到劳动监察处罚等，认为债务人的付款承诺存在一定的不确定性，委托催收人员必须实现 8 月 15 日前还款。

案情分析：

基于对债务公司的调查，催收人员分析判断：债务公司虽然停产，但不缺资金；债务公司当前的重要工作是解决拆迁补偿、新建厂房和劳动关系处理；债权人的货款对债务人而言只是很小的欠款，只要方法得当、时机成熟、找到合适的人，完全有提前处理的可能。

催收经过：

催收人员第一次上门债务公司（5 月份），详细阐述拖欠资金已经严重损害了债权人的合法权益，要求债务公司安排资金还清欠款。债务公司财务经理 Y 女士表示，目前公司的银行账户已经被劳动监察部门控制，任何付款请求都需要劳动部门的许可。员工安置工作要到 6 月底才能完成，所以在 6 月底之前任何供应商的欠款和应付款都不会得到支持。债务公司财务经理表示，此次拆迁补偿金额高达 1.3 亿元，用于偿付所有欠款都绰绰有余，目前拆迁补偿款还没有全部到位。按照债务公司的工作计划，7 月份开始处理企业的外债，因此一切事宜都需要等到 7 月份才会有答案。

催收人员一直与债务公司保持频繁交涉，并且密切关注债务公司的状况。了解到债务公司政府支付的补偿款超过银行贷款数额后，债务公司随时可以安排资金支付企业拖欠的外债。催收人员再次上门沟通（6 月份），债务公司总经理 D 先生一直坚持表示会在承诺的时间内安排付款，但没有明确具体的时间。

经过两次当面的沟通协调，债务公司财务经理认识到催收人员的积极努力、不辞辛劳和急迫心情。

催收人员必须想一切办法争取债务人早日还款。炎炎夏日，烈日当头，催收人员再次来到债务公司做最后的努力（7月份）。沟通过程中，特别向财务经理表明，如果不能在8月初拿到欠款，催收人员3个月的工作将付诸东流，可能会因没有完成任务而被解聘，催收人员是按照绩效进行考核的。另外，该笔欠款金额也不大，请财务经理务必帮忙，深表感谢。财务经理被催收人员的执着和真诚打动，表示公司账目可以考虑提前支付，并会向总经理汇报争取8月初支付。

催收人员表示感谢，准备下楼离开。刚走到楼下，转念一想：这是财务经理打发我们的借口，还是真的想帮助我们呢？会不会忘记向总经理汇报？总经理不同意怎么办？

于是，两名催收人员分头行动，一名回到财务经理处，另一名前往总经理处。前往总经理处的催收人员与债务公司总经理沟通，再次将与财务经理沟通的情况向总经理讲述一下，征得总经理口头答应8月初付款后，请求总经理给财务经理打个电话提前安排一下。双方的沟通情况经过确认后，在接下来的一周，催收人员多次联系财务经理，顺利解决账款支付。

【诉讼催收，有法可依】

如果电话催收、函件催收、上门催收都不能给债务人造成压力，就需要采取诉讼手段进行催款了。诉讼是很多债权人在迫不得已的情况下才使用的一种催收方式。诉讼方式催款，在证据确凿及债务人有执行能力的情况下使用，效果最好。

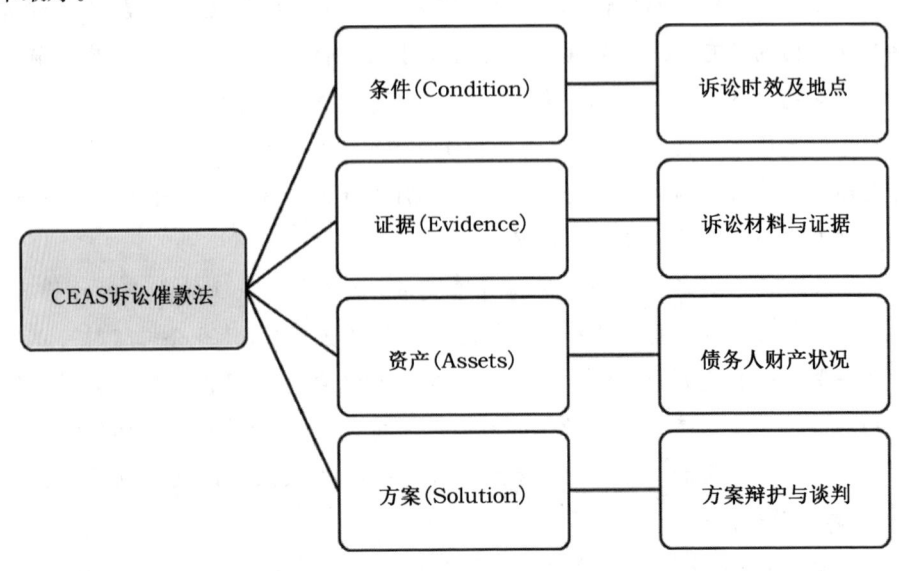

图9—5　CEAS诉讼催款方式

诉讼催收,有法可依。诉讼证据及债务人资产状况是诉讼催收的核心要件。诉讼催收方式的要点包括:

➤ **快速立案及提高立案成功率**:债务信息的完整性及证据提交的完整性、与法院确认跟进的及时性、与法院联络的紧密性、诉讼地点的精准性、诉讼时机的选择等。

➤ **确认开庭及开庭注意事项**:证据的准备、解决方案的推演、有利证据的强化、风险问题的提前协商沟通等。

➤ **诉讼沟通谈判及确定方案**:方案的预判性、预估方案的提前协调与沟通、授权范围的认定、现场的灵活性等。

➤ **落实执行诉讼结果**:诉讼方案的落地执行、债务人资产的落实、风险的防范等。

表 9—7　　　　　　　　　　诉讼催款要素

类　型	说　明
时效地点	诉讼时效是前提,诉讼地点很关键,不同地区的诉讼效率及执行存在差异,根据诉讼地点进行策略调整。
证据材料	诉讼证据是诉讼的核心要件,证据链的完整及证据材料的证明力是核心。
企业资产	诉讼的主要目的是回款,债务人资产规模情况决定诉讼的可执行性。
方案谈判	法庭的辩护及与对方确定的优选方案是律师经验的重要体现,方案的可执行性和效率是核心。

【应收账款回收成功因素】

提高逾期应收账款的回收成功率一直是催收人员追求的目标。就某个具体的应收账款而言,要提高其回收成功率,除了分析了解该案件的基本情况和欠款原因外,更重要的是必须有针对性地采取恰当的催收方式,给债务人施加压力,影响债务人的意愿,促使债务人还款。

如果要从整体上提高应收账款的回收成功率,掌握具体的催收方式和催收技巧是远远不够的,催收人员还必须站得更高,从更高的角度去分析和判断。实际的催收工作经验使我们明白,要提高应收账款的回收成功率,以下四个方面的信息是关键因素,如图 9—6 所示。

1. 债务人的支付能力与支付意愿

债务人是应收账款支付的主体,是应收账款催收的对象,牢牢抓住债务人

```
                    应收账款回收
                     成功因素
    ┌──────────┬──────────┴──────────┬──────────┐
债务人的支付能力   债权人的处理态度    债务本身的质量优    掌握的催收能力与
  与支付意愿      与回收决心         劣与证据完整      可用的催收资源
```

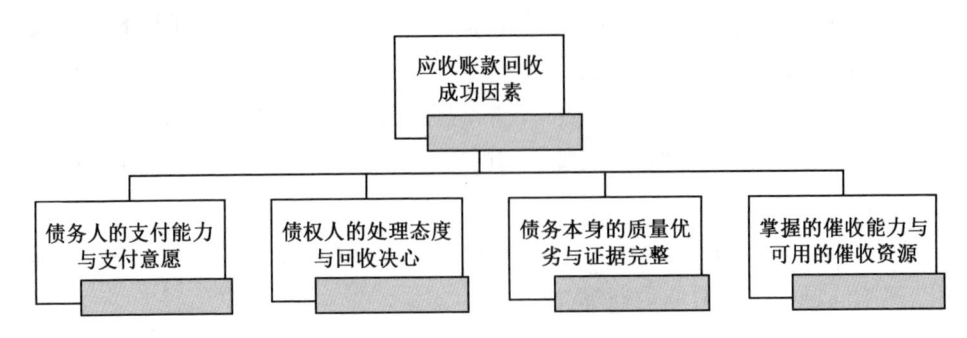

图 9—6　应收账款回收成功因素

是关键。在催收逾期应收账款的时候，详细准确地了解债务人的支付能力与支付意愿是应收账款成功回收的核心。

　　首先，必须了解债务人本身的偿付能力，包括资金情况、经营情况、财产状况等。债务人的偿付能力是基础，没有偿付能力一切都是空谈。其次，债务人的支付意愿也非常重要，但支付意愿必须建立在支付能力基础之上。只有在充分了解债务人支付能力与支付意愿的基础上，才会有更有效的催收方式和方法，提高应收账款的回收成功率。

表 9—8　　　　　　　　　　　　支付能力与支付意愿

类　型	说　明
支付能力	支付能力是经济基础，是最需要关注的问题。只有建立在支付能力基础之上的支付意愿才是可靠的。
支付意愿	支付意愿是上层建筑。支付意愿必须建立在支付能力基础之上。支付意愿很容易受到各种外在因素的影响，摇摆不定，情况各样，因人而异，千变万化。支付意愿主要分为主动付款、提醒付款、拖延付款、施压付款、无意付款等。
处理原则	有支付能力但没有支付意愿的，主要是提高其支付意愿，促使其尽快还款；有支付意愿但没有支付能力的，主要是查询其到底有没有钱，寻找钱的来源；有时候还存在客户有能力也有意愿但一直不行动的欺骗行为；如果客户既没有能力也没有意愿，就要多从债权人身上寻找原因，怎么会与这样的客户合作的？

2. 债权人的处理态度与回收决心

　　债权人对应收账款的处理态度与回收决心是影响应收账款回收成功率的第二个因素。难道还有债权人不想积极追回欠款的情况？还真有，这种情况还是非常普遍的。经过统计和分析，有接近 15% 的案件是由于债权人对债务的处理态度犹豫、回收决心不坚定等导致应收账款逾期越来越严重。

当案件委托第三方进行催款时,有部分债务人会直接拒绝沟通而要求与债权人的当事人沟通,部分债权人会有所顾虑导致最后无法回收。

应收账款涉及债权人内部不同的部门,不同部门的认识和处理态度存在一定的差异。比如,担心影响合作关系,债权人感觉不好意思,还要考虑对公司的影响等。债权人稍有犹豫就会又回到当初欠款的情况,这样债务人又找到一个借口拖延付款。

债权人对债务的处理态度与回收决心决定了什么时候开始催收、催收力度的大小、采取的催收方法等。

表 9—9　　　　　　　　　　　处理态度与回收决心

类　型	说　　明
处理态度	应收账款涉及债权人内部不同的部门,不同部门的认识和处理态度存在一定的差异。同时还要考虑债权人所处的社会经济环境、销售政策对欠款的影响程度。债权人的处理态度、各部门是否愿意积极配合、内部信息是否及时沟通等都是十分关键的因素。
回收决心	债权人对回收欠款的信念是否强烈:无论拖欠的原因如何、拖欠情况多么恶劣,欠款必须全部回收还是可以根据实际情况进行调整;关键的时候是否有人愿意做出决策和判断等。
方向把握	债权人的信用管理部、客户服务部以及销售部要有合作意识,共同服务于客户,但必须达成一致的共识,即必须将我们对应收账款的态度非常明确地告知客户,透彻了解客户及其行业,在平时就设法保持企业的赊销信用声誉。

3. 债务本身的质量优劣与证据完整

债务关系的认定、债务质量的优劣、债务证据的齐备等债务本身的情况都需要具体和明确,认真分析债务情况以便采取合适及恰当的催收方式。

表 9—10　　　　　　　　　　　债务状况与关联影响

类　型	说　　明
债务状况	债务本身的情况:合同是否有重大漏洞、是否存在质量或服务问题、资料手续是否齐全、拖欠的金额大小、法律诉讼时效、债务人的真实情况等。
关联影响	内部影响:该账款的处理所涉及的内部部门、内部人员等。外部影响:对客户的业务合作及其他合作伙伴的影响、对行业的影响等。
分析判断	考虑到债务本身的情况及案件的关联影响,有针对性地制定案件的处理原则和方法,在预估各种情况后确定所采取的步骤和措施。

4. 掌握的催收能力与可用的催收资源

充分利用各种资源,只有具备各种催收资源,才能在催收过程中得心应手。可利用的催收资源包括资产调查资源、异地执行资源、催收渠道资源、法律资源等。

表 9—11　　　　　　　　　　内部资源与外部资源

类　型	说　明
内部资源	债权人内部信息系统的完备情况,如信息的完整性、及时性、真实性;内部沟通协调机制的便利性和规范性;内部决策机制的快速性及责任性;随时可调配的人力、财力等。
外部资源	外部信息调查资源;第三方的催收能力、资源成本、催收渠道的建立、服务能力;律师团队的经验、专业性、网络渠道等;外部信息及决策的方案分析与判断。
协调利用	充分有效地利用内外部资源,规范合理地进行内外部资源的整合,适应快速变化的市场。

第十章　合同管理与法律诉讼

学习目标

本章从合同风险管理的角度出发,看看怎样管理合同法律风险,以及如何撰写合同、如何审核合同、如何预防合同风险、如何防范诉讼风险。本章内容主要从以下三个方面展开:

➜ 合同的条款有哪些?一份完整的合同包括哪些内容?

➜ 如何审查和修改合同条款?如何预防合同风险?如何防范诉讼风险?

➜ 民事诉讼的流程是怎样的?

关键词

合同	买卖合同	订立合同
合同条款	合同审查	合同风险
诉讼流程	诉讼风险	诉讼保全

内容提要

1. 理论知识点梳理

(1) 合同的含义

(2) 合同的订立

(3) 合同的审查

(4) 合同风险管理与防范

(5) 诉讼风险管理与防范

(6)民事诉讼的流程

2. 实务场景设置

买卖合同纠纷

小贴士

企业之间的经济往来主要是通过合同进行的。合同是现实经济生活中最基本、最常见也是最重要的交易形式。合同管理是企业经营管理的重要内容,把好合同关是企业经营管理成败的关键因素。

一份好的合同,可以有效地预防和避免纠纷的产生;而一份有缺陷的合同,则会留下隐患,产生纠纷和败诉的后果,给一方或双方造成严重的经济损失。

一、理论知识点梳理

★ 合同的含义

1. 概念

《中华人民共和国民法典》第464条规定,合同是民事主体之间设立、变更、终止民事法律关系的协议。依法成立的合同,受法律保护。

合同是当事人平等协商订立的协议,约定了彼此应当履行的义务和享有的权利。合同最重要的功能是保护双方的正当权利。如果一方违约而未能满足另一方的要求,合同就是另一方讨回公道的证据。为了维护社会经济秩序,国家制定法律来规范合同当事人的行为。依法订立的合同具有法律效力,受法律保护。一方违约或者他人非法干扰合同履行的,应当承担法律责任。

企业商事纠纷案件中,买卖合同纠纷是最主要的类型。买卖合同是出卖人转移标的物的所有权于买受人、买受人支付价款的合同。

本章内容,如无特别说明,所提到的合同主要是指买卖合同。

2.《民法典》中部分关于买卖合同的规定

在《民法典》中,买卖合同的立法出现了许多重大变更。现就部分与企业信用管理人员相关的内容展开说明。

(1)分期付款买卖合同

出卖人允许买受人分期付款,买受人据此享有一种期限利益。《民法典》第634条规定:"分期付款的买受人未支付到期价款的数额达到全部价款的五分之一,经催告后在合理期限内仍未支付到期价款的,出卖人可以请求买受人支付全部价款或者解除合同。出卖人解除合同的,可以向买受人请求支付该标的物的使用费。"

其中:

➤ 在原《合同法》第 167 条的基础上增加了"经催告后在合理期限内仍未支付到期价款的"要求。

➤ 特别规定了只有买受人未支付到期价款的金额达到全部价款的五分之一时,才允许出卖人采取要求支付全部价款、解除合同等措施予以救济。如果出卖人要求"支付全部价款",则买受人便不再享有分期付款待遇;如果出卖人要求"解除合同",则可以向买受人要求支付该标的物的使用费,该使用费是买受人利用标的物而获得的利益。

➤ 出卖人在明确提出"要求买受人支付未支付的到期价款"后收款未果,出卖人即可要求买受人支付全部价款或者解除合同。出卖人对这两种救济方法享有选择权。

(2)保留所有权买卖合同

保留所有权买卖合同的有关规定见《民法典》第 641—643 条。

➤ 第 641 条第 2 款规定:出卖人对标的物保留的所有权,未经登记,不得对抗善意第三人。即如果不登记,就仅在双方当事人之间发生保留所有权的效力。

➤ 第 642 条规定:当事人约定出卖人保留合同标的物的所有权,在标的物所有权转移前,买受人有下列情形之一,造成出卖人损害的,除当事人另有约定外,出卖人有权取回标的物:①未按照约定支付价款,经催告后在合理期限内仍未支付;②未按照约定完成特定条件;③将标的物出卖、出质或者作出其他不当处分。出卖人可以与买受人协商取回标的物;协商不成的,可以参照适用担保物权的实现程序。

➤ 第 643 条规定:出卖人依据前条第 1 款的规定取回标的物后,买受人在双方约定或者出卖人指定的合理回赎期限内,消除出卖人取回标的物事由的,可以请求回赎标的物。买受人在回赎期限内没有回赎标的物,出卖人可以以合理价格将标的物出卖给第三人,出卖所得价款扣除买受人未支付的价款以及必要费用后仍有剩余的,应当返还买受人;不足部分由买受人清偿。

(3)试用买卖合同

《民法典》中,对试用买卖合同的规定做了很多调整,包括买受人是否同意购买标的物的确定、标的物使用费的承担、标的物毁损灭失的风险承担等问题。

▶ 第 638 条规定:试用买卖的买受人在试用期内可以购买标的物,也可以拒绝购买。试用期限届满,买受人对是否购买标的物未作表示的,视为购买。试用买卖的买受人在试用期内已经支付部分价款或者对标的物实施出卖、出租、设立担保物权等行为的,视为同意购买。

▶ 第 639 条规定:试用买卖的当事人对标的物使用费没有约定或者约定不明确的,出卖人无权请求买受人支付。

在试用买卖中,尤其是因买受人拒绝购买标的物而使买卖合同不能生效时,买受人是否应支付标的物使用费应该由当事人双方约定,否则易引发纠纷。

▶ 第 640 条规定:标的物在试用期内毁损、灭失的风险由出卖人承担。

除此之外,还需要关注合同双方因买卖物运输时的风险承担、物的瑕疵担保责任等原因而引发货款结算方面的纠纷。

3. 所签合同的来源

通常,进行交易首先就要签订合同,准备签订的合同主要有三种来源:对方提供的标准版合同、我方提供的标准版合同、重新起草新版本的合同。

合同谈判的双方谁起拟合同初稿,谁就掌握一定的主动权。合同双方的地位往往决定了合同条款设定偏向于哪方占优势。通常,会存在下列三种类型:第一,双方地位平等,可以就合同条款的具体内容友好协商,合同的签订比较顺畅;第二,对方是大客户,话语权较大,占强势地位,合同权利和义务可能一边倒,苛刻的违约责任处处在,而且对方也基本不会接受修改意见;第三,我方有一定主动权,处于强势地位,可以在合同中增加对我方有利的条款。

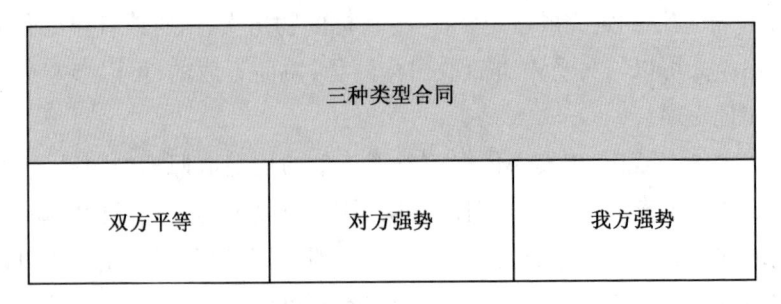

三种类型合同		
双方平等	对方强势	我方强势

图 10—1 合同类型

合同强势有利于强势一方的利益，但对方的接受性也降低了。因此，真正的好合同是有针对性的强势，即对业务上最有可能出现的问题保持强势，对其他低概率事件条款保持相对的均衡，这样对方容易接受。无论哪种类型的合同，都应该尽力发现和规避可能的风险，有针对性地提出修改意见并给予特别提醒。合同审查的主要目的是降低风险与提高效率相结合，促进双方均可接受，促进交易达成。

★ 合同的订立

订立合同是一个经过充分协商达到双方当事人意思表示一致的过程，在这个过程中的每一个步骤便构成了合同订立的程序。

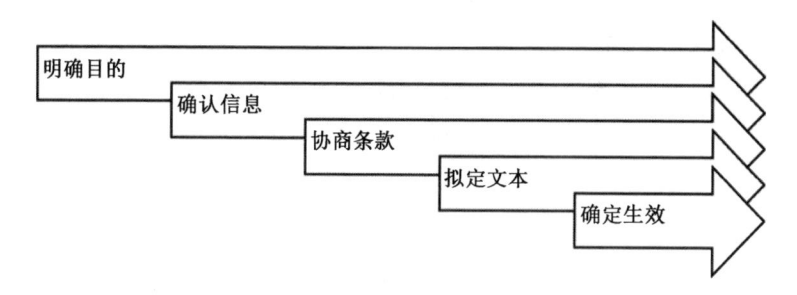

图 10—2　合同订立程序

订立合同的程序如下：

1. 明确目的

对签订合同所要实现的目的要有准确清晰的了解。合同的目的是签订合同的根本动力，比如买卖合同，买方的主要目的是根据需求买到物美价廉的货物，卖方的主要目的是销售货物、赚取利润并收到货款。

2. 确认信息

签订合同前，需要进行市场基础信息调查、行业调查、供需调查等。当你准备与对方谈判签订合同时，需要对对方进行信用审查、资格审查和信用评估等。

3. 协商条款

双方当事人之间就合同条款的不同意见经过反复协商，讨价还价，最后达成一致意见。双方主要沟通洽谈的内容涉及三个方面：通用指导性条款、权利义务条款、违约责任条款。通用指导性条款是指业务介绍、有关说明、标的描述等。权利义务条款就是需要合同双方有所作为或不需要有所作为的条款；权利义务条款讲究细致，以完善无缺为要。违约责任条款是对一方违约应当承担责任的相关规定。

4. 拟定文本

拟定合同文书是将双方协商一致的意见，用文字表述出来。拟定合同最主要的是做到有序，根据实际业务需要把合同约定事项做一个归类，然后按照一定的逻辑或者时间顺序进行排序。

《中华人民共和国民法典》第四百七十条规定：合同的内容由当事人约定，一般包括下列条款：(一)当事人的姓名或者名称和住所；(二)标的；(三)数量；(四)质量；(五)价款或者报酬；(六)履行期限、地点和方式；(七)违约责任；(八)解决争议的方法。当事人可以参照各类合同的示范文本订立合同。

《中华人民共和国民法典》第五百九十六条规定：买卖合同的内容一般包括标的物的名称、数量、质量、价款、履行期限、履行地点和方式、包装方式、检验标准和方法、结算方式、合同使用的文字及其效力等条款。

5. 确定生效

拟定好合同文书后，经过双方对所有合同内容的审查并同时都认可，才能认为合同文书内容已经完成，但合同还没有生效。这里就要办理合同订立的最后一道手续。首先，由双方当事人的法定代表人或授权经办人在合同上签名；其次，按照我国的习惯，要加盖单位公章或者合同专用章，合同订立的程序才算完成。

《中华人民共和国民法典》第四百九十条规定：当事人采用合同书形式订立合同的，自当事人均签名、盖章或者按指印时合同成立。在签名、盖章或者按指印之前，当事人一方已经履行主要义务，对方接受时，该合同成立。

★ 合同的审查

签署合同最重要的目的是保护公司合法合理的权益以及为业务争取到的商业利益，实现公司所要达成的经营目标，让公司享有最充分完整的权利，并承担适当可行的义务以及可以承受的法律责任。企业可以自己草拟合同，也可以聘请律师代写合同。代写合同是专门为订立合同需要的主体提供的一项专业法律服务。

写合同是份精细活，既要能满足双方顺利履行，又要能防范法律风险，即使出现风险也能有效救济。既要明确双方的权利义务以及违约责任等内容，又要权衡双方的利益，避免合同太过于苛刻而被对方拒签，还要让合同内容符合法律法规，以免因违法而被法院裁定为无效或被撤销。这就需要相当专业的法律知识作为支撑,需要具备良好的合同协议起草能力。通常,企业会委托律师撰写正式的合同。

合同是对公司利益的一种保障方式。如果没有签订合同或者签订的合同有瑕疵,可能会给企业带来无法预估的损失。无论签订的是哪种类型的合同,签订前,进行合同审查是最必要的工作。合同审查就是按照法律法规以及当事人的约定对合同的内容、格式进行审核。一般来说,大的公司都有专门的法务部,对合同进行审查备案。对于比较重要的合同,公司还可能会聘请律师参与审查。律师完成工作后,会出具审查意见书。

一份标准的买卖合同,合同中的条款有所谓的"商务条款"与"法律条款"之分,商务条款对应的就是业务知识。律师既要审理法律条款,也要对商务条款做实质审查。

从企业利益的角度分析,审查合同的终极目的是判断合同是否能达到交易的目的,以及合同条款是否能有效地保护自己的权益。

在实践中,大部分合同审查是为了发现问题并加以修改完善,合同审查主要从下列四个方面开展:

➢ 完整性审查(内容是否有缺失):格式的完整性、条款及内容的完善无缺
➢ 合理性审查(条款是否有风险):合法性、合规性、风险点、对等性、可控性
➢ 操作性审查(方案是否可执行):可操作、可落地、可实施、可执行、可理解
➢ 补救性审查(问题是否可补救):能识别、能掌控、能分析、能预防、能补救

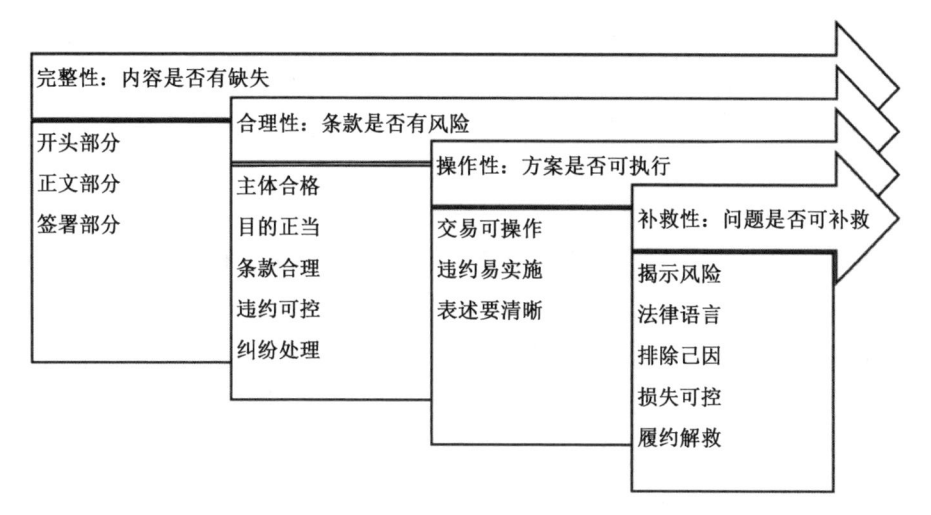

图 10-3 合同审查方法

1. 完整性审查

完整性审查,主要是审查合同的结构是否完整。合同结构是指合同各个组成部分的排列、组合和搭配形式。合同通常由三部分组成,即开头、正文及签署部分。

(1) 开头部分

一般包括合同名称、合同编号、双方当事人名称、住所、邮政编码、法定代表人、电话、传真、电子信箱、开户行、账号等。

(2) 正文部分

即合同目的及合同条款第一条至最后一条,包括签订合同的依据和目的(常见的鉴于条款)、标的物、数量和质量、价款或酬金、履行方式、地点和期限、违约责任、合同生效及终止、不可抗力、争议的解决方式、法律适用、保密、权利放弃、权利转让、继承者和受让人、修订、可分割性、未尽事宜、通知、合同正副本份数及保存、附件等。

(3) 签署部分

一般包括签署单位盖章及签署单位授权代表签名、签署时间、签署地点等。

完整性审查,就是看一份合同是否具备这三部分,以及这三部分是否完整、是否有前后矛盾的地方。常见的错误有当事人名称不一致、内容不完全、有错误或前后矛盾,合同名称与实质内容不符、时间签署前后不一样,地址、法定代表人错误等。

合同各方的权利和义务是合同内容的重中之重,审查合同内容完整性,主要是以各方权利和义务为中心,对合同标的物、数量和质量、价款或酬金、履行方式、地点和期限等合同必备条款进行详细审查,然后就是各方的保证和承诺,紧接着就是违约责任条款及争议解决方式。完整性审查一是要抓住重点,二是看排列的便利性,三是看整体框架的协调性。

2. 合理性审查

拿到需要审核的合同,首先查看合同的版本(由哪方提供的合同)、格式条款或可以协商确定的条款有多少、格式条款有多大的风险等。有时候一个看似很普通、很熟悉的合同里面却暗含风险。例如,合同相对方提出的看似公平的条款,实际上很有可能是对方对某些法律问题的规避;己方提出的在业务上很有利的条款,实际上很有可能存在重大的法律隐患。合理性审查是合同审查的核心工作内容。

合理性审查主要审查的内容包括合同主体是否合格,合同目的是否正当,合同内容、合同形式及程序是否合法等。即审查法律关系，审查履行程序，审查生效条件，避开法律泥潭。

(1)主体合格性：主体的合法性、合规性、主体资格、履约能力

审核合同主体是否合法合规、名称是否准确完整、是否具备相应的资质或许可，并核查合同主体的年检情况、经营范围、经营方式等影响合同的相关情况，是否具备履行所签合同的经济能力、生产能力、服务能力等。尤其应当高度重视对对方资信的审查，预防对方不能履约。最重要的还要审查其是否具有相应的从业资格及相应的资质证书。

(2)目的正当性：合同目的的明确性及正当性与合法性

合同的鉴于部分主要是陈述合同的目的，将甲、乙双方的合同目的陈述清楚，能够起到很好的风险控制或充分认定违约赔偿范围的效果。明确合同目的，明确签约的先决条件，明确责任界限，明确责任承担。摸清当事人拟签合同的真正目的，包括动机。不要有合同名不副实或当事人企图以合法形式掩盖非法目的的情况发生。

(3)条款合理性：合同条款的合法性、合理性、精准性和明确性
- 标的是否合法，标的(物)的描述要准确、清楚、明白。
- 数量要清楚、准确，计量单位、方法和工具符合国家或行业规定。
- 质量要明确适用的标准，并明确质量检验的方法、责任期限和条件、质量异议期限和条件等。
- 价款或报酬：合同明确规定价款或报酬数额、计算标准、结算方式和程序。
- 履约期限、地点或方式：履约期限要具体明确，履约期限是确定的，地点应冠以省、市、县名称，交付标的物方式、劳务提供方式和结算方式应具体、清楚。例如，有的合同约定"验收合格后付款"，但并没有约定验收时间、验收主体、验收标准等，导致迟迟没有验收而无法付款。

(4)违约可控性：是否约定违约的限额

应明确规定违约责任，明确违约构成要件、违约责任是否具备可识别性及可衡量性，以及违约责任的具体实施办法，如赔偿金数额或具体计算方法及支付方式等。

需要注意：风险是否预测全面，违约责任形式是否具有可操作性、易实施，违约责任是否足以挽回我方经济损失，违约责任是否有限制，例如对违约或损害赔偿总额的限制等。

(5)解决便利性:是否有利于我方的纠纷解决方法

审查履约地点与管辖条款是否有利于当事人的交易安全。选择诉讼或者仲裁其中之一作为争议解决方法;约定通过诉讼解决的,还可以约定管辖法院;约定由仲裁机构裁决的,应写明具体仲裁机构名称。

需要注意:纠纷解决方式是否明确,关于诉讼或仲裁管辖是否无效;一般宜约定由法院管辖(因为仲裁成本较高,且一裁终局),是否在我方所在地法院管辖;是否约定败诉方承担对方为实现债权而支出的合理费用,如律师费及调查取证费等。

3. 操作性审查

"实现合同可操作性是合同得以有效利用、完成交易和实现利益均衡的具体保证。"实践中,部分合同缺乏可操作性,具体表现在对合同各方权利的规定过于抽象,对合同各方义务的规定不明确、不具体,缺乏违约责任条款或对此规定不清,合同虽规定了损失赔偿但没有计算依据,整个交易程序不清晰,合同用语不确切等。

(1)交易的可操作性:注重交易程序的可操作性

任何合同都应具备可操作性,合同应该是完成交易的执行手册。这种可操作性表现在以时间为发展轴线,在各时间节点上,缔约人要完成各自的约定责任。

权利义务的内容要明确且具有可操作性,对于结算条款,必须具备精准的执行性,不要产生歧义。

(2)违约责任的易实施性:违约可操作、易实施

不但要规定违约责任,还要尽量详尽,使各方违约责任与其义务相一致并落到实处。违约责任的承担形式要具有可操作性、易实施。合同出现纠纷时举证要有明确性,诸如成果验收标准的明确、付款方式与进度的明确、文件往来双方互相认可的书面明确等,防止出现无法证明的情况。

(3)文字表述的清晰性:明确、严谨、无歧义

文字表达具有明确性,不应当存在歧义的可能性;合同的文字表述应当是十分严谨的,文字含义在条款中的理解不应当发生歧义。要每个条文、每个语句发生作用,理解上无歧义。合同用语不确切,不但使合同缺乏可操作性,而且还会导致纠纷的产生。

▶ 不使用形容词,如"巨大的"、"重要的"、"优良的"、"好的"、"大的"、"合理的"、"最新的"、"最好的"、"正常的"等。

> 不使用模糊词,如"大约"、"相当"、"一切"、"全部"等(用"包括但不限于……")。

> 简称须有解释,容易产生误解和歧义的词语要定义,用词要统一,标点符号要注意等。

> 为了确保合同履行而要求对方交付定金,务必注明"定金"字样,不要使用"订金"、"保证金"、"押金"等字样。如果使用了"订金"、"保证金"等字样并且在合同中没有明确表述"一旦对方违约将不予返还,一旦己方违约将双倍返还"的内容,法院无法将其作为定金认定。

4. 补救性审查

合同的公平性是指合同双方权利与义务要相对平衡。虽然合同双方的法律地位是平等的,但是法律上的平等地位不等于市场地位的平等,市场地位决定合同地位。有时候我们为实现交易目的必须签订一些略显"不平等"的合同。

(1)揭示风险,判断权衡

应充分揭示合同中各项条款的风险,出具一份针对性的补充意见,与对方沟通谈判,争取将风险降低到可控范围。

(2)法律语言,据理力争

优势方常保留单方解除权,劣势方要常用不符合法律规定、不符合交易惯例、不符合公平对待原则进行合同修订和谈判。

(3)违约责任,排除己因

优势方多用"唯结果论",劣势方修订时要多采用"唯原因论",加上"但非乙方过错造成的除外"。

(4)损失范围,明确可控

合理界定损失范围,提高对己不利条款的可操作性难度。

(5)履约困难,预期补救

很多当事人对自己的合同履行能力总是有较高的估计,一旦出现无法履行合同的情况,合同中是否已经对这种结果有预期的救济条款的安排就显得十分必要了。

一份合格的合同应当具备目的正当,内容、形式和程序有效,各方权利义务关系均衡,具有可操作性,并且结构合理、体例适用。最后,我们再对合同文字表达进行润色,检查标点、语法、序号,规范数字日期,核查细节,校验前后一致性即可。

★ 合同风险管理与防范

为防范合同风险,企业应首先做到规范合同的订立,完善合同必备条款,合同要确保交易的进行;其次,重视合同的履行,合同交易中应注意保留履行合同的证据,提高证据意识,妥善保管证据;最后,在合同的纠纷处理中要学会运用证据,确保有效维权。

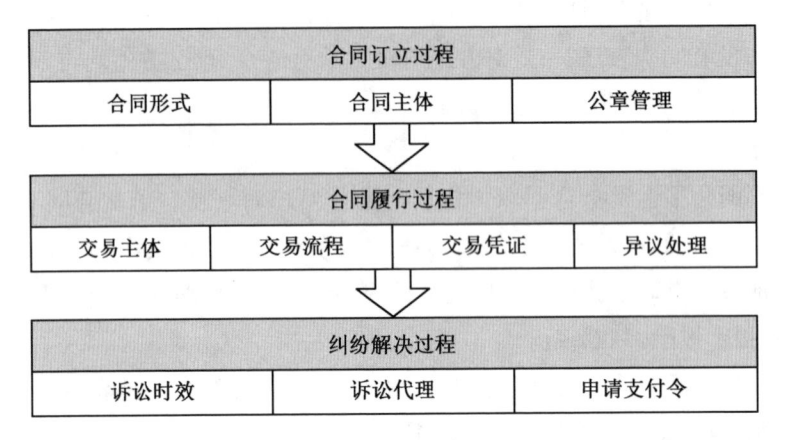

```
┌─────────────────────────────────────────────┐
│              合同订立过程                    │
├───────────────┬──────────────┬──────────────┤
│   合同形式    │   合同主体   │   公章管理   │
└───────────────┴──────────────┴──────────────┘
                      ↓
┌─────────────────────────────────────────────┐
│              合同履行过程                    │
├──────────┬──────────┬──────────┬────────────┤
│ 交易主体 │ 交易流程 │ 交易凭证 │  异议处理  │
└──────────┴──────────┴──────────┴────────────┘
                      ↓
┌─────────────────────────────────────────────┐
│              纠纷解决过程                    │
├───────────────┬──────────────┬──────────────┤
│   诉讼时效    │   诉讼代理   │  申请支付令  │
└───────────────┴──────────────┴──────────────┘
```

图 10—4 合同风险分布

1. 合同订立过程中的法律风险

(1)合同形式方面:避免口头合同,尽量签订书面合同

➤ 当事人或因考虑交易便捷,或因法律意识淡薄,或因内部管理不规范,或因碍于情面,不好意思或者是怕麻烦,或者已经是惯例等订立口头合同,导致出现争议及纠纷时难以举证证明合同关系的存在,在诉讼中陷入被动。少数企业会利用企业之间合同手续上的欠缺逃避违约责任。

➤ 为防范风险,企业应尽量签订书面合同,完备的书面合同对于保障交易安全十分重要。签订的合同应当是一式多份的书面合同,且多份合同内容、签名主体、盖章主体以及签订时间完全一致。

(2)合同主体方面:明确主体身份,避免矛盾冲突

➤ 存在合同主体不明确、主体混乱、合同相对方不明等情况。合同相对方是企业还是个人存在争议,签约代表未出具任何授权手续,容易出现表见代理、越权代理、授权失效等情况。内设机构本身不具有合同主体资格,很可能导致合同无效。

➤ 应当对合同主体进行必要审慎的审查,要求相对方签约代表出示授权委

托材料并在合同上签名盖章。核对对方代理人身份,明确己方代理人授权范围。负责接洽业务的人员离职后,及时通知对方。

(3)公章管理方面:公章管理使用需严格,签约盖章应注意

➤ 有时盖章人员对公章管理不严,对骑缝章的加盖认识不足、方法不对。实践中出现合同签章页与正文形成时间不一致,签署的多页合同文书中被合同相对方换页、添页等改变合同内容从而侵害公司权益。

➤ 在签署多页合同时,加盖骑缝章并紧邻合同文本最末一行文字签名盖章。避免出现多份不一致的合同,造成认定合同真实内容的举证困难;尽可能将企业合同章、财务章等予以备案。自然人签名要确保与其身份证件相符,最好注明身份证号码、手机号;法人盖章要确保名称与合同主体相符,不能只是部门印章。

2. 合同履行过程中的法律风险

合同的履行,指的是合同约定义务的执行。合同主体在履行合同过程中,应当遵守一些合同履行的基本规则,涉及履行主体、履行标的和期限、履行地点和方式、合同履行中的第三人等。

(1)实际交易主体混乱的法律风险

➤ 通常,合同只能约束签约双方,对第三人不产生约束力。但在交易过程中,会出现以其他主体的名义签收货物、支付款项、确认欠款等,或交易过程牵涉其他主体又未保留相关证据、签约主体与履行主体不一致等,导致实际的合同当事人及当事人的诉讼主体资格难以确定,对合同双方都可能存在维权障碍。如买方以收货人非其工作人员、无权代为收货抗辩,卖方以收款人非其公司员工、无权代为收款抗辩等。

➤ 当事人应按照合同的约定履行,如基于交易便利等原因确有需要变更履行方式等,应通过签订书面补充协议、变更协议等方式并注意保留相关证据,避免出现纠纷时举证困难。

(2)交易流程不规范的法律风险

➤ 实践中,部分企业相关人员变动频繁,未定期进行交易对账,没有严格按照合同的规定操作,且不注意固定相关的证据,导致举证存在困难,难以还原交易过程。例如,合同约定"款到发货",有时候因双方熟识会先发货,导致货款无法收回。

➤ 当事人应当尽量规范自身的交易模式及交易流程,避免因交易双方相互熟识等因素导致的随意性,同时注意收集及保留可以证明交易过程及交易事实

的证据,包括交易过程中形成的单据、记录等书证或物证,还需要尽量采取书面形式履行通知义务、协助义务或催收等,并及时固定可以证明这些事实或行为的证据。此外,合同变更、解除和终止等也尽量以书面方式进行,如签订补充协议、终止协议、变更协议等,否则风险难以预料。

(3)交易凭证不齐全的法律风险

交易凭证记载了交易对象、交易内容及款项收支等关键信息,是还原商事交易过程的重要证据。

➤ 不少当事人在交易过程中存在不注意保留交易凭证或交易凭证记载不规范等问题,导致难以查清交易事实,带来法律风险。如送货单上没有收货方有权签收货物的人员签字确认,以第三方为购货人开具发票,未在收条上注明收款的类型。

➤ 当事人应当注意保留和整理相关的交易凭证,并规范交易凭证的记载内容。建议妥善保管对证明双方之间合同具体内容有利的下述资料:与合同签订和履行相关的发票、送货凭证、汇款凭证、验收记录,在磋商和履行过程中形成的电子邮件、传真、信函等资料。

(4)异议未及时书面提出的法律风险

➤ 及时验货与质量异议:及时验收货物,发现货物不符合合同约定的,务必在法律规定或者合同约定的期限内尽快以书面方式向对方明确提出异议。质量异议应当在约定期间或合理期间内提出。

➤ 相对方违约要及时止损:如果合同相对方违约,应该及时采取措施,防止损失扩大。如果消极对待、放任损失扩大,对于扩大的损失法院将无法予以保护。

➤ 解除合同的异议早处理:一旦客户通知企业解除合同,而企业对此存在异议,如果合同中约定了异议期限,则务必在约定期限内向对方以书面方式提出;如果合同中没有约定异议期限,务必在解除合同通知到达之日起三个月内向法院起诉,否则法院将不能支持对合同解除的异议。

➤ 及时行使不安抗辩权:在合同履行过程中,如有确切证据证明对方经营状况严重恶化、转移财产或者抽逃资金以逃避债务、丧失商业信誉,以及有丧失或者可能丧失履行债务能力的其他情形的,可以及时通知对方中止履行依照合同约定应当先履行的义务,等待对方提供适当担保。中止履行后,对方在合理期限内未恢复履行能力并且未提供适当担保的,可以解除合同。

➤ 避免因超时效而丧失撤销权:如果认为客户在签署合同过程中存在欺

诈、胁迫行为的,或者事后发现签署合同时对合同内容有重大误解,或认为合同权利义务分配显失公平的,可以请求法院撤销合同。但是,撤销权务必自知道或者应当知道撤销事由之日起一年内行使。

3. 合同纠纷解决过程中的法律风险

在合同履行过程中发生纠纷而协商不成时,就要考虑用法律手段来维护自己的权益了。企业用诉讼手段来维权时,一定要及时准确。

(1)在诉讼时效内主张权利

▶ 客户拖欠货款现象在企业经营过程中时有发生,注意法律关于诉讼时效的规定,权利人向法院请求保护民事权利的诉讼时效期间一般为三年。实践中,企业可能出于维系客户关系等因素不愿意及时采取诉讼、仲裁等措施。

▶ 为保障权利的行使不超过诉讼时效,可以在诉讼时效期间届满前以向对方发送信件或者数据电文等可以证明曾主张过权利的有效方式进行处理(信件或数据电文中,务必要有催促尽快支付拖欠货款、履行义务等内容),此时诉讼时效从主张权利之日起重新开始计算。

(2)巧妙选取代理

▶ 在异地诉讼的时候,由于地方保护的干扰,对方当事人具有"主场优势",因此为了保证诉讼取得良好的效果,在必要的时候选取合适的代理机构,对于债务的解决也具有一定的作用。代理的方式对于当事人来说可以灵活选取,如可以打包一并代理,也可以分拆部分代理,通过这种灵活处理,可以有效地节约费用、降低成本。

(3)适时申请支付令

▶ 当双方只是金钱债务纠纷,并且在债权债务关系清晰的情况下,债权人通过向法院申请支付令,由法院向对方当事人发送支付令,在规定时期不履行时,可通过法院强制执行。但是,一旦对方提出异议,就要进入普通诉讼程序,具有不确定的因素。

★ 诉讼风险管理与防范

诉讼行为就是一把"双刃剑",企业要做好诉讼风险防范,包括事前的防范、事中的控制和事后的救济。

诉讼作为一种维权手段,其中蕴涵着众多的因素,像如何顺延诉讼时效、怎样选择最佳的诉讼期、诉讼之前要做好哪些准备工作等,都会影响诉讼的结果。而且,再成功的诉讼如果没有进行财产保全导致胜诉却无法执行,也不能算是完美的诉讼。

如果选择诉讼作为救济手段或被迫进行应诉,则应该明确诉讼目标和实现该目标的可行性,并估算为诉讼而应支出的合理成本,同时还应考虑诉讼行为本身可能给企业的形象、声誉及企业的生产经营管理等带来的有利或不利的影响。

起诉与受理				
诉讼时效	诉讼主体	诉讼请求	当事人反诉	诉讼费用

应诉与答辩				
管辖权异议	变更诉讼请求	证据提交	调查取证	延期审理

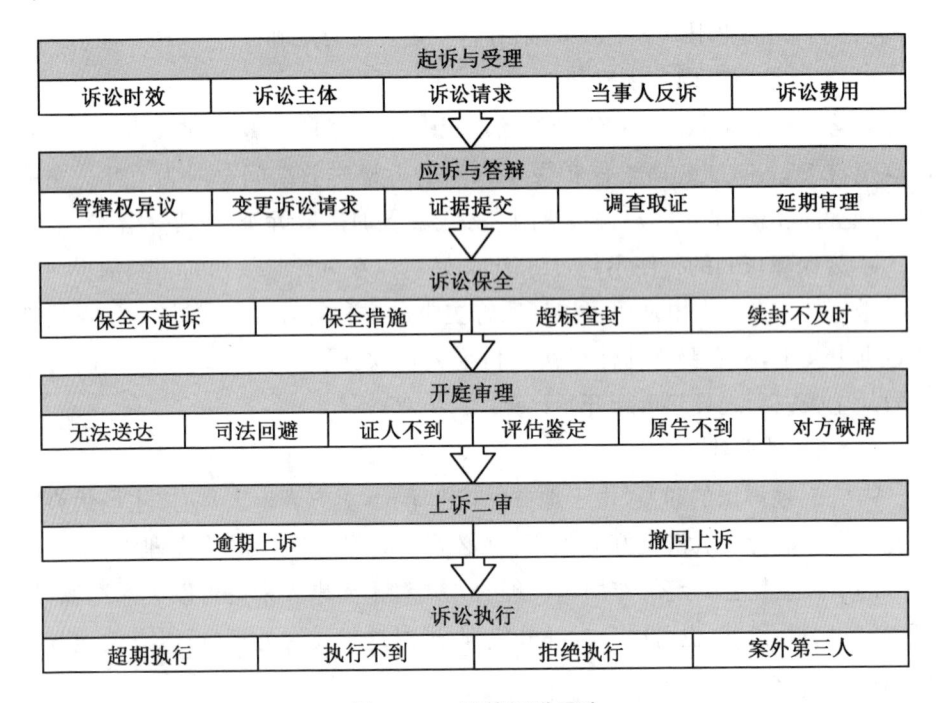

诉讼保全			
保全不起诉	保全措施	超标查封	续封不及时

开庭审理					
无法送达	司法回避	证人不到	评估鉴定	原告不到	对方缺席

上诉二审	
逾期上诉	撤回上诉

诉讼执行			
超期执行	执行不到	拒绝执行	案外第三人

图 10—5　法律诉讼风险

1. 起诉与受理的风险

起诉,是指公民、法人及其他民事主体在认为自己的民事权益受到侵害或者与其他民事主体发生争议时,向法院提出诉讼请求,要求获得法院的司法救济,依法作出裁判的行为。

起诉必须符合以下条件:原告是与本案有直接利害关系的公民、法人或其他组织;有明确的被告;有具体的诉讼请求和事实、理由;属于人民法院主管范围和受诉人民法院管辖。

受理,是指人民法院对公民、法人或者其他组织的起诉进行审查后,对符合法律规定的起诉条件的案件决定立案审理,从而引起诉讼程序开始的诉讼行为。

具体包括：

(1)超诉讼时效的风险：当事人在诉讼时效届满后提起诉讼的,如果其没有合理理由,其诉讼请求得不到支持。

(2)诉讼主体不适格的风险：法院发现当事人不适格的,会裁定驳回起诉。

(3)诉讼请求不当的风险：可能无法获得法院的支持或因诉讼标的额而多付诉讼费用。

(4)对方当事人反诉的风险：因我方的起诉,对方当事人反诉或被第三人起诉。

(5)逾期缴纳诉讼费的风险：不按时预交诉讼费,法院将会裁定按自动撤回起诉处理。

2. 应诉与答辩的风险

企业接到了法院的应诉通知书,就说明已经涉诉,企业应该按照法律规定和法院的指示,积极应诉,同时运用法律武器来维护自己的合法权益。

答辩,就是针对原告或者上诉人的诉讼(上诉)请求及其所依据的事实与理由进行反驳与辩解。答辩内容要尊重案件事实,要有鲜明的针对性,要紧扣争议的焦点,要科学地运用反驳和立论的方法。

具体包括：

(1)超期提出管辖权异议的风险：提出管辖权异议的期限是自收到起诉状副本之日起十五日内,未按时提出的,人民法院不予处理。

(2)逾期变更诉讼请求的风险：当事人增加、变更诉讼请求或者提出反诉,超过人民法院许可的期限或者法定期限的,人民法院不予审理。

(3)不能充分提供证据的风险：当事人应当在举证期限内向人民法院提交证据材料,否则将面临不能提供原始证据的风险、不按照举证程序和举证责任提供证据的风险、提供证据超过举证时限的风险。

(4)申请调查取证的风险：无法申请法院调查收集证据的风险。

(5)申请延期审理的风险：当事人有延期审理的理由,应当向法院提交申请。可以延期审理的情形包括：必须到庭的当事人和其他诉讼参与人有正当理由没有到庭的；当事人临时提出回避申请的；需要通知新的证人出庭,调取新的证据,重新鉴定、勘验或者需要补充调查的；其他应当延期的情形。

3. 诉讼保全的风险

诉讼保全是指法院审理案件时,在作出判决前,为防止当事人转移、隐匿、变卖财产,依职权或依当事人申请对财产作出的保护措施,以保证将来判决生效后能得到顺利执行。具体措施一般包括查封、扣押、冻结。

具体包括：

(1)保全后不起诉的风险：采取诉前财产保全后，未在法定期限内提起诉讼，或在保全后申请撤诉，被诉企业可能因此转移财产。

(2)保全措施不当的风险：财产保全措施包括查封、扣押、冻结以及法律规定的其他方式。债权人在申请财产保全措施时，应针对动产或不动产等具体财产的性质、属性等，采取相应的保全措施。

(3)超标查封的风险：保全申请人申请保全财产数额较诉讼请求数额过多，可能不被受理或因此给被申请人造成不必要的损失，需承担赔偿责任。

(4)续封不及时的风险：原财产保全查封到期后，企业没有及时申请续行查封，易致使原查封财产流失。

4. 开庭审理的风险

庭审是案件审判的中心环节。为了有效地准备或者进行诉讼，企业应当了解开庭审理的主要过程。开庭审理大致分成庭前准备、法庭调查、法庭辩论和评议、宣判等几个阶段。企业在参加庭审的过程中，要注意防范各类风险。

具体包括：

(1)送达不到的风险：对方当事人下落不明。在受送达人下落不明，或者用其他方式无法送达的情况下则采用"公告"送达。

(2)申请司法人员回避的风险：在参加民事诉讼的过程中，如发现司法人员与案件或案件的当事人有某种特殊的关系，应及时申请相关人员回避。

(3)证人不到庭作证的风险：提供证人证言的，证人需亲自出庭作证，否则会导致证言效力降低，甚至不被法院采信的后果。

(4)申请评估鉴定的风险：当事人申请评估鉴定的，可能会带来不确定性。

(5)原告不到庭的风险：原告经传票传唤，无正当理由拒不到庭的，人民法院将按自动撤回起诉处理。

(6)对方当事人缺席的风险：被告无正当理由未到庭或未经法庭许可中途退庭的，法院将缺席审理，缺席者丧失申辩和质证、发表自己意见的机会。

5. 上诉二审的风险

上诉是当事人的诉讼权利。当事人行使上诉权，依照法律规定必须具备以下条件：第一，提起上诉必须是享有上诉权或可依法行使上诉权的人；第二，提起上诉的对象必须是依法允许上诉的判决或裁定；第三，必须在法定期限内提起上诉；第四，必须递交上诉状。

具体包括：

(1)逾期未上诉的风险：对一审判决、裁定不服的，可在法定期限内向上一级法院提起上诉，不在法定期限内提起上诉、不在法定期限内提交上诉材料、不按时缴纳上诉费用等均认为丧失上诉权，则一审判决、裁定发生法律效力。

(2)撤回上诉的风险：上诉人在上诉后因其他原因撤回上诉，法律后果包括一审人民法院的判决或裁定即发生法律效力、当事人丧失对本案的上诉权。

6. 诉讼执行的风险

诉讼有风险，执行也有风险。

具体包括：

(1)超期申请执行的风险：申请执行的期间为 2 年，申请执行时效的中止、中断适用法律有关诉讼时效中止、中断的规定。

(2)不能实现债权的风险：被执行人无财产供执行或财产不足以执行判决或调解书确定的数额的风险。被执行人住址不明、没有履行能力或其他不宜强制执行的客观情况而被法院裁定中止执行或终结执行，因而存在不能实现自身权利的可能性。

(3)被执行人拒不执行的风险：败诉方可能面临财产被查封、冻结无法进行正常生产经营的风险。拒绝履行或不能履行有效的法律文书确定的应负义务，而被法院强制拍卖、变卖、划拨属于企业的资产，甚至被列入失信企业的"黑名单"，拒绝履行情节严重的，责任人还有可能被拘留等。

(4)案外第三人的风险：存在财产被错误执行或存在拒绝协助执行义务而导致的法律风险；案外人对执行标的提出异议的风险。

★ 民事诉讼的流程

事后的法律救济是保障权利的最后一道屏障，事后的救济是指在出现法律问题与纠纷后，运用法律手段进行处理，化解法律风险，最大限度地减少企业的损失。

1. 定义

民事诉讼，是指民事争议的当事人向人民法院提出诉讼请求，人民法院在双方当事人和其他诉讼参与人的参加下，依法审理和裁判民事争议的程序和制度。民事诉讼涉及起诉、应诉、举证、代理、回避、诉讼时效、管辖等。在企业的各类诉讼中，与企业日常运营活动关系最密切、导致企业承担不利诉讼后果风险最多的也是民事诉讼。

2. 流程

民事诉讼的流程一般包括起诉与受理、应诉与答辩、诉讼保全、庭审与执行等环节。

民事诉讼的一般流程如下(摘录整理自河南省高级人民法院网)：

(1)提起诉讼:向有管辖权的法院立案庭递交诉状。

(2)立案审查:符合立案条件的,通知当事人7日内交诉讼费,交费后予以立案。不符合立案条件的,裁定不予受理,裁定驳回起诉；不服驳回起诉裁定的,10日内向上级人民法院提出上诉。

(3)起诉受理:法院5日内将起诉状副本送达对方当事人,对方当事人15日内进行答辩,通知当事人进行证据交换,可根据当事人申请,做出财产保全裁定,并立即开始执行。

(4)排期开庭:提前3日通知当事人开庭时间、地点、承办人；公开审理的案件提前3日进行公告。

(5)开庭审理:宣布开庭,核对当事人身份,宣布合议庭成员,告知当事人权利义务,询问是否申请回避。

> 法庭调查:当事人陈述案件事实
> 举证质证:告知证人的权利义务,证人作证,宣读未到庭的证人证言,出示书证、物证和视听资料；双方当事人就证据材料发表意见
> 法庭辩论:各方当事人就有争议的事实和法律问题进行辩驳和论证
> 法庭调解:在法庭主持下,双方当事人协议解决纠纷

(6)调解与裁决。

> 达成调解协议:制作调解书,双方当事人签收后生效,当事人履行调解书内容或申请执行
> 未达成调解协议:合议庭合议作出裁决(宣判)

(7)同意判决:当事人自动履行裁判文书确定的义务或向法院提出执行申请。

(8)不同意判决:裁定——送达之日起10日内向上级人民法院提出上诉；判决——送达之日起15日内向上级人民法院提出上诉。

(9)上诉:向法院承办人递交上诉状,并按规定缴纳上诉费,5日内法院向对方当事人送达上诉状副本,对方15日内进行答辩。二审审理:维持原判、依法改判、发回重审。宣判后:当事人自动履行裁判文书确定的义务或向法院提出执行申请。

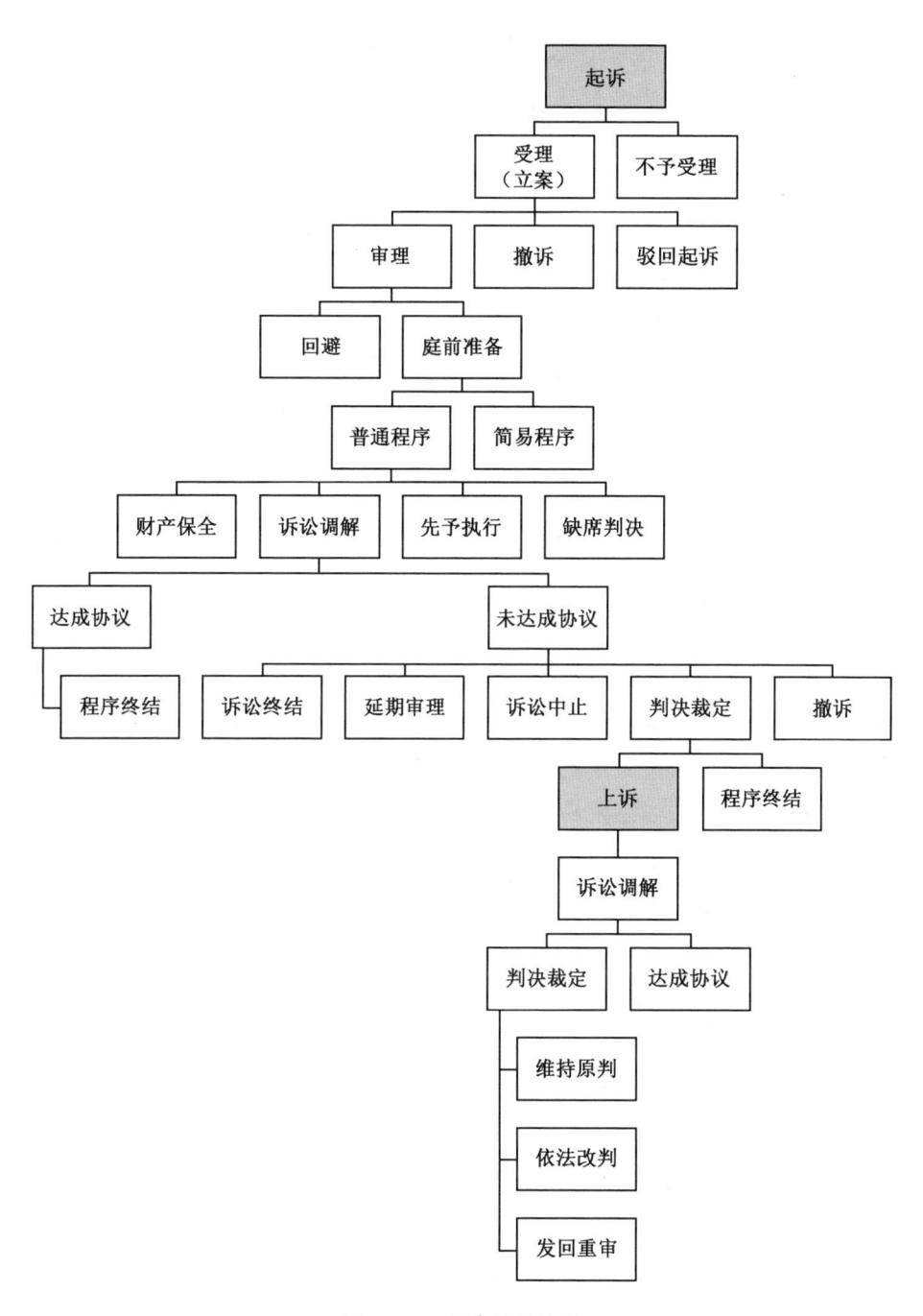

图 10-6 民事诉讼流程

二、实务场景设置

怎样管理合同法律风险？

【案例背景】

原告：广州市煤建有限公司（以下简称"煤建公司"）

被告：深圳市中油通达石油有限公司（以下简称"中油公司"）

原告煤建公司诉称：煤建公司与中油公司签订《油品购销合同》，约定中油公司向煤建公司购买沥青。合同签订后，煤建公司依约组织货源向中油公司供货。2014年9月，双方对交货数量、单价、结算金额等进行结算，共同盖章确认货物确认单，该确认单载明：合同项下沥青，提货已完成，质量符合要求，数量为1 572.40吨，单价为4 677元/吨，结算金额为7 354 114.80元。但中油公司至今未依约履行付款义务，故诉请要求中油公司向煤建公司支付7 354 114.80元及逾期付款违约金。

被告中油公司辩称：煤建公司与中油公司不具有真实的买卖合同关系，而是与煤建公司上游晔联公司及中油公司下游买方燨泰公司共四方之间存在循环虚假贸易关系。即煤建公司向中油公司出卖沥青的同时，中油公司与燨泰公司签订格式、内容、数量完全一致的《油品购销合同》与货物确认单，只是在货款上每吨加价作为过账油品贸易业务的报酬，在形式上卖出了同等数量的沥青，待燨泰公司付款给中油公司后，中油公司再付款给煤建公司，从而完成一次不具有真实货物往来的书面闭合循环贸易。

【关键问题】

处理买卖合同"走单不走货"交易模式的案件，应通过闭合性循环买卖、交易各方没有买卖的真实意图、不存在货物的所有权转移这三个特点将其与传统买卖合同进行区分，不应以买卖合同关系进行处理，而应以当事人的真实意思为依据，审查合同的效力。

【法院审理过程】

法院经审理查明：第三人晔联公司与煤建公司于2014年9月签订《油品购销合同》，约定煤建公司向晔联公司购买沥青1 500吨，交货地点为晔联公司油库，货物由煤建公司自提，数量按煤建公司收货过磅验收的数量为准，双方确认交货。此后，晔联公司与煤建公司签订货物收据，记载：买卖双方所签订的购销合同项下沥青提货已完成,沥青数量1 572.40吨、单价4 600元/吨、结算金额7 233 040元。2014年9月17日,煤建公司向晔联公司支付7 233 040元。同月,煤建公司与中油公司签订《油品购销合同》,约定中油公司向煤建公司购买沥青1 500吨,交货地点为晔联公司油库,货物由中油公司自提,数量按中油公司收货过磅验收的数量为准,随货应有油样检验报告,双方对每批次货物抽样封存,由中油公司进行验收,若质量不符合要求,中油公司应于收货后五天内以书面形式通知煤建公司。同月,煤建公司与中油公司签订货物确认单,记载:中油公司确认双方签订的购销合同项下沥青提货已完成,沥青数量1 572.40吨、单价4 677元/吨、结算金额7 354 114.80元。后煤建公司、中油公司就上述款项的支付多次函件沟通未果,遂成讼。

庭审中,煤建公司称其与晔联公司交货方式是货权的转移,不是实物的交付;煤建公司与晔联公司之间合同的交货地点是晔联公司的油库,煤建公司取得沥青后货物仍存放在晔联公司的油库中;煤建公司与中油公司的购销合同是通过指示交付的方式交付货物的提货权,煤建公司通过口头方式告知其上游晔联公司由下游的中油公司进行提货,并由晔联公司直接向中油公司交货,待中油公司提货并且盖章出具货物收据后,煤建公司再向上游的晔联公司支付货款,提货权转移后,中油公司获得油品的提货权;《油品购销合同》中货物的检验报告随货交付的,已经转移到中油公司;对于指示晔联公司交付货物以及向中油公司交付检验报告的说法,煤建公司没有证据证明。中油公司称本案不存在真实的买卖及交付行为,所以不存在货物检验报告,煤建公司也没有向中油公司交付过货物检验报告;中油公司没有从煤建公司处获得向晔联公司取货的指示,双方只是签订了相关购销合同以及货物确认单,并未实际履行;因为中油公司没有取得货权和货物,所以中油公司没有将货物转卖给下游公司,也没有向下游公司交付货权,更没有取得下游公司的货款;本案各方的合同货物数量一致,时间相同,综合证据显示煤建公司对循环贸易关系是明知的。晔联公司称其与煤建公司的购销合同不是真实的合同,双方实际上不存在真实油品买卖,双方签订合同的实际目的是晔联公司向煤建公司进行借款;因为煤建公司考虑到其为国有企业,而且企业之间不能进行借贷业务,否则就构成非法经营,所以以本案的买卖掩盖真实的借款关系,名为买卖,实际上是双方的借贷;晔联公司实际上没有向煤建公司交付沥青,也没有收到煤建公司要求其向中油公司交付货物的指示,晔联公司没有向中油公司交付过货物,也从来没有签发过提货单、仓单等提货材料。

【裁决】

广州市越秀区人民法院认为：本案为买卖合同纠纷。煤建公司提交其与中油公司签订的《油品购销合同》，主张其向中油公司供应货物后中油公司拖欠货款，煤建公司对其主张的货物已交付的事实负有举证责任，否则要承担举证不能的后果。首先，煤建公司与中油公司虽然签署了货物确认单，但根据煤建公司陈述的交易流程，煤建公司所供应给中油公司的货物来源于晔联公司，是由晔联公司直接向中油公司交货，而晔联公司对煤建公司陈述的该事实予以否认，既否认向中油公司交付货物实物，也否认向中油公司签发过提货凭证。在煤建公司提交了其与晔联公司签订的《油品购销合同》、付款凭证情况下，晔联公司作为煤建公司认可的上游供应商，其否认向中油公司交货的陈述对其自身不利，该陈述的可信度、证明力较高。其次，在买卖合同交易过程中，既有实物的交付，也有"走单不走货"的货权转移，但即便是"走单不走货"的货权转移交易模式，也应具备指示交付的通知、货权转移的证明、提货所依据的提单或是仓单等基本单据。而本案中，煤建公司既无证据证明其通知了晔联公司向中油公司交付货物，也无证据证明其向中油公司转移货权，且《油品购销合同》约定的抽样封存、检验报告原稿也无法提交。最后，从本案证据显示，晔联公司、煤建公司、中油公司存在长期往来。而本案交易中，中油公司并未直接向晔联公司购买货物，而是通过煤建公司向晔联公司采购，再由煤建公司转售给中油公司，采用此种方式增加交易成本，明显不符合常理。根据《最高人民法院关于适用〈中华人民共和国民事诉讼法〉的解释》第一百零八条的规定："对负有举证证明责任的当事人提供的证据，人民法院经审查并结合相关事实，确信待证事实的存在具有高度可能性的，应当认定该事实存在。对一方当事人为反驳负有举证证明责任的当事人所主张事实而提供的证据，人民法院经审查并结合相关事实，认为待证事实真伪不明的，应当认定该事实不存在。法律对于待证事实所应达到的证明标准另有规定的，从其规定。"由于对煤建公司是否交付货物这一事实现有证据存在矛盾，待证事实真伪不明，故法院对煤建公司主张其已向中油公司交付货物的说法不予采信，对煤建公司要求中油公司支付货款的诉讼请求不予支持。判决如下：驳回原告煤建公司的全部诉讼请求。一审判决后，各方均未提起上诉，判决已生效。

【买卖合同纠纷评析】

买卖合同"拟制交付"是指在动产买卖关系中，出让人将标的物的权利凭证，如仓单、提单交给受让人，以代替物的现实交付。其交易流程简要包括出让方将从仓储方、上游出让方出具的仓单、提单交付受让方，同时指示仓储方、上游出让方向受让方转移货权，由受让方持单据向仓储方、上游出让方进行提货。凭证交付的交易模式减少了实物交付的烦琐与不便，简化了交易流程。但是在近年的案件纠纷中，出现新类型的"走单不走货"交易模式，即交易过程只有形式上的购销合同及结算协议，不存在货权转移或实物交付，甚至没有实物存在，有观点将其称为资金空转型的融资性买卖。对该类交易的甄别、合同性质及效力的认定一直是审判实务的难点。

关于"走单不走货"交易模式的甄别，笔者认为，可以根据资金空转型的融资性买卖的特点进行区分。该类交易模式存在以下特点：

首先，交易主体形成闭合性循环买卖。其基本模式是出让方向上游企业购买货物转售给受让方，受让方再转让给出让方的上游企业。为增加隐蔽性，受让方与出让方的上游企业之间可能存在多个交易环节，但整个交易链条始终是闭合的。

其次，交易各方没有买卖的真实意图，即当事人以买卖外衣掩盖其他目的，且各方对此知晓。

当事人的真实目的主要包括：(1)虚增经营业绩；(2)以买卖之名行借贷之实，即出借资金的出让方与上游企业之间签订买卖合同，将资金以货款的形式支付出去，再通过出让方与受让方之间的买卖合同回笼资金，交易的差价实际就是利息的收取；(3)合法外衣下转移资金，即虽然出让方与受让方签订了买卖合同，但并不具有收回资金的意图，真实目的在于通过上游企业转移资产。

最后，不存在货物的所有权转移。由于当事人并不具有买卖的目的，因此在整个交易过程中并不存在实物的交付或是货权的转移。本案中，虽然被告及第三人提出了"名为买卖，实为借贷"的抗辩，但由于法院查明客观事实的手段有限，案件证据无法反映出闭合的循环贸易链条，故仍以买卖合同为基础进行处理。

第四篇

非财务因素分析与信用风险转移

第十一章　非财务因素分析在信用评估中的应用

学习目标

财务因素分析在企业信用风险分析中非常重要,但也存在一些不足。本章侧重梳理影响企业信用管理质量的非财务因素,从信用风险分析的角度,探讨如何对非财务因素进行分类、如何收集非财务因素、如何进行非财务因素分析。本章内容主要从以下三个方面展开:

- ➡ 非财务因素的特征和内容
- ➡ 非财务因素分析的作用
- ➡ 非财务因素分析的方法

关键词

非财务因素	人员信息	创新信息
活力信息	合作信息	环境信息
ESG 信息	股权与公司治理	内控与关联交易

内容提要

1. 理论知识点梳理

(1) 非财务因素的含义

(2) 非财务因素的特征

(3) 非财务因素的内容

(4)非财务因素分析的作用

2. 实务场景设置

(1)ESG 评级指标体系

(2)疫情时期企业经营风险分析

(3)企业发展趋势风险分析

(4)行业及地区风险分析

小贴士

对于企业信用状况的了解，不仅依赖其对外公布的财务信息，通过解读存在于企业经济行为中或与之有关联的资料信息即非财务因素，也能够直接或间接地了解企业的生产经营活动。非财务因素与财务信息是相辅相成的。

实践中，对客户的信用风险评估，非财务因素分析越来越重要、越来越不可或缺，单纯依靠财务信息完成的信用管理是不科学、不全面的。企业信用管理实践中，对非财务因素应该包含的内容及其解读角度具有独特性。

一、理论知识点梳理

★ 非财务因素的含义

1. 概念

财务信息是通过财务报表、财务报告或附注等形式反映企业财务状况和经营成果的信息。非财务因素也称非财务信息，是指以非财务资料形式出现的、与企业的生产经营活动有着直接或间接联系的各种信息资料。

一般而言，不在财务报表上反映的信息内容大多可以认定为非财务因素，它客观存在于经济系统的信息传递过程中。非财务因素在内容方面没有确定标准。

2. 企业信用管理视角下非财务因素的来源

企业信用管理人员需要获得交易对手的非财务因素，其来源可以是由交易对手企业直接提供，或者通过交易对手不涉及第三方的其他方式来获得，也可以是通过互联网、合作伙伴、竞争对手、市场调查、中介等外部渠道间接获取。

(1)直接非财务因素

直接非财务因素是指来自交易对手企业，不属于财务信息，与企业生产经营、信用状况密切相关的其他信息。主要包括：

①来自会计系统

例如，根据水费、电费的缴纳情况推断企业生产用水及用电量，进而推断其经营状态；根据销售对象的部分信息判断企业销售收入情况的变化等。

②来自企业资料

例如，通过人事任免、企业员工培训、员工学历水平情况等资料了解其经营管理能力的变化。

③来自企业官网

企业的官方网站是企业自我展示、自我营销的重要领地，可以从企业官网获取企业经营理念、产品特色、组织架构、最新动态等信息。

(2)间接非财务因素

①互联网端信息

通过数据挖掘等技术，在互联网端获取非财务因素。例如，通过国家企业信用信息公示系统、信用中国、司法网站等，能够获取企业的年度报告、行政处罚、抽查结果、经营异常状态、司法裁决、信用惩戒等信息；利用 Wind、东方财富网等商业运营的网站，能够获得宏观形势、行业发展、上市公司研究报告、评论、专家评价、股价走势等信息；登录中国人民银行、国家统计局、国家外汇管理局等网站，能够发现并掌握经济形势分析、宏观经济分析等信息。

这也是目前最主要的一类间接非财务因素的获取来源。

②竞争对手

通过同行业竞争对手与交易对手企业之间的往来信息，能侧面反映交易对手企业的真实情况。如竞争对手邮件、电话或当面访问甚至司法方式催讨债务，则该交易对手企业是存在潜在违约可能的。

③交易对手的客户

企业之间存在清晰的产业链关系，通过了解交易对手企业的客户在其行业发展前景、企业发展状况和资金偿付方面的情况，推测交易对手企业可能会受到的影响。

3. 非财务因素常见的获取手段

(1)网络查询

互联网是间接非财务因素的主要来源，利用搜索引擎搜索企业相关信息是最常用也是最容易操作的方法。但互联网上信息众多，真假信息相混淆，仅通过搜索引擎在互联网上收集非财务因素,需要花费的人力和时间非常巨大,且精度不高。因此,不可能以互联网作为单一的获取手段。

(2)爬虫技术

网页爬虫是目前较方便的收集信息的技术手段,能根据程序的设定,在互联网中按照相关规则(如关键字)自动浏览网页,获取信息。爬虫技术虽然比人工利用搜索引擎降低了非财务因素的收集成本,但如果遇到相关网站有强大的反爬虫程序,用爬虫技术爬取其网页信息就会很困难。

(3)访谈调研

通过邮件、电话、调查问卷等形式能够收集到部分所需的非财务因素。这种方式对问题设计、问卷设计人员的技术要求较高,如果问题、问卷设计不合理,那么基于此收集到的非财务因素也是无效的。

(4)实地调研

实地调研也是收集非财务信息的重要办法。到交易对手企业对工厂环境、设备、仓库、进出车辆等方面的情况进行实地调研,可以发现潜在问题。

(5)购买信息服务

通过外包,以付费方式从第三方信息公司获取有关交易对手企业的非财务信息。这种模式对于大部分企业来说是非常适用且性价比较高的获得非财务信息的方法。

★ 非财务因素的特征

与财务信息相比,非财务因素具有以下特点:

1. 分布的广泛性

财务信息主要来自企业内部,非财务因素可以来自企业内部,也可以来自企业外部。大部分非财务因素可以通过企业内部渠道收集,也可以通过企业外部渠道调查获得。收集企业非财务因素相对比较容易,信息也相对比较公开透明。非财务因素的交流方式多种多样,信息渠道相对畅通,获取非财务因素的途径也比较广泛。

2. 时间的延伸性

财务信息都是企业过去事项的记录,非财务因素可能与企业过去的事项有关,可能与现在的事项有关,也可能与未来的事项有关。非财务因素能提供从过去到现在、从现在到未来的信息。例如,新产品的研发和上市、计划招聘的人员等都能给企业未来带来业务的增长变化。

3. 存在的多样性

非财务因素一般不以货币形式出现,大多是一种定性描述。非财务因素以多种形式存在,有的以数字形式存在(人数),有的以行为形式存在(违约),有的以物体形式存在(新产品),有的以制度形式存在(公司治理)等。

4. 内容的可靠性

由于非财务因素多而杂,通常对它的重视程度不够,企业刻意去修饰它的可能性比财务信息要小很多。特别是外部的非财务因素,企业通常无法进行控制。因此,某些非财务因素的可靠程度较高,企业无须作假,有些也无法作假。

5. 使用的差异性

大部分非财务因素无法按照统一的标准进行认定、衡量和评价。使用非财务因素因人而异,不同的分析者对同样的非财务因素会有不同的看法和认知。利用非财务因素分析需要具备极强的专业分析能力和丰富的行业经验。非财务因素的分析主要采用以定性为主的专家分析方法。

★ 非财务因素的内容

1. 企业信用管理视角下非财务因素的内容

目前,对于企业非财务因素分析还没有建立起一个公认的完整体系。实践中,经验丰富的信用管理者会根据企业的实际情况采用不同的方式。基于多年的企业信用评估经验,笔者认为,从企业信用风险评估的角度看,企业非财务因素主要包括下列六个方面的内容:

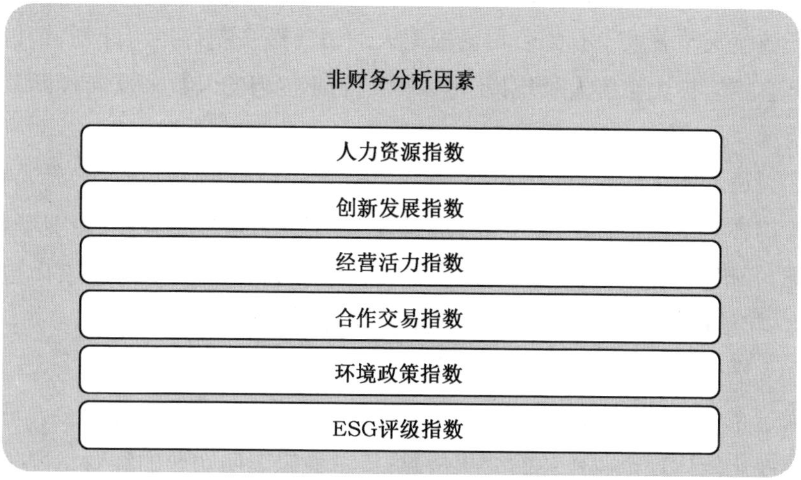

```
非财务分析因素
├── 人力资源指数
├── 创新发展指数
├── 经营活力指数
├── 合作交易指数
├── 环境政策指数
└── ESG评级指数
```

图 11—1　非财务分析因素

(1)人力资源指数

对企业而言,人力资源是最有价值的资产之一。企业的经营发展都离不开合适的人才。高素质和高能力的企业管理者与领导者、具有战斗力的团队、热情肯干的员工等都对企业经营发展有举足轻重的作用和意义。人力资源指数主要从人员规模、人员素质、人员变动和人员结构四个指标来体现。

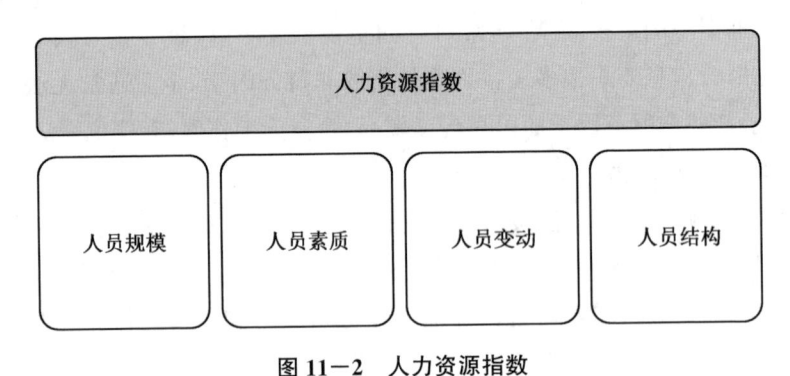

图 11—2　人力资源指数

①人员规模

企业员工的数量、员工规模的大小与企业规模通常呈正比例关系。通过查询企业的员工数量,并进行行业对比,可以分析和判断企业的业务规模情况。通过企业招聘信息,可以了解企业业务发展的好坏。如果一家公司开始持续大量招人,并且薪酬待遇普遍高于同行业平均水平,说明其可能正处于业务上升期,发展势头强劲;反过来,如果一家公司突然减少了招聘岗位,可能意味着业务增长放缓甚至萎缩。有的公司会根据人均销售额来制订招聘计划,销售收入增加就会相应扩大销售人员规模,可以根据企业招聘的人数来反向推断其业绩变化情况。

②人员素质

管理者素质包括管理风格与管理者魅力、管理者可信任程度、专业学历、所获荣誉、开拓创新能力、管理者的稳定性、管理团队的构成等。员工素质包括专业程度、年龄构成、培训情况、任免奖励情况、社保及安全等。

③人员变动

通过企业人员的变动情况可以分析和判断企业业务的稳定性。人员数量增减的变化能体现企业业务的变化情况;员工稳定表明企业的经营情况相对稳定,员工离职率的高低说明公司对人才吸引力的大小以及员工的稳定状态和发展空间;公司出现裁员说明企业的业务在萎缩等;如果出现大量离职员工的劳动仲裁,说明公司在用人方面的制度上出现了问题等。

④人员结构

根据企业管理、生产、销售等不同部门的人员构成比例,可以分析企业侧重和关注的领域,分析企业所处的发展阶段和发展潜力等。同时,根据人员结构也能分析和判断企业目前阶段最关注和最紧迫的工作内容。

我们可以通过公司招聘广告、公司官网、公司官方社交媒体账号和企业负责人的社交媒体账号、公司新闻稿、行业报告等了解有关内容。

(2)创新发展指数

企业未来的表现通常是由企业的核心竞争力及持续发展能力决定的。企业应持续保持市场竞争优势,包括企业的研究与开发创新能力、员工能力、资源利用情况等,以及企业开发的独特产品、独特技术和独特营销手段等。具体而言,衡量指标可大致分为研发新产品、拓展新市场、提高新定位、构筑新壁垒。

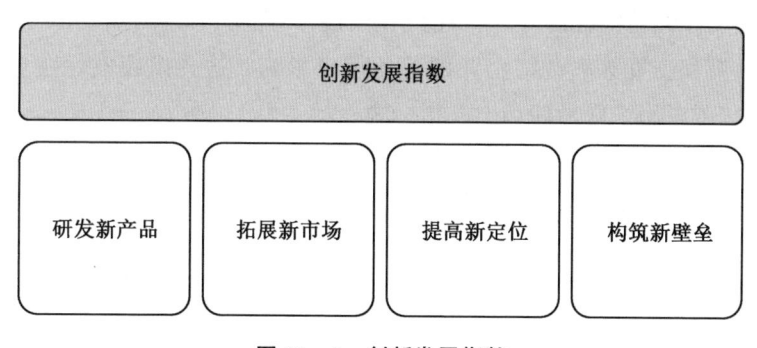

图11-3 创新发展指数

①研发新产品

具体包括:新产品的研发、新产品的上市、新产品开发的频率;新技术方向、技术装备水平、技术能力与储备、装备或经营设施是否先进;商标、专利技术的申请。

通过分析企业的招聘广告,尤其是分析招聘岗位的职位要求,可以判断企业的新业务方向和所处的状态等。通过分析招聘需求,找到对方使用的具体技术及其面对的技术难点等。

②拓展新市场

具体包括:企业新开发的客户、新开发有影响力的客户、从竞争对手那里争取到的新客户；对新市场的拓展、业务拓展的新行业等；独特的市场拓展模式与营销手段等。通过企业的新闻动态、行业报刊等，可以判断企业新拓展的市场领域及行业领域。

③提高新定位

具体包括：企业对外展示的新形象、企业品牌、公司定位；企业的前瞻性和引领性，企业战略实施情况，经营战略的有效性，以及客户形象策略、市场策略、资源利用策略、组织策略、投资策略等；市场情况与市场占有率等。

④构筑新壁垒

具体包括：产品可替代性，被其他行业或其他产品替代的可能性；行业壁垒，他人进入此行业所需的资金、技术；议价能力，企业对上、下游合作商的价格谈判地位和能力；掌控供应链的能力及融资能力，企业在资本市场、货币市场的筹资能力。

（3）经营活力指数

企业实际经营情况的好坏、目前工作的繁忙程度、管理人员的战斗力、员工的工作热情和士气等都会给企业的业务带来影响。这些内容就是企业的经营活力指数，可以用忙碌指标和士气指标来表示。

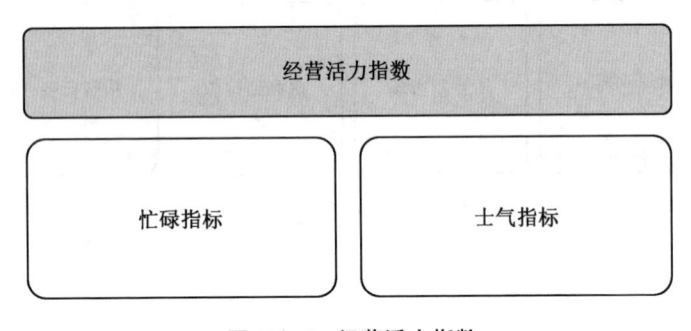

图11—4　经营活力指数

①忙碌指标

忙碌指标包括员工车辆的多少、工厂货车与卡车进出的频率、加班时间的长短、原料仓储的变化等。企业停车场车辆的数量和走势，能很准确地预测公司的收入，如工厂里停了多少货车及卡车、有多少员工的车辆、有多少垃圾车；原料仓储、库存面积都能体现企业的经营业绩；员工加班的时长与产量是成正比的，加班越多，产量越高，通过手机信号可以监测员工加班的情况；通过企业用电量、用水量的变化也能判断企业经营的繁忙程度。

②士气指标

员工的热情和士气、管理者的斗志、企业内部的工作氛围等也会给企业带来很大的影响。公司文化提倡什么？公司人员的士气如何？公司内的人是怎么看待公司管理层的？员工在公司是开心还是不开心？提升公司人员士气的方法有哪些？这些因素对于公司发展和公司能否成功都是非常关键的。一个优秀的领导组织往往能在关键时刻扭转逆势，而另一方面，一个不恰当的领导组织也能将蒸蒸日上的企业搞垮。

(4)合作交易指数

与客户之间的合作信息及交易信息是最直接、最容易判断和识别的信息。双方之间的交易数据一方面能体现双方合作的深浅度，另一方面也能分析出双方所处的地位和双方之间的关系。

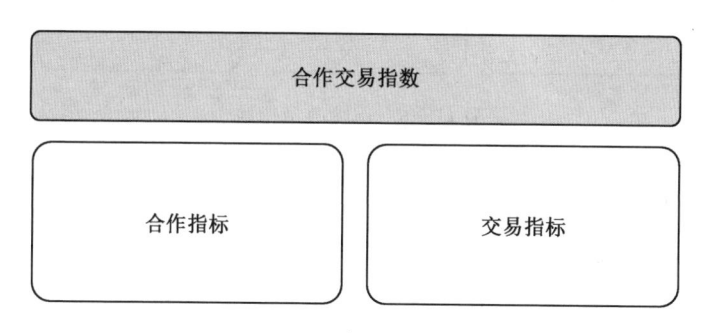

图 11-5 合作交易指数

①合作指标

合作指标包括双方建立合作的时间长短、建立合作的方式与步骤、双方合作业务量的变化趋势、合作领域的深浅与多寡等。双方合作的时间越久，表明双方的合作关系越牢固，对彼此的了解也越深入；双方合作的业务量呈逐年增长的趋势，表明双方的合作关系越紧密，客户对产品越认可。

②交易指标

交易指标包括双方交易的收付款方式、交易支付条件、合约的履行情况、逾期支付的时间、逾期支付的次数、对逾期的处理手段、对纠纷采取的方式等。如果客户都是按照约定支付货款的，没有违约情况，表明客户的信用是良好的，客户对与企业之间的交易很重视和认可；如果客户经常出现逾期支付的情况，企业就需要重新考虑双方的合作关系了。即使经营再好的企业，如果赖账不还，也将给债权人带来信用风险。企业的信誉可以从历史交易质量、货款支付情况等指标中反映出来。根据企业的历史交易记录可以判断企业的信用情况。

(5)环境政策指数

作为社会经济的个体单位，企业不可避免地要与外界环境保持着密切的联系，同时也受到外界环境的制约。因此，对企业外部环境的分析是必不可少的。外部环境通常分为通用外部环境、产业链环境及企业自身环境三个部分。

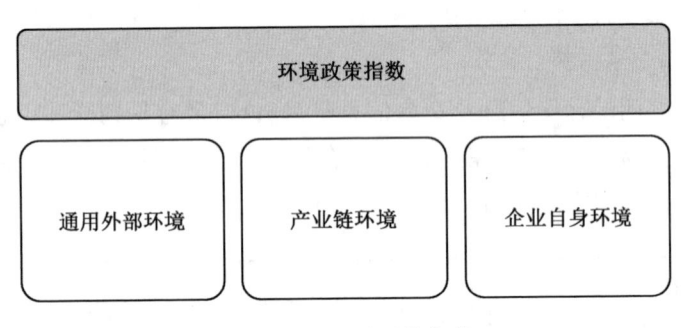

图 11-6 环境政策指数

① 通用外部环境

主要涉及政治、经济、社会、技术等方面，这些对借款人还款能力的影响有时可能相当大。不同的行业对通用环境的敏感程度是不同的。

② 产业链环境

更紧密的外部环境主要涉及企业所属的产业链和供应链体系，包括资源供应方、企业产品或服务提供方、竞争对手、政府管理当局以及其他相关利益组织或个体。其好坏程度直接影响到企业的生存与发展。

③ 企业自身环境

企业所属周期，包括企业所处行业的发展阶段、企业主要产品所处的生命周期，以及企业发展所处的生命周期；政策支持情况，是否有政府政策上的支持；股东支持情况，股东实力及其支持情况等。

(6)ESG 评级指数

ESG 是一种除财务信息外，整合环境、社会、治理多维因素，以衡量企业可持续发展能力与长期价值的理念和实践方式。如果一个公司对外关注环境和社会效益，对内公司治理良好，事实上它就是一个高质量的概念。ESG 实际上超越了传统基于财务指标的分析,其从多个维度进行了考虑,用来分析和评判企业的长期价值。

对一家企业价值的判断不仅要看财务数据,考虑公司的内部价值,也要看环境、社会、治理方面的绩效,判断企业的长期价值。这实质上是用 ESG 的框架对公司"外部性"进行评价:E 需要评估企业运作时对自然的外部效应,S 需要评估企业行为和产品对社会的外部效应,G 需要评估企业是否具备平衡内部价值和外部价值的良好机制。

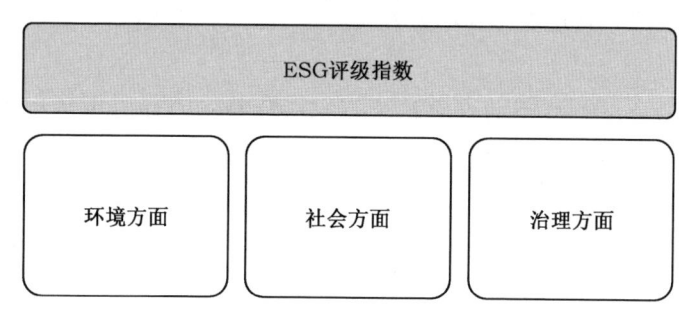

图 11-7　ESG 评级指数

①环境方面

主要包括环保记录、气体排放和资源消耗,如碳及温室气体排放、环境政策、废物污染及管理政策、能源使用/消费政策、自然资源(特别是水资源)使用和管理政策、生物多样性与合理性、员工环保意识、绿色采购政策、节能减排措施、环境成本核算、绿色技术等。

②社会方面

主要包括产品质量、劳动力管理和社会责任,如性别及性别平衡政策、人权政策及违反情况、社团(或社区)、健康安全、管理培训、劳动规范、产品责任、职业健康安全、产品质量、供应链责任管理、精准扶贫、公益慈善及其他等。

③治理方面

主要包括公司治理、信息披露和合规管理,如反腐败、反不正当竞争、风险管理、税收透明、公平的劳动实践、道德行为准则、合规性、董事会独立性及多样性、组织结构、投资者关系等。

2. 与财务困境分析相关的非财务因素

作为企业信用管理人员,要能够认识交易对手企业可能存在或已存在的财务困境。一个企业遭遇的财务困境状况包括企业现金流短缺、企业亏损、无力支付优先股股利、没有偿还债务本息的能力以及资不抵债等。

了解非财务因素的内容,并对其进行研究,可以从不同于财务信息的角度测度潜在的风险,并提高对财务困境的辨识力。

在发现财务困境时,需要考虑的非财务因素应该包括如下内容:

(1)公司股权特点

股权结构影响着管理效率。股权结构在企业管理模式的选取、管理功能的有效发挥以及股东管理能力和动力方面产生影响,不同的股权结构就会有不同的影响。

股权特点决定着公司的众多行为,如公司的经营目标、决策机制、投资取向、利润分配、举债目标等。

不同性质的股权代表着不同的利益主体,不同利益主体对公司治理的参与度和影响力也不同,其各自的行为取向与经营目标会对公司的治理效率产生直接影响。

(2)公司治理

如果治理结构不完善,就可能会出现高层管理者个人决策错误,对公司的经营活动、资金活动和业务方面造成巨大的损失,进而出现财务困境。企业信用管理人员需要密切关注交易对手管理层出现的重大变化,以及这种变化对账款清偿产生的影响。

(3)内部控制

内部控制的有效性,直接影响着公司的内部财务状况是否良好。关于内控的有效性等信息通常都是通过内控评价报告和内控审计报告来获得的,通过这两个报告的披露情况,我们可以了解企业存在的缺陷程度,比如一般缺陷、重要缺陷或者是重大缺陷。如果缺陷严重,则可能引发财务困境。内部控制主要考虑的内容包括:企业内部组织体系和人事控制;目标与决策(包括股东会、董事会等决策机构的设立);岗位职责、授权与相互制约;控制的种类,即管理控制、会计控制、内部审计控制等。

(4)关联关系

交易对手企业与其关联方的关系,主要通过购销、产权关系或担保关系而建立。在经济交易中,因交易对手企业关联的第三方的经营危机而使本企业债权受到拖累的情形比比皆是,因此,不仅要关注交易对手企业本身的情况,还要对其社会关系及关联关系给予一定关注。

★ 非财务因素分析的作用

由于财务分析的定量化及标准化,传统企业信用风险评估依然比较倚重财务分析。但是,随着企业类型的多元化(互联网和新经济)、评价模式的个性化(亏损也能上市)以及财务规则的滞后性(会计准则的滞后性)、数据的不稳定性(会计政策调整)等,企业信用分析日趋复杂化和无形化,仅仅依赖对财务数据的简单比率计算已经无法全面分析目标企业的信用风险。

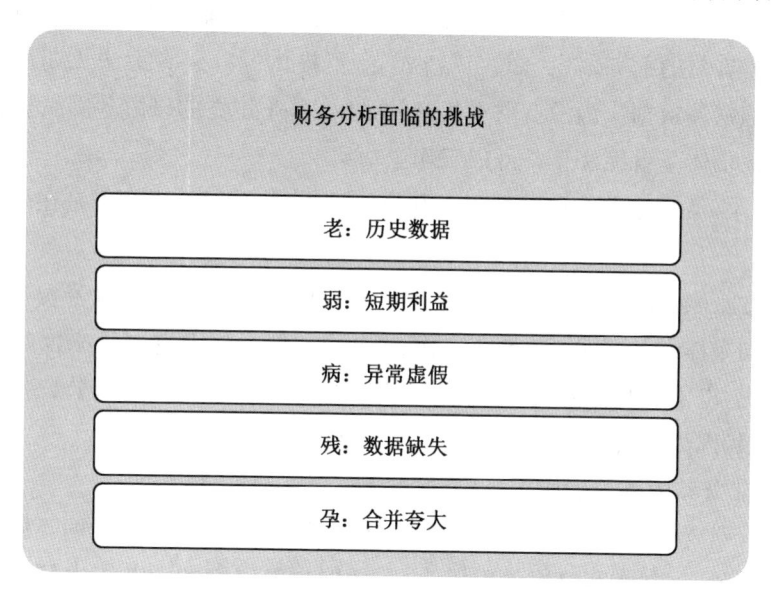

1. 财务信息分析的不足

财务信息分析的不足之处,主要体现在"老、弱、病、残、孕"五个方面:

财务分析面临的挑战

- 老:历史数据
- 弱:短期利益
- 病:异常虚假
- 残:数据缺失
- 孕:合并夸大

图 11－8　财务信息分析的不足

(1)老:财务报表通常都是以年度为期间编制,为过去的信息。

财务分析只能说明企业过去一段时间内的状态,却不能对企业的现状进行及时揭示。各种财务指标只能说明过去实现的价值,而对于信用管理来说,更应注重企业的未来发展,如新产品的市场前景、核心竞争优势、技术人员能力等,而这些决定企业未来发展的关键因素无法从财务报表中直接得到体现。

(2)弱:财务报表主要关注当前利益,关注短期目的,急功近利。

企业财务核算一般都是追求短期的财务成果,助长了企业急功近利的思想和短期投机行为,使得企业不愿利用可能会降低当前盈利目标的资本去追求长期战略目标。这反过来会对该企业长期发展产生负面影响,损害企业长期发展的利益。

(3)病:财务数据可能会出现异常,财务报表的信息可能会存在虚假。

基于不真实的财务信息,信用人员的分析很可能"只见树木,不见森林",对表面辉煌盲目乐观,而忽视了隐藏的危机。财务报表的不完善从根本上很难全面控制信用风险,财务科目中经常出现的水分也大大增加了监控难度。

(4)残:财报披露的信息很大程度上带有不完整性,数据缺失,有时无法获得财务信息。

基于不完整的财务信息做出的分析可能会南辕北辙。另外,很多时候可能无法获得客户的财务信息(如客户新成立、不提供等),或者无法长期稳定地获得客户的财务数据。当没有财务信息的时候,企业建立的以财务因素分析为主的信用评估体系就无法正常开展工作。

(5)孕:通常企业有母公司报表和合并报表,有时候并不知道是在用合并报表分析。

合并报表反映整个合并范围内会计核算主体的整体情况,母公司报表只反映母公司单体财务状况。企业在融资的时候一般会用合并报表来反映整体的财务状况,以争取更大的授信额度。但作为授信机构应该要用母公司报表来做主体评级,因为母公司才是独立法人,承担债权责任。

2. 非财务因素分析的优势

为什么要关注非财务因素分析呢?原因很简单,因为它能帮助我们分析客户的信用状况,判断客户的信用风险,从而能提升我们的业务能力且降低交易风险。

如果一家公司在大量招聘员工、开拓新的市场、员工加班时间延长等,这些至少能看出该公司的业务处于上升期。如果一家公司与我们的交易经常出现逾期,那我们就应该当心了。如果一家公司所在的行业出现大面积违约,这种行业性违约一定会很快波及目标公司。如果一家公司不能遵守环境标准,并被政府处以罚款,这就是一个风险。

相对于财务因素分析而言,非财务因素则因其信息量大、信息分布广、信息内容丰富、表现形式多样、信息的动态发展和时间延展等特点更能有助于信控人员把握赊销质量,能对企业发展的态势及时跟踪。

非财务因素分析对防范信用风险的作用,具体来说,可以归纳为以下三个方面:

(1)改善全面性与综合性:非财务因素分析有利于信用人员对客户进行全面的信用管理。

企业从全面质量管理到全面信用管理,信用风险意识必须深植于企业每个人的心中,无论是在赊销前、赊销中还是赊销后,其所涉及的各个环节都应加以严格监管。而要做到真正的全面信用管理,单单凭借几个财务指标是远远不够的,必须对各种非财务因素进行认真分析,从中发现隐含的风险,及时采取防范措施,将赊销风险降到最低。

(2)提高及时性与预警性:非财务因素能及时被发现并可以进行动态跟踪,及时预警。

风险的发生必有征兆,如能及时发现这些潜藏的风险信号并发出警报,就能提前做好预防准备。非财务因素是最主要的预警指标,因为许多风险信号通常会通过非财务因素首先暴露出来,如大幅度裁员、领导更换、环保处罚、法律纠纷等。这些非财务因素都可以通过各种信息渠道被及时掌握,并会给企业的经营状况带来一定的影响。通过对这些非财务因素的分析,可以强化预警机制的警报作用,及时防范潜在风险。

(3)强化便捷性与实用性:非财务因素容易收集、使用方便、操作简单、灵活性强。

信用管理的核心就是赊销账款回收的可能性。对客户支付可能性的判断离不开非财务因素分析。由于非财务因素之间的相关性不高,在利用非财务因素进行分析的时候可以进行综合汇总分析,也可以就某单一非财务因素进行独立分析。

二、实务场景设置

怎样进行非财务因素分析?

【ESG 评级指标体系】

案例 11-1: Wind ESG 评级

Wind ESG 评级指标体系区分环境、社会、治理三大维度,细分 27 个议题,并下设 300 多个具体指标;同时基于新闻舆情、监管处罚、法律诉讼等进行争议事件评估,以综合反映企业的 ESG 管理实践水平以及重大突发风险。

考虑到不同行业的 ESG 风险差异较大，采用同一套指标与权重无法对不同行业的 ESG 重点进行精准衡量，因此根据不同行业特性细分 62 个行业的 ESG 议题并设不同权重，遴选出对不同行业更具实质性的 ESG 议题，为投资者提供更科学的决策依据。

表 11—1　　　　　　　　　　　ESG 指标体系

三大维度	环　　境			社　　会			治　　理			
27 个议题	环境管理	能源与气候变化		雇佣	职业健康与安全生产		公司治理	ESG治理	董事监事高管	股权及股东
	水资源	原材料与废弃物		发展与培训	研发与创新	供应链		审计	业务连续性管理	
	废气	废水	生物多样性	产品质量	可持续产品	客户	商业道德	贪污腐败		
	绿色建筑*	绿色金融*		隐私保护	社区	医疗可及性*		反垄断与公平竞争		
300多个指标	环境管理体系与制度 能源管理体系与制度 范围一、二、三温室气体排放 节约用水相关措施			员工流失率、离职率 人均培训时长 知识产权保护 社区公益投入			ESG 表现与高管薪酬挂钩 董事监事高管离职率 独立董事比例 匿名举报机制			

注：* 为行业特有议题（信息来源：https://www.wind.com.cn/）。

下面介绍几种在实际工作中常用的非财务因素分析方法，为企业的非财务因素分析提供思路。

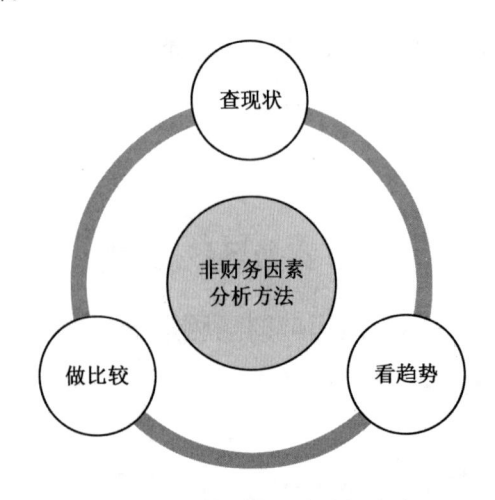

图 11—9　非财务因素分析方法

【非财务因素分析方法——查现状】

查现状,就是要对企业目前的情况进行电话调查及实地调查,了解企业的真实信息。也可以通过类似卫星数据这样的新型数据来进行分析和预测,这种数据被称为"另类数据",因为它与传统的财务数据、经济数据很不一样。例如,通过把出行数据量化,判断企业复工的情况;通过网民上网时长,分析整体就业情况等。

案例 11-2:疫情时期企业经营风险分析

疫情常态化对企业的生产经营必将带来一定的影响,如何调查和分析在后疫情时期企业的经营风险,本案例从下列几个方面提供调查和分析的思路。

疫情给企业带来的不确定性风险:

1. 业务萎缩或不确定性

随着疫情常态化,一些原本处于正轨的公司随时可能面临临时停产的情况,存在有可能无法完成其目标的风险,经营具有一定的不确定性。

2. 供应链中断风险

不间断的疫情暴发直接影响着全球供应链,企业可能需要寻找替代供应商。

3. 减少旅行或取消会议

很多地区或公司可能提出取消"非必要的"旅行。所有依赖于面对面会议进行销售、发展业务以及讨论合作的公司同样受到了影响。

基于以上不确定性,后疫情时期企业经营风险分析主要关注下列五个方面的信息:

一是企业情况与经营情况。包括企业复工日期及经营情况、上班人数及比例和计划、开工率及目前产能、实际实现业绩与目标、全年业绩预测与计划等。

二是供应链经营情况。包括供应商的行业分布、区域分布、经营情况,供应商的供应能力状况与影响,客户的行业分布、区域分布、经营情况,客户的需求状况与影响,替代供应商及客户情况等。

三是企业采取的措施及应对的方案。包括企业现金储备及应急情况、企业融资渠道及能力情况、高管应对认识与策略调整、营销市场手段对策与方法、战略调整及应对策略等。

四是外部环境情况。包括进出口占比、企业国际化程度及人才分布的国家地区、国际业务情况、所在国情况、国际物流链情况等。

五是风险分析与预测。包括业务影响分析、供应链影响分析、资金安全分析、应变调整能力分析、宏观政策支持分析等。

【非财务因素分析方法——看趋势】

通过观察企业的成长历程、发展的关键环节、重要事项的环节点、企业的扩张情况、员工的增长变化、经营趋势等信息,判断企业的经营好坏,分析企业的经营风险。

案例11-3：企业发展趋势风险分析

我们通过企业的发展历程、员工人数变化及企业的经营情况变化,从不同角度观察企业的发展趋势,从而判断企业经营情况的好坏。

1. 企业发展历程与变更信息

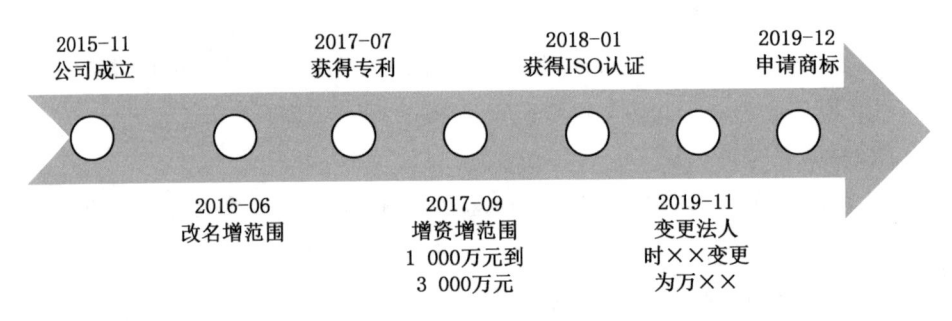

2015-11	公司成立
2016-06	改名增范围
2017-07	获得专利
2017-09	增资增范围1 000万元到3 000万元
2018-01	获得ISO认证
2019-11	变更法人时××变更为万××
2019-12	申请商标

图11-10　企业发展历程

2. 企业经营关键环节及主要信息

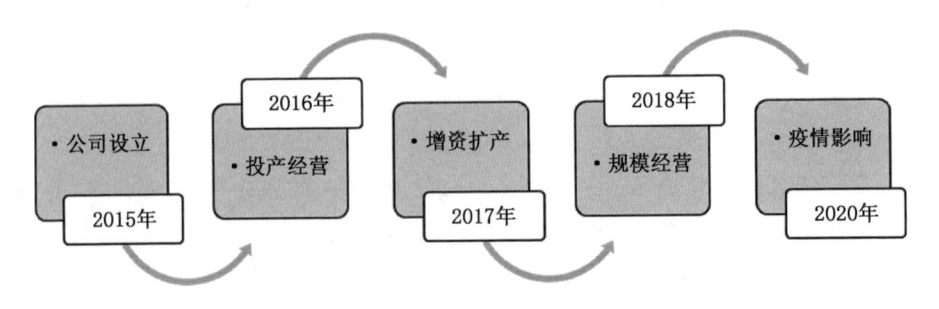

年份	环节
2015年	公司设立
2016年	投产经营
2017年	增资扩产
2018年	规模经营
2020年	疫情影响

图11-11　企业经营环节

3. 企业员工人数的变化信息

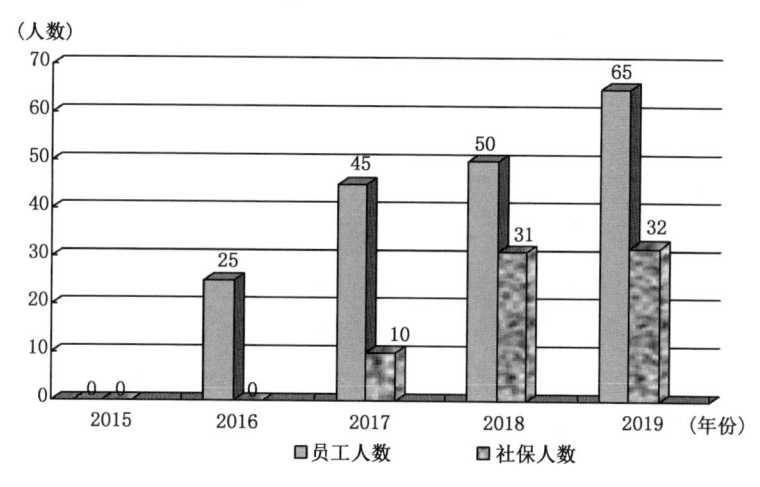

图 11-12 企业员工变化

通过对比以上企业的非财务因素,从其趋势看,该企业的经营业绩应该呈逐年增长的趋势,业务发展良好。下面我们将上述非财务因素的分析结论对比企业的实际财务数据,就能非常明确地看出,非财务因素分析同样能验证企业的财务经营成果,同时比财务信息更具丰富性和生动性。

4. 企业财务经营数据对比分析

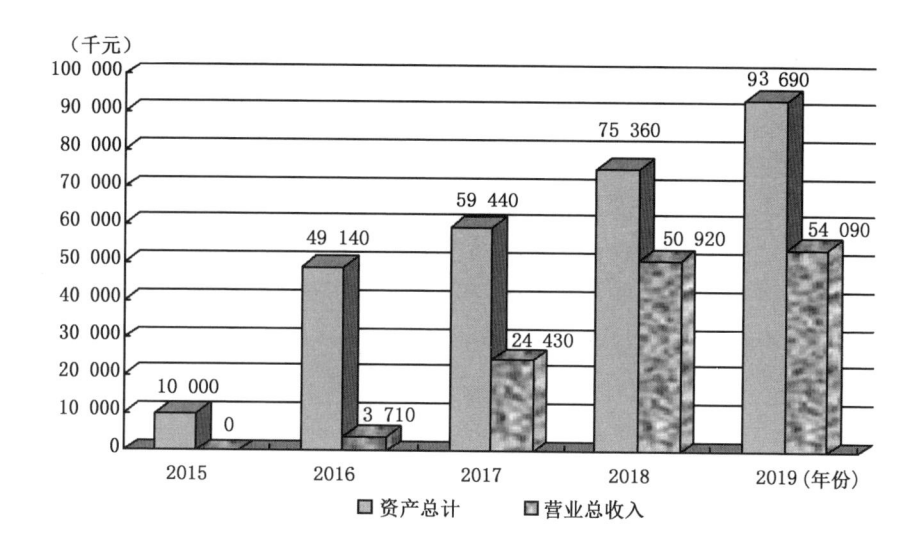

图 11-13 企业经营数据对比

【非财务因素分析方法——做比较】

按照信息类别分别进行自身对比和行业对比,经过比较来分析企业的好坏。自身对比主要包括历史数据对比、多年发展趋势对比、不同信息渠道数据对比;行业对比主要包括整个行业数据对比、行业上下游对比等。

案例 11-4:行业及地区风险分析

中国各地区的信用状况是不同的,怎样分析不同地区的风险状况呢?这里我们来举例说明。首先,将全国分为六大区域:华北地区、东北地区、华东地区、中南地区、西南地区、西北地区。其次,收集整理每个区域的经济指标、环境指标、发展趋势、偿债表现、营商环境等不同内容。最后,确定评估方法,将信息数据进行归类评价,评估不同区域的风险。例如,通过对比六个地区的企业应收账款平均周转天数,作为分析不同区域支付能力的一个重要指标。

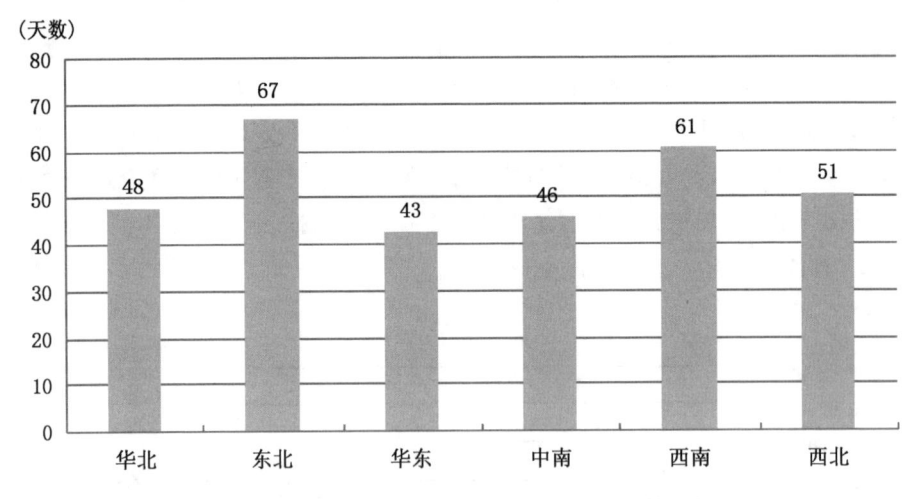

(天数)

地区	天数
华北	48
东北	67
华东	43
中南	46
西南	61
西北	51

图 11-14 不同地区企业应收账款平均周转天数

同样,也可以将不同行业的应收账款周转天数做对比,将其作为分析行业风险的一项重要指标。

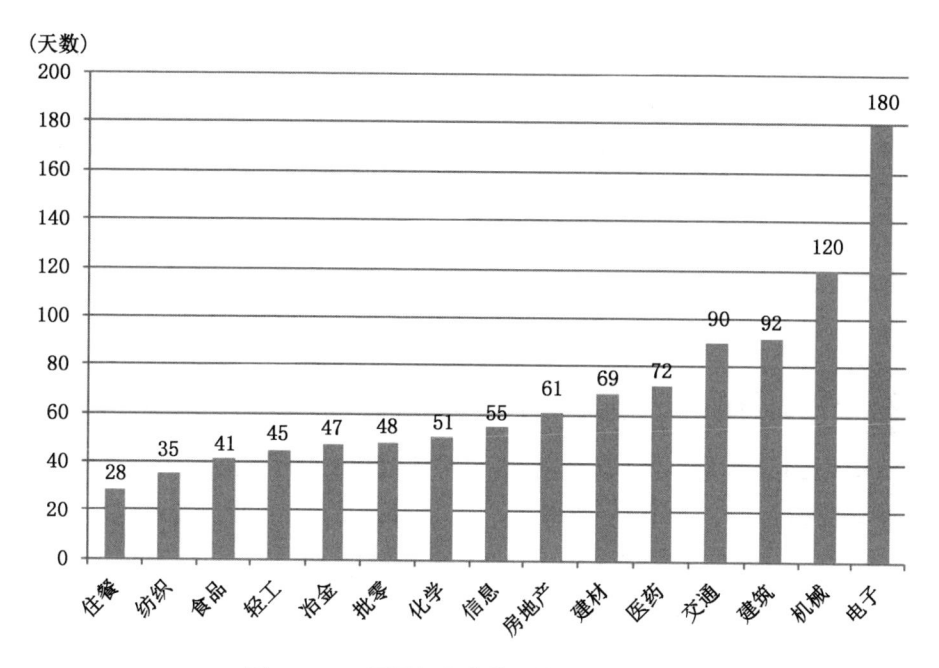

图 11—15　不同行业应收账款平均周转天数

备注：可以浏览书后附录 2，对行业应收账款周转情况进行更深入的了解。

第十二章　企业信用管理工作的落实

学习目标

本章从企业信用管理工作的角度，解剖落实企业信用管理的重点流程节点。本章内容主要从以下三个方面展开：

➜ 企业信用管理制度的设计
➜ 客户信用评估的常用方法
➜ 5C分析法在企业信用管理中的应用

关键词

信用管理制度	事前管理	事中管理
事后管理	授信标准	信用期限
折扣期限	现金折扣	5C分析

内容提要

1. 理论知识点梳理
(1)企业信用管理制度的设计
(2)客户信用等级评估
(3)5C分析法的实际应用
2. 实务场景设置
(1)是否放弃现金折扣的决策
(2)公司的信用管理制度设定

小贴士

企业信用管理工作中对应收账款的管理与财务部门有所不同,财务部门一般不会在应收账款到期前针对这笔账做任何事情,更准确地说,财务人员只是完整无误地记录每一笔应收账款的发生情况、收回情况、逾期情况、核销坏账。而在信用管理工作中,不仅包括商业信用的发生所涉及的客户管理、信用政策的制定、信用条件的确定、商业账款融资与追收等,还需要从债务人的角度对自己的信用成本、信用资质的维护进行管理。

一、理论知识点梳理

★ 企业信用管理制度的设计

1. 企业信用管理现状

目前大部分企业只能做到商账被动追收,而能够主动维护本企业信用级别和质量的企业少之又少。完整意义的企业信用管理其实是双角度的,既包括授信方角度(应收账款、债权人角度),也包括受信方角度(授信方包括银行、金融机构、资本市场及供应商)。

(1)大量企业将"应收账款"作为会计科目来管理

我国企业很少建立专门的信用管理部门且具有设计完整的信用管理制度。大部分企业对信用管理的认知还停留在"应收账款的催收"上。大量企业将应收账款管理设置在财务部门中,导致其为了防止坏账、催收规模膨胀而将工作侧重点放在对应收账款总量、方向的控制上,而销售部门却在为了提升销售量而采用信用销售,这种矛盾在企业中时有发生,应收账款管理职责的分散化会使得企业的效率低下、浪费资源,严重时甚至会阻碍企业的发展。

(2)部分企业注意到应收账款管理,但未能制度化、系统化

有的企业重视应收账款的事前分析,却忽视了事中、事后控制;而有的企业正相反,重视应收账款的催收,却不知道很多坏账是由于一开始就未能识别风险,从而造成大量损失。

不科学的制度也会拖企业的后腿,或是没有良好的企业信用管理制度,都会对企业的经营管理造成严重的打击。当然,在企业信用管理制度设计方面也有做得比较好的大型企业,如中国第一汽车集团、中国对外贸易运输集团、云南白药集团和宝武集团等。

2. 企业信用管理制度设计要点

不同规模和发展阶段的企业，在设计企业信用管理制度时的层次诉求会有所不同。一般来说，企业信用管理可选择的制度包括企业商账被动追收、应收账款综合管理、企业信用管理三个层次的工作。其中，最低层级的商账追收在本书前文中有详细说明，在此不再赘述。

(1) 应收账款综合管理

以企业"应收账款"这一主要信用往来为例，由于目前市场竞争激烈，同行对手较多，而商业账款类信用活动产生的根本原因是促进销售、维护客户关系，所以在进行商账管理时、在制定信用条件时，可能会受到其他非信用管理类因素的制约，如降低库存、获得新市场准入等，且客户信息和资料的获取难度也较大。在实务中，必须综合考虑这些问题，选择如下各类模式并开展综合管理：

①应收账款全程管理模式

▶ 事前管理

具体包括应收账款管理部门及其职责设计、客户管理、授信制度设计等。

企业应建立一个专门负责信用管理的部门，可以归属于财务部门或单独平行于财务部门，或是在几个部门之间确定几位固定的员工组成信用管理小组。要有专人负责对应收账款实施管理，承担相应的职责并实施指标考核。其主要负责：建立客户档案，根据企业的销售情况及承受能力来制定选择客户的信用标准并持续关注其变动；跟踪调查客户的资信状况；完善业绩考核制度等。

其中，制定合理的信用政策是加强应收账款管理、提高应收账款投资效益的重要前提。信用政策制定的内容包括信用标准、信用条件、收账政策。信用标准是指客户获取企业的商业信用所应具备的最低条件，通常以预期的坏账损失率表示。对于客户能够获得怎样的信用条件，可通过对客户的信用评估判定。客户的信用评估将在本章下文中专门展开。

信用条件是指企业接受客户信用订单所提出的付款条件。如"$2/10, n/60$"，即该客户享受的信用期限最长为 60 天，折扣期限为 10 天，现金折扣率 2%。也就是说，10 天内付款可享受 2% 的价格优惠，只需支付原价的 98%；而付款的最后期限为 60 天，此时付款无优惠。

▶ 事中管理

◇ 对企业应收账款的分析

通常应收账款的借债期限越长，转化为坏账的可能性就越大，因此，账龄分析法成为企业管理应收账款的一个重要方法,需要列出有多少欠款超过了合同中规定的时间、超过的期限有多久。对于还款已超出信用期的客户,需结合其以往记录,对客户的信用等级进行相应的调整;在客户多次发生应收账款延期支付时,就应降低客户的信用等级;在逾期情况更严重时,应取消赊销,采取现金销售,从而减少坏账产生的可能。

◇ 对客户的信用保持动态跟踪分析

企业应在每个营业周期都进行一次客户资信追踪调查。如果被评估企业在评估周期中没有发生足以影响其信用状况的大事件,那么就不需要重新进行信用评估,仅仅收集一些变化的资料即可;如果有客户递交申请,请求提高对其信用销售额度,企业必须重新按照流程进行再一次的评估;对于已经评测出信用标准的客户,只要以往没有逾期记录并且没有逾期倾向,即可按照规则办理;如果合作企业的应收账款超过信用期限,必须规定违约记录的期限,在期限内,若该企业申请信用销售,则必须经单位负责人批准。

◇ 应收账款及时对账

企业的财务部门应按销售周期定期向销售部门提供会计账目信息,销售部门对会计账目与经营账户进行核算,并且销售部门还需与合作的企业核对账户,如果核对后的结果不相同,企业需查出原因并进行调整,然后通知财务部门对账的结果并对其进行记录。

▶ 事后管理

◇ 逾期欠款按照其风险程度进行分类管理

对客户偶尔超过信用期 0—15 天内的应收账款,可采取正常催收、打折回收、以货抵款方式催收;而对于长时间逾期、习惯逾期的客户,可采取严正态度,必要时还可请有关部门参与仲裁或者做好诉讼准备。

◇ 动态调整客户的档案

通过对客户商业账款履约情况的分析,对其进行评估并调整新的信用政策;对客户、上下游企业进行信用评估,及时了解市场的情况,结合行业的具体特性,多方位分析后调整客户资质。

②应收账款外包管理模式

在买方市场中,卖方企业不得不采取信用销售方式,以稳定长期合作客户,争取新的销售客户。但是,信用销售不同于现款交易,需要企业具备对信用风险的识别和防范能力,否则将给企业带来巨大损失。考虑到自行获取客户信息的可能性及准确度较低,因而越来越多的企业开始选择与第三方征信机构合作,购买信息服务甚至将整体应收账款管理服务外包。

③应收账款风险转移管理

考虑到信用风险的必然存在,也有越来越多的企业通过风险管理机构,利用担保、应收账款管理、质押融资、票据贴现、保理、信用保险等手段降低或分散信用风险。

(2)企业信用管理的设计

事实上,在我们对债务企业实施评估的同时,我们的债权企业也在对我们进行评估。因此,企业信用管理不能等同于企业应收账款管理。我们除了要识别客户的信用资质以外,也要维护自己的信用资质,降低商业信用成本。

①应付账款管理

应付账款管理的宗旨是在"信用期限"内偿付。至于是否享受对方企业提供的现金折扣,则需要通过测算放弃现金折扣的成本后具体分析。

$$\frac{放弃现金}{折扣成本} = \frac{折扣百分比}{1-折扣百分比} \times \frac{360}{信用期-折扣期}$$

➤ 情况 1:

如果投资有价证券的收益率＞放弃折扣的资金成本:放弃现金折扣。

如果投资有价证券的收益率＜放弃折扣的资金成本:享受现金折扣。

➤ 情况 2:

如果借款利率＞放弃现金折扣成本:放弃现金折扣。

如果借款利率＜放弃现金折扣成本:企业可以借入资金,享受现金折扣。

②企业信用资质维护

企业必须对自己的盈利能力、资产实力、偿债能力、发展能力和品质有所管理,对自己合法经营、合法招用工、依法缴税、合同履约方面展开管理,以维护良好的企业信用资质,这是企业从商业银行获得资金支持、发行债务工具以及获得政府扶植等必不可少的要素。

★ 客户信用等级评估

1. 客户信用等级评定

利用客户信用评分模型实施客户信用等级划分,或者直接购买、参考外部企业信用评价报告、信用等级报告等,并对客户进行信用等级划分。

2. 设定企业信用等级对应的授信标准

对不同等级的信用评价制定不同的授信标准。

3. 利用既有或潜在客户的财务报表数据，计算各自指标值，并与上述标准进行比较

若客户的某项指标值等于或低于差的信用标准，则该客户的拒付风险系数(坏账损失率)增加50％；若客户的某项指标值介于好与差的信用标准之间，则该客户的拒付风险系数(坏账损失率)增加10％；若客户的某项指标值等于或高于好的信用标准，则视该客户的这一指标无拒付风险。最后，将客户各项指标的拒付风险系数累加，即作为该客户发生坏账损失的总比率。

4. 进行风险排序，并确定各有关客户的信用等级

累计风险系数在5％以内的为A级客户，在5％－10％的为B级客户等。对不同等级的客户，分别采用不同的信用政策。

★ 5C分析法的实际应用

企业客户是否违约取决于两方面的原因：一是"能力"；二是"意愿"。能力即是否有足够的资金实力去偿付，而意愿则是是否有按信用条件偿付债务的意识。

5C分析法是对客户进行信用风险分析时常见的方法之一，它从客户的性格特质(Character)、经营能力(Capacity)、资本实力(Capital)、担保(Collateral)和经营环境条件(Condition)5个方面进行定性分析，以判别客户的还款意愿和还款能力。由于这5个方面的英文单词开头第一个字母都是C，故称5C分析法。

在5C分析法中，通过资本实力对客户的信用状况进行财务分析，其余4类分析角度即性格特质、经营能力、担保和经营环境条件都是非财务信息分析。在实务操作工作中，财务分析是5C分析法中锦上添花的工作。

1. 资本实力

资本实力是5C分析法中唯一与客户的财务指标相关的分析。资本实力不仅仅是客户的注册资金，当然也可以评估客户的注册资金，但注册资金不是进行客户信用评估的最主要依据。资本实力实际上是对财务报表的一个综合性的反映，有很多财务指标最终可以综合归结到资本实力上，就是企业利用资本来运作最终所呈现出来的业务管理的效果，体现为企业的综合利润、成本、各类费用配比，以及通过这些成本、费用所产生的效益。具体理论与实际操作，可以参考前面第六章及第七章有关内容。

2. 性格特质

性格特质就是客户在做生意时所表现出来的性格。人有性格，企业也是有性

格的。比如，我们在与人打交道的时候就说这个人非常豪爽、那个人非常小气，那么在与企业的交往过程中，我们怎么知道这个企业非常"豪爽"或者非常"小气"呢？这一点很难认证，对于小企业，老板就代表这家企业，但是对于大公司，老板只是一个打工者，无法将老板个人的表现完全认定为这家企业的表现。

(1)对待其产业链上下游的态度

"由人推己"，本企业客户在其偿付过程中有着非常相似的表现。简言之，如果该客户对其上下游有良好的履约习惯，那么对本企业也会有类似的态度；反之，如果该客户习惯拖欠、不按时履约，我们也很难相信其在与我们的往来中按期履约。

(2)诉讼表现

除了付款文件体现客户的性格特质外，法律诉讼文件也能体现客户的性格特质。试想，如果客户已经因为欠款而到了法庭相见的地步，可见它的供应商已经是无法忍受，只能通过诉讼来解决。这样的付款习惯已经是非常恶劣了。从哪里可以获取客户的诉讼记录？通过法院的网站查询，从这些网站上可以查到这家客户的诉讼记录，对客户的诉讼记录还需要区分对待，需要判别该公司是作为被告还是作为原告。不能想当然地认为客户有诉讼记录，它的信誉度就不好。如果它作为原告，我们可以认为这对它的付款习惯没有什么不良的影响，这是它在诉讼别人；而如果它作为被告，则需要当心了。我们把诉讼记录的被告分成下列几个不同的类型：

➤ 第一种类型是质量争议，有可能有些质量方面的争议，双方得不到一个完美的解决方案，最终客户的供应商诉诸法律。

➤ 第二种类型是劳动纠纷，有些公司的劳动纠纷是非常多的，比如工伤、人员离职，这些都不能作为衡量付款习惯的依据。

➤ 第三种类型是客户作为担保方而成为被告。例如，由于市场经济的普遍不景气，有些房地产开发商在将房子卖给个人的同时，个人需要向银行贷款，房地产开发商作为联合抵押，与个人一起向银行开展贷款业务。如果个人因为没有办法及时还款而被银行告上法庭，房地产开发商也会作为联合被告一起并入法院的审理范畴，这种情况下也不能认为是它的付款习惯问题。还有就是该客户为其他企业担保，结果其他企业出了问题，客户作为担保方也一并进入诉讼。

➤ 第四种类型就是我们需要特别当心的。除了上述的质量争议、劳动纠纷、作为贷款担保的联合被告外，其他被告行为都可能是客户付款意愿不强的表现。

还需要特别注意，有些公司是诉讼被执行人。可以这样理解，这家公司输了诉讼案件，依然拒不执行，需要法院强制执行。处于这样的状况，这家公司的信誉度就非常低了。

3. 经营能力

经营能力是客户运营企业的能力，不是指它如何安排生产、及时交货或者管理员工的能力，而是指它会不会有一个比较好的销售。

怎么能够得到客户的销售数据呢？看它与我们公司合作的采购量（即我们公司销售给这家客户的销售额），通过观察双方的合作，就可以掌握到它的销售数据。然后可以进行推测：若我们与这家客户的合作越来越大，它从我们这里的采购越来越多，预示着它的销售规模也可能会越来越大，从这个方面可以判断出它的经营状况；相反，当它从我们这里的采购越来越少的时候，就预示着双方合作出现了问题，如果再加上现场查访、销售人员观察，以及进行客户的实地勘查，我们就可以做出一些预判。

在这个数据的应用过程中，我们要进行相对引用。在分析客户销售数据的时候，不能仅仅看这个数字的绝对值，还要把这个数字放到所有客户中进行一个纵向比较。如果我们有 200 个客户，每个客户的销售额都超过 800 万元，那么 1 000 万元的销售额可能在所有客户群体中就处于下游的水平；相反，如果我们有 2 000 个客户，每个客户的销售额几乎都在 500 万元左右，那么 1 000 万元就属于一个非常好的客户，要进行重点扶持。数据在不同维度、在不同群体中的关注度，我们需要加以挖掘分析。

4. 担保

担保是一个法律问题。不管是财务还是法律，都是企业管理过程中的一个手段或工具，财务在某些方面与法律有密不可分的关联关系，比如在上市公司财务报表中一定要披露对外的担保情况。因为担保是不进入企业财务报表的，这是一个表外的风险。一个企业销售额只有两三亿元，但是它可以对外担保五六亿元、十几亿元甚至几十亿元。因此，所有担保在上市公司中都要经过董事会批准，而且必须在年报中予以披露。当我们进行 5C 分析的时候，担保可以显示客户的信誉度以及客户对信用销售付款的诚意。如果客户能够提供担保，那么我们可以认为，尽管它目前的财务状况不是特别理想以及它有很多的困难，但它是在全心全意地做这个生意，愿意用它的"身家性命"来证明诚意，从这个角度出发，值得把货物赊销给它。这就是为什么在 5C 分析中把担保也列为一个重要的评判标准。当然，具体的担保要经过法律部门的支持，以及在其指导下通过文字把担保的范围、时间、责任等清晰地确定下来。

5. 经营环境条件

经营环境条件在对客户的信用风险评估中是一个非常重要的评判标准。以电商为例，这个行业是以流量为基础的，在任何扩展流量的过程中，所有基于财务报表的分析都不值得一提，企业只有通过流量抢占市场后，才能够得到后续的收入以及排他性的盈利。在这种情况下，只有现金流能够支撑企业的运营，从盈利分析来说，这家企业根本不足挂齿。"富贵险中求"，对客户商业前景的预判，能够决定我们是不是要跟上它的步伐，如果跟不上它的步伐，一直去寻找保守的管理方法，那么我们的企业最终将会被时代淘汰。一些传统行业的没落，比如等离子彩电、背投彩电，这些都是行业的前景对信用评估的一个巨大启迪。这是一个新的时代，如何找到一条好的赛道，信用管理者必须要向业务学习，多接触市场、多接触销售，而不能单纯地闭门造车，然后用纸上谈兵的方式，以自己的财务理论与销售部门争辩，这是得不偿失的。

对行业的判断需要有非常丰富的经验，以及市场及销售部门的支持，才能够对整个行业作出正确的判断，这对企业管理者是一个考验。在信息依然不完善的情况下，我们还可以从其他方面对客户的经营环境条件进行判断，即这个客户在行业中的地位。不管是零售业、化工业、医疗器械业还是建筑业，每一个行业都会有一个官方的或者非官方的企业排名，比如中国零售企业100强、中国房地产开发企业100强、中国机床制造企业100强等。在这个名单中，可以找到有些是我们的客户，有些是我们竞争对手的客户。如果我们的客户在这个榜单中，可以看出，在经营环境上，它处于一个领先的地位，属于头部企业，这是非常直观的判断，我们所要做的工作就是看它在行业中的排名变化，通过几年之间的比较，对它做出一个发展趋势的预测。比如A公司，它原来在零售行业100强内排名第20位，现在已经跌到了第68位，这样就能看出它的整个业务呈下降趋势。

二、实务场景设置

怎样落实企业的信用管理工作？

【是否放弃现金折扣的决策】

案例12-1：现金折扣的决策

本企业有一笔货款103万元，销售商提供的信用条件为"$1/10, n/30$"，即表示

10天内付款可以少付1%,若30天内付款则付原价,作为企业信用管理人员应该如何选择?

如果放弃折扣,在第30天付款,则该公司放弃现金折扣的成本为:

$$\text{放弃现金折扣成本} = \frac{1\%}{1-1\%} \times \frac{360}{30-10} = 18.18\%$$

我们需要比较该成本与本企业从其他途径借入资金的成本和短期投资收益情况。

(1)如果能以低于放弃折扣的隐含利息成本的利率借入资金,便应在现金折扣期内用借入的资金支付货款,享受现金折扣。

(2)如果折扣期内将应付账款用于短期投资,所得的投资收益高于放弃折扣的银行利息成本,则应放弃折扣去追求更高的收益。

【公司的信用管理制度设定】

案例12-2:爱克思公司信用管理制度设定

1. 公司概况

爱克思公司为一家在中国香港上市的企业,公司主营业务为餐饮,创办于20世纪90年代。

爱克思公司的销售模式通常是通过餐厅售卖产品同时取得现金的方式。但随着业务的不断发展,在与机构客户的合作中,公司也会允许赊销并且产生应收账款。在赊销方面,公司一直不断强化对客户信用风险、赊销项目的盈利能力以及应收账款管理等方面的控制。

2. 爱克思公司在信用管理制度方面的举措

(1)设置信用管理部门

公司在应收账款管理中对每个部门的职责都规定得很明确。

①企划部、市场部、市场总经理、区域经理作为项目发起人和项目主导人,负责项目发起和设计,协调合同签署与项目审批和实施,负责应收账款收取和催讨。

②财务计划部负责全国性或跨市场项目(审阅单市场或单店项目)的事前财务分析和事后财务分析。市场财务负责单市场或单店项目的事前财务分析和事后财务分析。

③财资部负责项目客户信用风险评估,批准付款账期及所需保证金或预付款,更新关注客户名单和现金销售客户名单。

④财务控制部、市场财务负责与客户进行对账、应收账款收款情况跟踪及逾期状况报告。

⑤市场法务负责确保赊销协议条款在符合公司利益的同时合法和合规等工作。

(2)制定赊销评估流程

```
赊销项目评估 ── 项目发起
              ↓
              项目事前财务分析
              ↓
              项目客户信用风险评估
              ↓
              项目审批
              ↓
              合同拟订及签署

项目实施 ── 项目实施筹备
          应收账款管理 ── 对账
                      ↓
                      开具发票
                      ↓
                      追踪应收账款

项目后续管理 ── 项目事后财务分析
              客户信用记录管理 ── 关注客户名单
                              现金销售客户名单
```

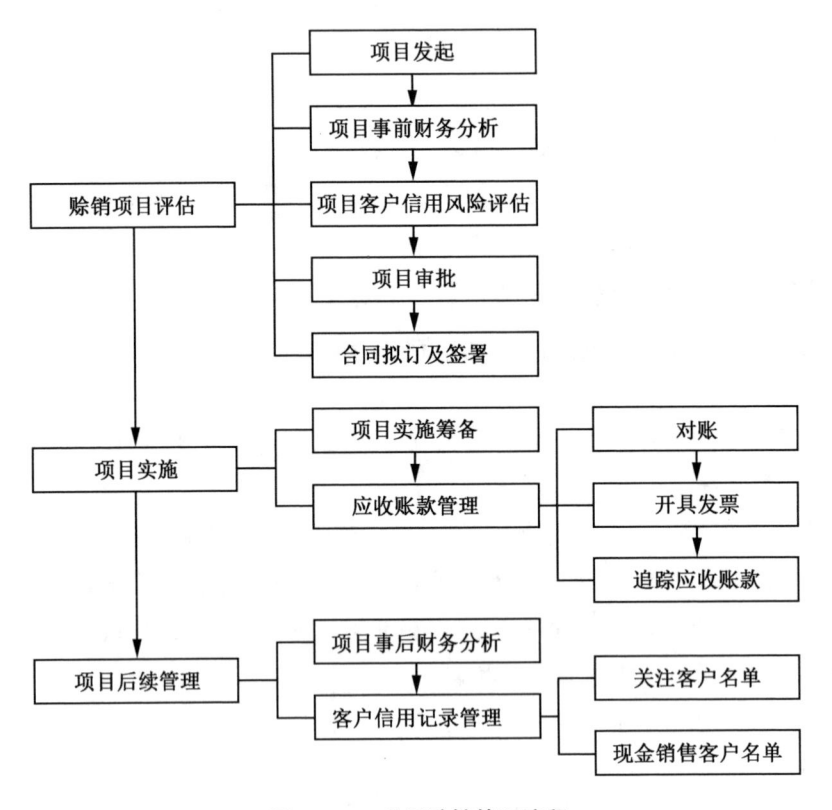

图 12—1　公司赊销管理流程

其中,项目审批设计有不同职位层级对应的额度审批权限,如表 12—1 所示。

表 12—1　　　　　　　　　　信用总(限)额申请审批表

日期：　　年　　月　　日

申请部门(单位)		联系人	
		联系电话	
本次授信背景	☐ 采购预付款　　　　　☐ 赊销			
	原信用总额：　　　　　　原信用限额：			
	申请增加信用总额_____万元；申请增加信用限额_____万元			
	事由：			
单位负责人签字		申请部门公章：	
以下内容为审批人填写			
财务部经办人				
财务部复核人				
财务部意见				
主管财务公司领导意见				
备　注				

3. 爱克思公司应收账款的全程管理

(1)项目事前财务分析

事前财务分析主要用于测算促销活动的盈利水平，了解活动风险，以判断该活动方式是否可行。

①如果设定的项目期间增加的销售量大于保本点，且该设定的增加的销售量在经验范围内，则该项目能给公司带来一定的收益，可判断为该项目活动方式"风险较小"。

②如果设定的项目期间增加的销售量小于保本点，则该项目盈利为负数，建议修改项目活动方式或取消该项目。

赊销活动需填写项目审批表，并取得相应的批准。当赊销项目的财务分析完成并取得相应的批准后，需通知财务计划部，由财务计划部登记在各品牌的记录表中。

(2) 项目客户信用风险评估

全国性或跨市场项目在企划部发起时，应同时报财资部进行信用风险评估。客户必须完全符合公司规定的适用的信用准入标准才能采用赊销的方式进行销售，除了赊销客户缴纳全额/足额保证金或预付款，或符合项目特别批准的条件，可以按照相应付款间隔期进行赊销外，否则不得进行赊销。

(3) 项目审批

当赊销项目的信用风险大于 0 时（信用风险＝项目可能产生最大应收余额－客户已支付的预付款/保证金/保函），必须对项目进行特别批准。

(4) 合同拟订及签署

项目发起人应负责与客户就赊销合同进行协商，在赊销合同采用标准格式时，应与企划、营运、财务等部门确认最终文本；在赊销合同未采用标准格式时，除与上述部门确认外，还应由法务部进行审核确认最终文本。

(5) 公司应收账款的事中管理

①财务共享中心制作并发送每日追踪报告，以达到日常监测应收账款余额的目的，及时按照预警机制处理或汇报。

②财务/市场财务须每月提交应收账款账龄分析表，并严密追踪赊销项下的应收款项收款情况。对于超过合同付款账期的逾期款项，应分别采取相应行动。

③财资部应根据客户的逾期情况更新客户名单。

(6) 公司应收账款的事后控制

①项目事后财务分析。通过对项目实际财务结果的分析，积累经验和诀窍，优化项目活动机制，为将来类似的项目提供借鉴。

②客户信用记录管理。公司财资部负责记录赊销客户的信用信息，并对有不良历史记录的客户建立特定名单，分为关注客户名单和现金销售客户名单，对在名单上的客户分别采用特别的政策。例如，发生以下情况，客户将被记入关注客户名单：应收账款逾期超过一个支付间隔期、小于等于两个支付间隔期的。而关注客户名单上的客户未来所有的项目合作，必须满足足额保证金/预付款的支付。财资部应在公司内部网站上及时更新关注客户名单和现金销售客户名单。

4. 爱克思公司信用管理制度简要评价

公司仅对应收账款实施管理,优点是设置了相应的管理部门和人员岗位,并将工作制度化,实现应收账款的全程管理;缺点是对客户信用状况和资质的变化动态监控力度不足,缺乏对应的考核措施。

第十三章　信用风险转移

学习目标

风险控制的目的,就是为了消灭或减少风险事件发生的各种可能性,并且减少风险事件发生时造成的损失。风险控制的方法包括风险转移和风险自担两大类。

本章从企业如何进行信用风险转移的角度,介绍企业信用风险转移的方法和手段。本章内容主要从以下三个方面展开:

→ 什么是风险转移？信用风险转移的方式有哪些？

→ 什么是担保？担保的方式有哪些？

→ 什么是信用保险与保理？如何操作信用保险与保理？

关键词

风险与损失	信用风险转移	担保
信用保险	保理	统保原则
风险共担原则	累计赔偿限额	买方信用限额

内容提要

1. 理论知识点梳理

(1)风险转移与信用风险转移

(2)担保及其方式

(3)信用保险

(4)商业保理

2. 实务场景设置

(1)从商业信用保险看信用保险业务

(2)中信保的国内信用保险产品

(3)出口信用保险案例

小贴士

企业面临的风险除了自行承担之外,还可以利用金融活动或产品予以转移。在企业信用风险转移中,信用保险、保理是常见的做法。

一、理论知识点梳理

★ 风险转移的含义

1. 风险与信用风险

(1)风险

风险在经济学中的解释是指未来结果的不确定性或波动性,如未来收益、资产或债务价值等的波动性或不确定性。

风险与损失在现实中经常被互用。准确地说,损失是指非故意的、非预期的、非计划的价值或预期收益的降低。可以肯定,损失这种与期望的偏离,包含在风险的含义中。

与此同时,将风险定义为未来结果与期望的偏离,可能出现高于预期收益或价值的上方风险,或低于预期收益或价值的下方风险。

在企业信用管理活动中,我们通常会遇到的只有下方风险甚至损失。

(2)信用风险

信用风险是指债权人由于债务人违约或债务人信用等级或履约能力发生变化造成损失的风险。具体在企业中表现为交易对手企业不能按期偿付账款甚至无法偿付账款,或企业在提供商业信用给予交易对手企业后,交易对手企业的信用状况恶化,进而导致因本企业商业授信条件过于优惠而增加机会成本等。

2. 风险转移

管理者通过采取各种措施和方法进行风险控制。风险控制的目的,就是为了消灭或减少风险事件发生的各种可能性,并且减少风险事件发生时造成的损失。通常,风险控制的方法包括风险转移和风险自担两大类。风险转移是重要的信用风险控制手段。风险自担,主要是通过确定交易条件来实现风险的承担,交易条件的选择决定着主体对风险承担的认可程度,可分为风险回避、损失控制、风险承担等。

(1)风险回避

风险回避是主体有意识地放弃风险行为,避免特定的损失风险。风险回避是一种消极的风险处理办法,放弃风险的同时也放弃了潜在的目标收益。风险回避的主要方式是通过设置严格的交易条件来实现,例如钱货两清、提前付款等。

(2)损失控制

损失控制是制订计划和采取措施降低损失的可能性或者减少实际损失,包括事前防范、事中和事后控制。事前防范是为了降低损失的概率,事中和事后控制是为了减少实际发生的损失。损失控制主要是通过信用风险管理来落实的。

(3)风险承担

如果损失发生,经济主体将以当时可利用的任何资金进行支付。

★ 信用风险转移的方式与方法

风险转移是指通过契约将让渡人的风险转移给受让人承担的行为。通过风险转移,有时可大大降低经济主体的风险程度。

1. 信用风险转移的方式

信用风险转移的方式主要有三种:通过设置交易方式实现风险转移、利用担保条件实现风险转移、通过第三方的有偿服务实现风险转移。

(1)通过设置交易方式实现风险转移

经济主体通过对经营方式的设置和调整,通过设置中间商(经销商、分销商或合作商)的方式销售产品。经济主体与中间商采取钱货两清或提前付款的交易方式进行交易,将信用风险转移给中间商来承担。

(2)利用担保条件实现风险转移

通过信用担保方式转移风险,信用担保是灵活的信用风险转移工具,可以根据需要设计。信用担保是一种双边合约,担保人作为信用风险的承担者,当第三方(债务方)不能履行其义务时,承担相应的补偿或代为支付的义务,金额限于潜在风险暴露的损失。

(3)通过第三方的有偿服务实现风险转移

第三方的有偿服务主要包括信用保险和保理。信用保险是针对商品赊销方赊销商品后不能收回货款的风险而产生的一类保险险种,主要包括国内贸易信用保险和出口信用保险。保理业务是一项以债权人转让其应收账款为前提,集融资、应收账款催收、管理及坏账担保于一体的综合性金融服务。

2. 信用风险转移的方法

信用风险转移的方法分两大类:单笔货款转移与货款组合转移以及融资型信用风险转移与非融资型信用风险转移。

融资型信用风险转移是指在向金融市场或金融机构转移信用风险的同时,实现资金的融通,工商企业可以通过办理保理业务等,将应收账款无法收回所带来的信用风险转移给专业性的金融机构;非融资型信用风险转移是与融资相分离的信用风险转移手段,有信用担保、信用保险等。

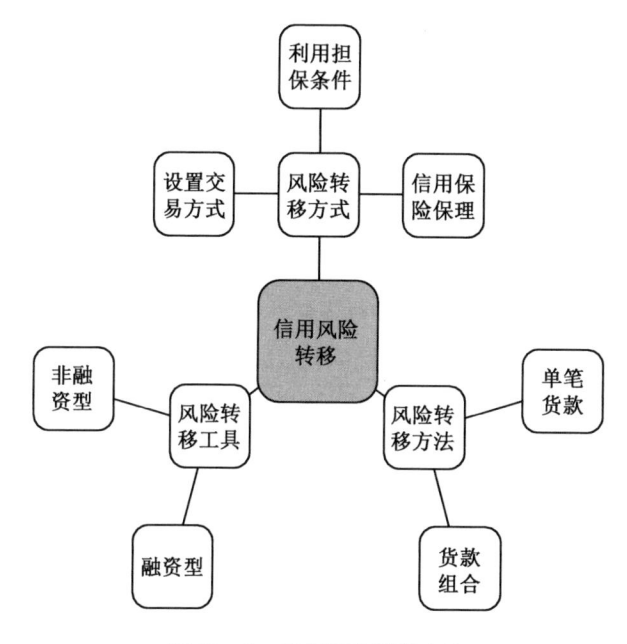

图 13-1 信用风险转移方法

★ 担保及其方式

1. 担保的分类

担保分为法定担保和约定担保。其中,法定担保的方式由相关法律直接规定,当事人可以根据实际情况从中选择具体的担保方式。除了法定担保外,其他担保可以依据当事人的约定而产生。约定担保是指当事人通过约定而产生的担保,包括定金、保证、抵押和质押四种。

2. 担保的方式

我国《民法典》中就法定的担保方式作出了明确的规定,主要分为五种,包括保证、抵押、质押、留置和定金。而一般在债权债务关系中或者合同关系中,当事人为了保证目的的实现,往往一方会提供相应的担保。至于选择哪种担保方式,要结合实际情况才能确定。

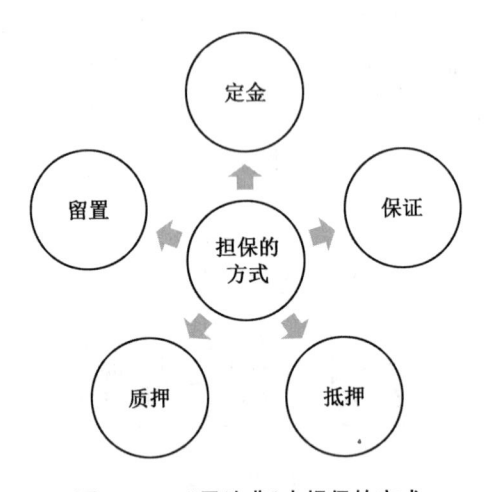

图 13—2 《民法典》中担保的方式

(1)保证

保证是指保证人和债权人约定,当债务人不履行债务时,由保证人按照约定履行主合同的义务或者承担责任的行为。保证合同是为保障债权的实现,保证人和债权人约定,当债务人不履行到期债务或者发生当事人约定的情形时,保证人履行债务或者承担责任的合同。

(2)抵押

抵押是指债务人或者第三人不转移抵押财产的占有,将抵押财产作为债权的担保。其实质是不改变动产或不动产的现状。当债务人不履行债务时,债权人有权依照《民法典》的规定以抵押财产折价或者以拍卖、变卖该财产的价款优先受偿。

(3)质押

质押是指债务人或者第三人将其动产移交债权人占有,或者将其财产权利交由债权人控制,将该动产或者财产权利作为债权的担保。当债务人不履行债务时,债权人有权依照《民法典》的规定以该动产或者财产权利折价,或者以拍卖、变卖该动产或者财产权利的价款优先受偿。质押分为动产质押和权利质押。权利质押主要指以汇票、支票、债券、存款单、股票、商标专用权、专利权和著作权等财产权作为质押标的的担保。

(4)留置

留置是指债权人依照合同约定占有债务人的动产。债务人不按照合同约定的期限履行债务的,债权人有权依照《民法典》的规定留置该财产,以该财产折价或者以拍卖、变卖该财产的价款优先受偿。留置主要适用于保管合同、运输合同、加工承揽合同等发生的债权,在信用销售中使用较少。

(5)定金

定金是指合同当事人一方为了担保合同的履行,预先支付另一方一定数额的金钱的行为。债务人履行债务后,定金应当抵作价款或者收回。给付定金的一方不履行合同约定的债务的,无权要回定金;收受定金的一方不履行合同约定的债务的,应当双倍返还定金。

上述五种担保方式中,留置是法定担保方式,即债权人依照法律规定行使留置权,无需当事人之间约定;其他四种担保方式需由当事人之间约定,是协议的担保方式。

债权担保的当事方主要有三个:债权人、债务人和保证人。担保的方式有人的担保、物的担保和钱的担保。《民法典》规定,保证人承担保证责任后,除当事人另有约定外,有权在其保证责任范围内向债务人追偿,并享有债权人对债务人的权利,但不得损害债权人的利益。根据现行《担保法》第31条,"担保人在承担担保责任后,有权向债务人追偿"。与旧法相比,新法最大的变化是保证人享有赔偿后的"债权",而旧法的措辞是"追偿权"。就债务人自身的规定而言,保证人享有债权具有特殊的优势,保证人可以优先获得担保物,从而获得优于债务人其他一般债权人的地位;如果担保人只行使追索权,担保人与债务人其他一般债权人的地位是平等的。

★ 信用保险

1. 概念

信用保险，是指保险人对被保险人信用放款或信用售货，债务人拒绝履行合同或不能清偿债务时，所受到的经济损失承担赔偿责任的保险方式。这是一项企业用于风险管理的保险产品。其主要功能是保障企业应收账款的安全，是把债务人的保证责任转移给保险人，当债务人不能履行其义务时，由保险人承担赔偿责任。

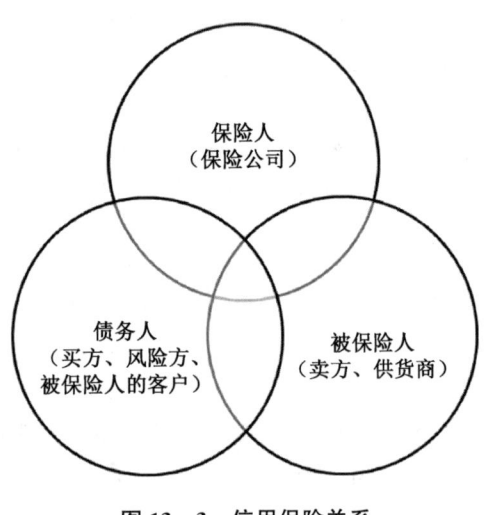

图13—3　信用保险关系

（1）保险人与被保险人签订保险合同；保险人向被保险人提供应收账款保险，被保险人向保险人支付保费。

（2）被保险人与债务人签订货物销售/服务合同，约定信用期限；被保险人向债务人提供货物/服务，债务人向被保险人支付款项。

（3）保险人与债务人没有合同关系；保险人审核债务人的信用风险，审核批复信用限额。

2. 信用保险的作用

信用保险是信用风险转移的主要方式之一。信用保险的作用主要体现在以下几个方面：

（1）风险转移，减少损失

买家不付款或拖欠时，保险公司进行理赔，减少应收账款损失。对损失的赔付有力地保障了企业的现金流，实现信用风险转移。

（2）融资推动，有利贷款

改善应收账款质量，获取银行融资支持。通过保单受益权的转让，获得银行贸易融资。

(3)财务安排,增强信任

促进业务发展,保持财务稳健,改善财务质量。

(4)助力管理,提升业务

优化客户质量,提升业务能力,完善内控制度,提高管理水平。

3. 信用保险的类型

信用保险主要有商业信用保险、出口信用保险和投资保险三种。常见的信用保险险种一般有商业信用保险和出口信用保险。

(1)商业信用保险

也称国内贸易信用保险,主要是针对企业在商品交易过程中所产生的信用风险,是为国内商业贸易的延期付款或分期付款行为提供信用担保的一种信用保险业务。在这项业务中,投保人是制造商或供应商,保险人承保的是买方(即义务人)的信用风险,目的在于保证被保险人(即权利人)能按期收回赊销货款,保障商业贸易的顺利进行。

(2)出口信用保险

也称出口信贷保险,是各国政府为提高本国产品的国际竞争力,推动本国的出口贸易,保障出口商的收汇安全和银行的信贷安全,促进经济发展,以国家财政为后盾,为企业在出口贸易、对外投资和对外工程承包等经济活动中提供风险保障的一项政策性支持措施,属于非营利性的保险业务。它是政府对市场经济的一种间接调控手段和补充,是世界贸易组织(WTO)补贴和反补贴协议原则上允许的支持出口的政策手段。

4. 信用保险的特征

信用保险是帮助公司确保本地或国际贸易安全的重要工具,是一种旨在保护被保险人的应收账款免于因客户违约、资不抵债或破产而遭受损失的保险单。如果客户不付款或超出一定付款期限,信用保险可以提供部分保障。

一般财产保险以实物为保险标的,保险人比较容易认定其危险程度,但信用保险以企业的信用为保险标的,信用水平不容易调查。通常,保险公司只能通过企业过去的信用记录来判断将来其信用风险的大小。因此,信用保险要求被保险人与保险人共享其掌握的所有有关客户的资信信息。另外,保险人一般还会委托专业资信调查机构对国内外的客户资信情况进行充分了解。

5. 信用保险机构

信用保险是国际通行的贸易促进手段,但在我国起步较晚。

专门以信用保险为主要业务的保险机构,被称为信用保险公司。当前世界三大信用保险公司占据全球超过80%的市场份额:Euler Hermes(裕利安怡)、Atradius(安卓)、Coface(科法斯)。

Euler Hermes(裕利安怡):裕利安怡集团是贸易信用保险的全球领导者,同时还是公认的保函保证保险以及商账追收管理领域的专家。2005年进入中国,裕利安怡为合作伙伴提供贸易信用保险的技术支持。中国业务合作伙伴主要为中国太平洋财产保险股份有限公司等。

Atradius(安卓):安卓信用保险集团是世界三大信用保险公司之一,在超过50个国家提供贸易信用保险和账务管理服务。总部位于荷兰,于2000年起在中国办理业务。中国业务合作伙伴主要为中国大地财产保险股份有限公司、阳光信用保证保险股份有限公司等。

Coface(科法斯):科法斯集团拥有75年的经验,为全球50 000家企业提供专业服务。总部位于法国巴黎,于2001年正式进入中国,为在华公司提供信用管理服务。中国业务合作伙伴主要为中国平安财产保险股份有限公司等。

我国开展出口信用保险业务的主要公司是中国出口信用保险公司(简称"中信保",英文Sinosure),它是我国国内最大的信用保险公司,是唯一承办出口信用保险业务的政策性保险公司,也是我国四家政策性金融机构之一。此外,国内市场做信用保险的公司不是很多,目前主要有下述几家,做简单介绍。

平安财产险公司:中国平安财产保险股份有限公司(简称"平安产险")于1988年成立,由中国平安保险(集团)股份有限公司投资,平安产险是中国第二大财产保险公司。

太保财产险公司:中国太平洋财产保险股份有限公司是按照产、寿险分业经营的要求,由中国太平洋保险(集团)股份有限公司控股,申能(集团)有限公司、上海国有资产经营有限公司、上海海烟投资管理有限公司、云南红塔集团有限公司共同出资于2001年组建而成。

人保财产险公司:中国人民财产保险股份有限公司(简称"中国人保")是经国务院同意、中国保监会批准,于2003年7月由中国人民保险集团股份有限公司发起设立的。

阳光信保:阳光信用保证保险股份有限公司(简称"阳光信保")是我国首家市场化运营的专业信用保证保险公司,成立于2016年1月,由阳光财产保险股份有限公司、重庆两江金融发展有限公司和安诚财产保险股份有限公司共同发起设立,注册资本金 30 亿元人民币。

中银保险:中银保险有限公司成立于 2005 年 1 月 5 日,作为中国银行的全资附属机构,公司采用银行保险创新经营模式,充分利用中国银行的品牌、渠道、客户资源和业务机会。

大地保险:中国大地财产保险股份有限公司于 2003 年 10 月 15 日在上海成立,是全国性财产保险公司,是中国再保险(集团)股份有限公司旗下唯一的财险直保公司。

★ 商业保理

1. 概念

商业保理又称保理,商业保理是基于向保理商出售(或转让)企业商贸等业务中赊销而形成的应收账款,以获得保理融资支持、信用风险控制、应收账款催收与管理等一揽子综合性服务的金融解决方案。

保理业务是一项集贸易融资、商业资信调查、应收账款管理及信用风险担保于一体的综合性金融服务。保理是商业贸易中以赊账方式结算货款时,卖方为了强化应收账款管理、增强流动性而采取的一种委托保理商代为管理应收账款的做法。

《民法典》将保理合同定义为"应收账款债权人将现有的或者将有的应收账款转让给保理人,保理人提供资金融通、应收账款管理或者催收、应收账款债务人付款担保等服务的合同"。

国际统一私法协会《国际保理公约》对保理的定义:保理是指卖方/供应商/出口商与保理商间存在一种契约关系,根据该契约,卖方/供应商/出口商将其现在或将来的基于其与买方(债务人)订立的货物销售/服务合同所产生的应收账款转让给保理商,由保理商为其提供贸易融资、销售分户账管理、应收账款管理、信用风险控制与坏账担保服务中的至少两项。

2. 保理的类型

在实际业务中,保理业务有多种不同的操作方式。一般可以分为国内保理和国际保理、明保理和暗保理、到期保理和融资保理、有追索权保理和无追索权保理等。

```
                    保理的类型
          ┌─────────────────────────┐
          │   国内保理与国际保理      │
          ├─────────────────────────┤
          │     明保理与暗保理        │
          ├─────────────────────────┤
          │   到期保理与融资保理      │
          ├─────────────────────────┤
          │ 有追索权保理与无追索权保理 │
          └─────────────────────────┘
```

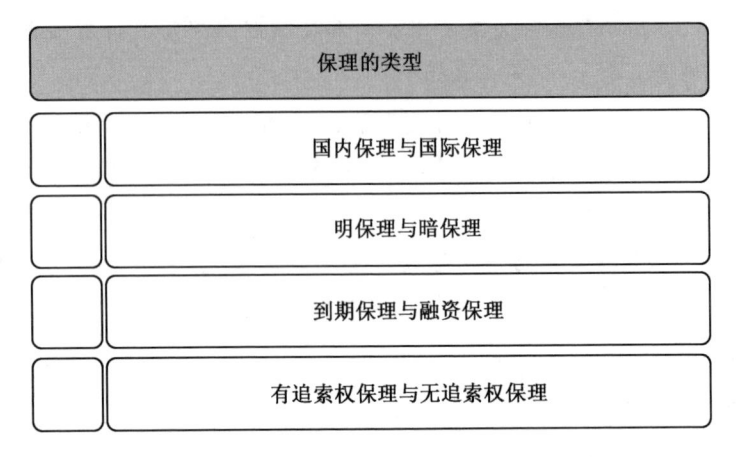

图 13-4　保理的类型

(1) 国内保理与国际保理

根据保理业务当事人是否在同一国家(地区),分为国内保理和国际保理。国内保理是指保理业务各当事人均在同一国家(地区)的保理业务。国际保理是指保理业务各当事人中至少有一方在境外(或关外)的保理业务。

(2) 明保理与暗保理

按照是否将保理业务通知购货商,分为明保理和暗保理。明保理,又称公开型保理,是指销售商在债权转让的时候应立即将保理情况告知购货商,并指示购货商将货款直接付给保理商。暗保理,又称隐蔽型保理,是将购货商排除在保理业务之外,在到期后销售商出面进行款项的催讨,收回之后再交给保理商。销售商通过开展暗保理可以隐瞒自己资金不佳的情况。

(3) 到期保理与融资保理

按照对卖方是否提供融资,分为到期保理和融资保理。

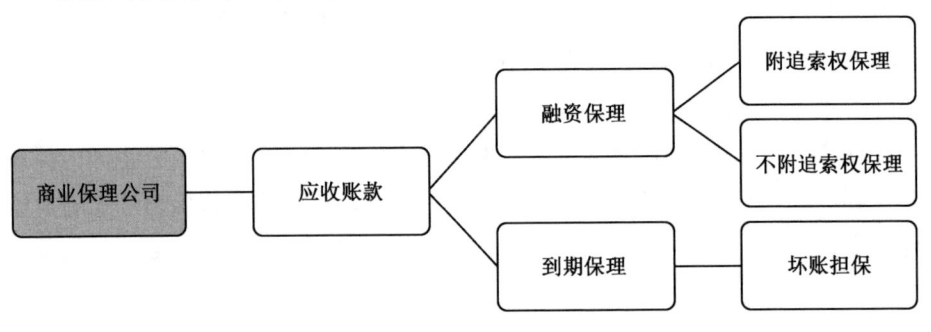

```
                                          ┌─附追索权保理
                              ┌─融资保理─┤
 商业保理公司─应收账款─┤              └─不附追索权保理
                              └─到期保理───坏账担保
```

图 13-5　融资保理与到期保理

到期保理是指保理商在收到出口商提交的、代表应收账款的销售发票等单据时并不向出口商提供融资，而是在单据到期后，向出口商支付货款。无论到时候货款是否能够收到，保理商都必须支付货款。

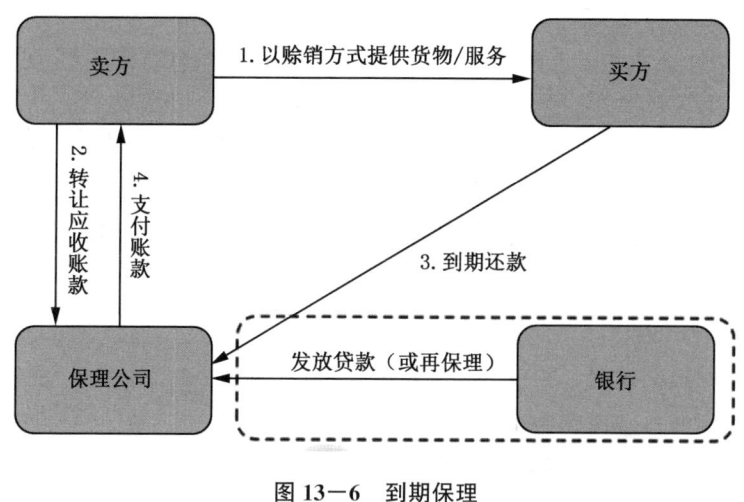

图 13－6　到期保理

融资保理，也称折扣保理，是指当出口商将代表应收账款的票据交给保理商时，保理商立即以预付款方式向出口商提供不超过应收账款 80% 的融资，剩余 20% 的应收账款待保理商向债务人(进口商)收取全部货款后，再行清算。这是比较典型的保理方式。

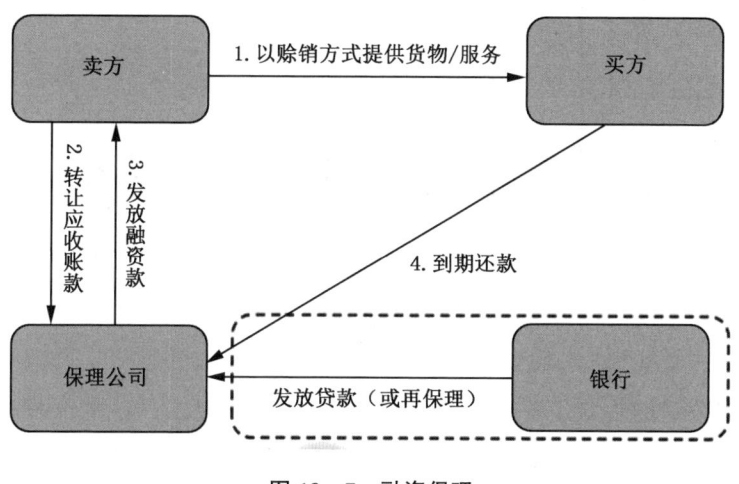

图 13－7　融资保理

(4)有追索权保理与无追索权保理

有追索权保理(回购,非承保),保理商不负为债务人核定信用额度和提供坏账担保的义务,仅仅提供包括融资在内的其他服务。无论应收账款因何种原因不能收回,保理商均有权向销售商索回已付融资款项并拒付尚未收回的差额款项。当前,保理商出于谨慎性原则考虑,通常情况下会为客户提供有追索权保理。无追索权保理(买断,承保),保理商根据销售商所提供的债务人核准信用额度,在信用额度内承购销售商对该债务人的应收账款并提供担保责任,发生债务人风险,不能再向销售商追索已发放的融资款。销售商在与保理商开展保理业务之后,就等于将全部的风险转嫁给了保理商。因为风险过大,保理商一般不予接受。

3. 保理的操作

保理商根据发票金额按事先商定的比例(70%—90%)向卖方支付预付款,即按销售额的一定比例为卖方提供融资。

下面以有追索权的明保理为例,简述保理业务的基本流程,如图13—8所示。

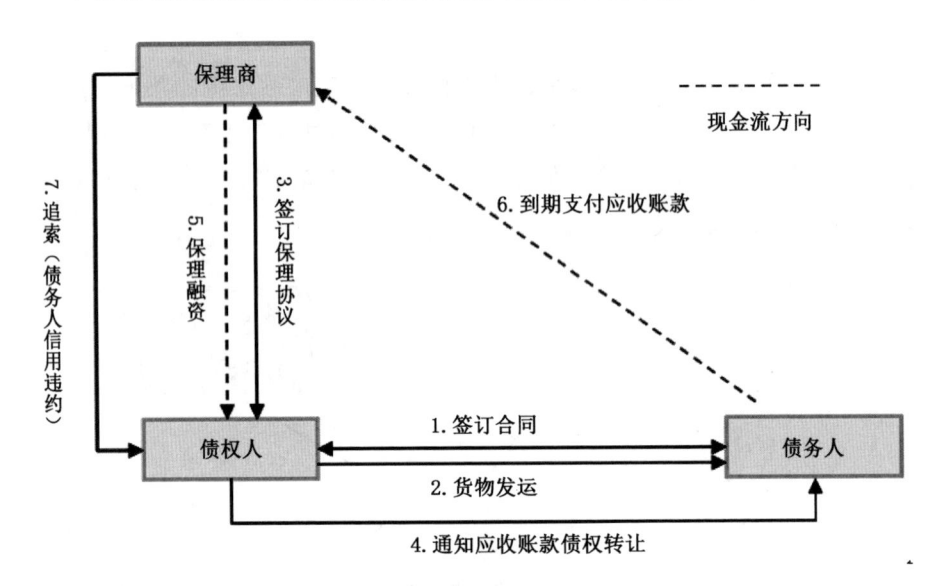

图13—8 保理业务流程

保理公司的收费主要包括两部分:一是资金利息。具体的保理融资利率根据保理业务实际预支金额的大小,参照当时市场利率水平而定,并在双方的《保理服务合同》中进行明确规定。保理融资年化利率一般为6%—10%。

二是保理服务佣金。包括买方信用评估、回收和管理应收账款等服务。费率取决于交易的性质、金额、融资风险控制和提供服务的具体内容等,一般为应收账款净额的0.1%—3%。具体费率以双方签订的《保理服务合同》的约定为准。

保理业务中,适合的卖方通常具备下列条件:成立3年以上,业务经营处于良性循环状态,收入规模稳定增长,企业产品及服务标准化程度较高,具有一定的竞争力,销售对象资信状况良好,双方合作稳定等。适宜的行业包括生产资料、消费品、零配件等。

4. 信用保险与保理

出口保险公司一般要求出口商将其全部销售交易都要投保(无论哪种付款方式都要投保),而保理服务无此要求。一般来说,出口信用保险服务要比保理服务费用高。

出口信用保险项下,进口商信用风险一般由保险公司和出口商共同承担,在出现坏账时,保险公司一般只赔偿70%—90%,而且索赔手续烦琐又耗时。而在保理服务中,保理公司承担全部信用风险。

二、实务场景设置

怎样利用信用保险转移风险?

【从商业信用保险的实际操作看信用保险业务】

1. 关于商业信用保险

(1)保险目的

信用保险基于企业赊销,保障的是企业应收账款的安全,以债务人的信用作为保险标的;在投保企业的欠款遭到延付的情况下,按照事先约定好的赔付比例赔款(保障水平通常是应收账款的85%至95%)。

(2)统保原则

也称全部投保原则,是投保人应将适用于保险合同约定的所有贸易合同全部投保。通常不接受被保险人只选择有风险或风险高的买家进行投保。信用保险的保费通常相当高,大多数企业会自行承担坏账风险。愿意承保信用保险的保险公司数量也有限,因此大多数承保方往往对风险很挑剔,更愿意承保整个账面债务。

(3) 风险共担原则

信用保险与其他保险不太相同的地方就是强调损失共担。信用保险对承保风险的赔偿并不是损失金额的 100%，而是采取风险共担的原则。保险人对损失承担的赔偿比例为 85%—95%。赔偿比例在保险合同开始时协商确定，并且不同的赔付比例会对保费直接产生影响。实务中，赔偿比例通常为 90%。信用保险是信用风险管理的一种形式，保险人期望控制风险，往往只能通过被保险人来实现，所以信用保险中一般规定被保险人为共保人。

(4) 累计赔偿限额

也称最大保险责任，是保险人在保险合同项下在保险期间内累计承担的最高赔偿责任。实际业务中与保费挂钩，通常为实际支付保费的 30—40 倍。

(5) 买方信用限额

放款赊销通常是以有清偿能力而且信用好的企业为限。在实际操作中，投保企业需要为其每位买家向保险公司申请限额（为投保人给予买方的最高放账总额）。保险人经过严格调查、审核后做出批复（全部批复、部分批复、拒绝等）。限额规定了投保企业在一定时期内向该买家赊销能够获保的最高金额，体现了保险公司对与该买家进行交易的潜在风险的认定。

> 投保人为每一个买家申请信用限额（额度与期限）
> 通常由保险公司书面审批，在保险期间内循环使用
> 保险人有权修改或撤销已经批复的信用限额
> 信用限额是被保险人得到保障及保险人承担保险责任的基础

(6) 投保人要求

信用保险的投保人必须是企业而非个人，为国内注册的法人企业，主营业务稳定。投保的是对国内客户（法人企业）的放账销售，通常要求信用期限在 4 个月以内，最长不超过 6 个月（最好 60—90 天）。具有真实、合法、有效的书面合同，明确的交易标的和付款方式等。

> 投保赊销金额不低于 5 000 万元，最少 3 000 万元
> 买家数量不少于 5 家，最少 3 家
> 最好是生产企业，经营时间不少于 3 年
> 首选化工、医药、食品、电子等行业

2. 商业信用保险总保费的计算

总保费根据确定的保费费率乘以保险期限内承保的赊销业务总金额计算

得出。通常保费由债务人所在国风险以及债务人自身风险等标准厘定。

(1)费率

费率受投保企业规模、贸易产品类型、买家情况、历史交易记录等多方面影响。通常费率区间在 0.2%—0.6%，特别情况下可能会高于或低于此区间。通常保费按照季度预收，年度统一核算。

(2)最低保险费

最低保险费是投保人在保险期间内应交付的最少保险费。最低保险费在签单时一次性支付且不予退还。预估的年赊销营业额是计算最低保费的基础（实务中掌握在预估保费的 80%）。

例如，某企业预估年赊销营业额为 8 000 万元，约定保费费率 0.5%。

最低保费：8 000×0.5%×80%＝32(万元)

保险期末：年赊销总额为 10 000 万元

需补交保费：10 000×0.5%－32＝18(万元)

若年赊销总额为 6 000 万元，保险公司保留最低保费，不予退回。

3. 逾期与索赔

当买方无清偿能力（破产）或延期付款（买方超过约定的等待期，通常是 6 个月，仍未支付或未付清应收账款）时，被保险人可向保险人提出索赔申请。材料齐全，保险人将在 30 日内支付赔款。

(1)期限

①信用期限：被保险人同意买方的付款期限最长不能超过保险人授予的信用期限。

②最高延长期限：被保险人可以同意买方在约定的付款日之后延期付款，债务延展期最长不可超过"最高延长期限（一般不超过 60 天）"（是等待期的一部分）。

③可能损失报告：被保险人应在获悉买方破产或买方超过最高延长期限截止一个月仍未付清应收账款情况下的 10 个工作日内填报可能损失通知。

④等待期：被保险人提出索赔前必须等待的一段时期，等待期从合同约定的应付款日开始（通常是 6 个月）。

(2)索赔和理赔

①索赔：如果是买方破产，应在获悉买方破产后一个月内提出索赔；如果是买方拖欠，应在贸易合同约定的应付款日期截止等待期结束后提出索赔。

②理赔：如果损失金额小于信用限额，则赔偿金额＝实际损失×赔偿比例；如果损失金额大于信用限额，则赔偿金额＝信用限额×赔偿比例。

例如，某买家未付发票金额为 200 万元，偿付比例 90％。信用额度 300 万元，赔偿金额＝200×90％＝180（万元）；信用额度 100 万元，赔偿金额＝100×90％＝90（万元）。

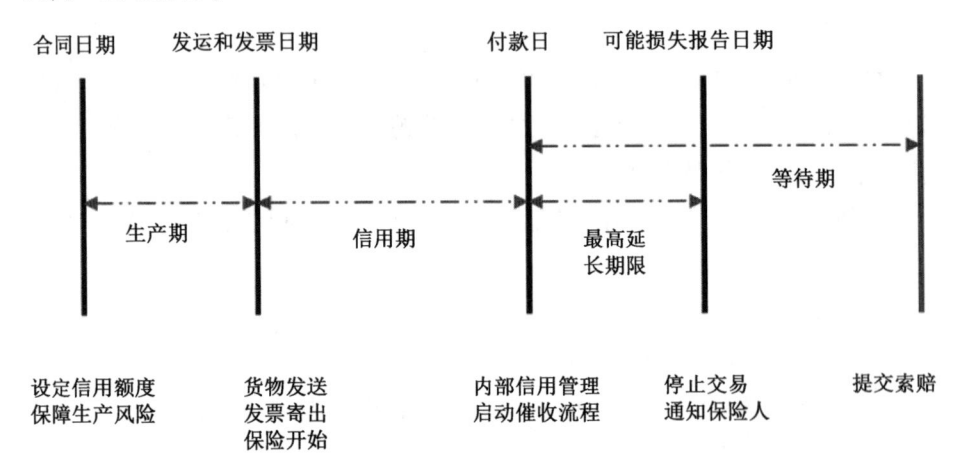

图 13－9　信用保险时间轴

【中国出口信用保险公司的国内贸易信用保险产品】

中国出口信用保险公司是由国家出资设立、支持中国对外经济贸易发展与合作、具有独立法人地位的国有政策性保险公司，于 2001 年 11 月 8 日注册成立。

2017—2021 年主要险种承保金额一览 （金额单位：亿美元 / Unit: USD100 million）

险种	合计 Total	2017	2018	2019	2020	2021
短期出口信用保险 Short-term Export Credit Insurance	26 267.1	4 128.0	4 814.0	4 869.0	5 692.3	6 763.8
中长期出口信用保险 Medium and Long-term Export Credit Insurance	769.5	238.6	235.5	119.1	114.6	61.7
海外投资保险 Overseas Investment Insurance	2 970.3	488.9	581.3	613.3	625.6	661.2
国内贸易信用保险 Domestic Trade Credit Insurance	2 699.8	378.6	457.5	481.4	587.7	794.6
担保 Bonds & Guarantee	98.4	11.8	31.2	15.1	20.0	20.3
其他 Others	3.4	0.1	2.8	0.01	0.5	0.002

图 13－10　中信保的业务规模

1. 国内贸易信用保险产品简介

为在中华人民共和国境内注册的企业、银行或具备资质的保理公司，保障其在国内贸易中，因买方发生商业风险造成应收货款或受让应收账款的直接损失，或因供应商发生商业风险造成的不能收回预付款的直接损失。承保业务的信用期限一般为一年以内。2021年全年承保金额5 133.6亿元人民币，增长26.3%；支付赔款1.1亿元人民币。

承保风险	买方/供应商破产、无力偿付债务
	买方/供应商拖欠
赔偿比例	最高赔偿比例为90%

图13—11 中信保的国内贸易信用保险

2. 中信保的国内贸易信用保险品种

(1) 国内贸易信用保险

该产品以中华人民共和国境内注册的企业为被保险人，补偿企业按贸易合同约定向国内买方交付货物或提供服务后，且在开票期限内开具发票，因国内买方发生商业风险导致应收账款的直接损失。

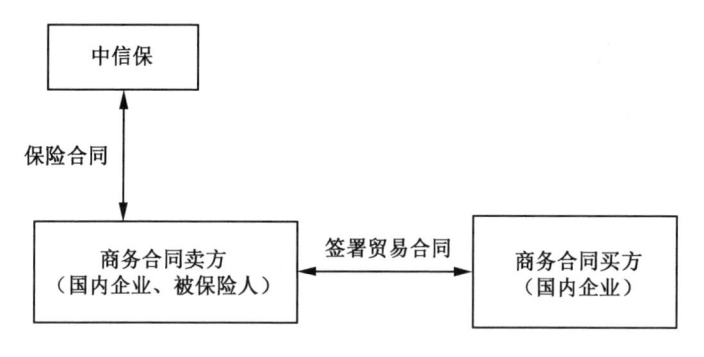

图13—12 中信保的国内贸易信用保险品种(1)

(2) 国内贸易预付款信用保险

该产品以中华人民共和国境内注册的企业为被保险人，补偿企业按贸易合同约定在国内供应商交付货物或提供服务前将部分或全部合同款项作为预付款支付给国内供应商，因国内供应商发生商业风险导致预付款无法退还的直接损失。

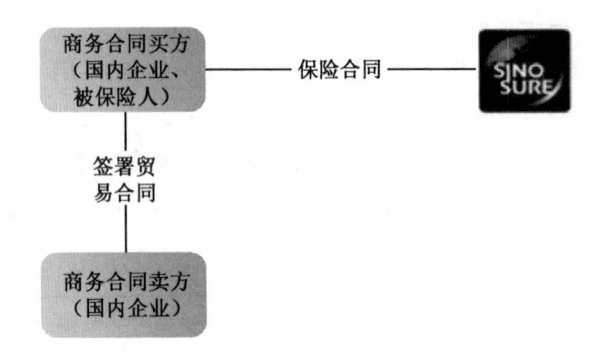

图 13—13　中信保的国内贸易信用保险品种(2)

(3)国内贸易信用保险(进口保理)

该产品以中华人民共和国境内注册的银行或具备资质的保理公司为被保险人,补偿其在进口保理业务项下受让的符合条件的应收账款,因国内买方(进口商)发生商业风险而不能偿付应收账款的直接损失。

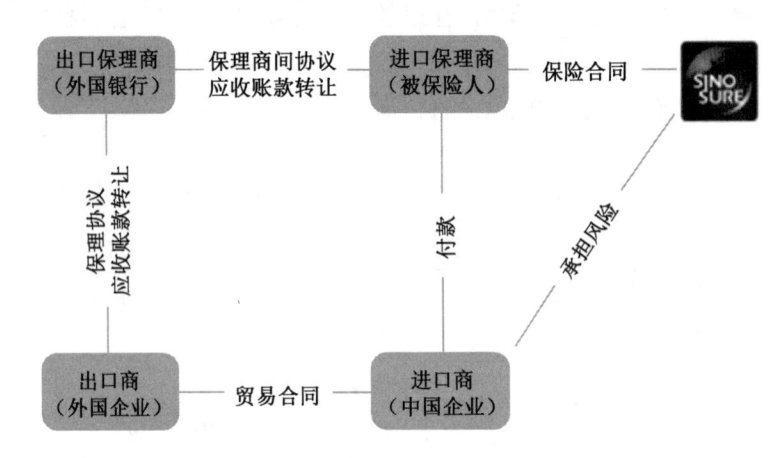

图 13—14　中信保的国内贸易信用保险品种(3)

案例 13-1:出口信用保险

中国人民财产保险股份有限公司浙江省分公司曾经遇到一个案例。

案件经过:

被保险人 A 公司为绍兴一家光纤原料出口商,出口商品为铜包钢丝,从美国引进技术和设备,产品及价格在国际上具有较大的竞争优势。买家 B 公司为巴西国内电信光缆供应商,下游买方为电信行业巨头。双方有多年的合作关系,2015年6月,双方开始以赊销方式进行交易,支付方式为OA60天,累计交易金额683 297.21美元。2016年5月,买方B公司拖欠货款,被保险人向保险公司申请报损,因买方有还款意愿遂申请自追。

自追两个月后,2016年6月,买家B公司的下游买方申请破产,B公司有大额应收货款未收进,导致无法支付被保险人的欠款,因涉案金额较大,买方B公司付款意愿不明确,A公司在保险公司指导下填写了委托追偿协议。2016年7月,A公司负责人飞赴巴西与B公司负责人商谈付款事宜,之后B公司付款68 417.92美元,剩余未回款金额614 879.29美元。B公司同时提供了还款计划书,因还款时间太长被保险公司拒绝。

2016年8月,双方就还款事宜进一步协商,B公司提出用其名下的一套房产抵押贷款。保险公司要求提供房产相关信息及资料,并就房产抵押问题要求核实:买方主张抵扣多少货款?房产价值如何评估?过户手续费及税金有多少,并由谁来承担?房产是否有抵押?是否有他项权利?房产转卖后要缴纳多少税金?转卖的价款是否可自由汇出巴西?保险公司根据该建议提出三种可能性方案,并倾向于如下方案:

将此房产由买方抵押给银行,所得款项用于清偿欠款,所产生的银行利息由三方共同商议承担。保险公司认为,此方案既能在短时间内解决A公司的资金问题,也维护了A公司与买方B公司的关系,同时保险公司的赔付金额也将降至最低。此方案若能施行,将有两种可能性:其一,此房产抵押给银行获得全部货款金额(614 879.29美元);其二,此房产抵押给银行获得部分货款金额,剩余金额进入理赔程序,并重新签订相应的还款计划书。

最终,买方觉得房产抵押利率太高,只愿意按照既定还款方案执行:一个是10月份开始按付款计划上的日期还款,另一个就是直接房子抵货款。A公司负责人表示,因付款期限太长不同意第一个方案,第二个方案操作复杂暂不考虑;同时表示10月份他会再去巴西,与买方B公司负责人面谈。

2016年10月初,被保险人飞去巴西与客户面谈重新商定付款计划,金额614 879.29美元,分10个月至2017年7月30日付清。10月26日,A公司收到买方的第一笔货款35 000美元,剩余金额579 879.29美元。

12月14日,A公司收到第二笔货款35 000美元,12月30日收到第三笔货款35 000美元,2017年2月7日收到第四笔货款70 000美元,剩余金额439 879.29美元。

2017年3月20日，A公司被告知，占B公司下游买方订单60%的另一个供应商破产，其原来拥有的订单全部转移至B公司，导致B公司订货量加大，资金压力随之增大，因此提出延迟付款的要求，将付款计划中2、3、4月的货款共计22万美元延期至5月中旬一起付，剩余金额219 879.29美元在7月底前全部付清。

保险公司分析，买方突然接到大量订单，资金确实压力增大；但另一方面，货发下游买方后收到货款，之后即可正常运转起来，建议A公司继续按照计划催讨货款。

2017年4月20日，A公司收到B公司付出的第五笔货款30 000美元，7月6日收到第六笔货款40 000美元，7月13日收到第七笔货款30 000美元，剩余金额339 879.29美元。

10月初，A公司负责人再次飞赴巴西与买方B公司协商付款事宜，但买方说资金出现困难，重提之前用房产抵押的方案，因房产的处理比较麻烦，A公司负责人未答应。

因B公司原竞争对手破产后重新开始经营，抢占了其对下游买方的供货份额，下游买方目前已停止从B公司采购，B公司之前对下游买方的供货金额已达几百万美元，未收回。

B公司下游买方不付货款，导致B公司从韩国订购的货物滞压港口，有2个货柜被海关拍卖。据预估，B公司欠韩国供应商的货款大概有近200万美元，使得其困境更加明显。

鉴于B公司负责人愿意拿之前提到的房产来抵货款，据2013年做的资产评估，该房产估值190万巴西币，按照当时的行情及房产所处的位置（中产阶级居多），该房产约值150万巴西币，约46万多美元。截至当时，B公司欠A公司货款339 879.29美元。买方B公司同意将此房产过户给A公司，但要求根据房产价值返还多于货款金额的部分。双方就房产的价值未达成一致意见。A公司认为，其拿到房产后是要卖掉的，如果卖的价格低于它的货值，亏损部分该如何定？所以未同意。

2017年11月22日，A公司收到B公司付款30 338.59美元，剩余金额309 540.70美元。

保险公司委托国外渠道了解了买方市场情况及房产处理等相关问题，最终鉴于房产处理估价难以达成一致意见，且利率较高，房产出售短期内难以实现，买方B公司又陷入困境，无力偿还剩余欠款，保险公司将该案件正式进入定损核赔程序，于2018年1月25日下发赔款计算书，按保单约定拖欠为90%的赔偿比例，赔付金额278 586.63美元，累计减损336 380.86美元。

案例述评：

(1)保险公司需要会同投保人保持关注买方的经营情况及买方上下游、市场、经济情况的变动，积极应对，确保买方按付款计划付款。

(2)案例中债务人提出以房产做抵押，保险公司及被保险人就如何将抵押物变现进行了多种渠道的了解，最终因利率问题、国内房产市场行情问题、处理出售的手续问题等存在难度及不确定性而选择拒绝，是正确的。

第五篇

延伸阅读

第十四章　法人的类型

📚 **学习目标**

当销售部门开发一个新客户时,通常都会要求提供客户资料,建立客户档案。最重要的客户资料就是客户三证(营业执照、组织机构代码证、税务登记证,目前三证合一,已经简化为营业执照)。如果给该客户赊销,通常会要求客户具备独立承担责任的能力(即"独立法人")。

通常,判断一家客户是独立法人(即法人)还是非独立法人(即非法人),主要依照下列几点:一是独立法人。有注册资金,公司仅以出资额对外承担有限责任,能够以自己的名义独立进行民事活动、以自己的财产独立承担民事责任的组织。登记机关颁发的营业执照上是法定代表人。二是非独立法人。无注册资金,实行负责人制度,母公司对其所有债权、债务承担责任,没有自己的独立财产,不具有法人资格,不独立承担民事责任。登记机关颁发的营业执照上为负责人。

一、什么是法人

《中华人民共和国民法典》第五十七条规定:"法人是具有民事权利能力和民事行为能力,依法独立享有民事权利和承担民事义务的组织。"

这种组织既可以是人的结合团体,也可以是依特殊目的所组织的财产。从根本上讲,法人与其他组织一样,是自然人实现自身特定目标的手段,它是法律技术的产物,它的存在从根本上减轻了自然人在社会交往中的负担。法律确认法人为民事主体,意在为自然人充分实现自我提供有效的法律工具。

公司生产的产品多数情况下销售给其他公司(客户),公司需要的原料从其他公司(供应商)采购。通常交易的对象为各类企业,这些合作企业都可以通过工商局(市场监督管理局)查询到其合法注册登记信息。这些合作的客户及供应商就是我们通常所说的企业法人,也叫营利法人。

但有的时候,我们还会与政府、学校、医院等机构合作,如承包政府工程、给学校提供实验器材、向医院提供医疗设备等。我们还可能会与律师事务所合作,聘请律师帮我们审查合同、打官司等。我们也可能会加入某个行业协会,成为这个行业协会的会员,开展行业交流。

然而,上述这些机构无论用什么办法在工商局(市场监督管理局)都是查询不到它们的任何合法注册登记信息的。难道这些机构都不合法吗?

这里,我们就需要了解法人及非法人的类型,知道民事主体的内涵。

二、民事主体的类型

一家公司的交易对象可能包括企业、政府、学校、医院、协会、律师事务所等不同类型的机构。这些机构有哪些区别呢?

这里,我们就要了解"民事主体"的概念。民事主体,即民事法律关系的主体,依我国法律,包括自然人、法人和非法人组织。

《民法典》对法人的定义、成立原则和条件、住所等作了一般规定,并对营利法人、非营利法人、特别法人三类法人分别作了具体规定(《民法典》第一编第三章)。

营利法人:以取得利润并分配给股东等出资人为目的成立的法人,为营利法人。营利法人包括有限责任公司、股份有限公司和其他企业法人等。我们通常合作的公司企业为营利法人。

非营利法人:为公益目的或者其他非营利目的成立,不向出资人、设立人或者会员分配所取得利润的法人,为非营利法人。非营利法人包括事业单位、社会团体、基金会、社会服务机构等。学校、医院、协会均为非营利法人。

特别法人:机关法人、农村集体经济组织法人、城镇农村的合作经济组织法人、基层群众性自治组织法人,为特别法人。政府机关为特别法人。

非法人组织是不具有法人资格,但是能够依法以自己的名义从事民事活动的组织。非法人组织包括个人独资企业、合伙企业、不具有法人资格的专业服务机构等(《民法典》第一百零二条)。律师事务所就是非法人组织。

三、民事主体的登记机关

要判断一家公司是否合法,只要到工商局(市场监督管理局)查询该企业是否登记注册并获得营业执照就可以了("国家企业信用信息公示系统"就是查询企业合法登记的官方渠道)。营业执照签发日期为营利法人的成立日期。

学校、医院、协会、律师事务所等机构通过工商局(市场监督管理局)是无法查询到的。那么,这些机构在哪里注册登记呢?通过查询这些机构的登记证书可以看出,它们的发证机关分别涉及事业单位登记管理局、民政局、司法局等。不同类型的组织分别对应哪些登记审批部门呢?我们可以通过统一社会信用代码来区分。

四、统一社会信用代码

统一社会信用代码是一组长度为18位的用于法人和其他组织身份识别的代码。统一社会信用代码由国家标准委发布。国家标准委发布了强制性国家标准《法人和其他组织统一社会信用代码编码规则》。

标准规定,统一社会信用代码用18位阿拉伯数字或大写英文字母表示,分别是1位登记管理部门代码、1位机构类别代码、6位登记管理机关行政区划码、9位主体标识码、1位校验码。即由登记管理部门代码、机构类别代码、登记管理机关行政区划码、主体标识码(组织机构代码)和校验码五个部分组成。

法人和其他组织统一社会信用代码构成如表14—1所示。

表14—1　　　　　　　统一社会信用代码构成表

代码序号	1	2	3	4	5	6	7	8	9	10	11	12	13	14	15	16	17	18
代码	×	×	×	×	×	×	×	×	×	×	×	×	×	×	×	×	×	×
说明	登记管理部门代码1位	机构类别代码1位	登记管理机关行政区划码6位					主体标识码(组织机构代码)9位								校验码1位

法人和其他组织对应登记审批部门(对应的登记管理部门代码及机构类别代码)一览表如表14—2所示。

表14—2　　　　　　　机构类别编码表

发证单位	机构类别	机构类别编码（前两位）
国家市场监督管理总局	企业、农民专业合作社、个体工商户	91、93、92
中央机构编制委员会办公室	机关、事业单位、编办直接管理机构编制的群众团体、编办管理其他机构	11、12、13、19

续表

发证单位	机构类别	机构类别编码（前两位）
民政部	社会团体、民办非企单位、基金会、村民委员会、居民委员会、民政管理其他机构	51、52、53、54、55、59
外交部	国外常驻新闻机构、外交部门管理其他机构	21、29
司法部	律师执业机构、司法管理其他机构	31、39
文化和旅游部	外国在华文化中心、文化部门管理其他机构、外国旅游部门常驻代表机构、港澳台地区旅游部门常驻内地（大陆）代表机构、旅游部门管理其他机构	41、49、61、62、69
国家宗教事务局	宗教活动场所、宗教院校、宗教部门管理其他机构	71、72、79
中华全国总工会	基层工会、全国总工会管理其他机构	81、89
中央军委改革办公室	军队文职人员用人单位、军委管理其他机构	A1、A9
公安部	境外非政府组织代表机构	G1
住房和城乡建设部	业主大会	J1
农业农村部	组级集体经济组织、村级集体经济组织、乡镇级集体经济组织、农业部门管理其他机构	N1、N2、N3、N9
中国贸促会	贸促会行业委员会	Y1
国务院港澳办	港澳新闻机构常驻内地记者站	Y1
财政部	政府间双边财政合作项目执行机构驻华办事处	Y1
商务部	外国驻华贸促办	Y1
科学技术部	外国驻华事务所	Y1
中国侨联	区县级侨联组织、乡镇级侨联组织、村级侨联组织、其他侨联组织	Q1、Q2、Q3、Q9

资料来源：全国组织机构统一社会信用代码数据服务中心。

下面我们列举部分机构，看一看这些机构的类型、统一社会信用代码及与登记机关的关系，如表14—3所示。

表 14—3　　　　　　　　不同机构类型登记机关对照表

法人类型	机构名称	统一信用代码	登记部门
企业法人	上海华予信企业信用征信有限公司	91310104134638376G	上海市市场监督管理局
机关法人	上海市人民政府办公厅	113100000024200171	上海市委机构编制委员会
机关法人	上海市发展和改革委员会（上海市物价局）	11310000002421001L	上海市委机构编制委员会
事业法人	上海师范大学	12310000425026353U	上海市事业单位登记管理局
事业法人	复旦大学附属中山医院	12100000425005069 6	国家事业单位登记管理局
社团法人	上海龙华古寺	71310104425012410B	上海市民族和宗教事务局
社团法人	上海市信用服务行业协会	51310000501779737Q	上海市民政局
非法人组织	上海华植善工律师事务所	31310000MD01855085	上海市司法局
企业法人	阿里巴巴（中国）有限公司	913301007996550588	杭州市市场监督管理局
民办非企业单位	浙江湖畔大学创业研究中心	52330000A933818799	浙江省民政厅
事业法人	西湖大学	12330100MB11284955	杭州市事业单位登记管理局

第十五章 大数据时代信用管理的蜕变与升华

在大数据时代,如何分析和评估客户的风险?在快速变化的经济环境中,怎样提升企业的信用管理效能?企业信用管理要分析信用管理与企业整体利益的关系,充分利用信用管理提升企业的整体实力和能力。帮助公司看清方向、预判风险,帮助销售分析客户、提升业绩,帮助信用管理者增长技能、提高效率。

一、何谓大数据

我们处在一个大数据时代,大数据给我们带来新的时机,也带来新的挑战。如果我们依然遵循以往的经验,在新的商机面前有可能会失去判断的机会,因此我们要利用大数据的内涵把信用的相关数据打通,形成一个决策层。

什么叫大数据?这是一个相对的概念,以前1台笔记本电脑硬盘才32GB,现在一个好的U盘就有128GB,32GB的手机都无法使用。现在很多电脑容量已经1TB了,再上去是科学家或企业的服务器的处理概念——1PB,然后依次是1EB、1ZB、1YB、1BB、1NB、1DB。

对于"大数据"(big data),研究机构Gartner给出了这样的定义:"大数据"是需要新处理模式才能具有更强的决策力、洞察发现力和流程优化能力来适应海量、高增长率和多样化的信息资产。

数据是需要我们自己进行收集处理和优化的,或者从系统中导出数据,事实上大公司数据的确多,导出来就是几十万条,但这些数据有可能很多是垃圾数据,对企业的管理并没有太大的帮助。比如有家公司,它的账龄分析表上客户欠款记录有几十万条,因为它把每笔交易都概括在账龄分析表中,逾期1天、逾期2天、逾期3天、逾期4天、逾期5天、逾期6天……分得那样细,实际上对企业管理没有帮助。通常在企业管理过程中,把账龄都划成一个个段落,比如1—30天、31—60天、61—90天、91—180天、181—360天、360天以上这样几个段落,然后我们就发现数据少了很多。大数据并非数据越多越好,这是一个误区。

二、量化信用度

在文字描述中,每个人描述的角度不同,则呈现出来的效果不同,同样,看的人不同,对这个客户的感觉程度也不同。比如对美女的定义,在唐朝是以胖为美,但在宋朝就是以瘦为美。而当你描述一个人瘦的时候,又该怎么来形容呢?有的人采用议论文的方式进行论述,有的人采用抒情的方式进行阐述,当我们用多种文字结合在一个客户身上时,就形成了不同的错觉。尤其当公司有上百个客户,每个客户都要用这样大量的文字来描述,老板根本就没有时间去看。管理者的时间是非常宝贵的,他们没必要用几个小时去阅读上百个客户的信用分析报告,这些文字可能多到几万字,看到后面早就忘了前面的客户信息。并且,客户每年的信用回顾是必不可少的一项工作,而我们采用文字描述的方式把客户两年之间的不同状况进行对比,很难得到一个清晰的概念。文字与文字之间是很难进行比对的,必须要想到一些更完美的方法,对客户两年之间的信用状况进行更加直观的刻画。我们必须对这些客户的信用分析进行量化。

在大数据时代,一切都可以量化,只有量化之后,我们才能够对客户过去与现状进行纵向的比较,否则就是"关公战秦琼",不在同一个时代,不在同一个维度,无法进行客户之间的比较。

下文我们将以大家熟悉的 5C 模型展开说明。

(一)传统 5C 模型的缺陷

据前面章节内容所述,5C 评估模型是从 5 个维度对客户进行分析与判断,尽管有些维度(例如财务数据)是用数据得到的判断,但这些数据是信用评判的过程,而非信用评判的结果,通过 5C 模型来评估客户的履约能力及其行为习惯,主要还是以描述为主。但是,当我们用大量的文字从 5 个角度对客户进行描述时,企业管理者还是觉得对这些客户看得不够清晰。

如何量化 5C 客户信用评估模型呢?这里,就可以直接把各个维度进行量化,然后得出分值,最终就得到客户的评分。

(二)设计 5C 模型的维度

这个评分模型由几个不同的维度组成:第一个维度,我们选取客户的违约次数;第二个维度是股东结构;第三个维度是抵押;第四个维度是企业在行业中的地位,只有经营能力强的企业,在行业中的地位才会高;第五个维度是诉讼记录,这也是客户的性格特质之一。然后,我们得到整个组合评分的结构。

1. 违约次数

如果客户的违约次数一年 0 次,分值就是 10 分;如果违约次数在 1—2 次,得分就是 7 分;如果违约次数在 3—5 次,得分就是 3 分;如果违约次数在 6 次及以上,得分就是 0 分。

表 15—1　　　　　　　　　　　　　违约次数

1. 违约次数—性格特质(Character)	
分　值	违约次数
10 分	0 次
7 分	1—2 次
3 分	3—5 次
0 分	6 次及以上

2. 股东结构

可以选取股东的成分:如果大股东是 500 强外企或者大型国有企业,得分就是 10 分;如果股东是一般企业,得分就是 5 分;如果大股东是一般企业,但其他股东有个人股东,就预示着这是一个混合制企业,得分就是 3 分;如果前两大股东都是个人,得分就是 0 分。

表 15—2　　　　　　　　　　　　　股东结构

2. 股东结构—经营能力(Capacity)	
分　值	股东结构
0 分	前两大股东都是个人股东
3 分	大股东是一般企业,其他股东有个人股东
5 分	股东都是一般企业
10 分	大股东是 500 强外企或大型国有企业

3. 抵押

如果客户能够提供等值信贷额度的房产担保,那么这个客户的得分很高,是 10 分;如果大股东能够提供个人财产担保,这个客户的可信度也是非常棒的,得分为 8 分;如果没有担保,那非常遗憾,信用销售可能有一些风险,得分为 0 分。

表 15—3　　　　　　　　　　　　抵　押

3. 抵押—担保(Collateral)	
分　值	抵　押
0 分	没有担保
8 分	大股东提供个人财产担保
10 分	提供等值信贷额度的房产担保

4. 企业在行业中的地位

如果这个企业在行业中是前 50 强,得分就是 10 分;如果这个企业在行业中是 50—200 强,得分就是 5 分;如果行业地位一般,得分就是 0 分。

表 15—4　　　　　　　　　　企业在行业中的地位

4. 企业在行业中的地位—经营环境条件(Condition)	
分　值	企业在行业中的地位
0 分	行业地位一般
5 分	50—200 强
10 分	前 50 强

5. 诉讼记录

我们可以选取诉讼记录、失信执行、行政奖罚等因素实施考察。这里选取诉讼记录:如果这个客户没有诉讼记录,得分就是 10 分;如果有诉讼记录,但诉讼记录是作为被告,没有执行记录,得分就是 2 分;如果既有诉讼记录,而且有被执行的记录,得分就是 0 分。

当我们对客户的诉讼记录进行评估的时候,可能要注意一个要点:客户在诉讼记录方面的诉讼历史。如果一个客户有诉讼记录,但是这个诉讼记录在 10 年以前,那么是否依然把这个诉讼记录作为评估其履约诚意的依据? 有些公司会把这个作为该客户履约诚意的依据,但有些公司不一定会参照作为不良记录,它们觉得应该给客户一个改正的机会。每个企业管理客户的方式不同,有不同的管理特点,就客户的履约诚意来说,我们建议选取客户最近 3—5 年的诉讼记录,这样在一个短时期内的记录更能够折射出这个客户的性格特质,也避免客户因为历史错误而被"一棍子打死"。

表 15－5　　　　　　　　　　　诉讼记录

5. 诉讼记录—性格特质（Character）	
分　值	诉讼记录
0 分	有作为被告的诉讼记录，且有执行记录
2 分	有作为被告的诉讼记录，但没有执行记录
10 分	无诉讼记录

（三）综合评判

现在我们找到了这些维度，然后把这些维度综合起来，对这个客户做一个综合评判。同样，我们设立客户大数据情况下的评判模型，对违约次数、股东结构、抵押、企业在行业中的地位、诉讼记录这 5 个维度进行综合评分，并分配权重，如表 15－6 所示。

表 15－6　　　　　　　　　　　综合评价

内　容	权　重
违约次数	30%
股东结构	20%
抵押	10%
企业在行业中的地位	25%
诉讼记录	15%
客户信用评估	100%

通过各个角度的量化，所有的文字描述都可以匹配到这些观察维度。再通过权重的匹配，我们就可以得到这个客户的最终量化结果。上述案例仅仅是一个模拟组合评分模型，每个企业都可以根据自己的状况进行调整，增加或减少评估选项，以及修正权重，以得到契合企业实际情况的评估模型。

三、分类标签

当我们用量化的方式对客户进行评估，如果采取量化的标准是以 100 分为满分、0 分为很差，某个客户得分是 60 分，那么，你认为这是一个好客户还是差客户？

可能很多人会认为这不能算是一个好客户,当然也不能算是一个差客户,60分只是勉强及格而已,这是我们基于对平时生活经验的积累而作的判断,但不一定适用于真正的工作场合。

我们再把这个60分的客户放到整个客户群和环境中来分析,如果公司有2 000个客户,其信用分值离散度为：

▶ 30—70分的占80%

▶ 70分以上的占5%

▶ 30分以下的占15%

通过数据的比较,我们就能发现这个60分的客户在客户群中是一个良性客户,虽然比优质客户差一点,但也是一个相对比较好的客户。就如过去某个年代,月工资36元是所有工人的统一标准,拿到50元一个月在当时属于非常高的收入,但现在50元一天都很难生活,这就是单一客户在不同的群体中展示出不同的对比结果。我们首先必须通过各种数据维度创造一些大数据的环境,然后在这些环境中对客户进行观察。

同样,若这个公司有2 000个客户,其信用分值离散度为：

▶ 90分以上的占10%

▶ 70—90分的占50%

▶ 30—70分的占25%

▶ 30分以下的占15%

这时这个信用评分为60的客户并非是一个好客户,因为分值高的客户如70—90分的占50%。所以,我们给这个信用评分60的客户一个信用分类标签：中等（偏下）。

什么叫分类标签？量化能够把所有的客户都放在同样的评估标准下进行统一的评判,然后通过数字之间的呈现,让这些客户多样性的指标（例如不同的性格特质、不同的财务状况、不同的诉讼表现记录、不同的市场经营地位、不同的管理风格）变成统一的数字。但是,我们也不能沉迷在这些数字的呈现效果中,因为最终数字是用来进行管理的,不是用来观看的。如果光看这一串数字,可能会让人云山雾罩,不知道它要讲什么。同样道理,在各种沟通汇报过程中,如果我们光汇报客户的信用量化值,比如这个客户信用评估65分,那代表什么？可能管理层什么都不知道。我们把所有客户的信用评估分值通过分类标签归纳为优、良、中、差四级,或者好、中、差三等,类似的客户分类则更容易让管理层迅速了解客户的信用度。

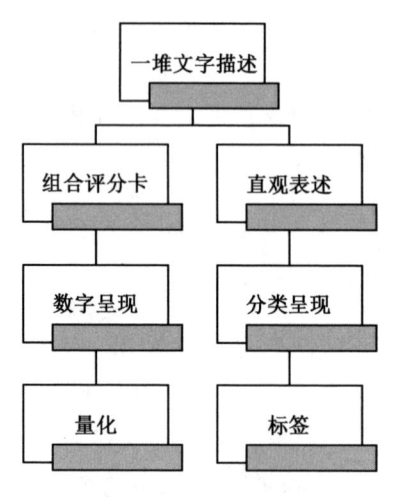

图 15-1 量化与标签

案例 15-1:分类标签

某大学举办数据分析创新竞赛决赛,学校使用评分模型,评委老师根据选题、观点、方法、PPT 演示以及现场表现五个方面对学生团队进行打分。评委老师对每项打完分后,组合评分算出总分,如表 15-7 所示。

表 15-7　　　　　　　　　　大学生竞赛评分表

小组:第三组　　　　　　　　　　　　　　　　　　　小组名称:赢在当下

序号	评价指标	评价标准	分值	得分
1	选题 (权重5%)	具有较高的创新性、应用性和可行性	9—10	8
		具有一定的应用性和可行性	4—8	
		无专业关联性,可行性较差	4以下	
2	观点 (权重20%)	论点鲜明,见解独到,有创新性	10	8
		论点明确,有一定新意	7—9	
		论点明确,对既有观点有较深的阐释	4—6	
		论点不够明确或论点错误	4以下	

续表

序号	评价指标	评价标准	分值	得分
3	方法 （权重30%）	方法新颖,论据确凿,有深入的分析	10	8
		方法得当,论据可靠,逻辑性比较强	7—9	
		对事物有一定的分析能力和概括能力	4—6	
		论证未充分说明论点	4以下	
4	PPT演示 （权重25%）	结构严谨,层次分明,论述清晰,表达准确	10	4
		结构合理,符合逻辑,语言通顺	7—9	
		结构合理,语言表达符合基本文法	4—6	
		结构不甚合理,文字语言表达不清	4以下	
5	现场表现 （权重20%）	能准确清晰地回答各种问题	10	5
		能较恰当地回答有关的问题	7—9	
		能叙述出主要内容	4—6	
		能阐明自己的基本观点	4以下	
总 分				6.4

在以10分为满分的情况下,该团队得分6.4分,意味着什么？许多人可能不以为然：6.4分,中等。事实却让人大跌眼镜：6.4分对应的分级是"差",你没有看错,每一个数字都代表无数种可能,但是不要被数字本身蒙蔽了双眼。

▷ 本次决赛的每个团队都是经过初赛、复赛,历经淘汰而得到的种子选手
▷ 不太可能出现打分结果低于5分的团队
▷ 比赛开始之前评委们就判断,大部分团队分值在6—9分
▷ 尽管每个团队都用评分卡量化答辩结果,但是,若没有更清晰直观的结果标签,学校组委会很难对决赛团队最终成绩进行归类

最后,经过评委们一致决定,根据决赛场景对学生团队的竞赛结果分数进行标签分类,规定：

▷ 7分以下为"差"
▷ 7—8分为"中等"
▷ 8—9分为"良"
▷ 9分以上为"优秀"

试想,通过把量化的结果转变为分类标签,是否产生如下报道中更直观的

评价结果：

"决赛对 56 支团队进行评审，10 支团队答辩结果为'优秀'，23 支团队答辩结果为'良'，20 支团队答辩结果为'中等'，仅有 3 支团队答辩结果为'差'。本次比赛充分显示本校学生应用数据分析算法与技术的能力，也提升了学生作为创业者设计商业计划书的能力。"

怎么样？是否引用数据分类标签比单纯引用数据更直观？

> 决赛对56支团队进行评审，10支团队答辩结果为高于9分，23支团队答辩结果为8-9分，20支团队答辩结果为7-8分，3支团队答辩结果为低于7分

图 15-2 直接引用数据

所以，一个数字有无数种可能，也许在某些行业领域 60 分是优秀，而在有些领域 99 分却是差，只有根据不同的行业性质定义分类标签，才能得出一个可信服的结果。当今时代，更喜欢量化，但量化后根据结果再进行标签分类，这样在不同的场景下更能直观地展示管理的结果。

参加过演唱会的人都有一种感觉，就是在人山人海中，从我所在的角度去观察四周，是不清楚到底有多少人的，最多只能看到周围 50 米范围之内的人群。由于身高的局限，无法看得更远，所以没有办法感受到整个集会人群。"横看成岭侧成峰，远近高低各不同，不识庐山真面目，只缘身在此山中。"

对单一客户的全方面评估，就如在集会中我们可以看到自己前面、后面、左边、右边的人员，他们的穿着打扮、身高状况，也可以看到他们前面的两三个人，但再远就看不到了，必须站在更高的位置进行观察。同样道理，企业的高层管理者看的不是单个客户的状况，而是要看整体客户的状况。我们就必须把所有的数据放在一起，通过对这些数据的查看，看到这些客户的整体结构，以及某个类别客户所处的地位。

根据客户评分卡，对每个客户都可以量化评分，由此就得到整个公司每个客户的信用分值，并通过数据的可视化呈现，就可以看到高风险客户所在区域。

四、快速检测与识别

企业管理是很重要的一项工作，企业的管理者必须在客户端找到自己的发展方向。企业的资源是有限的，无法投放在这么多的客户上，我们就必须通过大数据分析，找到真正的机会点与风险点。

5C 客户信用模型的建立是对客户量化的一个非常好的方法，但在企业的实际管理过程中，这个方法需要有一群专业的管理人员，不仅要设立一个量化模型，而且对企业的软件也提出很高的要求。因为在这个评分过程中，要对客户每一个维度的数据进行整理分类和对号入座，比如：

> A 客户的违约次数是 1—2 次，那么其性格特质得分就是 7 分
> B 客户的违约次数是 4 次，那么其性格特质得分就是 3 分
> C 客户违约次数达到了 7 次，那么其性格特质得分就是 0 分

这些工作全部通过手工整理一定是没有办法完成的，需要企业的软件支持，市场上有许多软件可以应用于这样的评估模型，但是软件的采购不是一个说买就买的行为，需要企业预算评估以及 IT 部门的支持。那么，有没有一些简单易行的方法，能够对客户的信用度进行迅速判断呢？迅速决策就能对企业将来的运作产生更加积极的影响。

"核酸检测"与"抗原自测"：

当 2020 年新冠疫情在武汉暴发的时候，在新冠的诊断上采取传统的拍片透视或 CT 检测的方式。后来找到了核酸检测方法，在几个小时之内就马上能够出现结果。当病毒传播越来越快的时候，我们需要用更便捷的方式迅速找到感染者。现在用抗原自测的方法，每个人只要在家里通过鼻拭子采样，在试纸上进行测试，立刻就显示出检验结果。面对日益复杂的商业环境以及瞬息万变的竞争态势，有没有一种类似于核酸检测或抗原自测的方法能够对客户的信用度进行评估？这才是大数据在信用管理方面更积极的实战应用场景。

许多公司有专业的财务分析团队，其中很多财务总监或 CFO 是从财务分析团队中提升上去的。财务分析团队是财务部门最有价值的团队，销售业务分析是其每个月必做的工作，但是做销售分析会细化到每个客户吗？相信很多人会摇头，为什么要去看每个客户？这些客户与我有什么关系呢？我只要分析每个销售团队就可以了，至于每个客户的销售业绩，那不是销售部门的事情吗？

事实上，销售分析与客户信用分析有直接的关系，就如前文谈到的，5C 分析法中的经营能力（Capacity）主要就是指客户的销售业绩，这是非常重要的信用分析指标。每个企业一定有客户的销售数据，而销售数据又属于 5C 分析法中最重要的指标，我们可以这样理解：销售数据就是客户信用度的"核酸检测"。

所谓大数据，很多时候企业看的是数据的广度。例如有 500 个客户，客户销售记录就是 500 条；如果今年新发展了 100 个客户，变成 600 个客户，那就有了 600 条记录。但是 600 条数据太少了，根本不可能是大数据啊！实际上，这 600 条数据仅仅是销售数据的广度。从纵向的角度考虑，同样一个客户，有今年的销售记录，有去年的销售记录，也有前年的销售记录；同样，我们现在有 600 个客户，把客户今年的销售记录拿出来，把客户去年的销售记录拿出来，再把客户前年的销售记录拿出来，整个数据就变成了 1 800 条（600×3）记录。这仅仅是单纯的客户销售记录，实际上，每个客户归属于不同的销售员，每个销售员还分属不同的销售团队，比如上海销售团队、南京销售团队、北京销售团队。然后，每个销售团队又隶属于不同的大区。比如大型公司除了有下属分公司之外，还有区域的设置，设为南区、东区、北区、中区、西区 5 个大区；中等规模的公司就设成南中国区、北中国区。当我们把客户的销售数据按照年度进行切分，再按照销售团队进行归属，这样就形成了一个庞大的、多维度的客户数据。这就是我们所称的大数据管理的原始数据创造。最后，我们找一个评估模型，在"核酸检测（销售记录）"的基础上，发展到用"抗原自测"的方式迅速评判客户的信用度。

五、销售业绩数据的运用

做信用管理，我们必须找到一些工具和方法。上升到大数据的管理范畴，当对一个客户挖掘得越深，管理改善的机会就越多。

在瞬息万变的竞争社会中，对于信用管理，一定要跟着时代进行变化，并在时代的变化中找到自己新的管理思路与方法。

了解客户，不能只从传统的逻辑出发，拿不到财务报表，想方设法去拿，这样就会陷入一个死循环中，或者进入一个死胡同。而我们通过 5C 分析方式可以从一些定性研究中找到客户的性格特征，再通过模型的建立形成组合评分，得到客户的信用评分结果。

例如，我们在研究客户的销售数据的时候，运用大数据思维，让它的数据广度、深度进行加强，用定量方法度量客户的销售数据，就可以找到简单快捷的客户信用评估方法。

案例 15-2：从销售业绩中识别客户质量

下面我们从销售业绩分析的角度进行探讨：这家公司 2020 年比 2019 年上

升 16.1%，这个数字的背后有一大串单个客户，如果能看到哪些客户业绩提升上去了，我们就能够找到哪些客户是好的、哪些客户是有问题的。

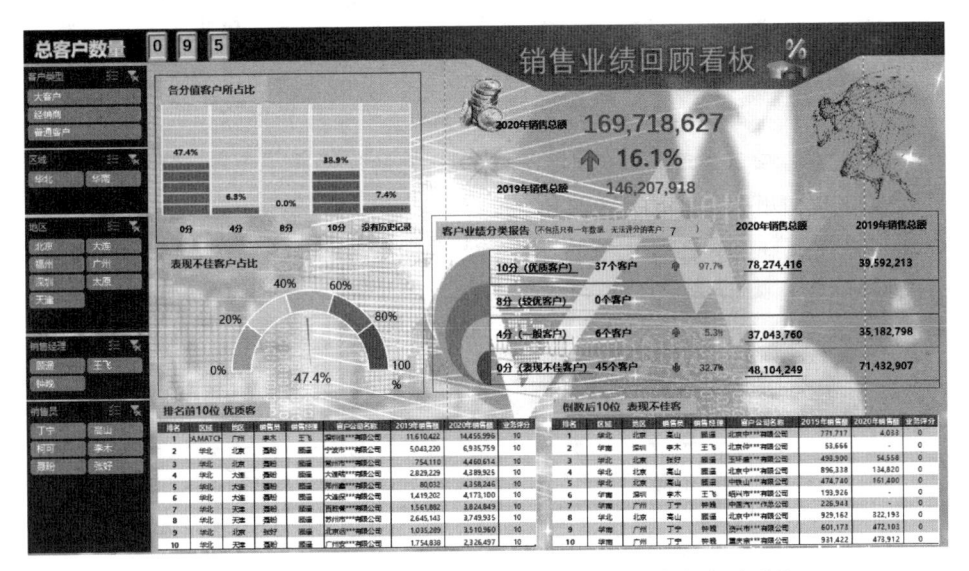

图 15—3　销售业绩数据回顾看板（详细电子文件参考书后附录 2）

通过销售业绩的评估，对客户群体作出分析。这家公司 2020 年的销售额是 1.697 亿元，2019 年的销售额是 1.462 亿元，销售增长了 16.1%。这家公司有 95 个客户，如果我们把它所有的客户都看作单个个体，每个客户的销售都增长 16.1%，那么整个公司的业绩一定能增长 16.1%。但是在现实中，我们发现每个客户表现是不一样的，有的客户业绩比较好，可以增长 15% 甚至 20%，但有的客户就很艰难，可能增长不到 5% 甚至倒退。我们可以看到这家公司有 37 个客户增长很快，销售额下跌厉害的有 45 个客户，它们整体下降 32.7%，就是这些客户拖累了整个公司。

为了引入更科学的评判标准，现在我们运用另一个快速评估模型。这个模型的原理是：根据销售额的基数，确定增长幅度。举个例子：

▷ 有个销售员 A，他的某个客户一年销售额有 1 亿元，如果增长 5% 就是 500 万元的销售增加值

▷ 销售员 B 所管理的某个客户有 500 万元销售额，这个客户增长 50% 也只有 250 万元，很显然，这个客户的销售基数不高，因此它增长 50% 也没有成为一个大客户

不能因为销售员 B 的客户增长率为 50%，就说销售员 A 的客户不好(增长率是 5%)，实际上，销售员 A 的客户年销售额是 1 亿元，而销售员 B 的客户年销售额只有 500 万元，两个客户不是一个等级。所以我们要根据客户的销售基数，对增幅提出不同的要求，比如：

- 销售额大于 1 000 万元的客户，它的增幅要求大于 20%
- 销售额在 500 万－1 000 万元的客户，它的增幅要求大于 25%
- 销售额小于 500 万元的客户，那就要求更加严格一点，必须增长 30%

通过这样对客户进行不同的分类，我们最终把客户评判为优质客户、较优客户、一般客户和表现不佳客户。

评估模型		
销售额	增长幅度	分值
>1 000 万元	>20%	10
	10%–20%	8
	0%–10%	4
	<0%	0
500万-1 000 万元	>25%	10
	15%–25%	8
	5%–15%	4
	<5%	0
<500 万元	>30%	10
	20%–30%	8
	10%–20%	4
	<10%	0

分值	客户分类
10分	优质客户
8分	较优客户
4分	一般客户
0分	表现不佳客户

图 15—4　销售增长幅度评估模型

同样，我们引用组合评分的建模方式，将客户的销售额进行分类，然后根据客户不同的销售额分类进行不同增长幅度的比对，各增长幅度就得到了相应的分值。最终通过组合评分，我们把客户的信用分类标签分成 4 种类别：优质客户得分为 10 分；较优客户得分为 8 分；一般客户得分为 4 分；表现不佳客户得分为 0 分。

由此我们得到整个客户群体的分析结论如下：

- 37 个客户为优质客户，它们的销售额比 2019 年增长了 97.7%
- 一般客户有 6 个，它们的销售额比 2019 年增长了 5.3%
- 45 个客户为表现不佳客户，它们的销售额比 2019 年下跌了 32.7%

这个公司的整体客户结构就是一个沙漏形的结构，信誉好的客户比较多，但是信誉差的客户也非常多。因此，在整个业务成长过程中，我们必须对整个客户群体进行筛选，淘汰那些表现不佳的客户，否则当它们成为企业的沉淀资产时，就会严重阻碍企业快速前行的步伐。将简单、直观而且又非常有效的客户销售业绩进行横向与纵向的比较，再运用评分卡的设置，我们通过大数据建模，就能得到客户的信用评分，这不失为一个快速而有效的"抗原自测"的好方法。

六、客户的矩阵管理

（本部分内容详细电子文件参考书后附录2）

通常，大型企业不管是国企、外企还是民企，都会推行一种矩阵式管理。图15-5就是一种矩阵式管理，通过矩阵有利于细分客户并细化管理。比如，这家公司将业务分成北区、华东区、南区三个区域，每个区域下设几个分公司（分公司以大城市为基本销售单元），每个分公司有很多销售员，这是横向维度。这家公司又把客户类型分成经销商、大客户、普通客户三个纵向维度，成了3×3（9个出发点）矩阵，对客户进行切分与进一步细分。

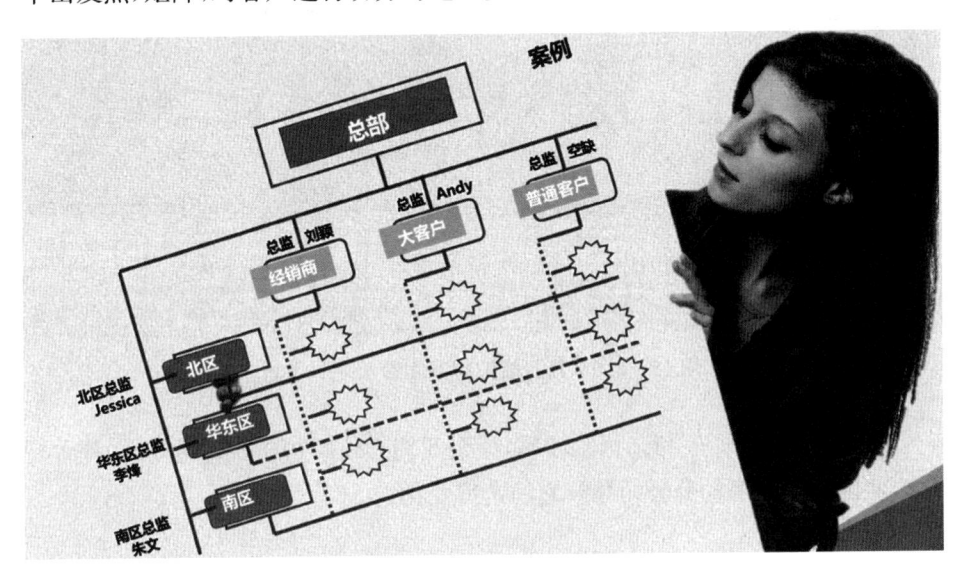

图15-5 销售矩阵

如果老板要看南区的经销商，那就给老板一张南区的经销商报表。但有人要看大客户，而且看南区的大客户，那就给他一张南区的大客户报表。全国大客户总监 Andy 说，他首先要看所有的大客户，然后是北区和华东区的大客户，那怎么办？企业财务分析员就非常忙碌，刚才要提供一张南区的经销商报表，然后要提供一张南区的大客户报表，现在要提供一张全国的大客户报表，还要一张北区与华东区合并的大客户报表，报表分析真的是太多了，但在大公司必须这样做，只有工作细化，才能找到管理突破口，大数据分析就是在商战中制作作战地图。

回到案例 15－2，该公司有华北和华南两个区域，而整个公司的业绩有 16.1% 的增幅，我们看一下华北区，增幅非常大，增长 20.2%，那么就得出一个结论：华南区的增长幅度一定是比较低的，不然就无法得到公司整体 16.1% 的增幅。

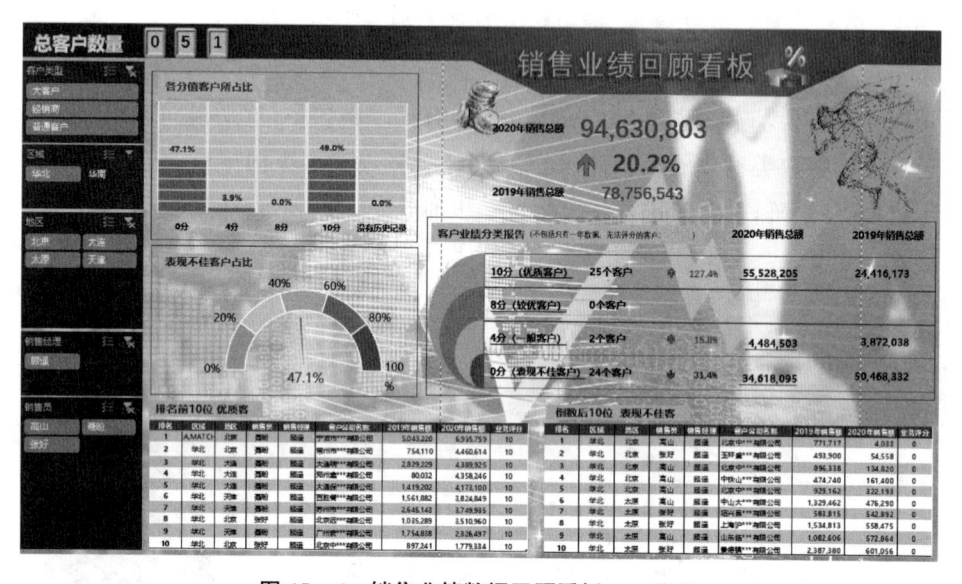

图 15－6　销售业绩数据回顾看板——华北

的确，华南区只有 11.3% 的增幅，那么我们必须用"剥洋葱"的方法，看看是什么原因或者说哪些分公司导致它的销售变化。

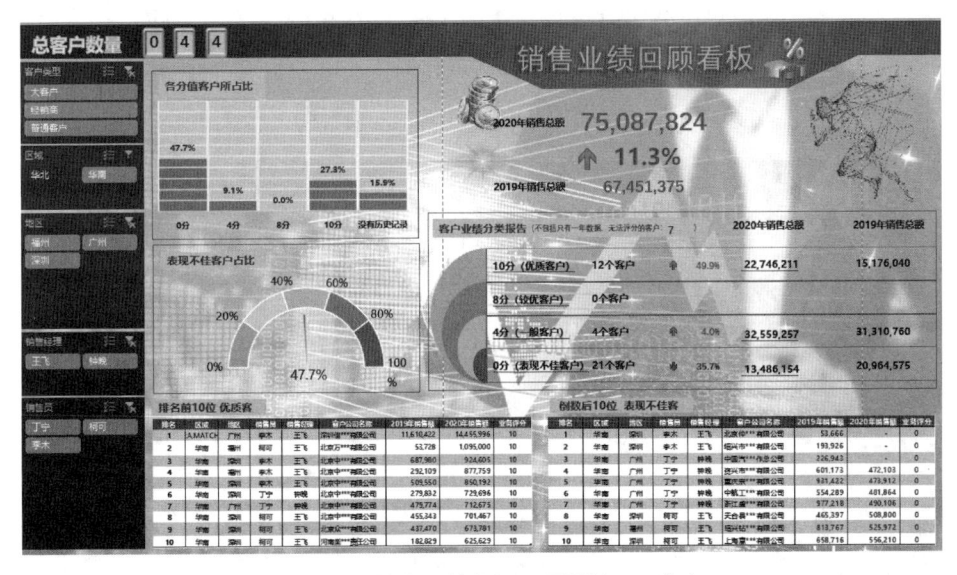

第十五章 大数据时代信用管理的蜕变与升华 | 377

图 15-7 销售业绩数据回顾看板——华南

我们可以看到，华南区有福州、广州、深圳三个分公司，分别由销售经理王飞和钟晚管理，以及还有几个不同的销售员。先看一下福州分公司，实际上增幅是非常强劲的，有 213.2% 的增幅，所以不是因为福州分公司的原因导致华南区的销售业绩变差。

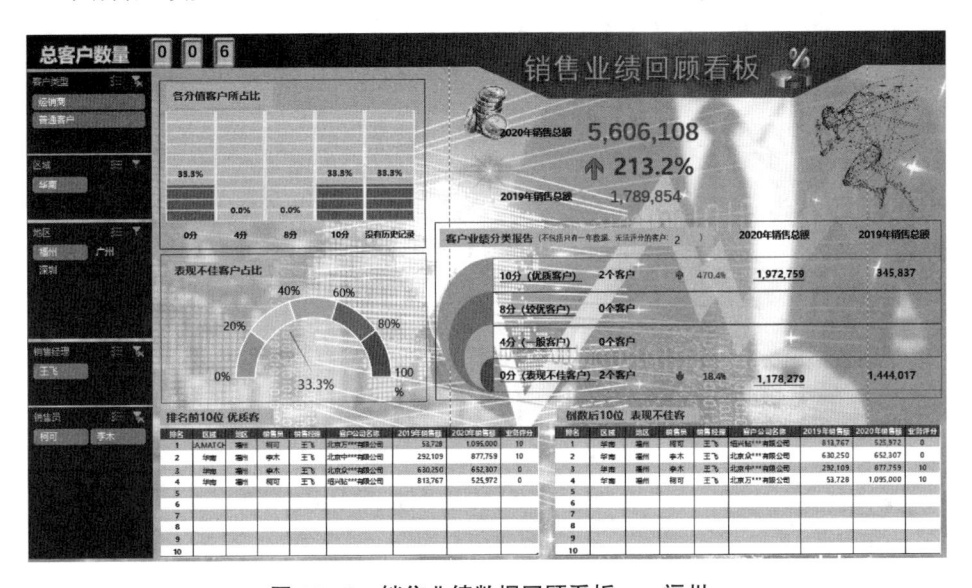

图 15-8 销售业绩数据回顾看板——福州

再来看一下广州分公司,它的整个销售增幅只有 2.8%,是它影响了整个华南区,那么是哪些客户出现问题呢? 我们可以看到,优质客户只有 3 个,增长 29%;一般客户有 3 个,增长 3.8%;而表现不佳客户有 8 个,销售额下跌了 40.3%。

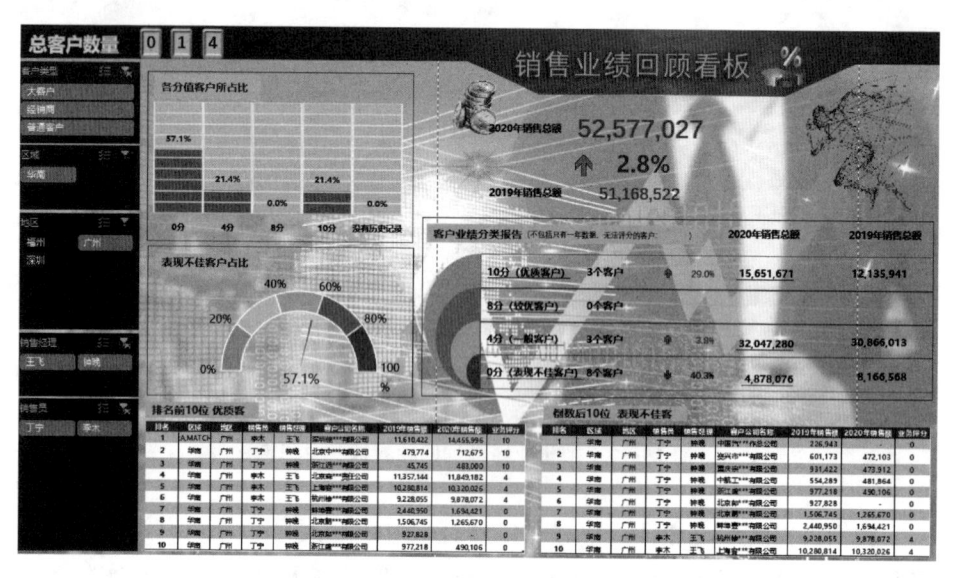

图 15-9　销售业绩数据回顾看板——广州

当然,我们也可以从客户类别进行分析,这家公司的事业部包括大客户、经销商、普通客户,我们先从大客户方面着手,发现大客户的增长只有 1%,而 5 个表现不佳客户的销售额下跌 27.7%,影响了公司业务发展。

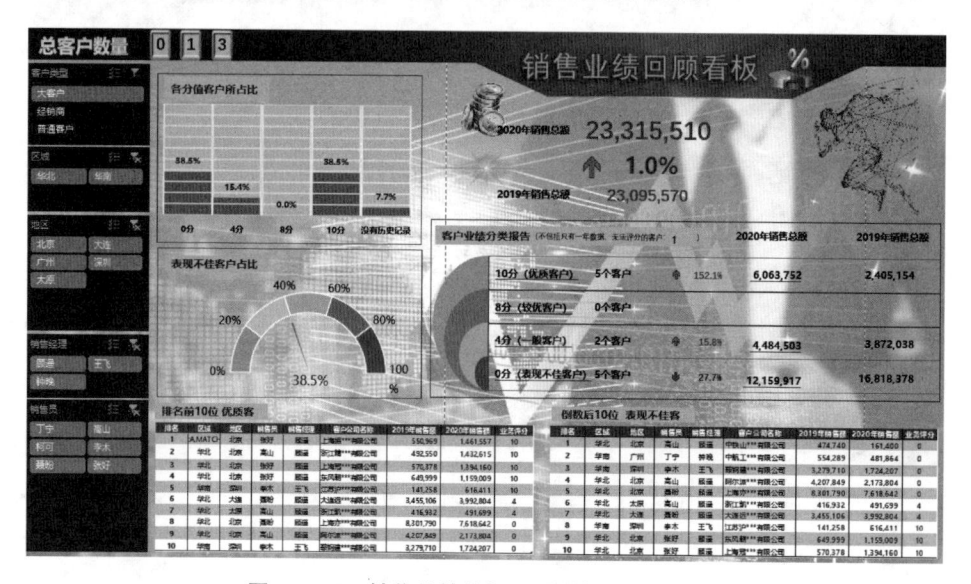

图 15-10　销售业绩数据回顾看板——大客户

而经销商的贡献呢？经销商的销售业绩增长 35.3%，远远超过了整个公司增幅，经销商做出了杰出贡献。

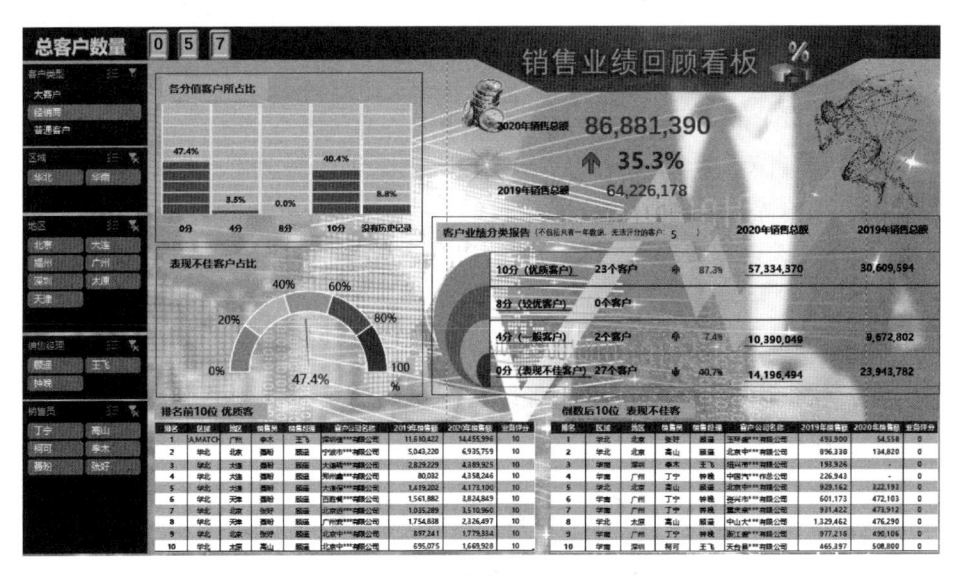

图 15-11 销售业绩数据回顾看板——经销商

而普通客户在哪里呢？普通客户表现也不好，销售业绩仅增长 1.1%。普通客户共 25 个，但表现不佳客户有 13 个，全年销售额下跌 29.1%，也对整个公司销售造成重大影响。

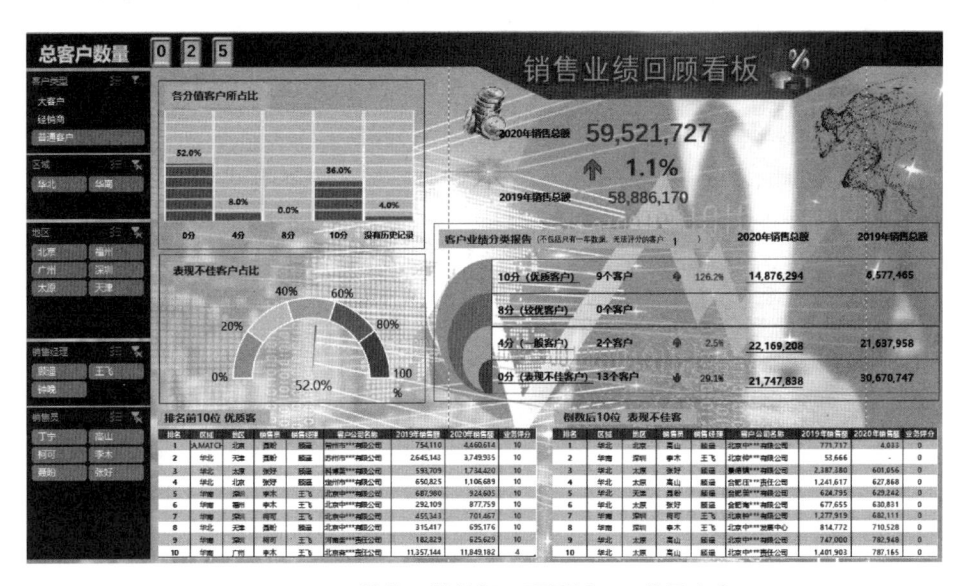

图 15-12 销售业绩数据回顾看板——普通客户

所以这样就得到一个结论：这家公司在对大客户和普通客户的管理上有一定程度的欠缺。我们需要通过对整个客户销售业绩的管理，找到那些表现好的客户和表现比较差的客户，接下来对客户信用度作进一步的评判与分析，找到将来的发展机会以及需要管理的风险点。

对客户整个群体进行评估，就等于做了一次全面的人口普查。我们通过一个快速"抗原自测"，根据客户销售额两年的变化，迅速判别客户业绩表现，那些销售额下跌的背后，若排除由于销售员的原因（如人员离职而新人没有顺利跟进、销售员与客户闹矛盾等），我们就可以从更深层面发现一些潜在的信用风险。也就是说，有些客户如果连续几年都出不了业绩，销售增幅低于整个公司的增幅，就一定有问题。在我们财务的账龄表上就有可能看到它欠的钱越来越多，或者付款越来越慢。因为没有业绩，有可能在某种情况下，它与我们并不是很好的合作伙伴。

七、大客户风险管理

案例15-3：发现客户的秘密，识别信用风险

A企业是一家香港上市公司，成为香港地区历史上消费品行业IPO企业募集资金前三名，这家企业的财务指标看上去很不错。

但就是这么大的公司，将其数据联系起来看就有点不和谐了。举个例子，它的应收账款才2.4亿元，就说明它的销售款收得很快；它有45.27亿元的销售额，大部分收回来了。但为什么它的应付账款是24.88亿元？如果我们直接把利润减掉，估算一下这家公司的成本，差不多就是30亿—38亿元，但是其中24.88亿元是应付账款，大家有没有看到一个问题？

这些在传统的财务领域是没人告诉你的，一定要在工作中才能够发现。这家企业收款很快，但是它付款很慢，有可能是在利用你的资金，它的DPO（平均付款周期）接近300天，这是一个很不利的状况。如果我们通过销售额定期回顾，每年都回顾一次，当发现我们公司卖给它的销售额出现震荡下跌时，一定出大问题了，赶快采取行动吧。

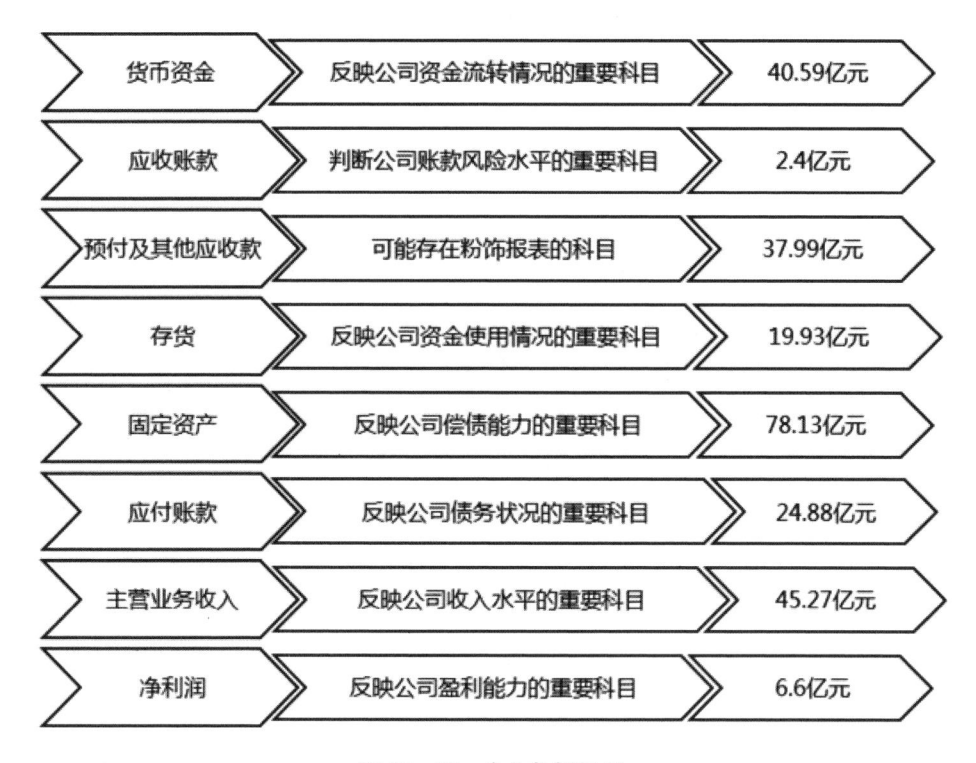

货币资金	反映公司资金流转情况的重要科目	40.59亿元
应收账款	判断公司账款风险水平的重要科目	2.4亿元
预付及其他应收款	可能存在粉饰报表的科目	37.99亿元
存货	反映公司资金使用情况的重要科目	19.93亿元
固定资产	反映公司偿债能力的重要科目	78.13亿元
应付账款	反映公司债务状况的重要科目	24.88亿元
主营业务收入	反映公司收入水平的重要科目	45.27亿元
净利润	反映公司盈利能力的重要科目	6.6亿元

图 15－13　企业数据展示

运用大数据，研究客户的销售记录，把客户群体放在一起看，比较每个客户，观察每个客户所在销售地区是否具有一定的成长性，就能发现风险点，以便于对大客户进行关注。笔者建议是对大客户每年都要进行一次例行"体检"，就像单位每年都会给我们安排一个体检，体检对大客户风险洞察非常重要。

附 录

附录1:公司信用评级报告

2022年度宁波舜农集团有限公司信用评级报告	2022年度广州医药股份有限公司信用评级报告

资料来源:中诚信国际信用评级有限责任公司官网。

附录2:客户矩阵管理与行业应收账款周转率

销售数据在客户矩阵管理中的运用	部分行业应收账款周转率数据

附录3：偿债能力评价指标

一、短期偿债能力评价指标

1. 营运资本＝流动资产－流动负债

该指标反映全部流动资产抵偿全部流动负债后的差额，也就是防止流动负债击穿流动资产的缓冲垫。若营运资本＞0，营运资本越大，表明短期偿债能力越好；反之，则短期偿债能力越差。需要说明的是，营运资本是绝对数值，可以用来反映企业自身短期偿债能力的变化情况，而很少用于不同企业之间短期偿债能力强弱的比较。

补充：营运资本配置比率＝营运资本/流动资产

营运资本配置比率越高，营运资本越多，企业的短期偿债能力越强。相对于营运资本这个指标来说，营运资本配置比率是个相对数，便于不同企业之间短期偿债能力的比较。

2. 流动比率＝流动资产/流动负债

该指标反映每一单位流动负债有多少单位的流动资产作为偿付保障。一般而言，该指标越高，表明企业的偿债能力越强。同时，由于该指标是一个相对数，可适用于不同企业之间的比较（通常以1为标准，若指标＝1，说明流动资产正好覆盖流动负债），当然不同行业的流动比率是有明显差异的。此外，还需要考虑到流动资产中如存货、应收账款等是存在变现效率和质量的，可以结合存货周转率、应收账款坏账来分析。

3. 速动比率＝速动资产/流动负债

该指标反映每一单位流动负债有多少单位的速动资产作为偿付保障。一般而言，该指标越高，表明企业的偿债能力越强。速动资产相较于流动资产的变现能力更强，一般情况下，我们直接使用"流动资产－存货＝速动资产"，如果预付账款过于庞大也可以减去，因为预付账款不具备还款能力。

4. 现金比率＝货币资金/流动负债

该指标反映每一单位流动负债有多少单位的货币资金作为偿付保障。一般而言，该指标越高，表明企业的偿债能力越强。货币资金作为流动性最强的科目，可直接用于偿还欠款。

5. 现金流量比率＝经营活动净现金流/流动负债

该指标反映每一单位流动负债有多少单位的经营活动净现金流作为偿付保障。与其他指标相比，现金流量指标更具说服力，它克服了资产的变现和质量问题，并且是与企业经营状况挂钩的指标。

二、长期偿债能力评价指标

1. 资产负债率＝负债合计/总资产

该指标反映企业总资产中有多大部分是通过负债而取得的。该指标是偿债能力的反向指标，该指标越大，企业的长期偿债能力越弱。

补充:合同负债和预收账款

资产负债率是反映企业整体债务状况的一个基本指标,混合了有息负债和无息负债,虽然对于债权人来说资产负债率越小越好,但有时仅仅看资产负债率可能会"错杀"一部分负债经营的企业,如地产类、银行类。此外,负债中的合同负债、预收账款等属于"友好"型负债,因为一般情况下,该合同负债和预收账款并不需要企业进行本金和利息的偿还,只需要按时提供产品和服务即可,对于企业的现金并不会构成压力。总之,预收账款比较高的企业,其资产负债率和负债风险被虚夸了。

2. 产权比率＝负债合计/所有者权益

该指标反映企业的产权结构,表明每一单位所有者权益所背负多少单位的负债。该指标是反向指标,也就是比率越高,企业的长期偿债能力越弱。

3. 权益乘数＝总资产/所有者权益

该指标反映每一单位所有者权益所拥有多少单位的资产。该指标是反向指标,也就是比率越高,企业的长期偿债能力越弱。

4. 利息保障倍数＝息税前利润/利息支出

息税前利润＝净利润＋所得税费用＋利息费用(仅含利润表中财务费用下的利息费用)

该指标反映每一单位利息支出有多少单位的息税前利润作为偿付保障。该指标为正向指标,比率越大,企业偿还利息的能力越强。

三、现金流偿债能力评价指标

1. 经营性净现金流/总负债

经营性净现金流/总负债＝经营活动产生的现金流净额/[(期初负债总额＋期末负债总额)/2]

该指标表明公司在维持正常运转后,其"剩余"现金流的偿债能力。一般而言,比率越高,现金流偿债能力越强。

2. 总负债/EBITDA

EBITDA常被看作现金流的近似替代,代表一家企业产生现金流的潜力,总负债/EBITDA反映企业的负债需要多少年才能还清。该比率越高,现金流偿债能力越弱。

3. EBITDA利息保障倍数

EBITDA利息保障倍数＝EBITDA/(计入财务费用的利息＋资本化的利息)

该指标反映企业经营收益为所需支付的债务利息的多少倍。只要EBITDA利息保障倍数足够大,企业就有充足的能力支付利息;反之则相反。

附录4：主要信息查询网站

1. 登记注册信息查询

附表－1　　　　　　　　　登记机构网站

名　称	网　站	查询内容
全国组织机构统一社会信用代码数据服务中心	https://www.cods.org.cn/	全国组织机构统一社会信用代码公示查询
国家企业信用信息公示系统	https://www.gsxt.gov.cn/index.html	全国企业信用信息公示查询
中国社会组织政务服务平台	https://chinanpo.mca.gov.cn/	全国社会组织信息公示查询
机关赋码和事业单位登记管理网	http://www.gjsy.gov.cn/	全国已登记的事业单位法人信息查询
中国机构编制网	http://www.scopsr.gov.cn/	中央机关机构信息查询

2. 诉讼信息查询

附表－2　　　　　　　　　诉讼信息网站

名　称	网　站	查询内容
中华人民共和国最高人民法院	https://www.court.gov.cn/	综合性诉讼信息平台
中国裁判文书网	https://wenshu.court.gov.cn/	全国裁判文书查询
中国执行信息公开网	http://zxgk.court.gov.cn/	全国被执行人信息查询，包括被执行人、失信被执行人、限制高消费等
失信被执行人	http://zxgk.court.gov.cn/shixin/	查询失信被执行人信息
人民法院公告网	https://rmfygg.court.gov.cn/	查询法院公告信息
人民法院诉讼资产网	https://www.rmfysszc.gov.cn/	查询拍卖资产信息

3. 上市信息查询

附表一3　　　　　　　　　　　　上市信息网站

名　称	网　站	查询内容
上海证券交易所	http://www.sse.com.cn/	上交所股票代码以60开头,全部都属于主板
上海证券交易所发行上市审核	http://listing.sse.com.cn/	拟定股票上市审核规则、上市公司并购重组审核规则,以及上市委、重组委和科技创新咨询委员会相关规则;负责股票发行上市审核和上市公司并购重组审核工作,拟定审核标准、审核程序等;对发行人、上市公司及中介机构进行自律监管等
深圳证券交易所	http://www.szse.cn/	深交所股票分为三类:以000、001开头的是主板,以002开头的是中小板,以300开头的是创业板
全国中小企业股份转让系统	http://www.neeq.com.cn/	股票代码以8或4开头
巨潮资讯	http://www.cninfo.com.cn/new/index	中国证监会指定的上市公司信息披露网站

4. 资质信息查询

附表一4　　　　　　　　　　　　资质信息网站

名　称	网　站	查询内容
全国认证认可信息公共服务平台	http://cx.cnca.cn/CertECloud/index/index/page	管理体系认证、强制性产品认证等查询
全国建筑市场监管公共服务平台	https://jzsc.mohurd.gov.cn/home	建筑类企业资质、监管信息
国家药品监督管理局	https://www.nmpa.gov.cn/	药品、医疗器械、化妆品企业资质、监管信息
中国银行保险监督管理委员会	http://www.cbirc.gov.cn/cn/view/pages/index/index.html	金融、保险企业许可资质以及行政处罚信息
国家知识产权局	https://www.cnipa.gov.cn/	商标、专利信息
国家市场监督管理总局全国食品经营许可(社会公众查询)	https://spjyxk.gsxt.gov.cn/cfdaPub/index/page	食品生产许可证查询

5. 其他信息查询

附表—5 其他信息网站

名　称	网　站	查询内容
信用中国	https://www.creditchina.gov.cn/	信用信息查询
国家市场监督管理总局	https://www.samr.gov.cn/	市场主体综合查询平台
中华人民共和国海关总署	http://www.customs.gov.cn/	海关登记信息、行政许可信息、行政处罚信息
国家税务总局	http://www.chinatax.gov.cn/	纳税信用A级纳税人名单、欠缴税款纳税人名单、重大税收违法失信案件、行政处罚信息
中华人民共和国生态环境部	https://www.mee.gov.cn/	环境影响评价、行政许可、行政处罚信息
动产融资统一登记公示系统	https://www.zhongdengwang.org.cn/	生产设备、原材料、半成品、产品等动产抵押登记的设立、变更、注销申请
国家统计局	http://www.stats.gov.cn/	统计数据
中华人民共和国商务部	http://www.mofcom.gov.cn/	商务数据

参考文献

[1]李伟平.债务加入对保证合同规则的参照适用[J].中国政法大学学报,2022(7).

[2]易军.我国《民法典》买卖合同制度的重大更新[J].法学杂志,2022(3).

[3]马勇,肖超栏.财务管理[M].北京:北京理工大学出版社,2021.

[4]万维钢.和这个世界讲讲道理:智识分子2020s[M].北京:电子工业出版社,2021.

[5]王立栋.《民法典》第641条(所有权保留买卖)评注[J].法学家,2021(3).

[6]王美捷.医药公司应收账款管理研究[D].山东财经大学,2021.

[7]王利君.A企业应收账款管理研究[D].河北经贸大学,2021.

[8]吉秋晨.Y公司应收账款管理优化研究[D].江苏大学,2021.

[9]施文.C公司应收账款管理优化研究[D].湘潭大学,2021.

[10]张新民.从报表看企业——数字背后的秘密[M].北京:中国人民大学出版社,2021.

[11]蒋豹.扫雷(读财报做投资)[M].北京:中国铁道出版社,2021.

[12]叶钦华,叶凡,黄世忠.在建工程舞弊的识别与应对——基于抚顺特钢的案例分析[J].财务与会计,2021(19).

[13]钟艳立.企业应收账款及信用政策研究[J].中国商论,2020(4).

[14]汪宇瀚.信用导论[M].上海:上海财经大学出版社,2020.

[15]贾宁.贾宁财务讲义[M].北京:中信出版社,2020.

[16]中国注册会计师协会.财务成本管理[M].北京:中国财政经济出版社,2020.

[17]李若欣.C公司应收账款管理优化研究[D].西安工业大学,2020.

[18]张新民.财务报表分析(第5版)[M].北京:中国人民大学出版社,2020.

[19]董珊汝.财务舞弊预警模型效果比较研究[D].吉林大学,2020.

[20]刘安琪.ST康美财务舞弊案例研究[D].吉林大学,2020.

[21]王梦楠.神雾环保债券违约影响因素及应对[D].河南财经政法大学,2020.

[22]梓晗.基于舞弊风险因子理论的财务舞弊识别与防范研究[D].云南财经大学,2020.

[23]朱宏博.企业应收账款风险管理及应对剖析[J].中外企业家,2019(32).

[24]安鸿旭.中集集团企业投资价值分析[D].东北石油大学,2019.

[25]施卉.尔康制药财务舞弊及其审计失败案例研究[D].广东工业大学,2019.

[26]刘莉.上市公司存贷双高的风险分析与识别[J].商业会计,2019(16).

[27]黄世忠.康美药业财务造假延伸问题分析[J].财会月刊,2019(17).

[28]荆新,王化成,刘俊彦.财务管理学[M].北京:中国人民大学出版社,2018.

[29]吴弘.诚信价值观融入信用立法研究[J].东方法学,2018(1).

[30]叶金福.从报表看舞弊:财务报表分析与风险识别[M].北京:机械工业出版社,2018.

[31]田志刚.卓越密码:如何成为专家[M].北京:电子工业出版社,2018.

[32]上海市人大常委会法制工作委员.上海市社会信用条例释义[M].上海:上海人民出版社,2017.

[33]马广奇.乐视资金链断裂:企业财务危机的案例分析[J].经济与管理,2017(5).

[34]王亮.再问神雾环保大客户"迷雾"[J].证券市场周刊,2017(11).

[35]叶蓓.万福生科财务舞弊案例分析与启示[J].当代经济,2013(21).

[36]安建.征信业管理条例释义[M].北京:中国民主法制出版社,2013.

[37]吴晶妹.现代信用学[M].北京:中国人民大学出版社,2009.

[38]黄世忠.财务报表分析:理论·框架·方法与案例[M].北京:中国财政经济出版社,2007.

[39]林钧跃.企业与消费者信用管理[M].上海:上海财经大学出版社,2005.

[40]卡罗尔·弗莱雪著.轻松收款——处理预期应收账款的常胜技巧[M].吕苏昆译.北京:中国财政经济出版社,2003.

[41]宋智勇.信用销售管理实务[M].广州:广东经济出版社,2002.

[42]波特·爱德华著.赊销管理手册[M].张志强等译.北京:宇航出版社,1998.

[43]林钧跃.企业信用管理[M].北京:企业管理出版社,2001.

参考网站

1. 国家统计局
2. 中国人民银行
3. 财政部
4. 中国人民银行征信中心
5. 上海证券交易所
6. 深圳证券交易所
7. 信用中国
8. 上海票据交易所
9. 中国出口信用保险公司官网
10. 中诚信国际信用评级有限公司官网
11. 万得信息技术股份有限公司官网
12. 找法网
13. 巨潮资讯网
14. 雪球网
15. 中级人民法院网(佛山、济南、广州、绍兴等)
16. 高级人民法院网(江苏、湖南、河南、重庆等)
17. 全国组织机构统一社会信用代码数据服务中心官网